張宗麟

论幼儿教育

专著卷

喻本伐　张汶军　主编

图书在版编目（CIP）数据

张宗麟论幼儿教育. 专著卷/喻本伐，张汶军主编
. —福州：福建教育出版社，2024.12
ISBN 978-7-5334-9908-2

Ⅰ.①张… Ⅱ.①喻… ②张… Ⅲ.①幼儿教育
Ⅳ.①G61

中国国家版本馆 CIP 数据核字（2024）第 055646 号

Zhang Zonglin Lun You'er Jiaoyu · Zhuanzhu Juan

张宗麟论幼儿教育·专著卷

喻本伐　张汶军　主编

出版发行	福建教育出版社
	（福州市梦山路 27 号　邮编：350025　网址：www.fep.com.cn
	编辑部电话：0591-83727542　83726908
	发行部电话：0591-83721876　87115073　010-62024258）
出 版 人	江金辉
印　　刷	福建新华联合印务集团有限公司
	（福州市晋安区福兴大道 42 号　邮编：350014）
开　　本	710 毫米×1000 毫米　1/16
印　　张	33.5
字　　数	513 千字
插　　页	2
版　　次	2024 年 12 月第 1 版　2024 年 12 月第 1 次印刷
书　　号	ISBN 978-7-5334-9908-2
定　　价	99.00 元

如发现本书印装质量问题，请向本社出版科（电话：0591-83726019）调换。

编辑说明

一、张宗麟（1899—1976）系中国近现代教育名家，并享有"中国第一位男性幼儿教师"的殊荣。1925年他协助陈鹤琴办理南京鼓楼幼稚园，1927年后，他协助陶行知创办了燕子矶幼稚园以及晓庄学校及其他幼教设施。其间，参与拟订了《幼稚园课程暂行标准》，其后又执教于福建厦门集美幼稚师范学校，主持开办了集美乡村师范附属幼稚园和山东邹平简易乡村师范学校及其附设幼稚园。在此前后10年间，他撰写了一批幼教专著与论著。这批文字已成为中国幼教思想宝库中的重要历史遗产，很有必要予以深入发掘和重新整理。

二、本书分为上下两卷。上卷为"专著"卷，收录张宗麟的幼教著作4本；下卷为"论著"卷，收入张宗麟的幼教文论数十篇。"专著"卷卷首，编者撰有《张宗麟幼儿教育学说》，旨在对他的幼儿教育思想进行全面述评；"论著"卷卷尾，附编者所编《张宗麟生平著述年表》，对其生平、著述予以简略介绍。上下两卷各30余万字。

三、本书依定本"全录"为原则，包括原注、作者自制表格、自选插图等，均不作改动，力求"保留原貌"。"专著"卷包括如后四册著述：（1）《幼稚教育概论》（1926年12月）；（2）《幼稚园的社会》（1930年1月）；（3）《新中华幼稚教育》（1932年5月）（4）《幼稚园的演变史》（1935年7月）。"论著"卷收录者，包括单篇论文、调查报告、教案、书信、计划书等53篇，均按原发表件录用，并依写作或发表时间的先后为序。

四、本书于各本专著和各篇文论的题目之下，置有"题解"，用以交代文章出处、撰写或发表时间、合撰者简介、原载刊物、相关背景或载刊简介等内容。若为重复内容，则后文参见前文。在论著卷的少数文论之后，编者还置有"随文附录"若干，以作为读者理解相关文论之助。与专著和论著文字密切相关的图片，编者精选若干以"另图"形式插入其中，并标明出处。

五、本书对文字的处理，以忠实于原著、保留各时段文字语言的历史风貌为原则。除繁体字、异体字、通假字依照国家的相关规定进行统一处理外（如"那末"改"那么"、"那"改"哪"等），余皆不作改动。对于原著中明显的错别字、衍字或脱字，编者在该字或该处之后置"〔〕"，并将订正或补加之字变体置于六角括号之内；对于原文已无法辨识之文字，由编者用"□"号表示。原文中"如左""如右"，径改为"如下""如上"。

六、本书对标点符号的处理，原则上尊重作者的断句，但是编者可对当断未断或断句不当之处进行补正。对于数字符号的处理，如原发表件的表述方式为中文数字或阿拉伯数字者，均"保留原貌"；但是统计表格中的数据、四位数以上的数据，以及百分数（％）若为中文数字者，则可酌情改用阿拉伯数字。

七、本书对篇章以下序号的处理，均依一、（一）、1、（1）、（a）五级标号。凡原著中的甲、乙、丙、丁……，壹、贰、叁、肆……标号，编者皆不袭取。对于文字分段，原则上依据作者的原有段落录排；若一段中的文字过长或作者原来的分段不当者，则由编者统一进行分段处理，且不作交代。对于论著中的大段引文（三行以上者），由编者进行"变体引文式"（另起、专段并改变字体）处理。

八、本书采用脚注形式，每页均重新序号。注释对象为人物、事件、专用术语、特殊名词、非通译人名、术语、外文等。同一注释对象，在同一卷中仅详注一次，且以首次出现时加注为原则。对于作者原注，将在注释中特别说明，并用引号标明其注释内容。依据《标点符号用法》第九项中的相关规定，注释分为"句内注"和"句外注"两种；凡句外注，多用"此"字开头以示区别。若为标列文论出处的注释，凡中国作者，均无须标列国籍；但对于民国以前的作者，须用"〔〕"标明作者所属朝代；凡外国作者，均以"〔〕"标明其国籍，一般只列简称。

九、本书的译名处理，无论人名、物名、事名，均以保留文论中的原名为原则；对于注释中的疑难条目，权且保留原貌，有待进一步查核。现今的通译名，则以注释方式呈现。由于注释取"首注"原则，故其后的非通译人名，不再详注，仅采用"参见前注"提示并略注。即使在同一书中作者前后所使用的译名不同，编者也不作求同式改动，仅在注释中加以说明。

十、1925年，在中国幼儿教育发展史上具有特别的意义。是年9月6日，陈鹤琴先生设立的南京鼓楼幼稚园举行开园典礼。该园的开办，标志了中国的学前教育事业，与前此沿袭日本的蒙养院和蒙养园的办理模式告别，开始直接与欧美的学前教育理论和实践接轨，从而使中国化的幼儿教育发展步入到崭新阶段。1925年的另一值得纪念之处，便是适逢张宗麟投身中国的幼教事业的百年纪念。是年6月，张宗麟接受恩师陈鹤琴之约聘，决定协助他办理鼓楼幼稚园，并研究幼稚教育，婉拒了宁波启明女中的校长之聘。尽管家庭和友人均不支持这种选择，但他矢志不渝，并在这方面有所成就。本书的编辑出版，正是为了纪念这两个有意义的一百年。

编者，2024年10月29日

前言

张宗麟幼儿教育学说

张宗麟（1899—1976），祖籍浙江绍兴，出生于江苏宿迁，两岁时随家归里定居。他的家乡绍兴县袍谷乡（现绍兴市越城区斗门镇）是典型的江南水乡，该地气候温润、物产丰富。绍兴所处浙东宁绍平原的人文历史更是绵远悠长，古有思想家王充、王守仁、王畿、刘宗周等，诗人谢灵运、贺知章、陆游、陶望龄等，书画家王羲之、王冕、徐渭、赵之谦等；而近代所涌现出各方面的知名人物，除蔡元培和鲁迅外，尚有李慈铭、罗振玉、徐树兰、徐锡麟、秋瑾、陶成章，马一浮、范文澜、朱自清、经亨颐、马叙伦、蒋梦麟，等等。如此地灵人杰之处，还孕育了中国幼儿教育发展史上的"三剑客"：除张宗麟外，尚有知名的"南陈北张"，即工作于南京、上海的陈鹤琴（上虞人）和工作于北平的张雪门（鄞县人）。张宗麟系陈鹤琴的及门弟子，且与张雪门私交甚笃，他们三人对于中国幼儿教育的理论贡献，对于学科的定型和发展功莫大焉。

一、幼教领域里的十年求索

张宗麟自 1925 年 6 月毕业于东南大学教育科、任职于鼓楼幼稚园始，至 1957 年被迫离开教育岗位止，在这 30 余年的事教和革命经历中，真正从事幼稚教育或兼事幼稚教育的时间大体为 10 年。本卷所收录的四本专著，以及下卷所选载的数十篇文论，也绝大部分是撰写在这十年之中。要系统总结和研究张宗麟的幼儿教育学说，就必须首先对他这十年里的幼教实践经历有着更为清晰的了解。

（一）任职于鼓楼幼稚园

张宗麟 6 岁破蒙于私塾，9 岁入读本乡敬敷义塾（后改为敬敷小学）。1915 年小学毕业后，旋考入浙江省立第五师范学校（简称绍兴五师）。1917 年转入浙江省立第四师范学校（简称宁波四师），1920 年夏毕业，归里担任母校敬敷高等小学教职。次年夏，为求深造而报考南京高等师范学校，并顺利被该校教育科录取。

在参加南京高师入学考试时，张宗麟还加考了一门"智力测验"，"足足做了两小时，做了五种试题"，而主考教师便是陈鹤琴。正是由于这场考试是"全部考试中最新奇而又最紧张的一课"①，所以张宗麟对于陈鹤琴的第一印象特别深刻。

入学后，张宗麟又对陈鹤琴所主讲的儿童心理学深感兴趣，并跟随他经常到南京高师附属幼稚园参观、指导。他对于这门课程的印象是：

> 第二学年开始，我选习了一门儿童心理学。这门功课，可说是全校最特殊的功课，担任这门功课的教授就是陈鹤琴先生。但陈先生并不是这门功课的唯一教授，此外如陈师母、陈一鸣和"附小杜威院"里的几位保姆及全体儿童，都担任这门功课的一部分。严格地说，他们都是这门功课的教授，陈先生不过总其成罢了。②

"陈师母"，即陈鹤琴的夫人俞雅琴；"陈一鸣"，即陈鹤琴的长子，当时两岁左右；"附小杜威院"，即是在南京高师附小中所附设的南高幼稚园，该园的主体建筑名为"杜威楼"。由此，因一门课而使张宗麟开始特别关注幼稚教育。

早在 1918 年就读宁波四师时，张宗麟就曾于课余参观过当地幼稚园；而在 1926 年写作《幼稚教育概论》时，他还对此有着深刻印象："犹忆八年前

---

① 张宗麟：《二十年的老师》，陈秀云编选：《我所知道的陈鹤琴》，金城出版社 2012 年版，第 14 页。
② 张宗麟：《二十年的老师》，陈秀云编选：《我所知道的陈鹤琴》，金城出版社 2012 年版，第 15 页。

余初次参观幼稚园时,心神为之倾倒。"① 尤其是1923年秋陈鹤琴在家中开办了幼稚园之后,张宗麟有暇便跑去帮忙,甚至有时与陈鹤琴对谈至深夜,他对幼儿教育的初步研究便是始于此时。

1925年6月张宗麟毕业之际,面临着两种选择:一是回故乡宁波女中任职;一是留南京在鼓楼幼稚园继续从事研究。他在回忆文章中有着如下记录:

> 1925年夏,我修完了大学功课,陈先生约我同去创办鼓楼幼稚园。"一个大学毕业的男子去做幼稚园保姆,何等没出息!我看还是谢却吧……""……嘿!张某野心很大,打算做儿童教育专家呢……"这些都是旁人讥笑之谈。我当时对这件事,确也有些踌躇。是去宁波办女子中学呢?还是留在本校做幼稚园保姆呢?②

此处所言的"创办鼓楼幼稚园",是指将陈鹤琴开办于自家的幼稚园移往鼓楼专建的新址;此处所言的"保姆",是清末民初对幼稚教师的称谓,多少有那么一点瞧不起的意味;此处所言的"本校",是指当时已升格为东南大学的母校。张宗麟当时是以东南大学"助教"的名义留校的,而实际是任职于该校支持办理的鼓楼幼稚园;东南大学除提供了一间宿舍外,薪酬等待遇均由鼓楼幼稚园开支。

鼓楼幼稚园的前身,为开办在陈鹤琴家中的实验幼稚园。该园因接受了东南大学教育科的定期资助,故冠名为"东南大学教育科实验幼稚园"。在张宗麟来园之前,除陈鹤琴自兼园长外,还聘得东南大学美籍幼稚教育讲师卢爱林(H. M. Rawlings)女士兼任指导员,东南大学附中音乐教师甘梦丹前来兼任课程,专职教师则有钟昭华和李韵清。张宗麟来园之后,钟昭华去职,日常工作由他与李韵清共同承担。李韵清去职后,则与继任的俞选清合作。此外,还有吴素卿、陆怀清、陈荣廷等人曾来此短暂任职。

此时的幼稚生,已由初办时的12人增加到近40人,分设"上午班"和"下午班"。上午班为6岁以下的幼稚生,共26人;下午班为6岁以上的儿

---

① 张宗麟:《幼稚教育概论》,中华书局1928年7月版,第109页。
② 张宗麟:《二十年的老师》,陈秀云编选:《我所知道的陈鹤琴》,金城出版社2012年版,第16页。

童，常来者仅十数人。上午班又按年龄分为"特别班"和"幼稚班"，幼稚班又分为大、小两组。有关幼稚教育的试验，主要是在上午班中进行。

张宗麟的职任并非"保姆"，而是"研究员"。但客观说来，他的工作却与保姆无异，所以称其为"中国幼稚园的第一位男保姆"并无不当。当时他已成家，并有了长子张元，而家小均在故乡绍兴，他也就能毫无牵挂地投身于幼稚教育的试验研究，从而发表了一批有分量的研究成果。本书中的《幼稚教育概论》《幼稚园的社会》，以及1927年以前发表的论文，均可视为此期任职与研究的理论成果；即使此后所出版的专著和所发表的文论，也莫不与此期的经验和心得相关。

张宗麟曾自称，在鼓楼幼稚园曾任职"三年"。其实，这是就年头而言的（1925、1926、1927三年）。实际上，他任职于该园的时间将近一年半，即从1925年9月至1927年1月。他在1927年1月回绍兴过春节后，便因北伐战事的阻隔，未能按时来南京任职。滞留家乡期间，据称曾任教职于宁波和杭州，并在此期间投身于"大革命"洪流，加入中国共产党。有关这半年的活动，颇多模糊以至语焉不详之处；不过可以肯定的是，均与幼稚教育无关。

在鼓楼幼稚园将近一年半的时间里，尽管忙碌、辛苦，却又是充实、快慰的。张宗麟在回忆中，对此有着明确的追记和深情的感怀：

> 当时我们的工作，白天是和孩子们一块儿游玩和工作，清晨和傍晚是整理实验成绩和搜集材料，但是这工作常常延长到夜半。每晚工作完了，我们也常常有短短的散步；在星月皎洁、树影扶疏的草地上散步。一面欣赏夜的静和美，一面还喁喁谈着各种工作；有时，还辩论某项实验工作的准确性、某种玩具的改革、某个孩子的行动与进步，等等。倘若在冬夜，我们更有趣了，吃罢晚饭，常常邀几个爱好儿童教育的朋友，围炉长谈。每次必定谈到更深夜阑、炉火早熄，才各自回去。虽然那时候门外寒风凛冽、冰雪满途，但是一个内心充满工作快慰的人，对此反而生出无穷的快慰。[①]

[①] 张宗麟：《二十年的老师》，陈秀云编选：《我所知道的陈鹤琴》，金城出版社2012年版，第16页。

这种丰富的"保姆生活"，当然是值得回味的。

（二）任职于南京特别市教育局

1927年6月，张宗麟应陈鹤琴之召重回南京。不过，他并非重回熟悉且热爱的鼓楼幼稚园，而是供职于南京特别市教育局，担任该局第二科（普通教育课或学校教育课）指导员。该科下设指导股、编审股、研究股、卫生股和调查股。设"指导员"职位者，有指导、研究和调查三股。具体而言，他所担任的为研究股指导员。有一种较为流行的说法是，张宗麟所任为"幼稚教育指导员"。由于该科之下并未设幼稚教育股，所以此说难以成立。较为合理的认定是，他在研究股指导员中，专门负责幼稚园和小学低年级的研究与指导工作。

以上认定，可由张宗麟手拟的《幼稚园及低年级指导的研究和计划》得到佐证。该计划书理应拟订于1927年秋，即他就任指导员之职后未久。其中明确了该指导员的职责有五："（1）引导全体教师，向同一条路上进行；（2）集合教师，作有系统的研究；（3）讨论困难问题；（4）指导实施教育方针；（5）考核教师之勤惰。"[①] 将该计划的实施分为三期：第一期为"训练期"，为时一年，旨在"打破从前许多不合理的旧习惯，讨论新方法"；第二期为"试验期"，也为时一年，旨在"分组试验新方法"；第三期为"实施期"，不定时间，旨在"汇集前期的试验结果，全市实施"。

张宗麟到任后，首要的任务，便是在各学区的实验小学中附设幼稚园。当时南京的市立小学为40所，学生数则不足6000人，每校平均不足150人，办学效率低下。于是便裁撤容量过小的学校，分南京市为东南西北中五学区，每区设"实验学校"一所；再依据每学区的学童数，分设25所初级小学、10所完全小学。学校数虽还是40所，然而学生数则由是加倍。在5所学区实验小学中附设幼稚园后，又在其他条件较好的小学中附设了幼稚园9所，短时间内南京便新办了14所幼稚园。

---

① 张沪编：《张宗麟幼儿教育论集·幼稚园及低年级指导的研究和计划》，湖南教育出版社1985年版，第723页。

张宗麟就任指导员后的第二项工作，便是为南京市所有幼稚园提供"课程参考"。为此，他经常伏案工作到深夜，在鼓楼幼稚园前期课程试验的基础上，重新拟定新的课程方案。此方案每次拟定两周课程，提前交幼稚教育研究会讨论、修订并通过，然后揭载于《南京特别市教育月刊》，以利各幼稚园参照执行。该课程参考分"做什么""怎样做""参考材料"和"附告"四类，简洁明了，便于实施，从而弥补了当时幼稚园无课程标准的缺憾。

张宗麟就任指导员后的第三项工作，便是主持创设了"南京市幼稚教育研究会"。严格说来，该会应称为"南京特别市教育局教育研究会幼稚教育组"或"南京教育研究会幼稚教育组"；不过在其后的各种活动中，通称"南京幼稚教育研究会"，此后便约定俗成地有此称谓。这个会的章程，可注意的有下列四点：

（一）全市幼稚园教师都要加入。凡不是幼稚园教师，愿意加入者亦欢迎。（二）每两周开会一次，讨论下两周课程大纲及过去两周所发生的困难问题。（三）每次聚会，必有指导员出席，或请有专门技术者出席指示。如自然科的、社会科的，等等。（四）每次聚会，由各个幼稚园轮流招待。①

尽管张宗麟认定该会"是全国最早的一个会"不确，然而该会是当时活动最为扎实的幼教社团则是确定无疑的。

张宗麟任南京市教育局指导员为时整整一年。1928年7月，陈鹤琴辞南京市教育局科长职，应聘为上海工部局华人教育处处长，张宗麟也随即辞去指导员任职。但是，他并未像陈鹤琴其他门生雷震清、李清悚、潘抑强等人一样，继续追随陈先生而前往上海工作，而是选择下乡到晓庄学校辅佐陶行知，致力于推进乡村幼稚教育。

（三）任职于晓庄学校

此处所言晓庄学校，前身为晓庄师范，全称南京晓庄试验乡村师范学校。该校以中华教育改进社的名义举办，校长陶知行（后改名陶行知），创办于

---

① 张宗麟：《幼稚园的演变史》，商务印书馆1935年版，第52页。

1927年3月15日，地点在南京城郊劳山（老山）脚下的晓庄（小庄）。该校为乡村教育运动的排头兵，试图通过培养乡村教师，让他们毕业后去创设乡村小学，以乡村小学作为改造乡村生活的中心，进而使乡村教育普及，并达到乡村自治的目的。

1921年夏，张宗麟入读南京高师时，陶行知时任教育科主任，并讲授教育学等主干课程。1923年夏，陶行知辞东南大学教授职而专任中华教育改进社主任干事职后，二人的接触渐少。1924年夏，中华教育改进社第三届年会在东南大学举行，张宗麟参与接待和服务工作，二人的接触又多了起来。1926年秋，陶行知发表了《创设乡村幼稚园宣言书》，开始筹办燕子矶乡村幼稚园，于是每到南京，必来鼓楼幼稚园与陈鹤琴、张宗麟商讨相关计划及办法。此时张宗麟与陶行知熟络，并深受乃师思想与人格的影响。

其后，由于原聘师资陆慎如病逝，加之陶行知已将工作重心转移到"乡村师范"的创设上，因而燕子矶幼稚园未能如期开办。但是在晓庄师范1927年秋筹办"第二院"后，张宗麟与陶行知的联系又日趋频密。此第二院，名为幼稚师范院，旨在培养乡村幼稚园师资；而前此设立的第一院，为小学师范院，旨在培养乡村小学师资。第一院的院长为赵叔愚，第二院的院长已定陈鹤琴。由于陈鹤琴当时忙于南京市教育局的行政事务，所以筹备事务均委托张宗麟下乡代办，因此张宗麟遂被聘为晓庄师范第二院兼职指导员。

张宗麟参与晓庄师范办学还有另一层原因，便是该校为南京幼稚教育研究会的发起单位和重要会员，因而亦属张宗麟的"指导"范畴。从他尚未到晓庄学校任职之前便参与燕子矶幼稚园的筹创来看，便显然与这种职责相关。

1927年秋，因筹创幼稚师范院，故晓庄师范亟须附设幼稚园，用以为幼稚师范生提供实习园地，因而前所搁置的燕子矶幼稚园创设计划便得以重启。1927年10月，张宗麟与新聘"幼稚教育指导员"徐世璧（陈鹤琴推荐）一起下乡，在燕子矶小学校长丁超的帮助下，借得教室一间，便开始了筹备工作：

（教室）用板壁隔成一大间、一小间，大间是工作室，小间是储藏室。这时候一室空空，真是有意思。不久得到市教育局的补助，得到几张小椅子、小凳子；又向鼓楼幼稚园（也是本校特约中心幼稚园）借了一架小风琴，到师范部里借了几个破镜架，用树叶子点缀起来，买了几

个小面盆、小便桶……①

另借得教师宿舍一间,活动场与厨房则与小学共用。至此,中国第一所乡村幼稚园的筹办便算告成。

接着便是招生,仍是在丁校长的协助下,很快招得附近的农家孩子30名。幼稚园的开办,是在1927年11月8日;而补行开园典礼的时间,则是在本月的11日。是日,除本园和燕子矶小学师生外,晓庄师范的师生也多有前来致贺者,更多则是当地的农人。陶行知在开园典礼上发表了演说,重申了创设乡村幼稚园的意义。正式开园后,由徐世璧主持,丁超校长的夫人予以协助,还招收了两名燕子矶小学年长的女毕业生作为"徒弟",张宗麟则经常抽暇来此予以指导。

其后,张宗麟接受陶行知委托,与设计师朱葆初为燕子矶幼稚园选址,提出具体使用要求,并督造兴工。1928年春,燕子矶幼稚园新园舍落成。该园与晓庄师范的所有建筑浑然一体,均为草顶泥墙,颇具民族风情。虽与村居的建筑材料一样,但形式则有尖顶、有飞檐,依张宗麟的说法,是"如皇宫,如宝塔"。加之该园坐落在长江之滨,周边有树林,有农田,门前还有一片绿草地,因此风景优美,空气清新,处处散发出大自然的气息。

燕子矶幼稚园整体建筑为长方形,东南向,内分一大间、一中间、二小间,分别用作活动室、导师研究室、图书室和指导员卧室。活动室里,置有风琴、玩具、工具、清洁用具等;门前草地上,架有滑梯、秋千等运动器械;园门上,悬挂着陶行知亲书的门联:"谁说非学校,就是非学校;彼且为婴儿,与之为婴儿。"

1928年5月27日,张宗麟主持了燕子矶幼稚园园舍的落成典礼。在春日明媚的阳光下,朴质的环境、崭新的校舍、活泼的儿童、欣悦的来宾,组构成一幅和美的图画。张宗麟在陶行知、王云五演说后,专门报告说:

> 这个房子,是由陶先生向外界募捐建筑起来的。朱先生打图样,费了许多工夫去监工的。还有一位近水楼台的丁先生,也帮忙不少,都很

---

① 张宗麟、王荆璞:《大江滨的乡村幼稚园——一周岁的燕子矶中心幼稚园》,《地方教育》第1卷第15、16合期(1929年4月)。

感谢的。我们办这个幼稚园，有两个性质：(1)为燕子矶小朋友着想而办的；(2)为试验新方法，采用艺友制。我们想这样子努力办下去，几年后，在幼稚教育上总有新贡献出来的。①

该园还专辟了"小农场"，尽量让农家孩子得到展示自己劳动技能的机会；又依当地环境辟出"小花园"，使孩子们能随时亲近自然。

在燕子矶幼稚园园舍的建筑过程中，张宗麟与徐世璧共同起草了《燕子矶幼稚园生活纲要》，其中分节期、气候、动物、植物（花草）、农事、儿童玩耍、风俗、儿童卫生等八项，另有每月、每周、每日的生活纲要。其中，每周的生活纲要相对复杂。这是因为：

> 每年、每月的，还都是大纲之又大纲；每周的，就要详细些了。在预算每周生活的时候，要把每件活动进行步骤分析、判断一下，并且讨论找材料的地方。在预算下周活动及准备搜寻下周材料的时候，还须检查过去一周的工作，看看进行的成绩如何，借作参证。②

此为鼓楼幼稚园"设计组织"课程试验的继续，后完善为《幼稚生生活历》。

1928年7月，张宗麟辞去南京教育局职任后，正式受聘为晓庄师范指导员。9月开学后，晓庄师范改称晓庄学校（因国民政府不允许私家或社团办理师范），张宗麟任"生活指导部"主任，或称"指导员主任"。该部的职能，并非总务或后勤性质，而是普通学校"教务处"和"训育处"合一的性质。此后，他便成为陶行知的左右手，主要承担行政工作；幼稚教育虽仍兼管或兼事，若按他自己的说法，幼稚教育仅占"四分之一"的分量。这里有必要补充说明的一点是，由于创立了"艺友制"，故晓庄第二院只是徒有其名，始终并未正式成立。

虽说张宗麟仅有四分之一的时间投入到晓庄幼稚教育中去，但他依然对晓庄幼稚教育的发展作出了重大贡献，这主要反映在如下四方面。

其一，指导完善和创立幼稚园。晓庄中心小学于1928年2月附设幼稚园后，一度办理不甚理想。张宗麟到任后，调派徐世璧来此主持，将燕子矶幼

---

① 程本海：《在晓庄》，中华书局1930年1月版，第113~114页。
② 孙铭勋、戴自俺：《晓庄幼稚教育》，上海儿童书局1934年3月版，第12页。

稚园交由王荆璞主持；又调派师范生轮流来园"教学做"，并动员男师范生黄志成、孙铭勋，女师范生区巾雄、何时中、侯香阁在此专习幼教。此外，在和平门、迈皋桥等幼稚园的创设中，他也恪尽了指导之责。

其二，赞同设立"蟠桃学园"。在晓庄师范更名为晓庄学校后，原定"二院制"改行"一处五部一局制"。一处为校长办公处，五部为幼稚园指导部、小学指导部、行政部、生活指导部和社会改造部，一局为"晓庄教育局"。张宗麟除担任生活指导部主任外，还兼代晓庄教育局[①]局长之职。此制试行不到一年，又裁撤幼稚园指导部及小学指导部，决定实行"一处一局三部制"。该制尚未正式实行，又有"分组制""集团军制""学院制"的先后提出，学校体制和校务一时陷入纷乱之中。在张宗麟多方斡旋下，于1929年9月下旬决定实行学园制，即分设和平、万寿、晓小、吉祥、三元和蟠桃六学园。其中的蟠桃学园，即为幼稚学院，由当时晓庄所拥有的四所中心幼稚园所合构，从而维护了幼稚教育在学校中的地位。

其三，主持组建晓庄幼稚教育研究会。1929年10月在蟠桃学园设立后未久，张宗麟支持戴自俺和孙铭勋发起成立晓庄幼稚教育研究会，并受聘担任该会指导员。该会定期研讨幼稚教育问题，在半年内举办研讨活动10余次；张宗麟是每会必到，并且均有意见发表。该会集中研讨乡村幼稚园的办理问题，在《晓庄幼稚教育》一书中，对于该会的活动多有记叙。

其四，在担任《乡教丛讯》执行主编期间，尤重幼教科研成果的发表。《乡教丛讯》先为"乡教同志会"会刊，后为晓庄学校校刊，张宗麟于1928年10月接任该刊执行主编，并对刊载内容进行了大力改革。此后，注意选录幼稚师范生的办园经验，介绍相关书刊，并出版有"乡村幼稚园"专号，从而对晓庄的幼教科研成果有所展现。

---

① 晓庄教育局：在学校中设立教育局，是十分奇怪的举措。张宗麟对此的解释是："本校已有中心小学八所、中心幼稚园四所，又有民众学校三所、中心茶园四所，以及其他社会教育事业。各种事业，均有各部分担，如幼稚园指导部、小学指导部和社会改造部里的教育股等等。但是为着求一个有统系、有接洽起见，非有一个机关专司其事不可。因此，设立了一个教育局。"（张宗麟：《满了一岁半以后的晓庄》，《乡教丛讯》第2卷第20期，1928年10月30日）他在该文中还明确交代："现在局长由宗麟暂代。"

张宗麟任职于晓庄学校的时间将近两年，由于埋头于乡村教育实践，所以此期有关幼稚教育的科研成果相对为少。现可查得的论文仅有《怎样指导幼稚园的教学做》《幼稚园和小学的实际问题》两篇，报道有《一个山村幼稚园》（与徐世璧合撰）、《大江滨的乡村幼稚园》（与王荆璞合撰），另有演讲记录《儿童心理》《儿童世界》《幼稚教师第一步应有的修养》等，这远远逊色于"鼓楼时期"。

（四）辗转各地时的幼教实践

1930年4月晓庄学校被封闭后，张宗麟受命主持学校善后事宜，直至是年8月下旬才最终离开晓庄。然后蛰居上海半年，与王荆璞成婚，并完成了《幼稚园的自然》和《幼稚园的社会》二书的写作。次年春节刚过，夫妻俩便联袂赶赴厦门，应聘供职于集美幼稚师范学校，开启了一段新的生活。此后四五年，他又辗转于广西、四川、湖北、山东等地，并尽力推动当地幼稚教育的发展。

第一站，福建厦门集美幼稚师范学校。

1931年2月17日，张宗麟抵达厦门，受到集美幼师师生的热烈欢迎。他受聘担任该校"指导主任"，负责该校的教学与科研工作，同时还承担教学和实习指导工作。到任后，他首先建议调整幼稚师范课程，随即组织了该校的"幼稚师范课程纲要委员会"，将该校课程确定为如后八类：（1）国语，35学分；（2）社会，20学分；（3）教育，40学分；（4）自然，27学分；（5）艺术（包括音乐、图画、手工），30学分；（6）体育，35学分；（7）选修（包括英语、数学、理化、工艺等），30～44学分；（8）实习，76学分。[①]

在张宗麟主持编订的这份课程纲要中，最为重大的变化是"教学做合一"，即加重了实习的分量，使实习课的学分最高。实习包括到幼稚园参观、调查、听课和试教，还将每日半小时的"习琴"包括于其中；在最后一学年的上学期，则全部安排到幼稚园实习。由于实习指导教师不足，于是采用对

[①] 参见《集美学校二十周年纪念刊》，中国学前教育史编写组编：《中国学前教育史资料选》，人民教育出版社1989年版，第325页。

各实习点进行巡回指导的方式,他自己便曾深入海澄、龙溪、长泰等实习点指导。与此同时,他还采用通信指导方式,对实习生所遇到的疑难,用书信的方式予以答疑解惑。

为了解决幼师教材和幼稚园读物问题,张宗麟还增设了"幼稚园材料"这门课程,并亲自担纲讲授;又发起成立"幼稚园材料研究会",以幼师生为主体,动员他们收集家乡的儿歌和游戏。他在此期撰写的《儿童最爱玩的游戏》,其中有多个便是福建民间流传甚广的游戏。

在担任集美幼师指导主任期间,张宗麟还兼任该校附属幼稚园的指导工作。他主张依照"大单元活动"的方式,协助制定了该园每月的《儿童活动纲要》;又专门针对卫生健康、良好习惯、环境布置、儿童玩具、联络家庭等问题进行了专题研讨。他得暇常到幼稚园去,不仅因为他的夫人王荆璞任职于此,更因为他喜爱儿童,喜欢与儿童们玩在一起,幼儿们也特别欢迎他的到来。

张宗麟担任集美幼师指导主任时仅半年。1931年夏,他便受命筹办"集美简易乡村师范学校"。经过很短时间的筹备,集美乡师便于同年9月7日正式招生开学,地点租定为集美的洪林村,由张宗麟出任校长,师资多由原晓庄指导员和师范生中的佼佼者担任。该校的创办实况为:

> 我们利用祖厝为办公、学习、会议等主要活动场所,又利用祖厝边的大榕树为重要学习活动和运动场所,增办了洪林中心小学和民校,再收陇西小学为特约中心小学。我们的乡师就是这样从无到有、从简到繁创办起来。①

在集美乡师创设后,还附设了洪林美乡村幼稚园,由张宗麟夫人王荆璞主持。张宗麟在介绍王荆璞时曾有言:"(她)主持过晓庄、燕子矶、厦门洪林美等乡村幼稚园,同时就在幼稚园里训练艺友。所以每到一处,必有乡姑娘跟着她们。"② 这所幼稚园的创办和办理,实际仍由张宗麟主持。

---

① 刘心村:《集美乡师创办前白》,陈呈编:《集美学校革命史文选》,厦门大学出版社2012年版,第26页。

② 张宗麟:《幼稚园的演变史》,商务印书馆1935年版,第58页。

张宗麟任职于集美乡师的时间为一年半，1933年1月中国工农红军进攻漳州后，福建当局发现有学生投奔闽西方志敏创建的革命根据地，于是严查该校师生，并开始调查张宗麟的政治背景。寒假携眷回沪的张宗麟得到友人的告知后，遂致函集美董事会提出辞职，再未回到厦门。这次厦门之行，前后两年。

第二站，广西桂林师范专科学校。

张宗麟于1933年2月辞去集美乡师校长之职后，随即接受刚刚成立的"中国教育学会"委托，"调查城市与乡村民众经济状况及其所需要之教育"；同时接受陶行知的委托，与全国各地从事乡村教育的同志加强联络，于是他衔命出发。

首先北上山东邹平，详细考察了梁漱溟主持的"乡村建设"实验，并与梁漱溟建立了私交。接着便南下广西桂林，考察之后，应聘为广西省立师范专科学校教师，并受命草拟《附设乡村师范方案》。是年4月，"去南宁参加了一次教育行政会议，参观龙州、桂平、桂县、梧州等地"基层学校；同年6月，"回桂林，提出《筹办附设乡村师范方案》"[①]。其间，还有一次广东之行，也是考察当地的乡村和民众教育。

当考察任务完成回到桂林以后，张宗麟方知在广西师专附设乡村师范的计划搁浅，因此原拟的聘约也随之失效。此行在考察城乡基础教育和民众教育的同时，他对于各地幼稚教育的状况也特别留心。1934年所撰《八省儿童生活的印象述略》，其中便多有这次考察所获材料。

第三站，四川乡村建设学院。

1933年9月，张宗麟应聘入川，就任刚刚成立的四川乡村建设学院教务长。该校前身为"川东共立师范学校乡村师范专修科"。1933年7月，四川省政府颁发《四川乡村建设学院办法及组织大纲》，并拨款4万元为开办费，遂与共立师范学校分家，在重庆磁器口地藏寺附近购地另建新校，招生100名，由甘绩镛出任院长，并于9月中旬开学。

---

① 张沪：《张宗麟年表》，绍兴县政协编：《绍兴文史资料选辑》第10辑（1991年），第104~105页。

张宗麟就任教务长后，首先主持乡村社会系和农业系的组建。在乡村社会系之下，分设经济、地方自治和乡村教育三组；农业系分设农艺、园艺和畜牧三组。接着又着手设计制订两系六组的相关课程，并安排教师全面开课。

张宗麟任是职不足三月，便因欠薪、人事关系复杂而颇不顺心，更因四川政治环境险恶，人身安全受到威胁而决计"以走为上"。他后来曾如此忆及这次出走的经历："最危险而有趣的，要算逃出四川的一次了。迄同家眷上了下水轮船，才拍电报给校长辞职。他接到这份电报，我也快到三峡了。"① 张宗麟此行未见从事与幼稚教育相关的活动。

第四站，湖北省立教育学院。

张宗麟从重庆出走后，仍回上海暂住。寒假期间，便接获湖北省立教育学院聘书。春节过完，便再次携眷溯江而上，来武昌就任新职。时任院长罗廷光，为张宗麟南京高师学兄，此次专聘张宗麟的目的，便是依制在该院创设乡村教育系。经过张宗麟一学期的筹建，该系于1934年9月正式设立招生，张宗麟担任该系主任。

张宗麟在湖北教院任职了三个学期，为时一年半。其间，不仅担任该系的主干课程讲授，而且还在武昌县第六区创办了"乡村建设实验区"，经常率领学生下乡调查、实习甚至抗灾。他明确要求学生说："要做现阶段之乡村教育的运动者或乡村学校教师，必须本身是一个百事过问、样样皆通的土地菩萨不可。"② 他又自称为"老牌的土地菩萨"，所以他此期得到一个"土地菩萨"的雅号。

在尽力推进乡村教育的同时，张宗麟也助力于武汉地区幼稚教育的发展。1934年秋季开学后，他便应邀为武汉各幼稚园教师系统授课，并乘机发起成立武汉幼稚教育研究会。他在回忆自己所筹组的幼稚教育研究会时说：

  二十三年秋，武昌、汉口也成立。虽各地的研究会不能长时期的继续（例如南京市自民国十七年冬起，已经只有一个名；北平的会，也开

---

① 什工：《张宗麟先生访问记》，《学习》第5卷第1期（1941年10月1日）。
② 江心：《学府播送：两个土博士教授素描——唐现之教授和张宗麟教授》，《老实话》第62期（1935年4月11日）。

了不久便散去；武汉的会，也只维持了半年)。每个会，都有些"人在则兴、人去则废"的情况。①

次年夏，他又接受"湖北全省小学教师讲习会"幼稚组的邀请，为与会的幼稚教师讲授幼稚教育史。演讲内容，详见本书所收录的《幼稚园的演变史》。

1935年6月，由于此时罗廷光已辞院长职，加之又收到山东乡村建设研究院聘书，所以张宗麟在完成暑期讲习会任务后，便启程东下，准备在上海短暂休息后，再北上山东接受新的职任。其时在1935年7月底。

第五站，山东邹平简易乡村师范学校。

1935年8月底，张宗麟夫妇携一女二子赴山东邹平，旋被梁漱溟任命为邹平简易乡村师范学校校长。该校位于邹平县文庙，前身为在此开办的县职业学校，1933年秋改办为县立中学师范科后，主持人数易，教师与学生人心涣散，学校面临解体之虞。张宗麟作为"救火队长"角色而担任是职，任务是将该师范科独立改办为简易乡师。

张宗麟到任后，发动全校师生共同努力，很快便使学校焕发出勃勃生机。他的改造措施可归纳为如下七项：

(1) 改造校园环境。自己动手，整理教室和办公室，辟建了操场，砌筑了大讲台，并广植花木，使教学环境得以改善。

(2) 改革教学方式。原师范科的教学，主要沿用讲授制，与普通中学无异。张宗麟主校后，开始在二年级试行"道尔顿制"，其他年级则贯彻"教学做合一"原则，从而调动了学生的学习主动性，提高了教学效率。

(3) 注意实习基地的建设。在简易乡师筹办过程中，张宗麟即将原设邹平实验小学及其附属幼稚园纳入麾下，并派任夫人王荆璞主持幼稚园的办理，要求师范生随时到小学和幼稚园参观和见习。

(4) 专设阅览室。在原文庙大成殿中隔出阅览室一间，呈请将县民众教育馆图书调拨为本校所用，同时订购了《大众生活》《世界知识》《大公报》及乡教书籍，解决了师生对精神食粮的渴求。

(5) 组建课外活动小组。学校单设后，组建了木工、戏剧、音乐、艺术

---

① 张宗麟：《幼稚园的演变史》，商务印书馆1935年版，第52页。

等课外活动小组。戏剧组所排演的话剧《雷雨》，在邹平演出后轰动一时。

（6）推行"共学处"和"小先生制"。为推动地方民众教育，发动师范生利用午间休息时间，于田间地头或村头巷尾开设共学处，致力于民众扫盲；又号召附小学生兼做小先生，教家人或失学儿童识字。

（7）组织下乡调查和远足旅行。张宗麟曾率师范生深入各乡，调查统计学龄儿童的入学状况，并向农民宣传抗日救亡；又率领学生远足露营，白天采集生物标本，晚间举行篝火晚会，师生同乐，也与乡民同乐。

在邹平的教育实践中，张宗麟又有较多的时间投入到他所热爱的幼稚园事业之中。他只要有时间，总喜欢到幼稚园转一圈；不仅逗一逗幼儿，而且还对幼稚教师进行随机指导。为提高师生的幼教水平，他在安排师范生到幼稚园实习期间，还规定每周举行一次"幼教讨论会"，系统学习幼教理论和交流实习经验。讨论会每周五进行，内容为如后四项："（1）检讨本周实习情形及一般问题之讨论；（2）实习生报告实习及阅书心得；（3）下周学生活动要点之预定；（4）张宗麟先生讲演幼稚教育。"① 张宗麟当时拟订了8个演讲题目，首先演讲了《简单的幼稚园》，此稿后经整理，发表于《乡村建设》。

1935年11月，张宗麟还接待了北平幼师师生来本校幼稚部参观、见习。带队教师为戴自俺（晓庄学生），学生近10人，在为期9天的见习期中，他们与张宗麟密切互动，张宗麟每问必答，从无厌烦情绪；还与他们"作有系统的谈话共四次"，重点介绍了自己的幼教主张和经验。

张宗麟在邹平的工作未满一学期，便因"一二·九"运动爆发而终止。其原因，便是张宗麟支持本校学生组织抗日救亡队外出宣传鼓动，并默许学生罢课，因此遭山东乡村建设研究院解聘。梁漱溟后来对于此事曾有坦诚的回忆："张宗麟思想偏左，与我合不来，本来请他担任校长，因彼此意见不合而走了。解聘后，有一部分人跟他走了。"② 张宗麟是在警察的"护送"下离开邹平的，时间是在1936年1月上旬的某日。

---

① 张宗麟、张立民：《我们的分组》，《乡村建设》第5卷第8、9期（1935年12月15日）。

② 《梁漱溟先生谈山东乡村建设》，《梁漱溟与山东乡村建设》，山东人民出版社1991年版，第86页。

从 1931 年 2 月赴厦门，到 1936 年 1 月离邹平，前后正好五年。在这五年之中，张宗麟真正参与幼稚园实践，仅有集美的年半和邹平的半年。若加上前此鼓楼幼稚园的年半、南京教育局的一年和晓庄学校的年半，他在 1925 年毕业后的十余年来，真正参与幼教实践的时间大体为六年；但若宽泛说来，称之为"十年求索"也大体不错。

1936 年后，张宗麟在上海从事国难教育和战时教育，在淮南筹办江淮大学，赴延安任延安大学教育系副主任，再赴华北任北方大学文教学院院长，直至中华人民共和国成立后任职于教育部高等教育司和计划财务司（后名财务基建司），在这二十余年中，虽不时有幼教文论发表，但他却再也未能涉足于素所热爱的幼教实践事业。

二、儿童观与办园指导思想

所谓儿童观，通俗说来，即怎样看待儿童的问题。或言对儿童的本质观照问题；具体说来，包括对儿童特点的认识，对儿童地位与权利的界定，以及对儿童发展和儿童教育的预期。若就儿童观的类型而论，大体有"成人本位"与"儿童本位"、"社会本位"与"个人本位"之两分。在幼儿教育研究和实践中，儿童观通常被视为起点或原动力，如若失之毫厘，便将谬以千里。因而在研讨张宗麟的幼儿教育学说时，首当其冲的问题便是剖析他的儿童观，进而对其幼教目标的设定以及办园指导思想的确立进行深入研讨。

（一）对中国传统儿童观的批判

中国古代的儿童观，显然属于成人本位或社会本位范畴。在中国人的普遍认识里，是将儿童看成父母的附属品或私有财产，要求他们听命于家庭的规训，并应与社会的既定习俗无违；在道德行为方面，试图将儿童培养成循规蹈矩的"小大人"。而在科举制度强化之后，社会舆论便日益热衷于"金榜题名"的荣显，家庭则以登科连捷作为"耀祖光宗"的祭品，于是"三更灯火五更鸡"地读经背书不已；在知识学习方面，试图以陈腐知识的填充，将儿童超擢为"小天才"。即使在被历代奉为家教宝典的《颜氏家训》中，虽也有尊重儿童生理、心理发展阶段的相关论述，但却丝毫没有尊重儿童独立人格的意味。

对于中国传统的家庭规训，张宗麟以圣贤孔子和孟子的成长为例，来说明其意义并非纯然是积极的：

> 我们大家都知道孔夫子"俎豆之戏"，孟母为着孟夫子而"三迁其家"。俎豆之戏是什么？就是小孩子集合起来做祭祀、嫁娶、丧葬等游戏。孟母为什么三迁？因为孟夫子常常和邻居的野孩子一块儿做种种下流玩意儿，孟母阻止不住，只好用隔离法，搬家大吉。搬了一次还不够，再来一次；还不够，又来第三次，终算找到芳邻了，于是孟夫子才文绉绉、规规矩矩的有大人样了。①

其积极意义，固然在于彰显了团体游戏的价值，在于印证了环境影响的无形力量；然而其消极影响实际也相伴而生，那便是扼杀了童真和消磨了野性。

既然圣贤都是如此养成，那么凡俗家庭对于子女的教育，也就只可依瓢样而画葫芦了。尤其是在独尊儒术、以德行取士的察举制度施行以后，这种规训的意向更是日益强化。这既体现在历代家训、家诫和族规中，更反映于历代名人成功的纪传中。因此，中华民族的勃勃生机大多被湮灭，而沉沉暮气则是日益深重。

除反向的抑压之外，正向的引导则多为揠苗助长之法。在通过早教和苦读而幸取"童子科"的成功范例的刺激下，"榜样的力量"于是得以放大；凡是有所追求的家长或教师，无不是如此对待子女或儿童的成才：

> 强迫活泼的孩子枯坐，是给孩子套上锁链；禁止孩子找朋友，是幽禁。由此类推，那么教师们一手擎着藤条、夏楚，一手拿着规行矩步的八股书籍，威吓着孩子们读背，用四小时为单位的上课时间，整天强迫孩子坐课堂。这样的教育算是什么呢？造就人才呢，还是戕贼充满着生气的孩子？还是学着花儿匠用铜丝、铁丝、剪刀矫柔砍硬，把参天的柏松的幼苗弯曲成盆景？②

---

① 张宗麟：《儿童与农人的教育自由》，《中华教育界》第24卷第7期（1937年1月）。
② 张宗麟：《儿童与农人的教育自由》，《中华教育界》第24卷第7期（1937年1月）。

所谓"五尺童子,耻不言文墨焉"①,正是科举时代共同追求的侧面写照。

张宗麟除对传统"小大人"和"小天才"的儿童观表达了强烈的不满之外,还对历来的男女有别、城乡有别、贫富有别等儿童观表明了憎恶。如若上述是针对戕贼儿童自由天性而言的话,那么在此便是针对剥夺儿童平等权利而言的。

依照三纲五常所确立的男尊女卑传统,不仅在中国社会里由来已久,而且是根深蒂固。早在战国时期,民间便形成了溺女之风。韩非子曾以此作为论据,来论证他的人性"好利恶害"之说:

> 产男则相贺,产女则杀之。此俱出父母之怀衽,然男子受贺、女子杀之者,虑其后便、计之长利也。故父母之于子也,犹用计算之心以相待也,而况无父子之泽乎!②

即便在20世纪30年代,张宗麟所耳闻目睹的现实依然是:"溺女的风气我们不但耳闻,也常得着目见。闽西一带溺女的风气还很盛,听说江西、湖南一带,也有几县是这样的。"③ 在生命权尚且得不到维护的情况下,遑论生长权、教育权、择偶权等的维护!

城乡儿童观的差别,主要是认为城市儿童文明、乡下儿童粗野。就表面现象而言,这或许是事实;然而若深究其中原因的话,则与幼稚园的有无,以及公园、游乐场、影剧院、博物院等社会文化机构的设置相关。中国儿童城乡差别的问题,实由工农业产品交换时的"剪刀差"所造成,也由中国近代化进程中的开放程度所决定。当时的乡村教育运动虽致力于弥缝这种差别,然而总体效果则不彰。

贫富儿童观的殊异,一方面反映在抚养和教育孩子的方式方法上,另一方面则是反映在对于子女的期望值上。贫富问题固然与城乡问题相关,但并非尽然。因为乡村中也有少数土豪,而城市中则多有劳工和城市贫民。张宗

---

① [唐]杜佑:《通典·选举三》,浙江古籍出版社1988年影印版,第84页。

② [清]王先慎集解、姜俊俊校点:《韩非子·六反》,上海古籍出版社2015年版,第505页。

③ 张宗麟:《怎样做合乎时代潮流的父母》,《儿童教育》第5卷第7期(1934年9月15日)。

麟在调查幼教实况时,对幼稚教师的嫌贫爱富尤其不满:"某女教师对于幼稚生大分青白眼:对待富室子弟,和颜悦色、循循善诱;对待贫苦学生,则怒目厉声、举动粗鲁。"① 这种态度,显然对贫苦孩子的成长不利。

总之,张宗麟对于中国传统的儿童观,基本是持批判态度的。在他构建自己的幼儿教育理论时,所秉持的是"弃旧图新"的方针,要求以儿童为本位、为中心。这种方针,并无晚清"中体西用"的意味,而可谓为"五四"新青年"充分世界化"的崭新追求。

(二) 对西方近代儿童观的吸纳

张宗麟将卢梭推列为西方崭新儿童观确立之第一人,他不仅在文论中多次提及卢梭之名,而且还曾明确宣称:

> 吾将效卢梭之言曰:"放儿童于自然界,毋使入人手也。"夫养成有纪律、能服从等,虽为教育目的之一,然而究属次要;其最要者,实为如何能使儿童活泼运动,如何能使儿童之好动倾向尽泄无遗,如何能养成儿童健全之身体。②

对于卢梭的自然主义教育理念,张宗麟虽竭力赞同;然而他也明确指出,由于在当时幼稚园并未出世,他也就不可能论及;"况且卢梭一生没有实际干过教育事业,虽然写了《爱弥尔》那样好的教育小说,实际上连自己的儿子也没有教过"③。

"实际干过"儿童教育,并取得瞩目成就者,为瑞士教育家裴斯泰洛齐。他主张每个人都有与生俱来的发展机能和受教育的权利,力倡平等和慈爱;并身体力行,通过办理贫民学校、孤儿院、布格多夫小学等设施来实践自己的教育理想;又撰述理论文章和教育小说来宣传他的"要素主义",从而获得了众所公认的成就。不过,张宗麟认为,他只是"初等教育的首创人",所教

---

① 张宗麟:《调查江浙幼稚教育后的感想》,《中华教育界》第15卷第12期(1926年6月)。
② 张宗麟:《幼稚教育概论》,中华书局1928年7月版,第94~95页。
③ 张宗麟:《幼稚园的演变史》,商务印书馆1935年10月版,第3页。

授者为小学生而非幼稚生;张宗麟承认,"裴斯泰洛齐确是一个爱孩子的救星"①,但这孩子并非6岁以下的幼童,即并非学前教育的对象。

裴斯泰洛齐无疑是一个继往开来的人物,他前承卢梭,要求教育回归自然本位和儿童本位;他又用平等教育的理念,后启了教育学界的两位巨星来者:

> 裴氏的学说有两方面:一方面是受了卢梭自然主义的影响,主张由内在发生的自由;一方面是受了经验论的影响,主张有外入的教育。这两方面,给裴氏两个大徒弟得了去。海尔巴特就着重在第二方面,所以创造了许多教育方法,如五段教学法等;福禄培尔着重在第一方面,主张由内在发生的自由施以辅助等教育。②

"海尔巴特"通译赫尔巴特,为德国基础教育家,为公认的现代教育心理学创始人、科学教育学之父。而福禄培尔则是公认的学前教育家,因而他的儿童观才真正为张宗麟所看重。

福禄培尔的儿童观,是建立在他"神秘一元"的哲学观念之上的,因而透露出强烈的宗教气息。在《人的教育》一书中,他认为自然界的万事万物都是相互联系和整体统一的;而自然界是上帝意志的体现,只有信仰上帝,才能认识自然,才能启迪内在的自由。正是基于这种认识,他才将儿童玩具定名为上帝所赐予的"恩物",视此为上帝设计恩赐给儿童进行自主活动的材料。这种儿童观,固然有着陶培宗教信徒、过重形式训练等积弊,然而其积极价值则在于:"个人的智识、品性、技能等,人所自有,无待于他求,教育不过将其原有的开展出来罢了。"③张雪门是中国较早且较深入研究福禄培尔的人物之一,他总结福禄培尔的学说为"开展说"。应该说,这种归结大体合理。揆诸中国教育思想史,此说与孟子或王守仁的"良知良能说"高度吻合,但"上帝赋"与"天赋""理赋"或"道赋"毕竟有异。

张宗麟所撰幼教专著,几乎无一本不论及福禄培尔;除推许他首创幼稚

---

① 张沪编:《张宗麟幼儿教育论集·解放儿童》,湖南教育出版社1985年版,第820页。
② 张宗麟:《幼稚园的演变史》,商务印书馆1935年10月版,第21页。
③ 张雪门:《幼稚园教育概论》,商务印书馆1931年1月版,第14页。

园之功外,便是对他尊重幼儿、欣赏幼儿、发展幼儿天性的儿童观予以充分肯定。张宗麟有言:

> 福氏创造"幼稚园"的名称,意思是"儿童的花园",幼稚园教师就是"园丁"(Kindergartener)。比儿童是"花木",这是一个极有意义的名称。他的学说是主张自由,并且主张人的心灵与宇宙是同出一源,也好像可以互相象征的。宇宙间整个的或分离的原理,都可以引到教育幼小的儿童来的。他创造了许多种儿童恩物,精选了许多种儿童歌曲、儿童游戏,晚年又确定了幼稚园教师最好是女性的事实。[①]

不过在《幼稚教育概论》一书中,他也具体指出了福禄培尔儿童观的诸多不足。

这种不足,主要体现在如后二方面:其一为宗教一元论哲学。所谓"儿童之心即宇宙之心"的认定,他又表述为"儿童之心即上帝之心"。这显然是无法证实的玄学命题,如此将会抽去儿童观中的科学底蕴,用先验论取代经验论,因而其学说具备神秘色彩。其二为所据的心理学理论亦非科学。依张宗麟看来,福禄培尔施教所据的心理学,与后起的格式塔派心理学(亦称完形心理学)相似,即主张以"整体一贯论"来研究心理现象。如此,便很难准确、客观地探讨儿童的生理机能和心理机制,便极易"入于幻想一路"。张宗麟举例说,福禄培尔所设计的"恩物多偏于细小",便是因为他尚未真正洞悉"儿童之肌肉尚未发展至若是细微也"[②]。

正因为张宗麟看重科学因子,因而他对蒙台梭利的儿童观相对推崇。在他的幼稚教育专著中,与对待福禄培尔一样,也是无书不论及蒙台梭利,并且尤重她接受科学教育的经历。蒙台梭利原习医学,是罗马大学乃至全意大利的第一位女医学博士;其后又留学法国,师从"低能儿学家"伊塔德和塞贡,精研特殊教育理论。在归国担任罗马国立启智学校校长一年后,又重入罗马大学,精研哲学、心理学、人类学等学科,在累积了深厚学理的基础上,

---

① 张宗麟:《怎样研究幼稚教育》,《商务印书馆出版周刊》第241期(1937年7月10日)。

② 参见张宗麟:《幼稚教育概论》,中华书局1928年7月版,第23页。

然后才有了 1907 年开办"儿童之家"（也称贫儿院）的成功。

张宗麟认为："蒙台梭利很能体谅到穷苦孩子的心，还出一个小孩子来。"① 她还原儿童之心后，便要求以儿童为本位、为中心，尊重儿童的个性和自由，这便是蒙台梭利的儿童观。张宗麟对此的总结是：

> 蒙氏学说与近世教育潮流颇相近，盖氏亦潮流中人物之一也。个别教育（Individuated Education），二十世纪最新之教育学说也，蒙氏即提倡者之一人。无论教导、设备等，莫不以儿童为中心，亦莫不以儿童个性之所近为归结，使各个儿童得尽其所能而发展，此氏学说优点之一。②

显然，张宗麟对这种以科学和人道为基础的儿童观尤表赞同。

自 20 世纪 20 年代以降，蒙台梭利的学说也招致各方质疑，尤其是美国各派心理学家的批判，其中包括詹姆斯、桑代克、华生等大家；他们认为，蒙台梭利的感官训练主张，所据为业已过时的官能心理学派（或称才能心理学派）的理论。这是因为，近代心理学实验之结果，并不能证明有"心理智能"的存在，也不能证明智能可以接受特种训练而提高的命题。张宗麟注意到此类批评，但认为这只是属方法论层面的问题，并不影响对于儿童观层面的评价。

值得注意的是，在张宗麟投身于幼稚教育事业之时，正是杜威实用主义教育理论在中国大行其道之际；而其恩师陈鹤琴、陶行知又通称为"杜威弟子"，并均以倡行"实验主义"或"试验主义"而蜚声中国教坛，那么张宗麟为何鲜提"杜威儿童观"呢？其后，又有罗素的来华讲学，并且产生过对他教子方法的争论，以及对他《教育与美好生活》一书的介绍，那么张宗麟为何不提"罗素儿童观"呢？笔者认为，或许在张宗麟看来，他们的"儿童中心论"，均可视为对蒙台梭利儿童观的发挥；再就是，他们并非真正意义的学前教育家。

张宗麟不仅认同蒙台梭利学说的科学底蕴，而且赞赏她"不以有科学研究而轻视教育"的态度，更为推崇她"非但重视教育，且以为教育值得终身

---

① 张沪编：《张宗麟幼儿教育论集·解放儿童》，湖南教育出版社 1985 年版，第 820 页。
② 张宗麟：《幼稚教育概论》，中华书局 1928 年 7 月版，第 25 页。

研究，引为终身之事业"之精神。他的基本评价是："其学说虽有谬误，然而始终以教育为目的，毫无宗教迷信之观念，此亦为前人所不及者。"① 有基于此，视张宗麟的儿童观为蒙台梭利的儿童观的承袭大体不错。

（三）幼儿教育培养目标的定位

依据西方传入的儿童本位儿童观，张宗麟确立了自己的幼儿教育培养目标论。须得特别说明的是，在1928年以前，这种培养目标，与张宗麟从事幼稚教育的引路人陈鹤琴的思想高度相关；具体说来，便是鼓楼幼稚园办理目的中对有关教育对象的预期和定位。

第一项目标，即是谋求儿童自身的快乐和幸福，而不是将家庭、社会置于首位，更非将政治、经济、文化等现实追求作为要务。在《新中华幼稚教育》专著中，张宗麟专列"幼稚园的儿童"章，并分列"生理状况"和"心理现象"两节，其立意甚明，即只有顺应儿童生理和心理的抚养和教育，才可能使儿童获得快乐和幸福。张宗麟平生热爱儿童，不断倡言尊重儿童、解放儿童，便是基于这种思路；在他参与拟订的《幼稚园课程暂行标准》中，更是将"增进幼稚儿童应有的快乐和幸福"列为首项。

第二项目标，即是谋求儿童的身体健康，这无疑是"快乐和幸福"的基础。不过在笔者看来，第一项更为偏重心理追求，因为快乐和幸福均为心理体验；而身体健康则为实在的生理追求，是儿童发展的前提，因而这两者理当分列。在张宗麟看来："教育之第一义，为谋儿童之健康；若徒有知识增进而身体不健，是畸形的教育。"② 因此，他首重营养与卫生。在营养方面，他除提倡母乳喂养外，还介绍国外有关婴幼儿的营养配方，以供中国家庭和托幼机构参考；在卫生方面，除要求环境清洁、疾病预防外，他还在《关于幼稚园的卫生问题》一文中，特别提出了诸多细节要求。至于运动和身体锻炼，他更视为身体健康的必要保证。

第三项目标，即是培养儿童良好的行为习惯。中国古人对于习惯之养成，

---

① 张宗麟：《幼稚教育概论》，中华书局1928年7月版，第27页。
② 张宗麟：《幼稚教育概论》，中华书局1928年7月版，第6页。

主张及早施教，并一以贯之，所谓"少成若天性，习惯如自然"即为此理。在张宗麟参与拟订的《幼稚园课程暂行标准》中，所分列的第二项目标即为"培养人生基本的优良习惯（包括身体、行为等各方面的习惯）"。他在《幼稚生应该有多少习惯和技能》一文中，参考国外的相关研究，将习惯分列为"卫生的习惯""个人的做人习惯"和"社会性的做人习惯"三类。在其他文论中，他还提及劳动习惯、学习习惯、运动习惯、休闲习惯种种。概括言之，生活中的各个方面，无不需要养成良好的习惯。张宗麟还明确主张："习惯训练不是一朝一夕之功，也不是甲地应如是，到乙地就可以改的。习惯训练要继续不断，没有一次例外，到完全养成、完全熟练为止。"[①]

第四项目标，即是基本常识和相关知识技能的获取。常识可视为经验的知识化，婴幼儿自各种感觉器官开启后，各种感受便会在大脑中刻印、累积并形成经验，相关经验的简约或符号化，便成为常识或知识。常识可视为符号金字塔的底层，而专门知识可视为其尖顶。婴幼儿的学习过程，须经由常识的阶梯而攀向知识的塔尖，因而获得常识为成长中又一不可或缺的要素。在幼儿教育中，通常将常识两分为自然常识和社会常识。张宗麟在《幼稚园的常识》中，对于常识科的意义、常识与其他活动的关系、常识材料等问题有过详细的论述；他虽不主张在幼稚园中教授专门知识，但又要求须为升入小学后的知识教学预作准备。至于技能，它既与习惯的养成相关，也与知识的获取和巩固相关。在《幼稚生应该有多少习惯和技能》一文中，张宗麟分列了"生活的技能""游戏运动的技能"和"发表的技能"三类，这大体与身体、习惯以及知识三者相关。

第五项目标，即是惯常社交能力的训练，旨在陶培"乐群"的性格。这种社交能力，首先在于家庭成员间的交流或体谅，然后是邻居小朋友和幼稚园的同学，最后才是有关系的社会成员。婴幼儿往往会以自我为中心，缺乏互敬互让的精神，无论食物、玩具、爱抚等均想独占，这种强烈的排他性，极易养成骄横的性格，从而不易融入集体和大社会之中，无法成为一个真正的公民。张宗麟认为，社交能力须从待人礼貌做起：

---

① 张宗麟：《幼稚园的社会》，商务印书馆1933年2月版，第62页。

这是极小的事，但是关系于社交极大。例如"谢谢你""不客气""某某早""再会"等，不是口头禅吗？先敲门，后进去，不随便插入别人的讲话等，不是小节吗？但是没有这些小节，就会遭人讨厌。①

注意"小节"，可谓为人际交往中的润滑剂。

　　第六项目标，即是欣赏能力的培养，亦即艺术趣味的养成。自婴幼儿起，凡健全者，均会有情感的表达和情绪的宣泄。自此时起，施教者便当营造特定的环境，进行定向的引导，以使受教者在喜怒哀乐的情绪体验中逐渐提升自己的审美能力、丰富自己的情感世界。张宗麟认为：

　　艺术化之课程，必能使儿童个个欣欣然有喜色，和蔼可爱，入其室正如满座春风，儿童自己不知其为工作欤？抑游戏娱乐欤？近来有人主张，幼稚园中以音乐为中心者，盖合乎儿童好尚之音乐，儿童必唱不离口。工人、农人讴歌之风，经音乐家之艺术化而入于幼稚园者，儿童于此，宁有不乐哉此园之颂者欤？近世快乐主义甚盛行，艺术化之课程，或即发源乎此。②

音乐还包括律动和舞蹈，这种陶培始自妈妈的摇篮曲，贯串于子女其后的成长过程。他如故事、图画、手工等，均为对幼儿进行艺术陶冶的主课。

　　此外，张宗麟还主张，应经常带领孩子们外出欣赏自然美景，参观博物馆、美术馆，观看电影、戏剧，阅览图画书等多种活动，用以培养儿童的欣赏能力。这是因为："吾人于各种知识等等，不患知之不多，而患无欣赏之能力。有欣赏能力者，正如宝钥在手，随时可以取藏物者也。"③

　　以上六项目标，除第一项外，以下五项可归结为体、德、智、群、美五大要素。至于第一项，既可视为心理健康的标准，更宜视为此五要素"平均发达"或"和谐发展"的结果。

（四）幼稚园办理的具体目标

　　幼儿教育的目标，与幼稚园办理的目标密切相关，但又并非完全等同。

---

① 张宗麟：《新中华幼稚教育》，中华书局 1932 年 5 月版，第 144 页。
② 张宗麟：《幼稚教育概论》，中华书局 1928 年 7 月版，第 55 页。
③ 张宗麟：《幼稚教育概论》，中华书局 1928 年 7 月版，第 6 页。

这是因为，前者不仅包括 3 岁之前的乳儿和小儿，还包括家庭教育和社会教育。应该说，办园目标应该更为明晰、更为具体，也须更具有可操作性。现对张宗麟在鼓楼幼稚园工作期间的相关论述进行概要性介绍。

张宗麟在 1926 年 6 月发表的《南京鼓楼幼稚园概况》中，将办园宗旨概括为如后三项：(1)"试验中国化的幼稚教育"；(2)"利用幼稚园以辅助家庭"；(3)"将试验所得最优良、最经济之方法，供全国教育界之采择"。① 此时他已来园工作整一年，对于办园宗旨当然是了然于胸。

在同年与陈鹤琴联名发表的《一年来南京鼓楼幼稚园试验概况》中，在论及"设备试验"时，曾提出如后五项目标：(1)"省钱的"；(2)"与当地情形相近的"；(3)"用本国货"；(4)"合于儿童心理"；(5)"合于教育原理的"。② 除第三项外，其他四项均可视同于办园目标。

在 1926 年 12 月出版的《幼稚教育概论》一书中，张宗麟对于办园目标的设定则为如后七项：(1)"须适合于民族性"；(2)"合于儿童生活的"；(3)"所有方法皆须出于自由、自然"；(4)"幼稚教育非宗教"；(5)"富有游戏性的"；(6)"一切作业当使儿童能见到效果"；(7)"教师勿抱有成见"。③ 其中的前五项，与办园目标的相关度似乎更高。

1927 年 3 月，陈鹤琴在《我们的主张》中，系统阐述了鼓楼幼稚园的办理目标及方法。既然主张是"我们"的，那么其中自然包括张宗麟及其他同仁。这种共同主张，包括如后十五项内容：(1)"幼稚园是要适应国情的"；(2)"儿童教育是幼稚园与家庭共同的责任"；(3)"凡儿童能够学的而又应当学的，我们都应当教他"；(4)"幼稚园的课程，可以用自然、社会为中心的"；(5)"幼稚园的课程，须预先拟定，但临时得以变更的"；(6)"我们主张，幼稚园第一要注意的是儿童的健康"；(7)"我们主张，幼稚园是要使儿童养成良好习惯的"；(8)"我们主张，幼稚园应当特别注重音乐"；(9)"我

---

① 张宗麟、李韵清：《南京鼓楼幼稚园概况》，《教育汇刊》第 2 卷第 3、4 期（1926 年 6 月 1 日）。

② 陈鹤琴、张宗麟：《一年来南京鼓楼幼稚园试验概况》，《新教育评论》第 2 卷第 24 期（1926 年 11 月 12 日）。

③ 张宗麟：《幼稚教育概论》，中华书局 1928 年 7 月版，第 6～8 页。

们主张，幼稚园应当有充分而适当的设备"；（10）"我们主张，幼稚园应当采用游戏式的教学法去教导儿童"；（11）"我们主张，幼稚生的户外生活要多"；（12）"我们主张，幼稚园多采用小团体的教学法"；（13）"我们主张，幼稚园的教师应当是儿童的朋友"；（14）"我们主张，幼稚园的教师应当有充分的训练"；（15）"我们主张，幼稚园应当有种种标准，可以随时考查儿童的成绩"。① 应该说，其中的绝大多数内容均属方法，但此方法也与办园目标多有关联。

综合以上所列，可以简明、扼要地归纳出如下三条张宗麟对于新兴正规幼稚园的办理方针。

第一，要办理民族的幼稚园。

若就中国学前教育的发展阶段而论，在晚清起始阶段，可说是完全仪型日本；当时所颁《奏定蒙养院章程及家庭教育法章程》，前半部分几乎是1899年日本《幼儿园保育及设备规程》的照抄。甚至在中国首批办理的知名蒙养院中，也均是聘请日本"保姆教习"来华执教。张宗麟直言："我国过去的幼稚园，一味模仿日本，不但教师的技术太差，甚至日本已经行了二十年的老方法，也不能尽行模仿。"②

然而自"新文化运动"兴起以来，欧风东渐的势头难以遏止；尤其自"壬戌学制"颁行后，幼稚园的办理又一味模仿欧美。若论欧美式幼稚园的办理，其实比日本式蒙养院的办理还要更早。早在19世纪90年代前后，西方传教士便在我国东南沿海各通商口岸办理了学前教育机构，初名"小孩察物学堂"，后名"幼稚园"，它们完全仿照西方的相关制度、思想、内容和方式来办园。无可否认，此类学前教育机构的办园理念是先进的，园舍和设备是优越的，课程和方法也是科学的；但是，此类幼稚园都具有浓重的基督教色彩，是为培养宗教信徒服务的，所以在"收回教育权运动"爆发后，这种欧美式幼稚园也受到强烈冲击。

1925年10月，张宗麟专程对江浙幼稚园进行了为时半月的考察，其中在

---

① 陈鹤琴：《我们的主张》，《幼稚教育》第1卷第1、2期（1927年3月）。
② 张宗麟：《幼稚园的演变史》，商务印书馆1935年10月版，第45～46页。

对某教会幼稚园参观后有如下记载：

> 又行至某处，适为国庆纪念后二日，黑板上挂有小国旗，其旁即写有"上帝爱护我们……"一条。谈话时，教师虽先说国旗，然三言两语略过去；惟上帝一语，则反复解释，使儿童大家说，又继之以唱赞美诗。如此教法，尽忠于基督教可为至矣、尽矣，蔑以加矣，其如中华民国何！①

张雪门稍后也发表《参观三十校幼稚园后的感想》，结果也认定，教会幼稚园在国中占居多数，而且办理也相对较好；但是办理者们"是为她们自己的教会尽职，不是为教育服务；是为的宗教，不是为的孩子"②。

无论是仿照外国幼稚园还是放任教会幼稚园的办理，均与"五四"以后爱国的主调不符，而且与中国儿童身心发展的特殊性不合。因此，鼓楼幼稚园办理的首要目标便是"适应国情"，试图通过一系列试验，在设备、课程、方法等方面，为国内新兴幼稚园的办理提供参照。

第二，要办理平民的幼稚园。

在中国学前教育发展的早期阶段，日本式幼稚园所收多为官绅子弟，教会式幼稚园所收多为信徒和买办子弟。这两种幼教机构均收费高昂，且多筑以阶级或信仰的门墙，使普通百姓的子女不得其门而入。在"五四"民主思想的激荡下，"平民主义教育思潮"勃然兴起，"教育权平享"也就成为响彻云霄的时代口号。

在《幼稚园的演变史》中，张宗麟专设一章来讨论这种变化。该章章名为，"从少数人享乐的幼稚园，变到多数人受训练的幼稚园"。他首先介绍了福禄培尔的幼稚园和蒙台梭利的儿童之家，认为他们的教育对象均为平民或贫民；接着介绍了美国和苏俄这两大对立国家幼儿教育的发展趋向，认为他们都在向着底层化、普及化的目标致力。正因为如此，中国的幼稚园也应

---

① 张宗麟：《调查江浙幼稚教育后的感想》，《中华教育界》第15卷第12期（1926年6月）。
② 张雪门：《参观三十校幼稚园后的感想》，原载《晨报副刊·家庭》第18号（1926年2月28日）。

"向劳苦大众的大道上走去",即"可以使幼稚园渐渐移向乡村与工厂区去"①。

为了顺应这种平民化的时代潮流,鼓楼幼稚园在下午开办了"特别班",免费收纳邻近五六岁未入小学的平民子弟入园受教;除设游戏、故事、唱歌、手工等幼稚园课程外,还重点试验了"读法",附带试验了"数法"。为了维持鼓楼幼稚园的办理,这种免费班办理的时间并不长。若论鼓楼幼稚园的性质,它肯定是更接近于贵族性之一端;不过,若论经它试验而推行的那套幼稚园课程标准,则无疑更倾向于平民性之一端。

为了实践平民化的办园方针,张宗麟在鼓楼幼稚园服务期间,便协助陶行知筹创乡村幼稚园。1926年10月,陶行知以中华教育改进社名义发表《创设乡村幼稚园宣言书》,其后又发表了《幼稚园之新大陆——工厂与农村》,并开始筹设燕子矶乡村幼稚园。此后,陶行知每来南京,必到鼓楼幼稚园与陈鹤琴和张宗麟共商开办计划。1927年10月,张宗麟与徐世璧共同下乡筹办,终使该园于同年11月11日正式开办,使中国的第一所乡村幼稚园问世。此后,他又指导开办了晓庄、和平门、万寿庵、迈皋桥等多所乡村幼稚园;1931年9月,他又在厦门集美试验乡村师范学校附设了"洪林美乡村幼稚园"。有关办理平民幼稚园之不易,张宗麟的一则回忆很能说明问题:

> 二十四年春天,著者在湖北,有一天,一位教育学者的太太要我计划一所幼稚园,并且愿意在她的学院里开办一所幼稚园,一切愿与我合作。我第一句问:"这所幼稚园收谁的孩子?"她说:"收学院里教授们的孩子。"我又问:"我打算收农家孩子,是否可得?"她说:"农家孩子太脏,习惯又坏,传染病也多,我们不愿意他们进来。"这所幼稚园没有办成,主要的原因,是我主张贫富孩子同收,她们(教授与专家的太太们)不主张收贫家孩子,不愿意与穷人在一块儿,这也是一个主要原因。②

这所"学院",便是湖北省教育学院,张宗麟时任该院乡村教育系主任。

第三,要办理实验的幼稚园。

当时中国对于杜威实用主义哲学方法论的概括,胡适称之为"实验主

---

① 张宗麟:《幼稚园的演变史》,商务印书馆1935年10月版,第61页。
② 张宗麟:《幼稚园的演变史》,商务印书馆1935年10月版,第56页。

义",而陶行知则称之为"试验主义"。胡适认定,"实验的方法就是科学家在试验室里用的方法。"① 这里所用的"试验",显然是具体的方式或手段,理当从属于包括目的和内容的"实验"。而陶行知所用"试验",则包涵或等同于"实验"。他明确指出:

> 试验者,设统系,立方法,举凡欲格之物,尽纳之于轨范之中,远者近之,微者大之,繁者简之,杂者纯之,合者析之,分者通之,多方以试之,屡试而验之;更较其异同、审其消长、观其动静、察其变化,然后因果可明而理可穷也。②

其实,实验和试验并无本质殊异,两者均属科学哲学范畴,均致力于探寻客观真理,并以假设、尝试、创新为基本追求。若言陶行知习用"试验"的原因,可能是因为,他认为教育改造的探求,不可能如实验室那般严密、可控,实验对象也不应该如小白鼠那般可无情对待。设若此推断成立,称试验为"广义的实验"或"社会性实验"亦无不可。

张宗麟可能是受了陶行知影响,"试验"的使用明显较"实验"为多。如他在介绍鼓楼幼稚园的办园目标时,首项即为"试验中国化的幼稚教育",并申述了具体理由:

> 中国现在所有幼稚园,大半采取西洋成法,或宗福禄培尔派,或宗蒙得梭利派,稍新者则参而用之。此种方法与教材,用于外国或可适用,施之我国则不免有削足适履之弊。因此本园第一目的,在试验中国化的教材和适于中国儿童的教法。凡各国所发明之新方法、新教材,非经详细考察,认为颇合国情而能实收成效者,宁弃之而勿用。盖独立国之国民性,当于孩提时培养之,此即今日吾侪教育界最大之责任也。③

他在革新课程、创制设备、变换方法时,也均以试验述之。

但是,为何在归纳此点时仍用"实验"呢?这是因为,鼓楼幼稚园"园

---

① 胡适:《实验主义》,《新青年》第6卷第4期(1919年4月15日)。
② 陶行知:《试验主义与新教育》,《新教育》第1卷第1期(1919年2月)。
③ 张宗麟、李韵清:《南京鼓楼幼稚园概况》,《教育汇刊》第2卷第3、4期(1926年6月1日)。

主任"为陈鹤琴,他不仅习用"实验"一词,而且始终强调鼓楼幼稚园的实验性;再说,自 1927 年南京国民政府成立后,便要求各省市须设立实验小学和中学以作为地区之基础教育标杆,那么配套的幼稚园设置,当然也只宜用"实验"而非"试验"。好在这二者并无实质差异,它们均是以科学追求为指归,因而也就无须吹毛求疵了。

民族、平民和实验,分别对应洋化、贵族和守成。只要如此对应和比较,应取应夺、应臧应否便可一目了然。在确立了这种办园目标之后,张宗麟在此后的幼教实践中均时刻依循,并成为了他幼教理论的鲜明特色。这种理论特色,集中反映在他有关幼教内容与方法的试验与论述上。

三、课程试验及其相关成果

张宗麟幼儿教育学说的核心内容,是有关幼稚园课程的主张。这是他在鼓楼幼稚园从事试验的结果,主要包括课程的确立原则、试验的过程、科目或类别,以及配套材料和教参的选定。首先应该明确的是,幼稚园里究竟应不应该设有课程?张宗麟指出:"在幼稚园里看不到课程表,因此有人以为幼稚园没有课程。其实,幼稚园既然是一种教育机关,当然也有课程,并且有特殊的课程。"[1] 其次应该说明的是,该课程试验成果的取得,是在陈鹤琴的指导下,在同事甘梦丹、李韵清、俞选清、吴素卿、陆怀清、陈荣廷等人的共同参与下完成的。再次还须说明的是,该课程试验的成果,后在教育部拟定《幼稚园课程暂行标准》时得以充分采纳。

(一)幼稚园课程儿童本位的确立原则

这是儿童本位的儿童观在制定幼稚园课程中的必然要求,既可视为出发点,也可作为终点站;它不仅应贯串于课程制定的全程,而且也应渗透于课程实施的始终。具体而言,这方面的原则大体可分列为以下四点。

第一为生活的原则,亦可说是整个的、普遍的原则。

---

[1] 张宗麟:《新中华幼稚教育》,中华书局 1932 年 5 月版,第 78 页。

教育是为了求得个人生活的进步,进而增进人类生活的进步,因而它所教授的内容,便必须结合并围绕现实生活而展开。这要求幼稚园的教学内容必须具有时代性和广泛性,既不能沿袭古代"经训"气息浓重的内容,也不宜尽以"神怪"故事来填充幼儿的头脑,甚至也不能以幼稚园的门墙来阻隔大自然、大社会的丰富多彩。

自1919年杜威来华讲学之后,"教育即生活"和"学校即社会"的口号便风行于世。其后,陶行知又提出了"生活教育"理论,主张"生活即教育""社会即学校"和"教学做合一"。再后,陈鹤琴又提出并实验"活教育"理论,主张"以大自然、大社会作主要的教材,以课本作参考资料,这是直接的活知识,是直接的经验(以课本作主要教材,是间接的死知识或间接的经验)"。①

张宗麟则主张:"'生活便是教育,整个的社会便是学校'这两句话,是厘订一切学校课程的总纲领。"② 他又主张,幼稚园"各种活动,都以实际生活做出发点"③。由于幼儿的"实际生活"是整个的,因而幼稚园内容也须各方兼顾:

> 幼稚园课程须以发达儿童全部为目标。儿童之生活为整个的,在普通教育下之儿童,应保持儿童整个的生活,使各方面平均发达。所谓健全之身体、灵敏之感官固属重要,而人生之必须习惯、相当知识亦需同等注意。④

整个是就内容的全面性而言的,普遍是就满足全体受教育者的需求而言的。

第二为需要的原则,亦可说是个别的、特殊的原则。

这项原则,主要是就受教育者心理层面的潜质和发展水平而言的。首先,幼儿之心理不宜视同于成人之心理。张宗麟认为:"儿童之生理、心理,完全非成人,别有自己之田地,教育当适应其需要。"⑤ 换言之,它须以幼儿心理

---

① 陈鹤琴:《活教育与死教育》,《江西地方教育》第210期(1941年4月1日)。
② 张宗麟:《新中华幼稚教育》,中华书局1932年5月版,第78页。
③ 张宗麟:《课程试验报告(三)》,《儿童教育》第1卷第3期(1928年5月15日)。
④ 张宗麟:《幼稚教育概论》,中华书局1928年7月版,第55页。
⑤ 张宗麟:《幼稚教育概论》,中华书局1928年7月版,第7页。

学为基础,选择适合的内容来满足幼稚生的个别或特殊需求。

其次,不同国别、不同地域的幼儿心理需求有异,所以教学内容的采择,切不可生搬硬套、各地一律。有关国别的问题,针对日本式幼稚园和欧美式教会幼稚园的教学内容,当时的批评者甚多,并且主要是从政治层面立论;张宗麟的批评固然也不离政治,但他更为强调不合中国儿童心理这一深层因素。有关地域问题,他主张根据中国的南、中、北(热、温、寒)三带来编制幼稚园课程。他首先与陈鹤琴编制了《中国中部的课程大纲》,其后又与集美师范同仁编制了《闽南小学低年级常识中心问题大纲》,他还介绍了张雪门编制的《中国北方的课程大纲》,以此来证明,地域不同,自然景象和社会风俗也不同,幼稚园课程也就应当各有侧重。

再次,不同季节、不同节庆的幼儿心理需求也有不同,所以理当依据季节变换、节日性质来安排相关内容。他认为,美国幼稚园的课程实施,最为注重的便是"自由、独立、创造三项",他总结说:

> 关于课程方面,完全采取儿童自由的方式。甚至昔日视为最有用的设计教学法,也不适用于幼稚园。一切活动,都是从一年四季的环境上产生儿童的行动;更因儿童的行动,而产生逐月逐周的课程。所以可以说,没有课程,更没有教科书,也没有定型的知识与技能的授受。①

张宗麟在鼓楼幼稚园试验课程时,便注意了随季节变化来安排课程;其后在指导燕子矶幼稚园办理时,他更是制定了严格的"生活历",力求幼稚园课程不违农时。

最后,须依据幼儿已有的自然经验或直接经验施教。张宗麟对于经验及其类别是如此界定的:

> 人与环境发生的关系,便是经验。经验有两种:一是自然经验。这种经验,随着环境的变迁而获得,如衣、食、住、行等自然变化是;在生活上虽然占着重要的地位,但是这些经验是堆积而来的,不过是动物性的生长的历程。二是人为的经验。这种经验是从有组织、有步骤而获

---

① 张宗麟:《幼稚园的演变史》,商务印书馆 1935 年 10 月版,第 66 页。

得的，如各种专门技能的学习是。①

自然经验多称个体经验或直接经验，人为经验多称社会经验或间接经验。

这两种经验，与学习心理密切相关；如何选择，是幼稚园常识和知识传递的前提。由于幼儿的生活经历不多，所积累的直接经验或感性经验甚少；而依据幼儿的学习心理，任何抽象的、间接的知识传授，均难以获得良好的效果。因此，教学内容的采择，当依据幼儿业已拥有哪些感性经验来决定。这种选定，既须依据群体幼儿的整体经验水平，还须考虑个体幼儿特殊经验水平，此即为"因材施教"的原则所要求。其实，教育过程既可视为在直接经验之上"嫁接"间接知识，也可视为由旧经验生长出新经验，还可视为是个体经验的社会化。

第三为综合的原则，亦可说是中心制或单元制原则。

此处所言综合，实指综合课程，是相对于分科课程而言的。分科课程也称学科课程，即依据每门学科的知识体系，逻辑（旧称论理）地分列课程和编排教学内容。而综合课程则主张，整合若干相关联的学科，只选择其中的某些论题和问题来教学，因而也称为合科课程或融合课程。如果围绕某个论题来组织教学，且具有发散性特征，通常也称为"单元制"或"大单元制"（联系的学科更多、知识范围更广）；如果是为了解决某个问题，具有聚敛性特征，通常也称为"中心制"。幼稚园课程的编制原则，依据前已介绍的幼儿心理特征，无疑须依循综合的原则。

陈鹤琴曾明确提出"整个教学法"，他认为学校教育中的分科课程"是模仿大学的"；而对于幼稚园和小学低年级儿童，主张"教师尽管可以用整个材料去教他，不必分科教的"。因为这时的分科教学，"是不合教育的原理的，是四分五裂的，是违反儿童的生活的，是违反儿童的心理的"。他所给出的建议是：

> 整个教学法就是，把儿童所应该学的东西，整个的、有系统的去教儿童学。这种教育法，是把各种功课打成一片。所学的功课，是无规定时间学的；所用的教材，是以故事或社会或自然为中心的，或是做出发

---

① 张宗麟：《新中华幼稚教育》，中华书局1932年5月版，第79页。

点的。但是，所用的故事或关于社会、自然的材料，总以儿童的生活、心理为根据的。①

张宗麟正是依据这种整个的、综合的、中心制或单元制的原则，来编制幼稚园课程的。

第四为衔接的原则，要求既须与托儿所衔接，也须与小学低年级衔接。

这种前后衔接的原则，亦可称为一贯性原则。前端的衔接机构，通常收容3岁或4岁之前的小儿，一般称之为托儿所。不过在20世纪20年代的中国，托儿所之名尚未流行，此名的流行是在30年代之后；在熊希龄办理的香山慈幼院中，名之为"婴儿教保园"，也有径称"婴儿园"者。陈鹤琴和张宗麟当时论及此机构时，系对英国"保育学校"译名"蒙养园"的借用。由于蒙养园为民初幼教机构的名称，如此借用极易混淆其义，因此似为不妥。

张宗麟在《幼稚教育概论》中，专辟一章来讨论幼稚园课程的前后联系。他开门见山地界定说："前乎幼稚园者，为保育四岁以下蒙养园（Nursery School）；后于幼稚园者，为幼稚生出园后之升学机关——小学低年级。""蒙养园之办法各国不同，有收五岁以下之儿童，有只收三岁以下之儿童，大约为一岁半以上至四岁之儿童。"② 尽管他认为前者在中国设"机关者尚不多"，但是他还是作了简略的论述。

张宗麟对于蒙养园与幼稚园教养内容的衔接，提出了如后五方面建议：(1) 两者联系的纽带，均须着眼于家庭；(2) 蒙养园重在生活习惯的养成，幼稚园当在巩固的基础上提高；(3) 幼稚园的常识或知识教学，只宜"渐次增加之"；(4) "联络蒙、幼二园"的大关键，为"社交加繁"；(5) 蒙养园重在"肌肉、感官之训练"，而幼稚园则重在游戏运动和体育训练。③

至于幼稚园与小学低年级的课程联络，张宗麟的论述明显为多。在该章中，张宗麟对于这两者的平顺衔接同样提出了五项建议，具体内容可分述如下。

---

① 陈鹤琴：《整个教学法》，《儿童教育》第1卷第3期（1928年5月）。
② 张宗麟：《幼稚教育概论》，中华书局1928年7月版，第127页。
③ 参见张宗麟：《幼稚教育概论》，中华书局1928年7月版，第130页。

（1）须改变"小学低年级各自为谋之作业"，即不可由综合课程骤变为分科课程，"斤斤于知识之注入"；在幼稚园大班，则须为知识教学预作铺垫，"勿再多做装饰品的教育之工作"。

（2）"吾国幼稚园之环境与小学完全不同，此亦为二者不能衔接之大障碍。"教学环境的变更必须渐进，设立"一条龙式"的教育机构或为一法。

（3）"吾国幼稚园教师几乎尽属女子，而小学教师即多为男子"，两者对儿童的态度、方法多有殊异，应在教师性别、受教育程度等方面力求均平。

（4）小学低年级的分班编组既无标准，亦无定法；倘若依据学力高低来分班编组，"犹胜于混杂而教也"。

（5）学制上幼稚园与小学截然分离，显然不利于两者的衔接；或可试验小学"穿靴"——办理幼稚园大班、幼稚园"戴帽"——办理小学一年级，来研讨或解决这种衔接困难。张宗麟强调："此中有最紧要之一点须注意，二者必须在同样环境之下作业，不能有界限，只能加重其作业之成分。"①

此外，张宗麟在《幼稚园的演变史》中，又专列"从小学教育变到幼稚园教育，又从幼稚园教育变到小学教育"一节，对"幼小衔接"的问题予以专论，并且介绍了美国、苏联、意大利三国在这方面的最新实验或改革。最后指出：

> 我国做这个运动的，首推南京高等师范学校的附属小学。在民国九年杜威院落成的那一年，已经试行这个方法，算来已经有十六年了。现在各地实验小学，大都把幼稚园与小学低年级是办在一块儿的。所以今后研究幼稚教育者，除明了幼稚园的办法外，还得研究小学低年级的办法。虽然这两种教育机关的办法是同出一源，继又分流，现在又同归大海；但是如何联络、如何分流，都值得加以一番研究的。②

以上四项儿童本位的幼稚园课程的确立原则，是编订幼稚园课程、选择幼稚园教材或教参的基本前提；以下所言兼顾社会的确立原则，在某一时期虽占据着主导地位，但终究不具备学理上的正当性。

---

① 张宗麟：《幼稚教育概论》，中华书局1928年7月版，第131~137页。
② 张宗麟：《幼稚园的演变史》，商务印书馆1935年10月版，第67~68页。

（二）幼稚园课程兼顾社会的确立原则

尽管"社会本位"的儿童观必须摒弃，然而在编制幼稚园课程中，仍必须兼顾社会需求。这是因为，儿童最终将成为公民、融入社会；再说，幼儿教育发展和幼稚园的完善，须臾离不开社会的支持。质言之，"儿童本位"的儿童观，可视为儿童发展的内因；而"社会本位"的儿童观，则是儿童发展的外因。只有内外因共同作用，才可能达成预定的培养目标。具体而言，兼顾社会的原则也可分列为以下四点。

第一为满足社会政治的要求，课程目标必须与教育宗旨无违。

中国历代教育具有"政教合一"特征，总是要求教育作为政治的附庸，教育内容也须与官方意识形态无违，甚至要求为巩固专制独裁的政体服务，这也正是导致中国近代落后的主因。中华民国成立后，尤其是新文化运动发动后，"政教分离"的趋向日渐明显；在"教育独立"思潮兴起后，"教育清高""教育中正""教育万能"等口号更是响彻云端，似乎教育必须与政治"离婚"后才可能获得真正的发展。

可以肯定的是，张宗麟对于专制教育是敬谢不敏的，他因此力倡"解放儿童"，力主本持自由、平等的儿童观；但是，他对矫枉过正的偏颇也并不认可，因此清醒地指出：

> 我们虽然不愿意说，教育是一切政治、经济的工具；但是从幼稚园的演变上看来，至少至少我们可以承认，幼稚教育的演变，是受到政治、经济及其他哲学等思想演变而来的；它不会单独变的，不能单独变的。①

惟其如是，张宗麟在采择幼稚园课程内容时，国旗、国歌、国庆、岳飞、孙中山、蔡锷，"五九""五四""五卅"……均被列为重要内容，旨在植入爱国、共和、民族独立等政治理念。

张宗麟承认，幼稚园历来不为政治家所重视，不仅在中国如此，在外国也好不到哪里去。但是，幼稚教育则不能自暴自弃，而应通过自身的努力来

---

① 张宗麟：《幼稚园的演变史》，商务印书馆1935年10月版，第4页。

获得政治的扶持和奖掖。因为舍此依托，则更会边缘化，甚至会沦为国家的弃儿。

第二为适应社会经济的实况，教学设备须符合因陋就简精神。

在上引的那段引文中，张宗麟是将政治、经济并提，并将政治列于经济之先。其实，他此时已经认识到经济基础的决定作用，赞同马克思主义的这种认识："一切社会现象都立基础于经济，经济变动，社会也变动。"① 因此，政治、文化、教育等等，均会随着经济基础的变动而变动。

张宗麟之所以屡屡提出办理省钱的、平民的、因陋就简的幼稚园，便是要求必须适合当时中国社会的经济基础。这是因为，幼稚园也是全社会经济组织的产儿。他进而指出：

> 凡是一种教育，他要是超脱了当地的社会经济之条件而进行，那么这种教育就好比是插在瓶里的花，初插上去好看，也许好看，但始终是不会结果的。不会结果的花，我们要他有什么用呢？尤其是大多数的民众要他有什么用呢？②

所以在课程编制、材料采择和设备配套时，首先应当考虑办理幼稚园的经济条件。

也正是因为这个原因，张宗麟针对当时社会的兴办托儿所之风，提出了"缓办"主张，其理由便是："社会制度的变更是整套的，决不是某种事业可以单独发达的。"创办托儿所"最切要的条件是经费充裕、人才充足"；而"经费不充裕，没有专门人才，那么托儿所的结果，有如今日的育婴堂"③。此说招致颇多非议，然而立论也并非完全无理。

与课程密切相关的经济原则，便是利用废物来制作玩具和教具。张宗麟认为："利用废物是目前中国办幼稚园的紧要关键。不然只知道享受，只知道用华丽的东西炫惑儿童，中国社会决不能负担这样重大费用，也不应该做这

---

① 张宗麟：《幼稚园的社会》，商务印书馆1933年2月版，第6页。
② 张宗麟：《简单的幼稚园》，《乡村建设半月刊》第5卷第8、9期合刊（1935年12月15日）。
③ 张宗麟：《托儿所》，《生活教育》第1卷第8期（1934年6月1日）。

样浪费的事。"①在张宗麟参与拟订的《幼稚园课程暂行标准》中，便要求"幼稚园除利用户外的自然和社会外"，还"要利用废物、天然物和日用品"，因为如此"不但省钱，并可启发儿童的创造力"。

第三为弘扬民族文化精神，教材内容不可全盘西化。

张宗麟对于"全盘西化"的不满，始于他对江浙幼稚教育的考察，尤其是对教会幼稚园、日本式幼稚园的印象深刻：早上入园，必曰"Good Morning"；活动室中，"多半皆张挂外国之儿童画"；教学设备和儿童玩具，也皆以外国进口者为尚；音乐教学，"多为外国译歌""或为《圣经》上赞美诗"；节庆活动，除重视耶稣的圣诞节、复活节外，甚至庆贺日本在位天皇诞辰的天长节，也"莫不尽力筹备，送赠礼物，烹调食物，邀请来宾，甚或开庆祝大会，作种种表演"。张宗麟认为："如此教育，是替基督教养成基督教徒，非为中华民国教育国民。"②

中国幼稚园的教学内容，在经历全盘欧美化之前，还经历了全盘日本化时期。那是在晚清创立蒙养院之初，不仅课程完全是照抄日本，而且教材、教参也全部由日本输入；在《湖北幼稚园开办章程》中，甚至还专门列入了"日语"一门。在《幼稚园的演变史》中，张宗麟认为，在维新变法时期，"凡是有人说外国有什么东西好，我国就来模仿"。这虽有它一定的历史合理性，但是"没有把我国的真切的病根弄清楚，更不知应该下什么药"，实为病急乱投医之举，致使空贻"许多笑柄"。③

此前在介绍张宗麟幼稚园办理的具体目标时，曾将"中国化""民族性"列为首项。在课程内容采择时，当然也不能违背这项目标。为此，张宗麟在鼓楼幼稚园进行课程试验时，便注意选择中国的、当地的、与民俗接近的内容。就拿节庆活动来说，便尤其重视过年、清明、端午、双十国庆、中秋、冬至等中国节日；历史人物纪念，则重视孔圣诞、关岳祀节、孙中山诞辰等。

---

① 张宗麟：《通信指导师范生的实例——给集美幼师四组学生的两封信》，《集美初等教育界》第3卷第4期（1932年6月）。

② 张宗麟：《调查江浙幼稚教育后的感想》，《中华教育界》第15卷第12期（1926年6月）。

③ 参见张宗麟：《幼稚园的演变史》，商务印书馆1935年10月版，第37页。

他在为幼稚园教学列举的应用材料和参考用书时,也以当地的出产和中国书局的出版物为主。

尤为可贵的是,张宗麟自任职晓庄后,便开始收集民间的歌谣与游戏,用以丰富幼稚园的教学内容。在《农谚可以做自然科的教材吗?》一文中,他给出了肯定的回答,并且认为"儿歌的效力真大";又将山歌、童谣转为农谚,并且认为"就是农谚,孩子们也爱唱的"。他在介绍了搜集农谚的方法后,还具体介绍了自己搜集的中国"中温带"的农谚52条,"请读者自己批评、选择"[①]。

在《儿童最爱玩的游戏》一文中,他与妻子王荆璞合作搜集了中国民间游戏斗草、掷茅针、吹肥皂泡、唧水筒(就是水枪)、掷贝壳、敲棒、结线绷、抓石子、飞燕、造房子、转空中(浙江叫风车)、转辘轳、放纸鸢、滚铁环、骑竹马等20余则,并介绍了别称、玩法,且大多配有图式。至于歌曲,张宗麟对山歌、田歌也曾注意搜集和学习。他在出席集美幼师为他举行的欢迎会上,曾与王荆璞合唱《锄头舞歌》,获热烈反响。由此可知,民族文化的倡行,应从幼稚园教学内容的采择做起。

第四为顾及教育制度的连贯性、恒定性,教学范围不可朝令夕改。

张宗麟尽管对中国传统的幼教内容持批判态度,但又反对抱持历史虚无主义态度,对于历史遗产一概摒弃。他明确指出:"整个的社会有三方面:一是过去的历史关系;二是现代的各方面关系;三是影响于未来的情形。学校课程,也就要包含这三方面。"[②]

就拿故事来说,《封神榜》《子不语》等神怪类读物固不可取,然而《西游记》《镜花缘》等神话则取用无妨。又如游戏,尽管"升官图""大东家"导向陈腐,然而"七巧板""九连环"等则可启智开蒙。其他如民间流行的"骑竹马",至迟在唐代便已普遍,李白诗"郎骑竹马来"便是明证;而儿歌《张打铁》,在明朝天启年间已开始广为传唱。这种代不绝缕的传承,正是历

---

① 张宗麟:《农谚可以做自然科的教材吗?》,《儿童教育》第3卷第3期(1930年11月15日)。

② 张宗麟:《幼稚园的社会》,商务印书馆1933年2月版,第32~33页。

史精华生命力的体现。

在幼稚教育制度创立之初,在《奏定蒙养院章程及家庭教育法章程》中,确立了游戏、歌谣、谈话和手技四门课程,张宗麟认为,如此开列"还有几分合理"①。尽管蒙养院的名称一变为蒙养园,二变为幼稚园,但其基本保育项目则得以沿袭,只是歌谣改为唱歌,手技改为手艺或手工。这套课程虽说是仪型日本,但远宗福禄培尔、近宗蒙台梭利的线索清晰,故其本身便是历史经验积淀的结果,哪能在变制时轻易抛却!

有鉴于此,张宗麟在鼓楼幼稚园试验课程时,虽然最终以"单元设计"取代了"分科施教"的形式,然而若从内容记录来看,各种活动依旧为上述四种保育活动所涵括。与这种隐性继承有所不同的是,在1928年制定《幼稚园课程暂行标准》时,还是以"课程范围"来规范幼稚园教学内容,并分列了音乐、故事和儿歌、游戏、社会和自然、工作、静息和餐点7项。其中的音乐,与歌谣、唱歌略同;故事和儿歌,与歌谣、谈话略同;工作即手技、手艺的异名;社会和自然、静息和餐点,均有谈话因子参与其中。因此,这套课程设计虽多有创新,但其历史继承性也得以明显体现。

若言《幼稚园课程暂行标准》是群体智慧的结晶,那么在《新中华幼稚教育》一书中的相关论述,则显然是张宗麟的个人主张。在该书中,他所开列的课程,有自然与社会、卫生、故事、游戏、律动与音乐、工作、读法七门。其中,卫生与读法为首次提出,其他五门则均有较强的继承性。有关这七门课程的内容和教法,后文还将列点分论;在此仅仅说明,课程建设须在继承的基础上创新,既不宜满足于描画空中楼阁,也不能朝秦暮楚、朝令夕改。

(三)幼稚园课程的试验过程

张宗麟对于幼稚园课程的试验时间,由1925年9月至1928年7月,扣除假期和突发事件,历时约为两年半。前一年半是在鼓楼幼稚园中进行的,具体可分为三期;后一年是领导南京市属各幼稚园和燕子矶幼稚园、晓庄幼稚

---

① 张宗麟:《幼稚园的演变史》,商务印书馆1935年10月版,第40页。

园进行的，可合并称为第四期。以下便依此四期顺序予以介绍。

第一期，散漫期（1925年10月～1926年1月）。

张宗麟是1925年9月任职于鼓楼幼稚园的，此时他以东南大学助教名义出任该园"研究员"，协助陈鹤琴开展幼教实验和研究。到园后，用了一段时间熟悉园务，又抽出半个月时间外出调查了江浙幼稚园实况。因此，第一期课程试验的启动时间为1925年10月中旬。试验之前，并未制定严密的方案，也无条件控制的具体措施，只有"几条极粗率的原则"：

> （1）一切课程是儿童自己的，不是教师的，更不是父母或社会上其他的装饰品与利用的工具。（2）一切课程是当地、当时儿童自发的，不能抄袭任何人家的课程。（3）教师之责任，只有供给儿童的询问及各种应用材料，并指导儿童所需要的事物。（4）注意于儿童身体的健康、动作的活泼，不愿儿童受有许多知识和斯文如木偶之礼节。①

试验既无计划，又一切听凭儿童自发的兴趣，当然会呈散漫之象，故称此期为"散漫期"大体不错，若称之为"自由期"亦无不可。

此期首先是"破旧"，即"把通常幼稚园里所有的课程一律废止"。幼稚园的原设课程为图画、手工、唱歌、恩物、游戏等分科课程。此期课程不仅取消了其名称，而且在内容上也撤销了各科的樊篱，"让儿童自由去做"，全凭他们的兴趣。即使是每天必做的"走朝会圈"，也予以立即废弃。总之一句话，便是尽力摆脱一切旧式教育制度的束缚。

至于"立新"的第一件事，便是改进并增添幼稚园设备，"希望布置得很丰富的环境，使儿童得随地可以遇到刺激，可以自发的去活动"。设备包括玩具和教具。添置设备的原则有五：一为"省钱的"，如利用废物自制布娃娃；二为"与当地社会情形相近的"，如仿制南京随处可见的黄包车；三为"用本国货"，如乐器用鼓、钹、钟、锣等；四为"合于儿童心理"，如提供儿童便于模仿、竞赛的玩具和设备；五为"合于教育原理"，如泥菩萨、铁刀剑之

---

① 张宗麟：《怎样编制幼稚园的课程》，《教育杂志》第19卷第2号（1927年2月20日）。

类,"以不采用为妙"。① 依此置办或自制后,鼓楼幼稚园的设备和玩具,均可以算为国内首屈一指的水平。

"立新"的第二件事,是教师还须布置特殊的环境,以引起儿童的自动。"例如重阳节,我们只做了许多重阳旗挂在壁上,又贴了小朋友执旗登高的图。儿童看到了,就会自动的要求做重阳旗,要求登北极阁去的。"② 他如中秋节、国庆节的庆祝,孔夫子、孙中山的纪念,均可通过环境布置、事物展示来引发儿童的兴趣。

"立新"的第三件事,是明确互助分工的原则。由于破除了此前的旧制度,此时已"不像从前可以规定某时间工作,某时休息、预备;从开门到放学,都是工作时间",所以需要全员参与、不分彼此。但是各人的学识、技能又各有不同,所以又必须随机分工以便于指导。这种分工协作,是第一期试验得以维系的关键。

对于第一期试验的结果,张宗麟在《怎样编制幼稚园的课程》中总结说:"初试的几天,确是儿童活泼、教师兴致淋漓,全园充满了生气……哪里知道几天以后,困难丛生了,并且各种困难都不易解决。"这丛生的困难包括:(1)"教师穷于应付",即使分工协作,也难以满足儿童随机发生的兴趣;(2)"儿童在平面上打转",在知识层面始终没有提高;(3)"不好动的儿童就呆坐了",只有好动的儿童得到了活动的机会;(4)"儿童渐渐有倔强的神气",骄横得不受纪律约束;(5)"儿童注意难以集中",东一榔头,西一棒子,没有一致的学习目标可言。

针对上述困难,教师们也曾极力设法补救,如及时依照儿童兴趣变更环境、丰富材料,又如尽可能多地带儿童到户外去,游览公园,参观农场、博物馆。尽管教师精疲力尽,但教育价值终究难彰,于是决定自下学期起另辟新路。第一期的课程试验,实以失败告终。

第二期,论理组织期(1926年2月～1926年7月)。

---

① 陈鹤琴、张宗麟:《一年来南京鼓楼幼稚园试验概况》,《新教育评论》第2卷第24期(1926年11月12日)。

② 张宗麟:《怎样编制幼稚园的课程》,《教育杂志》第19卷第2号(1927年2月20日)。

1926年春季学期始业后，立即着手进行第二期课程试验。此期针对前期内容散乱、全凭学生自主发动的缺点，"于是就从组织方面着手做去"。其实，重视教师的主导作用，只是改变的一个方面；更为重要的改变是，重视课程内容的逻辑性。此逻辑性，当时称为"论理"，所以张宗麟将此期试验称之为"论理组织期"。其进行历程为：

  （1）先拟定下周课程大纲。这个大纲，是根据当地、当时的节气、自然物、社会习惯而拟的。（2）在星期五的一天，教师和指导员详细讨论课程细目，大概以某某节气或自然物等为中心而定细目。（3）根据细目去找材料。（4）在实行预定课程的时候，教师就依着表上所载，一件一件的做去。有余，移到下星期去；不足，再找新材料来补充。①

此期试验，虽未恢复分科课程的名称，而事实上则依照了它的知识体系。

试验初期，教师、家长、社会人士皆大欢喜："教师的预备时间可以省去许多，应付儿童反而来得容易；学生的学习成绩，比前一期进步得更速；就是社会上，也以为这样办法是对的。"春去暑来，教师感觉便利，儿童也有知识的增进，况且家长也无异议，本可以如此继续下去，但主持者却发现，这条路上居然陷阱密布："不过上面铺着稻草，在外观上是好看罢了。"

在这众多的陷阱之中，最为主要的有如后四种：（1）"强制了儿童的兴趣"，使儿童牺牲了"学习的最好动机"；（2）"轻蔑了儿童的个性"，在团体活动中难以因材施教；（3）"教材常常会不适用的"，教师的选材往往与儿童的实际需要隔膜；（4）"临时发生的事情很难插入"，因为"预定的课程，往往有系统的、要连续做的，倘若中途插一事，就会发生阻碍的"②。

既然如此剥夺了儿童不少的自由，减少了儿童的快乐与幸福，那么对于儿童的发展终究不利，于是在将放暑假之时，张宗麟与同事们决定，下学期再来改弦易辙，重新试验。

第三期，设计组织期（1926年9月～1927年1月）。

1926年秋季开学后，首先对前两期课程试验的教训进行了总结：认为第

---

① 张宗麟：《怎样编制幼稚园的课程》，《教育杂志》第19卷第2号（1927年2月20日）。
② 张宗麟：《怎样编制幼稚园的课程》，《教育杂志》第19卷第2号（1927年2月20日）。

一期试验失败的原因,为过重学生的主体作用,致使学习内容散漫无章,从而很难在知识层面获得长进;第二期试验呆滞的原因,为过重教师的主导作用,照顾了知识的系统性和一贯性,从而忽视了儿童的学习积极性。

有鉴于此,在陈鹤琴的主持下,在同仁们充分讨论的基础上,决定借用设计教学法,采用单元编制形式,即将前两次的试验折中一番,以中庸态度和方式来开展第三期试验。这种设计组织法的内容大体为:"我们于前一个星期就会议下周的课,往往采用设计组织,有时取中心制。所谓设计的目标或课程的中心,大概是这时期里的自然界动植物,或社会上的风俗、纪念等。"①例如,摘豆种瓜、养蚕喂鸡、端午中秋、孔诞国庆等,无一不可作为中心来设计组织。

此期试验的要点可归纳如后:(1)教学内容依旧不取分科编排形式,而是依据某一中心进行混合编排。(2)各中心的选取,注意内在逻辑关联,并尽可能采用大单元形式。(3)以"日课顺序"取代课程表,虽有活动时间表,但不列分科课程,仅列各时段活动内容,并且顺序和时间均可临时调整。(4)活动内容决定以后,教师的工作是布置或寻找引起这个设计的环境,并准备可以应用的材料及可以参考的书籍。(5)各种设计,应当分做许多小段落,使儿童能在单位时间里做完,且能得到想知道的结果。(6)如果儿童发生临时兴趣,且具有教育价值,那么不必强求符合预定的设计,可以顺应儿童的兴趣来引发诸种活动。(7)在同一设计中,允许儿童自由选择活动内容,单独完成或合作完成也悉听儿童自主。

张宗麟有关第三期的课程试验报告,分期刊载于《幼稚教育》和《儿童教育》,本书论著卷已全部收录,欲详细了解试验经过者,可以参阅。该试验报告分"预定的计划""每天的记录"和"应用的材料和参考"三大部分,所录甚详,可以反映此期试验的全貌。

第四期,深入扩展期(1927年10月～1928年7月)。

在进行鼓楼幼稚园试验之初,张宗麟原本计划用3年时间来得出初步结

---

① 陈鹤琴、张宗麟:《一年来南京鼓楼幼稚园试验概况》,《新教育评论》第2卷第24期(1926年11月12日)。

果，然而事实上仅进行了一半时间便不得不中辍。1927年1月他回家过年后，便因为种种原因未能回园继续任职，试验也就自然停顿。待他是年6月重回南京后，供职单位已改为南京市教育局，而"研究员"身份也一变而为"指导员"。不过，他所指导的对象依旧是幼稚园，因而也就可能继续从事幼稚园课程的试验。

第四期试验于1927年10月启动，这是在南京市属有条件的小学中附设了十余所幼稚园之后。张宗麟将这些幼稚教师组织起来，成立了南京市教育研究会幼稚教育组（通称南京市幼稚教育研究会），社员每两周集中研讨一次，研讨内容主要为下两周的课程设计。经过数月的酝酿和准备，正式启动试验的时间，实际是在1928年2月新学期始业之时。

第四期课程试验方案，由张宗麟依据鼓楼幼稚园第三期试验的余绪草拟，以每两周为一课程单元，提交幼稚教育研究会全体成员讨论、审定并通过，然后以《幼稚园课程参考》为名，逐期刊载于《南京特别市教育月刊》，要求属下各幼稚园参照执行，实际具有"准法规"的性质。

这套课程参考简洁明了，主要分列"做什么""怎样做"和"参考材料"三部分；做什么旨在提供中心设计的选题，怎样做旨在提供方法层面的指导，参考资料旨在提供教师备课的相关材料。在本书论著卷中，以《南京市幼稚园课程参考》为题予以了转录，欲知第四期课程试验详情者，可以参阅。

客观说来，这份参考似乎失之过简，若幼稚园教师仅凭此件开展试验，恐怕还是难以措手足。好在课程参考的内容，已在试验前的研讨会上进行了充分的讨论。张宗麟曾回忆说："研究会里除讨论问题外，还拟订课程。因为那时候教育部的新课程还未颁布，每当讨论的时候毫无等级，说话极自由，所谓学术平等，我们也享过快乐的。"[①] 正是这种充分的讨论，使每个教师都能心中有数，无须繁文缛节的束缚。此外，除两周一次的幼稚教育研究会外，中间还有一次"特种研究会"，即国语、音乐、美术、体育等专科教师的聚会，幼稚教师也可有选择地参加，从而增进自己的学识和专业技能。

第四期课程试验可分为两大类，前一类可视为前期"设计组织"的继续，

---

① 张宗麟：《指导员生活的回忆》，《集美初等教育界》第2卷第2期（1931年4月）。

后一类可视为未来试验深化的方向。具体内容为：

（一）全市共同试验的：(1) 设计组织的课程；(2) 省钱的、合乎儿童的设备；(3) 沟通幼稚园与低年级的办法，注意组织方面。(二) 各校因历史的关系，以及当地的需要和能力，单独特别试验的：(1) 故事、语言、文字、表演和其他发表的技能；(2) 图画、音乐、手工、表演和其他发表的技能；(3) 游戏、音乐；(4) 数目、读法和个别的游戏；(5) 常识、自然界；(6) 儿童动作、技能、习惯和个别的游戏。①

在共同和单独的试验中，均采用分组的方法，前者略具"对照组"意味。

此期课程试验，还包括在燕子矶幼稚园进行的乡村内容的编排。张宗麟于1927年9月兼任晓庄师范幼稚教育指导员后，于同年11月协助创设了燕子矶乡村幼稚园。次年春季开学前，他与徐世璧共同拟订了《燕子矶幼稚园生活纲要》，内分节期、气候、动物、植物（花草）、农事、儿童玩耍、风俗、儿童卫生八项，并依此开展初步试验。其后，又与王荆璞一起，将此粗纲细编为每月、每周、每日的生活纲要，改称为《幼稚生生活历》，然后依据试验所得不断修订。此生活历，其后又用于晓庄学校所办理的所有乡村幼稚园。

第四期课程试验的下限之所以确定为1928年7月，是因为本学年度完毕后，张宗麟再未接到南京市教育局续聘。当下学年度开学时，南京市幼稚教育研究会则无形解体，它所主持开展的幼稚园课程试验也随之中辍。所以说，这又是一次半途而废的课程试验，前后将近一年，与原来预定的"三年"之期距离尚远。此后，张宗麟专任晓庄学校职，工作重心已转向乡村教育的整体，而非枝节的乡村幼教，这在前文"十年求索"中已作介绍。

（四）幼稚园课程的科目或类别

在"散漫期"课程试验中，不仅模糊了教育与训育的界限，又将此前的保育项目"一锅煮"，并且是随机取用，因此也就无所谓科目或课表。在"论理组织期"的课程试验中，实际恢复了科目的设置，并且制定了严格的课表，

---

① 张沪编：《张宗麟幼儿教育论集·幼稚园及低年级指导的研究和计划》，湖南教育出版社1985年版，第726页。

只是内容的选取部分照顾了儿童的兴趣和需要。在《南京鼓楼幼稚园概况》中，张宗麟介绍第二期试验时，是将课程分列为以下九科：

（1）音乐——包括中西音乐，还须练习"有节奏之动作"。每星期至少授新歌一首，除借助钢琴、留声机外，还须参用中国乐器箫、鼓、铙、钹等。

（2）游戏——包括个人游戏和团体游戏，以个人游戏为主、团体游戏为辅。个人游戏每日定时举行，团体游戏大约每星期举行两次。游戏中特别注意习惯之养成。

（3）图画——包括着色、写生、印画、临画、想象画等，工具包括蜡笔、铅笔、毛笔、粉笔等。该科最好与故事、自然、手工三科联络施教。

（4）手工——包括剪图、贴图、泥水、黏土、穿珠子、折纸、穿线、洗涤、木工及日常工艺等，所做实事如织布、纺纱、烹调、染色、漆作、做豆腐等。该科最好与图画、故事、自然三科联络施教。

（5）故事——包括童话、寓言、历史故事、名人佚事、科学发明等，重在练习耳听、眼看、口讲及手足表演；最好采用看图说话形式，尤重儿童能自编自述故事。

（6）自然——包括游览名胜、采摘标本或参观陈列所、农场，还包括种植花草、饲养小动物，如鸽、蜜蜂、鸡、羊、鹅、鸭等。每周至少外出一次，当行随机教授法。

（7）常识——"本科无独立、具体、有组织之教材，大都分散于其他各学程中教授。"不过大体指社会常识，包括家庭、国家、政党、节庆、民俗等方面的常识。

（8）人生习惯——"亦无具体、有系统的教材，乃随时随地而施教。"不过大体包括卫生、游戏、学习、工作、交际、餐饮、作息等方面的习惯。

（9）读法及书法——通称识字和写字，仅对"年岁较长之儿童，于相当时机内教以单字、儿歌及简单句子"。该科最好能与图画、故事二科联络教授。

在第三期、第四期"设计组织"课程试验中，分科设教的形式依旧得以保留，但更为看重综合设计的实质，即更为看重围绕某一中心组织的单元教学，它既不拘泥于原定之课程纲要，也不受教学进度和时间的人为限制。如

以自然科为中心的课程编制,便将原定每周外出一次,改定为"每星期至少有四次";而在具体施行时,可供参考的具体方法有:

(1)把某种或数种自然物编成一出有趣的故事,如《葡萄仙子》就是一例。(2)以某种自然物做团体游戏,例如《瞎子猜花》《老鹰抓小鸡》等。(3)采集标本,或买些回来煮煮吃。(4)野外写生,出去的时候在小篮里带些纸、笔去,遇到相当机会就拿出来画。(5)在某时期中,房子的四壁都陈列这时期自然物的标本、图画、实物等。这些东西,最好是幼稚生参与的、做出来的,那么格外有意味。[①]

其他各科,也是如此分科教学,因而与传统分科课程已大异其趣。

经过两期设计组织试验后,张宗麟对幼稚园课程进行了重新设计,并在《新中华幼稚教育》中,将这套设计公诸于世,具体内容可简明归纳如下。

(1)自然与社会。也称社会常识和自然常识,简称常识,即幼稚生所能接触到的方方面面,只是将已列为课程者划列在外;或者说,除已列为课程者之外,其他内容均可归为此科。具体而言,自然常识是从幼稚生最容易遇到的自然物(包括动物、植物和无机物),以及各种自然现象的教学中获知的;社会常识是从幼稚生日常生活的家庭、邻近的社会、重要的节期、邻近的事业、常用的交通、生活用品等活动和教学中获知的。诸多经验的累积也便成为常识。

(2)卫生。包括生理卫生和心理卫生两大方面,即幼稚生应有的卫生习惯、态度和卫生常识,以及幼稚生应有的心理卫生的训练。其中最为重要的内容,为卫生习惯的养成和惧怕心理的克服。由于生理卫生事关儿童的身体健康,心理卫生事关儿童自身的快乐和幸福,所以张宗麟对于这门课程尤为看重。

(3)故事。包括物语、奇特的故事、历史故事、有音韵的故事、笑话等。幼稚生爱听的故事,包括富于动作的、在儿童经验内的、富于本地风光的内容;在结构和语句方面,最好能全篇一贯、突然变化、简短明白、符合各人

---

① 陈鹤琴、张宗麟:《一年来南京鼓楼幼稚园试验概况》,《新教育评论》第2卷第24期(1926年11月12日)。

的身份。教师讲故事之前，须对故事彻底了解，力求精神同化，并应常常练习，以求神情毕肖、声音清晰、字句文雅、语调能随情节变化而变化。

（4）游戏。幼稚生最喜欢玩的游戏，可类分为竞赛游戏、追逐游戏、寻找游戏、瞎子游戏、猜中游戏、故事游戏、唱歌游戏、表达思想的游戏、工作成绩比赛的游戏、反应试验的游戏、科学游戏、模仿游戏、手部游戏共计13类，教师最好是游戏分子之一，并成为全群儿童的中心；但不必操有全权，只是做一个平等的引导者。游戏应使全体儿童均有参与的机会，并允许儿童发泄感情，但必须遵守游戏的规则。

（5）律动与音乐。在幼稚园里，舞蹈、节拍、音乐常常是混在一起的，所以这几种知识和技能的教学也不宜截然分开。在进幼稚园之前，儿童便有了这方面的训练基础；进了幼稚园之后，只须在这种基础之上激发出更大的兴趣，并施以各种适当的练习。在练习中，贵在养成欣赏的态度。

（6）工作。前此称手技、手艺或手工，定名工作后，实际将图画与手工合并为一科。图画可细分为着色、涂鸦、轮廓、剪贴、印影、塑图等，手工可细分为纸工、泥工、豆工、刺绣、缝纫、编织等。工作中应养成良好的习惯，以及分工协作的精神，同时也须培养欣赏的情绪。

（7）读法。通常认定为识字课，其实还包括写字与谈话，甚至图画、工作等也可视为该课的一部分。张宗麟在入职鼓楼幼稚园之前的那个暑假，就以家庭教师身份开始进行读法试验；入职鼓楼幼稚园后，又于每天下午对大龄儿童进行此项试验，并据此撰写了《幼稚园里的几种读法教学法》，该文大体可视为读法课程的试验报告。这项试验得到陈鹤琴的大力支持，其后他们又共同主张幼稚园中可以识字。然而，这项主张并未得到教育部及其他专家的认可，在1929年颁布《幼稚园课程暂行标准》时，未得以采纳。

若以此七项课程对照前期试行的九项课程，可知完全相同者，有游戏、故事二项；名称有变而内涵无甚变化者，有律动与音乐（前者为音乐）、自然与社会（前者为自然、常识二科）、读法（前者为读法及书法）三项。名称不同而将内容归并者，有工作（前者为图画、手工二科）一项；后者新增了卫生一科，而前者的人生习惯则为后者所未取。这大体反映了试验后设科思想的进步。

若对照《幼稚园课程暂行标准》中所设音乐、故事和儿歌、游戏、社会和自然、工作、静息和餐点七科,《新中华幼稚教育》中的设科主张,完全相同者为游戏、工作二项,名称有所变更而内涵基本相同者为音乐(后者为律动与音乐)、故事和儿歌(后者为故事)、社会和自然(后者为自然与社会)三项。后者的卫生、读法二项,为"标准"所未取;而"标准"新增的静息、餐点二项,既与所不取的"卫生"相关,也与最初试验的"人生习惯"相关。因此可以说,"标准"是在张宗麟课程试验成果的基础上制定的。

有关课程试验,还有一项内容必须述及,那就是有关"数法"的试验。数法也称识数,实为简单算术,通常是在识数的基础上进行 10 以内的心算。在鼓楼幼稚园进行课程试验之初,是数法与读法并重,也是在下午对大龄儿童施行,并且为此创制了专门玩具点数牌、滚珠盘、旋珠盘、加法片、点数牌等,张宗麟在《课程试验报告》中,不仅对此采用分组试验法,也有着逐日记录。然而仅试行一学期后便中辍,因为"据我们最近半年的试验,似乎此路难通"①。正因为试验的失败,所以数法此后再也未列入幼稚园科目。

(五)幼稚园课程的配套材料和教参

课程与教材密不可分,这是学校教育的常识。但是,在此用"配套材料"而不用教材或教科书,正可反映幼稚园与一般学校有异。张宗麟指出:

> 儿童对于符号知识,可用机械的记诵,很难用理解的领略。儿童对于新事物学习的效率,必须估计这件事物与他的经验是否有关系。儿童的初步学习,必须完全适合他当时的需要,然后才能养成正当的学习态度。机械的记诵,不是儿童所需要,更不是学习的正当态度。我们宁可迟几时学,不可贪早学而学成不正当的态度。为着这个理由,所以我们实在以为,幼稚园用不得教科书。②

他进而指出,幼稚生的学习对象是大自然和当地社会。

---

① 陈鹤琴、张宗麟:《一年来南京鼓楼幼稚园试验概况》,《新教育评论》第 2 卷第 24 期(1926 年 11 月 12 日)。

② 张宗麟、梁士杰:《幼稚园要不要有教科书》,《中华教育界》第 19 卷第 4 期(1931 年 10 月)。

不用教科书并非不用书本，如图画书、连环画、漫画集等，均是幼儿喜欢翻看的，再如读法一科的看图识字书则必不可少，还如幼稚教师必备的教学参考用书也是多多益善。因此，幼稚园中虽不必专设图书馆，但辟一间阅览室或阅览角亦实属必要。

这种配套材料和教参，张宗麟在《课程试验报告》中除列有"预定的计划""每天的记录"外，还专列了"应用的材料和参考"，此即为每单元的配套材料（包括图画书）和教师备课的参考用书。

例如秋将尽、冬方始之时，幼稚园可以设计组织以"红叶"为中心的单元课程。此时，可安排到北极阁山上去的室外活动，包括观察、采集、讲解等内容；归来又可组织多种室内活动，如画红叶图、做红叶标本、唱《落叶歌》等。那么所须用的配套材料有采集袋、竹竿、画笔、颜料、纸张、剪刀、图钉、浆糊、镜框等等；而参考的书本资料，既有幼儿能看懂的秋景图、红叶画、旅行摄影等，又有教师备考的《植物辞典》《少年百科丛书》《自然研究法》《自然课本》等。不同的中心和单元，应用的材料和参考书也当然各有不同。

在1926年11月的课程中，除红叶外，还设计组织了野果、干草、蕃薯、白菜、马、牛、猪、羊、皮虫、猫与鼠、盐、糖、油与水、家庭、饮食、公园、开恳亲会，共计为18项。每项中心活动所须准备的材料不同，而参考读物除图画书和《少年百科丛书》之外，尚有《儿童画报》《卫生作业图》《小朋友》《白雪》《歌谣周刊》《儿童百科丛书》《自然研究法》《常识教科书》《自然教科书》《儿童文学读本》《中华故事》《童话》《世界童话》《幼稚园小学音乐集》等等，不一而足。如此，可供单元教学采择的材料和教参，不仅丰富多彩，而且取用便利。

最值得注意的是，张宗麟为方便幼稚教师的教学，还专门整理了一张书单，名之为《儿童用书》，其下细分为如后五类：（1）杂志类，包括《小朋友》《儿童画报》《小朋友画报》等6种；（2）故事书类，包括《我的书·故事》《儿童故事》《图画故事》等38种；（3）音乐歌谣类，包括《幼稚园、小学校音乐集》《幼稚唱歌》《唱歌游戏》等28种；（4）常识类（图画、手工等亦归入此类），包括《少年百科全书》《儿童百科丛书》《儿童常识丛书》等20

种；(5)杂类，包括《儿童创作集》《阿丽思漫游奇境地》《幼稚游戏》等7种。① 这近百本参考书，无疑可为丰富教学内容之助。

为了提高幼稚教师的理论素养，张宗麟还特地给她们推荐了下面三本书。

第一本为唐毅翻译的《幼稚园课程研究》，中华书局1922年出版，原著是美国"世界幼稚教育研究会"的研究报告。该书分章详述了社会生活及自然研究、手工、美术、语言、文学、游戏、音乐七门课程，每章均分目的、教材、教法、标准四项，为介绍幼稚园课程最新进展的专著。

第二本为张雪门的自编论文集《幼稚园的研究》，北新书局1926年出版。该书共收入张雪门自撰幼教论文6编，篇目为《幼稚园的一日》《幼稚园的课程》《幼稚园文字教学之研究》《福禄贝尔恩物的研究》《幼稚园》《参观三十校幼稚园后的感想》，计约8万字，均为张雪门近年来研究幼稚教育之所得。

第三本书为王骏声的《幼稚园教育》，商务印书馆1927年出版，共分三编20章，全书8万余字。其中历史编11章、教育法本论编5章、改善的意见及其方法编4章，基本内容即历史与方法两块；理论、规制多移植于日本，对国内知名幼稚园的介绍则甚有价值。

张宗麟对于他们三位的精神深表"钦佩"，因为在这动乱的社会环境中，还有人能够沉下心来研究幼稚教育，确属不简单之事。在介绍了这三本书的各自优长之后，张宗麟也能指出他所认为的各自的不足：唐译"课程"，似乎"太小学化了"；张撰《福禄贝尔恩物的研究》，似乎过于"倾向于福氏的"；王著"概论"，"可惜并没有多大的整理工夫"。② 这种客观的评介，又可供幼稚教师研读该书时深入思考。

四、普通教法及分科教法的配套

课程、教材和教法密不可分。课程和教材规范了"教什么"的问题，而

---

① 张宗麟、雷震清：《幼稚教育中文参考书目》，《教育杂志》第19卷第2期（1927年2月20日）。

② 张宗麟：《介绍三本幼稚教育参考书》，《儿童教育》第1卷第3～10期（1928年10月）。

教法要解决的是"怎样教"的问题。若舍弃前者，后者将成为无本之木；若舍弃后者，前者的意旨将无法透达和实现。张宗麟的课程试验，在设定了目标之后，最为注重的便是内容和方法。内容已见前述，本节将专门研讨方法。方法林林总总、千头万绪，笔者将分为两类进行总结和归纳：一为各科课程或活动均可运用者，权且称之为"普通教法"；二为各课程范围或保育项目单独适用者，权且称之为"分科教法"。这两类教法，本节各选取五项分别10点介绍如下。

（一）设计教学法

张宗麟之所以将第三期、第四期的课程试验名之为"设计组织期"，便是因为采用了设计教学法。在经历了前两次试验的失败后，他的认识有所提高："没有组织的既然不对，有了组织又走不通，旧方法也不能应用，势非重找一条新路不可。我们找到的新路是设计的，也可以说得是中心的。"[①] 这种"设计"的新路，便是采用了设计教学法。

设计教学法为美国教育家克伯屈所创制，提出时间为1918年；他所依据的理论基础，一为杜威的实用主义教育学说，二为桑代克的教育心理学主张。该法要求，首先须创设一种问题情境，并以这一问题为中心，然后依照"确定目的→拟定计划→付诸实践→评定结果"四个步骤，让学生进行自主学习。该法于1919年在南京高师附属小学率先引入后，很快便风靡于全国中小学。该法对于摆脱班级授课制的束缚、打破森严的学科壁垒，作用显著；然而由于它忽视了系统知识的传授、对于师资水平的要求较高等原因，在1924年后渐归沉寂。

陈鹤琴在留学美国哥伦比亚大学时，便曾亲聆克伯屈所授"教育哲学"课，并深为他的思想和教法所折服：

> 他的思想有魔力，他的教法有魔力。他是主张言论自由、思想自由的，他不肯抹杀别人的思想，也不肯放弃自己的思想；他要集中各种见

---

① 张宗麟：《怎样编制幼稚园的课程》，《教育杂志》第19卷第2号（1926年12月25日）。

解、各种思想来解决疑问,来解释难题,所以他所用的教法,是独出心裁而能刺激思想的方法。①

尽管此时克伯屈尚未正式提出设计教学法,但这却为陈鹤琴其后在鼓楼幼稚园引入"设计"因子预作了心理铺垫。

在陈鹤琴的参与和支持下,张宗麟在鼓楼幼稚园的第一期教学试验中,率先采用纯粹的设计教学法,废止了分科课程,完全由学生自主决定学习内容,随机运用学习方法,教师只负布置环境、提供材料的责任;形象地说,是教师一味跟着学生转,被学生牵着鼻子走。这种方法,可称为自主学习法或自由学习法。由于幼稚生年龄太小,知识储备太少,根本不懂得设计的意义和如何设计,所以"散漫"之象难免;连有了一定知识储备的中国中小学生,在设计教学法试验中也难以真正获益,那么在幼稚园中自然难免归于失败的命运。

然而在第二期试验完全摒弃设计教学法,由综合教学法回归到分科教学法的老路上之后,由教师拟定课程大纲,依照学科知识体系来组织教学内容、决定教学方法,并恢复了原定的课程时间表,于是教师的主导作用得以重新体现,知识教学的逻辑体系也得到了较好维护,因而获得了家长和社会的一致肯定。但是,这种稍经改良的讲授法和活动法,毕竟不合"儿童主体"的观念,难以调动幼稚生的学习积极性,使教学活动重归刻板、沉寂局面。

第三期的设计组织试验,实际是回头捡拾起设计法,又不完全抛弃论理组织法,将其改良成"设计式的分科教学法"。这种教学法,再不取纯粹听任学生自由选择活动或问题的方式,而是由教师依据经验来替学生预为设计,同时充分考虑学生的临时需要,并可随时调整或改换设计;而对于教学内容的逻辑组织,虽保留了分科的形式,但实质上则允许随机综合和混同,即实行以某科为主的单元教学。因此,称此法为"有组织的设计教学法"或"设计式的论理组织法"均无不可。

这种改良的设计教学法在幼稚园中施行时,综合张宗麟在《幼稚教育概论》和《新中华幼稚教育》两书中的相关论述,可知必须注意的要点有:(1)

---

① 陈鹤琴:《我的半生》,岳麓书社1998年版,第73页。

教师所确定的设计题材，是由幼儿活动中所发现者；它既可是以往的经验，而最好则是新近的感悟。(2) 所设计的活动，须充分体察儿童的能力，应让他们"跳一跳，够得着"，切不可过高或偏低。(3) 每一设计活动不宜过大过全，应当分成若干段落，并以能在单位时间内完成为准则，以使儿童做一事得一事之结果。(4) 设计材料应照顾各学科的知识体系，又应当明辨主辅关系，切忌零乱无序地堆砌。(5) 设计主旨虽为激发儿童的自由、自主精神，但教师"把舵者"的职责也不能轻易放弃，信马由缰的自由，绝非真正意义的教学自由。

（二）单元教学法

设计教学既可组成单元，也可自由零散；设计组织既可有中心，也可无中心。单元教学法与设计教学法虽密不可分，但又不可等同看待。所谓单元教学法，要求将教学内容或教学活动依据学生的可接受度，设计划分为若干教学单元。每一单元的材料组织，既可依分科制，也可依综合制；但须有一个明确的中心，即围绕学习目标来组织材料，不必依照固有的知识体系。因此，单元教学法也可称为"中心制"和"整个教学法"。

前文在介绍幼稚园课程的确立原则时，曾专门介绍了综合的、中心制或单元制原则，并明确介绍了陈鹤琴所倡行的"整个教学法"。这种单元教学法的心理依据，为完形心理学（格式塔心理学）理论；该派人物主张，从直接经验和行为中学习，强调经验和行为的整体性。由于幼儿的生活是整个的，他所认识的世界也是整个的，分不清自然与社会、人与我、灵与肉等等界限，所以分门别科、条分缕析、逻辑推进式的学习，并不符合幼儿的学习心理。"无论何种活动，必须具有此完整之目的，方得称为合理的课程。"①

此"完整之目的"，张宗麟引述了美国学者庞锡尔著、郑晓沧译《设计组织小学课程论》中的如后总结："(1) 儿童自发的诸般活动；(2) 儿童与自然界接触而生之活动；(3) 儿童与人事界接触而生之活动；(4) 人类留传之经

---

① 张宗麟：《幼稚教育概论》，中华书局1928年7月版，第54页。

验而能合于儿童的需要者。"① 其实，此四项目的，更宜视为幼稚园教学内容的来源，并且施行单元教学法的理据也蕴涵其中。

抽象的理论介绍，或许不如介绍运用的实例，如1926年9月第3周以单元教学法"做中秋活动"。在预定的计划中，分拟了中秋节、中秋节的果品、明月三个相关单元；对于中秋节的活动，则设计了如下18项：

（1）筹备开庆祝中秋会；（2）如何布置会场——图画、手工；（3）买月饼去；（4）做月饼——泥工、粘纸；（5）画月饼；（6）明月歌（读法亦在内）；（7）明月歌舞；（8）中秋、明月的故事；（9）计划中秋节要买的果品；（10）开买物单；（11）写请客柬；（12）果品的图画和手工；（13）做日历；（14）采野花来点缀会场；（15）讨论开庆祝会的节目；（16）分配职务——招待员、杂务员；（17）开庆祝会——中秋的上午；（18）明月渐缺——图画。②

其中涉及的科目，有图画、手工、音乐、故事、自然和社会；在当天实际进行的活动中，还增加了"三只熊"的游戏表演。此外，"采野花"无疑与自然相关，而"分配职务"显然属社会活动。这种以中秋为中心，将各科内容糅合为一个整体的活动教学，便是单元教学法的一个很好实例。

（三）个别施教法

个别施教法实为对传统因材施教法的重新强调。早在春秋末期孔子办学时，便能根据每个学生各自不同的特点，提供不同的内容和采用不同的方法。个别施教法的要义，在于洞悉教育对象的个别差异，使每个人都能扬长避短，既不躐等施教，也不踏步不前。它不仅要求明辨各人智愚的学习基础，而且还要求了解每人的性格特征，如此才可能发掘出每个人的学习潜能，养成服务于社会的才具。

当近代学校引入西方的班级授课制后，便从教学组织形式上剥夺了个别指导、个别奖掖的大部分空间。该制在增进知识教学效率方面，确实具有无

---

① 张宗麟：《幼稚教育概论》，中华书局1928年7月版，第58页。
② 张宗麟：《课程试验报告（三）》，《儿童教育》第1卷第3期（1926年9月）。

可比拟的优长；然而在"照顾两头"，使每个人均能获得最佳发展方面，却存在着致命伤。正因为如此，新教育运动兴起后，陆续有自学辅导法、分团教学法、设计教学法、道尔顿制、文纳特卡制等实验，均试图取代这种限制因材施教的班级分科教学。不过结果令人沮丧，至今尚未能撼动其主流地位。

所幸幼稚园的第一追求并非知识，更不是系统的学理深邃的知识，因而有可能摆脱普通学校的命运，在个别施教法方面走出一条新路。张宗麟在肯定蒙台梭利学说时指出：

> 蒙氏学说与近世教育潮流颇相近，盖氏亦潮流中人物之一也。个别教育（Individuated Education），二十世纪最新之教育学说也，蒙氏即提倡者之一人。无论教导、设备等，莫不以儿童为中心，亦莫不以儿童个性之所近为归结，使各个儿童得尽其所能而发展，此氏学说优点之一。①

正是基于这种优点，张宗麟在课程中尽量采用个别施教法。

例如图画、剪贴，便须纯由教师个别指导；游戏、积木等，便须以个别活动为主、团体活动为辅；而故事、音乐、社会和自然等，虽大部分为教师引导的团体作业，但活动过程中的个别指导也必不可少。就拿图画来说，执笔姿势、形状描摹、颜色调配、比例大小等，均非个别指导而不为功。即使在团体活动中，"某种作业之成绩确甚优良者——普通称为天才——实须个别指导。不然兴趣一失，永无复得之机会"②。

个别施教法还由循序渐进的原则所要求。因龄施教为幼稚园和学校教育的通则，入园年龄和入学年龄便是依此而规定。但是同一年岁儿童的生理年龄、智力年龄、社会年龄和情绪年龄，很有可能存在较大差异；针对这种差异所采用的方法，也只能是个别指导法，不可能在"一锅煮"中擢优补劣。因此可以说，个别施教应建立在不同幼儿各自生理或心理发展水平之上，这也正符合循序渐进的原则所要求。

个别施教法，实际还隐含着启发式的原则要求。"不愤不启，不悱不发"是孔门教学法的精华。朱熹对此的经典训释为："愤者，心求通而未得之意；

---

① 张宗麟：《幼稚教育概论》，中华书局1928年7月版，第25页。
② 张宗麟：《幼稚教育概论》，中华书局1928年7月版，第89页。

悱者，口欲言而未能之貌。启，谓开其意；发，谓达其辞。"① 即是说，个别施教的前提，须首先激发为学者的兴趣，产生"我要学"的意愿，并积极思维而渴求问题的解决，然后教师的点拨、指导才有价值，才可能产生实效。同理，只有在学生已懂得而不知如何表达时，教师才可以代他说出。张宗麟在课程试验中时常运用启发法，这也可视为个别施教法的高级运用。

（四）团体活动法

尽管个别施教法为幼稚园中的主要教法，但并非与之相对的团体活动法就不重要，就可以尽可能少地采用。若从幼稚园的性质而言，它是大多数幼儿（已进过托儿所的幼儿除外）所接触的第一个正规社会组织；自进入幼稚园的第一天起，他便须建立起新的社交关系（主要是师生关系与同学关系），便须在集体活动中培养良好的习惯、获得必要的人生常识。所以说，幼稚园是儿童社会化的首要驿站，团体活动法的重要性也正是由此体现。

幼稚生进入幼稚园的第一日，绝少有如在家中自由无拘的，甚至大多数还会哭闹着不放送园家长走的。这是因为环境是新的，环境中的人和事也是新的，幼儿在家中"群"的观念不甚发达，故一时很难适应。因此，幼稚园的第一课，便是应使幼儿尽快尽好地融入群体。除教师的温情接待、老生的热情引导之外，做团体游戏、集体听讲故事、参加文娱活动、共同分吃点心等团体活动，均为尽快适应幼稚园生活之良法。

张宗麟在鼓楼幼稚园进行课程试验时，每日的团体作业至少安排一次，安排二三次则是常例。有关活动项目，他所得到的经验是：

> 孩子们对小团体的生活确能完全领悟，并且也能做几件极单纯的"互助""合作"等工作。例如集合几个孩子做纸鸢、做箱子、搭积木、玩泥沙等，都很能极愉快的共同达到目的。②

团体活动有唱歌、讲故事、吃点心、做团体游戏等可以参加。这些

---

① ［宋］朱熹：《四书章句集注·论语·述而》，中华书局1983年版，第95页。
② 张宗麟：《幼稚园的社会》，商务印书馆1933年2月版，第33页。

工作，都比较容易着手。①

团体游戏，这比唱歌容易参加了，例如猫捉鼠、鹰捉鸡、寻藏、小燕寻窠等，都可以成人、孩子合做的。②

有须同时并进者，有须分工者，有须合作者，此全在乎教师指导之技术也。可以实行之活动，约有下列数项：（1）会议；（2）布置会场；（3）写邀请来宾请柬；（4）筹备开会用品；（5）招待员之预备；（6）娱乐来宾；（7）仪式。③

此外，游览公园，参观市场、农场、生物陈列所等，也均为经常举行的团体活动。

张宗麟认为，幼儿团体活动的人数不宜太多，最好分组进行，且以两三人一组较为合宜。有些活动的分组，最好以不同分工为依据，并应采取自由组合的原则；分工后不宜各自为政，教师应运用暗示法，引导各组间彼此互助和协作。若为性质相同的团体作业，可以采用竞赛法来激发活动的积极性；但须切记的是，不能酿成恶性之竞争，以致影响到大团体的团结。

在团体活动结束时，最好安排一个评价或批评的环节；教师评价当然必不可少，但最好由幼儿来进行自我评价："教师应当暗示孩子，在本组内互相有善意的纠正；对于另一组，也应该尽力合作；做对的当然赞美，不对的也当善意批评。这是在大家共同生活中应有的精神，在工作时应该养成的。"④正因为有了这种评价或批评，幼儿的社会性才可能得以全面提升。

（五）正面奖掖法

在个别施教和团体活动中，中肯的批评固属重要，而正面奖掖的教育作用，则效用无疑更大。张宗麟认为："用奖励的方法，大概习惯培养初期开始做的时候要用此法，这种方法比消极处罚好些。"⑤ 不仅在培养习惯时是如此，

---

① 张宗麟：《新中华幼稚教育》，中华书局1932年5月版，第8页。
② 张宗麟：《新中华幼稚教育》，中华书局1932年5月版，第9页。
③ 张宗麟：《幼稚教育概论》，中华书局1928年7月版，第80～82页。
④ 张宗麟：《幼稚园的社会》，商务印书馆1933年2月版，第70页。
⑤ 张宗麟：《幼稚生的常识》，《儿童教育》第1卷第3～10期（1928年10月）。

在其他活动中也概莫能外。

奖励基于正强化的心理机制。每个人都有着对物质的占有心，而在精神方面则有着对荣誉的渴求；儿童的道德束缚较少，在物质和精神两方面均表现得相对强烈，甚至是毫不掩饰。这种表现，肯定并非是正面性质的。但当某一正面行为出现后，继之以强化奖赏，则会增加这种行为的发生概率，从而使习得行为得到巩固；而在学习态度的养成方面，对学生某一次专注或好思的公开表扬或颁发奖状，同样可以加速这种学习态度的养成。在行为主义心理学中，这种正面奖掖法也称为"阳性强化法"，认为能够促进正确的行为更多地出现。

张宗麟认为，奖掖的正强化远较惩罚的负强化有效。他在幼稚园教学实践中，从来没有体罚过幼稚生，也从不声色俱厉地训斥他们；只要发现哪个具备优长或哪个有所进步，他不仅口头鼓励，而且还奖以红星、积分等符号，甚至还奖以实物。例如，1926年12月19日上午，为了展示小朋友搜集邮票和石子的成绩，专门在幼稚园中举办了一场展示会，并在评判后给予优胜者实物奖励：

> 星期六上午：开邮票和石子的展览会。先把小朋友的成绩摆出来陈列，又把教师的成绩摆出来，大家公开的观赏，请陈鹤琴先生来评判。陈先生带来许多化石奖给各位小朋友，张先生拿了各种旧邮票来做奖品。①

不过，张宗麟明确反对"用金钱或食物来做奖品"②。

张宗麟还认为，口头空泛的表扬，滥用必会失效；而总是以实物来做奖品，也存在着诸多弊端。他认为最好的奖品，是幼稚生劳动所得的成果，如自种的番薯、蚕豆，自制的汤圆、豆腐，这种食物奖品，大家共食时的快乐，便是对劳动的最好奖赏。他如自做手工、自绘图画、自缝手帕、自编织物等，既可作为成绩展示，亦可作为奖品转赠他人，用以作为相对长久的纪念。

有关正面奖掖的方法，多种多样，在幼稚园教学中业已得到普遍运用，

---

① 张宗麟：《十五年十二月份》，《幼稚教育》第1卷第2期（1927年8月）。
② 张宗麟：《幼稚生的常识》，《儿童教育》第1卷第3～10期（1928年10月）。

且已收到了较好效果,张宗麟对于此法的经验总结是:

> 奖赏较惩罚为有效,为鼓励作业兴趣之一法。奖赏用于幼稚生者,以教师语言及赠与玩具或文具为最有效;于标识之奖赏,虽有时亦有效,而不若前两种之速且持久。惟教师有须注意二事:(1)奖赏不可常用。唇上涂蜜之教师,难以为儿童之良导师。此为先人有经验之言,至今仍适用。(2)儿童成绩有在团体中居优良地位,有不能在团体中居优良地位而个人有进步者,奖赏时必须两者兼顾。①

这段总结,可谓为在幼稚园中运用正面奖掖法的圭臬之言。

前言五项,可谓为幼稚园普通教法。除此之外,尚有讲解演示法、情景教学法、暗示教学法、探究发现法、操作练习法、实物比照法、形象比较法、劳动教育法等等,在此不可能也无必要一一予以介绍。

(六)故事教学法

以下所言五项,可谓为幼稚园分科教法。在分科教学中,大多均采用普通教法;只是针对分科课程的某些特点,有时采用分科教法。其实某些分科教法,实为对普通教法某一方面的特别强调,所以普通与分科并无严格界限,难以进行泾渭分明的区隔,这是有必要特别加以说明的。

讲故事的目的,在于使幼儿学习语言、增进知识、涵养性情,并使儿童从中获得快乐和幸福。张宗麟在《幼稚教育概论》第五章"幼稚园课程"中认为:"故事之目的有三——得知识、学语言、欣赏。其中以欣赏之目的为主,其他二者当视为附属品。"这种以"欣赏"为主的目的,实与儿童的快乐和幸福密切相关。至于与故事相关的特殊方法,可依据张宗麟的相关论述,简明概括性地归纳如下。

(1)娓娓道来法

故事须用口说,所以言语和音调是讲故事最重要的技术。在《幼稚园的故事》一文中,张宗麟对于故事的娓娓道来提出了如后七项要求:一为字句要文雅;二为注意句读和段落;三为字音清晰;四为抑扬变化;五为快慢顿

---

① 张宗麟:《幼稚教育概论》,中华书局1928年7月版,第88页。

挫；六为形容毕肖；七为调息与发音之高低。对于调息，他还有进一步的说明：

> 初做教师的，第一次上台，大声疾叫，不到几分钟，声嘶力竭，不能再说话了。在功用上，除非有数百听众用得着大声以外，寻常上课实在只要寻常声音就好，对幼稚生愈加不宜用大声。因为刺耳的声音，断乎不能引起快感的；娇嫩的小心灵，那里禁得起重大的刺激呢？①

因此，通过调整气息来控制语言的音量和速率，便成为娓娓道来的诀窍。

(2) 突然变化法

故事的吸引人之处，便在于情节的曲折和出人意表；戏剧和电影的高潮，往往是在突然变化中呈现的。张宗麟引述了《猴子抢戴帽子》故事的全文，然后总结说：

> 好的儿童故事，至少有一个突变，才能使儿童狂叫欢跳。例如《猴子抢戴帽子》的故事，当帽贩子没有办法的时候，掷帽于地，猴子也都掷下来了。这样一个突变，听的儿童个个都会称快。儿童故事突变的所在，大都是加于"转变"处。这样一变，就可以全篇结束，大家都感到很快活。②

这种突然变化，还包括《老虎敲门》中的小孩子、小白兔均不开门，而小螃蟹开门后便惨遭不测了。

(3) 绘声绘色法

故事之绘声，已在娓娓道来法中提出了要求；故事之绘色，主要要求故事讲述者的表情、身姿、动作等能透达出情感。因此，绘声绘色法也可称声情并茂法。张宗麟曾以说书来类比讲故事：

> 教师讲故事，正如说书人说书，技术上的训练很重要的。善于说书者，一出场来，炯炯的目光、似笑非笑的脸庞，对着听众如电光的一闪。不论几多听众，都能肃然静听。这是听众注意集中的表示。听众既然注

---

① 张宗麟：《幼稚教育论文集·幼稚园的故事》，上海儿童书局 1932 年 9 月版，第 61 页。

② 张宗麟：《新中华幼稚教育》，中华书局 1932 年 5 月版，第 167 页。

意集中了，他就可以操纵自如。①

说到精彩处，说书人往往还会眉飞色舞、身动手挥、形容毕肖，用来强化语言的效果。讲故事之人也理当如此。

（4）适当重复法

故事的叙述应当尽量避免重复，这是通常的经验。然而在对幼儿讲故事时，适当的重复则必不可少。张宗麟明确指出：

> 富于重复性的，这点是幼稚园故事最特别的一点。所谓重复，不但是语句的重复；就是动作、事物、情节、组织等等，在同一故事里都可以重复起来的。并不是这些重复是完全重复的、丝毫不差的重复。这种体裁，非但不能用于成人，就是稍长的儿童，也会掩耳不听的。但是，幼稚园极欢迎这类故事。②

在知名幼儿故事《三只熊》《老虎敲门》《三只羊过桥》《猫要尾巴》等故事里，均有着这类重复的实例。

（5）随机问答法

在故事的讲述过程中，教师可以随机提出问题，既可要求幼儿集体回答，也可要求某个幼儿单独回答；作为听故事的幼儿，也允许随时提出问题，既可由教师回答，也可由其他知道的幼儿回答。其中最为重要者，便是要允许儿童自由发问。张宗麟认为，解放儿童的第一步，便是解放他们的口：

> 第一条绳子是小孩子口上的十字封条。小孩子是到处没有说话的地位的，过旧历年，父母们用红纸包着铜子送给孩子，叫他不要在大年初一说话，名叫"买口"……在学校里，教师为着遮掩自己的短处，禁止学生发问。多问的孩子，总不得教师的欢心，甚至会得到一顿臭骂。……这是一张牢固的封条，我们应该要揭去的。怎样揭去封条呢？只有多给儿童"发问"的一个方法。儿童应该可以抽丝剥笋地发问，教师应

---

① 张宗麟：《幼稚教育论文集·幼稚园的故事》，上海儿童书局1932年9月版，第58页。

② 张宗麟：《幼稚教育论文集·幼稚园的故事》，上海儿童书局1932年9月版，第71~72页。

该切磋琢磨地和他研究。①

讲故事中的随机问答，不仅有巩固知识、答疑解惑的功能，甚至能激发出儿童的奇思妙想。

（6）各科联络法

故事既可以单独教授，也可以联络教学。此处所言各科联络法，是指与幼稚园当时所设置的科目，如图画、游戏、手工、自然和社会等科目的互相联络。这是"设计组织课程"的必然要求，是"中心制"和"单元制"编排的基本方法。在故事教学中，联络较多者，一为图画，二为游戏，其他各科也均可联络。张宗麟的相关论述有：

> 本园凡遇讲故事，必用图画，以引起儿童注意……儿歌及简单句子，往往与图画、故事二课联络教授。②

> 儿童从能行动开始，就喜欢表演。儿童是好动的，也是好模仿的。他听了故事，狗呀、猫呀……在他以为，就是自己。于是装起来了，脸也画黑了，脚也跷了，这就是所谓化装游戏。③

> 例如手工、图画、音乐、故事、文字发表、游戏等，都可以联络。④

故事与社会、自然、卫生、读法、人生习惯，乃至餐点和静息联络的实例，在课程试验中也均有运用。

（7）座位排列法

讲故事在幼稚园中多为团体活动，很少有对某个幼儿单独讲故事的机会。这种团体活动，并非全园各班儿童聚集在一起，而是分班活动；有时还可根据本班儿童的兴趣、性别等，再分为若干小组。张宗麟相关的建议是：

> 座位的排列这是一件很小的事情，但是有时候竟会影响于全体的。

---

① 张沪编：《张宗麟幼儿教育论集·解放儿童》，湖南教育出版社1985年版，第821页。
② 张宗麟、李韵清：《南京鼓楼幼稚园概况》，《教育汇刊》第2卷第3、4期（1926年6月1日）。
③ 张宗麟：《幼稚教育论文集·幼稚园的故事》，上海儿童书局1932年9月版，第73页。
④ 张宗麟：《关于幼稚园的卫生问题》，《集美初等教育界》第1卷第4期（1931年3月1日）。

最适当的座位如图（图略）：儿童坐成弧形，教师坐在近圆心点；倘若人数很多，双行、三行都不妨。这时候，要留心儿童身体的高矮。①

最后有一点要注意，就是儿童的座位应该坐成弧形，教师可以坐在离中心点不远而近于儿童的一面。这一点在理论上是如此，在实际上倘若也这样刻板做起来，必会遭失败的。②

讲故事时排列座位固然事小，然而对于讲述效果的影响也不可小觑。

（8）自撰故事法

这种自撰故事，并非指教师的自编或改编故事；而是要求幼儿在听过故事后，能讲述自己所经历过的事，并在此基础上创作故事。张宗麟在鼓楼幼稚园试验故事教学时，便经常鼓励幼儿讲述家中所发生的事，报告来园路上所见到的物；尤其是邻居婚庆嫁娶的热闹，或是为自家长辈祝寿庆生的隆重。他认为：

儿童往往能创作一故事，向教师或小朋友讲述。此为研究儿童语言、思想发达史之绝好材料，亦可因此觇得大多数儿童喜欢何种故事之一斑。③

发展对于故事的创作能力，培养快乐、高尚，和爱等的情感（目标）；能创作一则最简单的故事，而有明显的内容（最低限度）。④

张宗麟历来重视儿童创造力的培养，在鼓楼幼稚园服务时，他还专备了一本《儿童杜撰故事录》，及时将幼儿的自撰故事记录下来，以作为深入研究故事教学的第一手资料。

（9）力戒说教法

"文以载道"是中国的传统，在中国传统故事中，也浸染着浓重的道德训诫气息。例如《二十四孝图》，自元代郭居敬辑录成书后，便成为民间训幼教

---

① 张宗麟：《新中华幼稚教育》，中华书局1932年5月版，第171页。
② 张宗麟：《幼稚教育论文集·幼稚园的故事》，上海儿童书局1932年9月版，第64页。
③ 张宗麟、李韵清：《南京鼓楼幼稚园概况》，《教育汇刊》第2卷第3、4期（1926年6月1日）。
④ 教育部：《幼稚园课程暂行标准》，《教育杂志》第31卷第10号（1929年3月）。

子的流行读物。而这 24 个尽孝的故事，宣扬的多为封建伦理，且充斥着虚伪和不人道的气息。倘若还依据此类材料向幼儿说教，那显然与时代精神格格不入。在张宗麟看来：

> 故事要简单明了，切勿有深奥的哲学意义与道德训诫。①

> 故事尽管可以包含至理大道，但必须在讲时隐隐地披露出来，不必在故事讲了之后添一句教训话进去，使儿童觉得你是要教训他，不是讲故事的。②

> 孩子们看到一盘糖果，总是爱吃的。成人们不预先设法使他不看见，或使他吃到嘴。孩子们惟一的方法是偷来吃。"偷吃糖果"不能完全责备孩子，至少成人应该分任一半过失。但是幼稚教育者便编造许多道德故事，列举某事是道德，某事是不道德，养成一个小"道学先生"。③

故事当然可为道德习惯养成之一助，但切不可操持训诫的口吻。

（10）鼓励想象法

要想摆脱陈旧思想的束缚，激发自主创造的精神，便应当使儿童插上想象的翅膀，那么幼儿故事中的神话、童话、寓言等均为合用的材料。但在这类材料中，多有鸟言兽语、幻化成仙、狐精厉鬼等情节或形象。在 1931 年中华儿童教育社第二届年会上，尚仲衣主张禁用鸟言兽语的儿童读物，因为它违背了科学原理；而吴研因、陈鹤琴等人则不以为然，认为这种"拟人法"并无不妥。此后，由此还引发了一场有关儿童读物的论战。张宗麟并未置身事外，并且大体是站在吴研因一边，认为"鸟言兽语决不是全是神怪的故事，神怪故事也决不只有鸟言兽语"④。神怪故事中，荒怪不经、引发恐惧者当然不能用，而能够满足儿童猎奇心理、拓展儿童想象空间的材料则不妨采用：

> 神话——鬼神仙怪，层出变化，使儿童听了还要穷究；穷究不得，

---

① 张宗麟：《幼稚教育论文集·幼稚园的故事》，上海儿童书局 1932 年 9 月版，第 77 页。
② 张宗麟：《幼稚教育论文集·幼稚园的故事》，上海儿童书局 1932 年 9 月版，第 66 页。
③ 张宗麟：《幼稚教育者》，《生活教育》第 1 卷第 5 期（1934 年 4 月 16 日）。
④ 张宗麟：《讨论儿童读物的信件》，《集美初等教育界》第 2 卷第 2 期（1931 年 4 月）。

又生出几多门道来。变而又变，不可捉摸，才是有趣。例如我国的《西游记》，就是一部最好的儿童神怪小说，可以说是世界上首屈一指的儿童故事书。

奇异的故事——神话是做不到而想到极有趣的，这类是想不到而人类做得到的。例如《镜花缘》的多九公奇谈，虽然神怪，但是究竟还是做得到的，又如《鲁滨逊飘流记》也有同样的性质。[①]

这样两类幼儿喜欢听的故事，显然有利于鼓励想象，故可以权且暂时拆除真实的樊篱。

故事教学法或还可总结出数条，但以上10条已经不算少了。无论方法还有多少，讲述法总是根本。故事教学的效果固然与方法采用有关，但前提还是在于故事内容的充实和精彩。

（七）游戏教学法

游戏不仅是儿童的自然趋势，甚至许多动物也是在游戏中成长的。严格地讲，游戏不应当设置外在的目标，只要儿童内心觉得"好玩"、感到"快乐"就行。游戏可大体分为个体游戏和团体游戏两大类。其基本教法，前文介绍的"个别施教法"和"团体活动法"已有涉及，可不再赘述；而游戏中的突然变化法、各科联络法，又与前述"故事教学法"中的介绍相通，所以其下的分科教法，仅列条目并简要诠释即可，再无必要详加征引并说明。

（1）感官训练法

在福禄培尔的《母游戏》中，便有"闻馨""尝味"等训练感官的游戏；而蒙台梭利所创制的玩具，也基本是为了训练感官之用。张宗麟承袭了前辈的做法，首重恩物的置备，通过积木、排板、拼图、编织等游戏，来进行感官和技能训练。他还常做"瞎子嗅花"的游戏，让幼儿辨别玫瑰花与野蔷薇的气味。诸如此类的感官训练，张宗麟在幼教实践中经常采用。

（2）运动竞赛法

[①] 张宗麟：《幼稚教育论文集·幼稚园的故事》，上海儿童书局1932年9月版，第67~68页。

幼儿教育的首要目的，是培养有强健身体的儿童。强健的身体，除营养卫生的保证外，便是适合的运动。为了免除运动的单调，游戏式的运动便是很好的选择，如滑梯、跷跷板、摇木马、打秋千、走荡桥等，均为幼儿所喜爱。在游戏运动中加入竞赛的因子，如比赛跳绳、踢毽、拍球、抢凳子、猫捉鼠、鹰捉鸡等，也是幼儿所热衷的。不过对于竞赛游戏，张宗麟多次告诫说，须力避恶性竞争。

（3）动静兼顾法

"动"指运动游戏，这在上文已述，旨在锻炼身体；"静"指静坐游戏，多为坐在桌前搭积木、玩拼图、打牌、下棋、猜谜等，旨在增进智力。张宗麟认为，游戏应动静兼顾，不可畸轻畸重，最好是交错安排。对于动的游戏，只要天气允许，便应该安排在户外，因之可称为"户外游戏法"；对于静的游戏，尽管大多是在室内桌前进行，称为"室内游戏法"，但不宜让幼儿久坐，应每隔一段时间，让幼儿起身活动一番或闭目冥想一会儿。在户外活动时，也应每隔一段时间，让幼儿坐下小憩一会儿或仰卧草地看云。

（4）随机模仿法

在幼儿自发游戏中，"过家家"（或称办家家、做客人等）无疑最为流行。此游戏便是小儿模仿大人买菜、做饭、洒扫、待客等一系列活动。张宗麟在鼓楼幼稚园进行课程试验时，便鼓励孩子把日前看到的邻居结婚的场景，用游戏的方式复现出来；又如小鸟死了，便模仿在亲人葬礼上所看到的场景，在埋葬小鸟时，游戏式地增添诸多仪式。此类游戏均有模仿对象，应允许幼儿随机表现。

（5）设备添置法

无论是户外还是室内，均应当为游戏添置相关的设备。在鼓楼幼稚园中，室外的游戏设备，有大小秋千三种、滑梯、滑板、梯子、绳梯、沙盘、黄包车、脚踏车、电车、小车、汽车、摇动木马、赛跑兔子、绳索等；室内的游戏设备，除现代的积木、拼图、棋牌、洋囡囡等，还有中国传统游戏七巧板、九连环、不倒翁等。当然，一般幼稚园不可能有如此财力购置这些设备，所以张宗麟对此总是力言省钱、简单，并将利用废物来制作玩具作为一项原则，如自制风筝、竹马、水枪、铁环、雪橇等等，均为幼儿乐此不疲的玩具。

(6) 计数游戏法

数法、识数、算术或数学,曾是张宗麟在鼓楼幼稚园课程试验的科目之一。这项试验虽以失败告终,然而为这项试验所创制的识数玩具却甚有价值:点数牌——系牌九牌的变形,从2点至12点,涂上红、绿、棕、黑四色,可做接龙、配对等游戏。滚珠盘——木板上有标有数字的孔穴若干,每一幼儿以同一方式发射滚珠,珠进孔穴数字最大者为优胜。陀螺盘——与滚珠盘形制相类,只是以手捻小陀螺代替滚珠,陀螺所进孔穴数字最大者为优胜。加法片——用硬纸板若干张,一面画有各种人物,一面写着1至9的数字,游戏时,甲幼儿展示人物面,并说出想要的数字;乙幼儿出示的人物面,满足要求者为胜,否则为败。得赏盘——类似于"转糖",只是将每格所转得的物品改为数字。幼儿轮流来转,转针所指数字大者为优胜。

(7) 自由组合法

团体游戏的分组,应当遵从幼儿的意愿自由组合,不宜由教师强行分派。张宗麟认为,幼儿若能获得想要的游戏伴侣,不仅会兴味淋漓,而且能持续更久;否则,不仅兴趣减半,甚至会有争吵等不团结的现象发生。当然,教师若想竞争游戏公平地进行,可以暗示双方均应当接受某些游戏技能稍差者。至于选不选、究竟选谁,还是由选者和被选者自定。

(8) 师生同乐法

在团体游戏中,教师不仅是指导者或裁判者,最好还应当是参与者。例如在猫捉鼠、鹰捉鸡、寻藏、小燕寻窠等游戏中,师生合作往往能收到师生同乐的效果。在师生同乐的游戏中,教师往往能放下架子,学生也能视教师为平等的伴侣,和谐的师生关系,也容易在共同活动中养成。值得注意的是,在竞赛性团体活动中,教师的参与应当各组同等,否则便会影响竞赛的公平。

有关游戏教学法,依据张宗麟的相关论述,当然还可总结若干,如沙盘营造法、化装表演法、尽兴玩乐法、遵规守纪法、分别地域法等等,在此也无必要一一赘述。

(八) 自然教学法

自然也称自然常识,或称为常识。在张宗麟鼓楼幼稚园试验课程时,自然是单独设科；在《新中华幼稚教育》成书时，自然与社会被合为一科，与《幼稚园课程暂行标准》的规定一致。1930年沈百英主编"幼稚教育丛书"时，张宗麟曾写成《幼稚园的自然》一书，未及出版，书稿便在"一·二八"事变日机的轰炸中焚毁。张宗麟认为，儿童环境中所能接触者，以自然物为最多，所以在幼稚园中最易教授者也为该科。对于自然教学法，也将与介绍游戏教学法一样，只作简明归纳，不详加征引并说明。

(1) 实物观察法

观察是幼儿认识世界的起点。从最初的睁眼看母亲，到逐渐认识家人和玩伴，再到认识庭院里的植物、家禽，或故乡的山川、河流等等。进入幼稚园后，应尤重对自然的观察，春花秋月的美丽、电闪雷鸣的惊悚，均为观察后的感受；而园里饲养的白兔、鸡鸭等，自己喂养的蚕宝宝、猫狗等，无一不是亲密观察的对象。在观察过程中，张宗麟尤重指导幼儿发现观察对象的变化，如黄豆的发芽吐叶，直至它散枝结果；又如蝌蚪单尾摆动，到青蛙的跳跃、鸣叫；还如水冷成冰、冰遇热为水、水热化为汽、气凝飘雪，等等。观察时不仅要仔细，而且须洞悉其变化的基本常识。

(2) 户外搜寻法

观察的对象不宜局限于园内的环境和动植物，而应走出园门，外出旅行，在接触大自然中来学习自然科。每次与大自然的接触中，还须抱有愿望去搜寻，如春日在草地上捕捉蝴蝶，夏日在池塘边采摘莲蓬，秋日上山去捡拾红叶，冬日在悬崖边观赏红梅。每次的外出游览，教师均要备齐捕虫网、竹竿等用具，并指导幼儿如何搜寻，鼓励幼儿有所发现、有所收获。

(3) 标本制作法

在户外搜寻所得，当然不能回后就抛弃，而应将有意义者制作成标本，以供长久的展示或纪念。在张宗麟的教案中，有制作蝴蝶标本的记录，还有制作甲壳虫、蜻蜓等昆虫标本的记录；至于用红叶制作书签，或用彩花绿草的标本来粘成剪贴画的步骤，也均有详细的记载。在制作过程中，对化学药品应严格管控，有毒物氰化钾等，须切忌幼儿触碰。

(4) 辨别价值法

到自然界去采集花草苗木，或捕捉飞蝶昆虫，还须辨别它们的各自价值。

若是栽种在公园里供人观赏的花草,便须教导幼儿不可采摘;若是益虫蚯蚓、青蛙、蜜蜂等,则不可轻易挖寻和捕捉。即使是为了制作标本之需,也不可滥杀蝴蝶;至于解剖青蛙、杀鸡宰鹅等残忍之事,最好也不要让儿童参与和旁观,须养成幼儿爱生护生的观念。当然,在幼稚园中开展卫生运动时,对于苍蝇、蚊子等害虫则无须客气。

(5) 审美欣赏法

在进行自然科教学时,还须养成幼儿欣赏的态度,即具备鉴别、审美的能力。旭日的初生、明月的当空、繁星的满天、雨后的彩虹,无一不会使幼儿欢呼雀跃;春天的蝴蝶、夏天的鸣蛙、秋天的寒蝉、冬天的冰雪,也均会引发幼儿的美感。教师在引导幼儿观察户外的自然时,须引导他们学会欣赏;即使是活动室内的布置,也可通过悬挂风景画、标本框、摆放盆花、金鱼缸等来美化环境,使幼儿沐浴在美的氛围之中。

(6) 种植饲养法

鼓励幼儿在幼稚园中种植花草,不仅可以美化园内环境,而且还可以培养劳动的习惯。鼓楼幼稚园甚至还分给每个幼稚生一小块菜圃,鼓励、指导他们种植各种应时的菜蔬,并各自负责浇水、除虫等工作,最后比较收获的大小。饲养园内兔、鸡等小动物,也可分派幼稚生轮流值日,分任喂养、整理笼舍等工作。对于家中喂养的笼鸟、猫狗等宠物,也应鼓励幼儿亲力亲为。如此,不仅可密切幼儿与动植物的关系,而且热爱劳动的态度也可终生获益。

(7) 农谚传述法

中国是一个农业社会,千百年来积淀了诸多农谚,反映了农业生产与季节变换的关系。张宗麟曾撰写《农谚可以做自然科的教材吗》一文,依据自己多年所收集到的农谚,在讨论其价值的同时,也对各种传述方式进行了介绍。在幼稚园中教唱农谚,不仅有利于幼儿语言的发展,而且有助于他们认识四季和气候的变换。

(8) 气象日记法

幼稚生尚不能识字、写字,因而不可能要求他们用文字逐日记录气象的变化。张宗麟为使幼儿认真观察和记录气象,预先制作了一张逐日气象表,要求幼儿在每日之后的空格中画填各种不同的符号,如天晴画太阳、多云画云朵、下雨画雨丝、下雪画雪花、打雷画闪电等。如此，一张系统的特殊的气象日记便告完成；这不仅可培养幼儿的观察力，而且图画的技能也能得到复习和锻炼，更可培养幼儿系统记录的初步习惯。

（九）社会教学法

社会也称社会常识，当自然与社会合科教授时，通常简称为常识；当科目中专列有自然科时，所列常识科便仅指社会常识。幼稚园的知识库，除自然常识外，便是社会常识。自然所对应者为科学，社会所对应者为伦理。伦理与道德、法律密切相关，是为人处世的根本，是幼儿将来融入社会的初步训练，其重要性不言而喻。1930年沈百英主编"幼稚教育丛书"时，张宗麟不仅写成《幼稚园的自然》一书，而且提交了《幼稚园的社会》书稿；不过后者的命运较好，该书经补充修订后，于1933年正式出版（本书已收录）。对于社会教学法，也将与介绍游戏教学法一样，只作简明归纳，不详加征引并说明。

（1）私德养成法

所谓私德，即个人道德；所谓私德养成，即儒家的"修己"，属晚清小学课程"修身"的范畴。在幼稚园教育中，第一位的教育目标为身体健康，第二位的目标就是习惯良好，所以在社会科的教学中，须首重良好行为的培养。相关方法，便是从一言一行抓起，并且一以贯之、常抓不懈。例如语言，要求不骂人、不妄语、不说谎等；又例如行为，要求物归原处、不欺凌他人、不偷盗等。这种私德养成法，或可称言行注重法或小事着手法。张宗麟认为，这方面的教育，最需与家庭教育密切配合，否则难以为功。

（2）公德陶培法

所谓公德，即公共道德或社会道德；所谓公德陶培，便是通过现代法治观念的灌输，在社团自治的活动中培养健全的国民。民国初年中小学的"公民"课，即重在公德陶培。幼稚园为公共教育机构，幼稚生由家庭入园后，最大的改变，就是由个别规训一变为集体规训，原本的"小我"必须服从于"大群"，或说在群、我之间须找到一个平衡点。这种方法，虽有传统的"克己""慎始"等意味，但是现代法治社会尊重自由、平等精神，并不允许训斥、体罚等方法存在于园内。在幼稚园内的公德陶培法，主要是通过在团体活动中礼貌待人、遵章守纪、密切协作、关爱师友等实现的，其实仍为言行训练法，只是侧重点有所不同而已。

（3）实地观摩法

要幼儿了解社会组织的最好方法，便是带领幼儿赴实地观摩。如要了解商店，张宗麟便带领鼓楼幼稚园学生赴南京北门桥，那里有天一公司、服装店、皮货店、餐馆、豆腐作坊等；若要了解邮局、火车站、轮船码头、公安局、消防队等，也可一一带幼儿去参观，并邀请从业人员进行简明讲解。如此，效果远较在幼稚园中空口讲说为好。他如电影院、戏园子、游乐场、动物园、植物园、工厂、农场、医院等设施，均可采用这种实地观摩之法。

（4）活动设计法

通过观摩有了一定的经验后，或者利用原本在家庭邻里间所获得的经验，便可在园内设计各种活动来发展儿童的社会性。如参观商店后，便可设计学做买卖的活动；参观豆腐作坊后，便在老师的带领下进行学做豆腐的活动；参观邮局后，便学邮差分拣、盖戳、送信的活动；参观火车站后，便做检票、引座、开火车的游戏；参观医院后，归来可设计"小医生"活动；参观农场后，归来更可试种萝卜、蕃薯、玉米等。此类设计，在鼓楼幼稚园第三期课程试验中比比皆是。

（5）城乡有别法

在中国的近代化转型中，都市社会与乡村社会存在较大反差。都市社会中的火车、轮船、飞机、汽车，在当时的乡村便很难看到；即使是电灯、电话、电报、电影等，乡里人也是难得一睹。行政机构固然各乡镇都有，但除市集外，各种社会机构多不健全。因此，乡村幼稚园儿童的社会科教学方法，也就有别于城市。如乡村中可带孩子赶集，参加庙会、赛龙舟等民俗活动，参观铁匠铺、木匠铺等。

（6）破除迷信法

中国社会的民俗文化中，鬼神崇拜盛行。幼儿最早听到的曲折故事，多为奶奶口中的饿鬼狐仙；尤其当任性不听话之时，雷公电母便会率鬼怪前来捉拿。此等恐吓之语，往往使儿童对鬼怪故事又爱又怕。在基督教会办理的幼稚园中，对于上帝圣迹的宣扬不厌其烦，万圣节活动的高潮便是装神弄鬼。张宗麟对于中西的鬼神文化均敬谢不敏，主张在幼儿教育中予以清除。所以在幼稚园教授社会时，必须力倡科学、辟除迷信，并不得借用鬼神惩戒之说来管理孩子。

（7）顺性而导法

无论对于公德或私德的陶培，均须顺性而导，不可拔高、操切地粗糙处理。这是由前述"儿童本位"的原则所决定的。不同年龄段以及不同性别的儿童，他们的生理和心理基础有所不同；针对这种不同，循序渐进便是顺性而导的主调。即使是同一年龄阶段、同一性别的儿童，每个人的个性也不一样，或外向、或内向，或好动、或好静，那么教师的智慧，便当像园丁养花般，不同植株不同对待，此实为因材施教法。

（8）换位思考法

此法的经典格言，便是孔子的"己所不欲，勿施于人"。应该说，这是幼儿由个体人格过渡到社会人格的重要表征。张宗麟在鼓楼幼稚园的一次唱歌活动中，曾注意到这样一个细节：敏才不小心踩到和安的手，和安虽然未发声，敏才便用脚踩了一下自己的手，立刻皱眉咧嘴，此后在活动中便格外小心了。这便是典型的将心比心法。他如未经过他人的允许，便偷拿他人的东西，那么别人如此对你，你又有如何感受呢？诸如此类的实例甚多，教师抓住时机及时施教，显然比一味讲道理的效果要好。

（十）手工教学法

手工名称，前此曾称为手技或手艺，后此又称为工作或手工劳动；不过张宗麟似乎更习惯采用手工之名，只是在《新中华幼稚教育》中才改称工作。在编者现今看来，此科目还是以手工冠名为好。该科内容，包括填色、剪贴、纸工、泥工、木工、漆工、织工、园艺、缝纫等，甚至沙箱装排、恩物装置亦可包含其中。手工科的开设，在于使幼儿获得初步的技能，以便日后用双手去创造自己美好的生活。对于手工教学法，也将与介绍游戏教学法一样，只作简明归纳，不详加征引并说明。

（1）独力制作法

相较于其他科目，手工与图画一样，主要由个人独力完成，很少求助于他人；虽也有布置会场、制作食品、家庭展示等团体作业，但若就分工完成来看，依旧属个人作业性质。对于儿童这种个别活动，教师当然只宜实行个别指导，如材料与工具的选择、手拿工具的姿势、物品制作的步骤等。至于统一要求，可以在手工作业之前当众提出；在作业开始之后，教师便须巡回指导，并勉励幼儿发挥自身的能力以完成某项作业。

（2）有始有终法

幼儿在手工作业时，极易见异思迁，一事未完，又抢做第二事；或是感觉所做不如意，便甩手不干了，以致作业半途而废。依据儿童本位原则，教师此时不宜强迫儿童专注于一事，或是逼令儿童非将此事做完不可。但是随意起头、任意甩手绝非良好习惯，而且会使手工课堂纷乱或沉闷。教师此时在个别指导中，要多用肯定激励的话语，如"做得很好""快成功了"等，以增强作业者完成的信心。做事有始有终的态度，不仅须在手工科教学中着意培养，而且在其他各科，甚至在日常的扫地、抹桌等小事中也不可马虎。

（3）安全操作法

幼儿经验不多，手指的小肌肉欠发达，加之活泼爱动的天性，因而在工具使用、操作流程等方面极易发生安全问题。如被剪刀剪破、被缝衣针刺破、被钉锤砸伤等，他如刷油漆时油漆溅眼、做剪贴画时化学药品伤手等，均为幼稚园中的大事。既然身体健康为幼稚园的第一位目标，那么可能伤身害体的不安全因素便须引起高度注意。如采购剪刀时应选用圆头者，橡皮泥、糨糊中应不含有害化学物者，脱色、易碎、锋利的玩具不应购置，有毒、有腐蚀性的化学药品不让幼儿触碰等，均为安全操作法中的要项。

（4）允许试错法

如果事事均因为安全禁忌而不允许儿童去做，那么手工中的诸多作业均会成为摆设。如此，手工科开设的意义将会减半。其实，对于危险度不是太高的作业，应当允许儿童去试错；这种犯错后的痛苦体验，事实上更有利于他掌握正确的技能。如被剪刀剪了一次手，他以后在剪纸或剪布时便会格外小心；又如在钉钉时被锤子砸到了手，他以后的用眼用心便会格外进步。诸如此类的试错惩罚，将成为人生的宝贵经验。

(5) 分室作业法

在手工作业中，限于材料、工具、指导教师等客观条件，有些类别不可能全班同做；如将纸工、泥工、木工等分桌来做，会互相干扰，教师很难管理和指导。所以张宗麟主张，不同类别的手工，应安排在不同的活动室，且须每室有一指导教师；如工具、课室、师资等条件不允许，那么仅安排一组学生在室内做某类手工，其他组学生在室外游戏或听故事。如此，显然有利于提高手工科的教学效率。

(6) 工具保管法

手工作业中所用工具较多，如剪、刀、笔、刷、针、线、锤、钉、锯、铇、铲、喷壶等等，加之材料也是多种多样，因此每次作业完成以后，工具应当物归原处，切不可没有收检或胡乱摆放，致使下次再用时多有不便。有些幼稚园采用由老师代收法，这是明显不妥的；由儿童按要求收归原处，也是培养儿童优良习惯之一途。在有条件的幼稚园里，常用的工具如剪刀等，最好每人一把，写上姓名，固定使用，统一保管。幼稚教师应当以身作则地做到下面的两句话："用过的东西，必须照原样放好；做过工作以后，必把地方收拾干净。"①

(7) 废物利用法

此法张宗麟提倡得尤多，在手工科中可利用之废物也尤多，如破袜子、破布片、旧报纸、广告纸、鸡蛋壳、鱼骨、鸡鸭骨、旧邮票、木屑、木头、谷壳、贝壳、鸡毛、兽毛、玉蜀黍的秆子、麦秆、豆秆、花瓣、牙粉袋子、葡萄干、糖果等袋子、果核、栗壳、破铁罐子，乃至香烟盒、火柴盒、空药瓶、空酒瓶等等，无一不可利用作为手工材料。尤其在农业国的中国，即使城市幼稚园的经费也不充裕，乡村幼稚园的经费则更是少得可怜，若不厉行节约，则维持将更加不易。加之勤俭节约为幼儿优良品质之一，这也理当在幼儿园时期养成。

(8) 成绩保存法

幼儿的手工作品，张宗麟要求应一一保留；并一一写上品名、姓名、完

---

① 张宗麟：《新中华幼稚教育》，中华书局1932年5月版，第48页。

成时间，然后集体保存于幼稚园的搁架或箱笼之中。如此，不仅可觇儿童进步之足迹，而且可选择其中优秀者对外展示，作为教学成绩优良的明证。当然，由幼儿携回家中交给自己的父母保管也是一法，但不宜交由幼儿自己保管，因为大多幼儿难免遗失或毁弃。将手工作品妥善保存起来，还可养成幼儿珍视劳动成果的态度。

以上分普通教法与分科教法两类，对张宗麟所主张和采用过的教学方法进行了较为详细的归纳和介绍。当然，这远非全面，如音乐和图画两科，本为幼稚园中的重要科目，但张宗麟自称并不擅长，故在这方面的论述相对较少，著者也就未对此列点专门介绍。此外，即使在已归纳、介绍的两类诸点中，也未必项项妥贴、准确，这也需要读者深入思考、准确判断。

五、其他特异性主张

张宗麟幼儿教育思想中有关目的、内容和方法的主张已见上述，而在他的"十年求索"的过程中，值得注意的还有如后三项主张：一为主张幼稚园可以识字，这是他通过试验所得出的结论；二为主张幼稚园下乡，并在晓庄学校中付诸了实践；三为主张试行艺友制师范教育，并试图以此来取代幼稚师范的部分功能。以下便对这三项特异性主张予以分别介绍。

（一）主张幼稚园可以识字

张宗麟在鼓楼幼稚园进行课程试验时，"读法"便是重点科目之一。这项试验的缘起，实际始于任职于鼓楼幼稚园之前。1925年暑假，张宗麟受人之托，"做了两个月的家庭教师，学生就是五六岁的小孩子。家长请我的唯一目的，希望教读、写两门"。当时他找来了许多材料，翻看了相关书籍，边教边试验，"确实得到几种方法，但是因为时间太短，学生数太少，得不到什么成绩"①。任职鼓楼幼稚园后，他又继续进行读法试验，并获得了初步结果。这

---

① 张宗麟：《幼稚园里的几种读法教学法》，《中华教育界》第16卷第3期（1926年9月）。

项成果，他以《幼稚园里的几种读法教学法》为题，发表在《中华教育界》第 16 卷第 3 期上。他当时所主张的有如下七项方法：

（1）联络教学法。"此法联络故事、涂色、剪图、贴图、识字，使儿童经过许多历程然后认字。"

（2）兴趣教学法。"利用儿童喜欢唱歌、唱诗的倾向，加以游戏的动作，然后视儿童识字能力的高低教以相当的字句。"

（3）图画教学法。"此法细分之，可以成为许多独立的方法；但是性质都相仿佛，所以总为一类，或者可以叫它是图画法。"具体可细分为涂色、剪贴、空心字、日记等类。

（4）实物教学法。此法可名之曰"实物法"，很简单，即见花教"花"字，见猫教"猫"字，见火车教"火车"，可"请儿童自己动手画图来帮助"。

（5）儿童自述法。"只可用于已识字、有根基的儿童，并且似乎只适宜于教少数儿童（二三个），不能同时教多数儿童。""所谓儿童自述，就是教师引起某种动机，使儿童讲述；教师略略的修正一下，然后把它逐字写出来。"

（6）教材供给法。"年岁稍长、识字较多的儿童，很希望有一本教科书，天天可以拿回家去，可以上下的随意看图，随意识字。"

（7）不断复习法。"学习的效果，完全得自复习，所以心理学家成篇累年的研究学习法。严格地说起来，大部分是讨论复习法。"

运用上述方法教学的读法，取得了良好效果。张宗麟据此所得出的结论是，凡已满四周岁的幼儿，便已具备了识字的能力；而已满五周岁的幼儿，便开始对识字产生了浓厚兴趣。应该说，这与中国古代私塾四五岁便破蒙识字的实践是吻合的。1928 年 11 月，他整理发表了《幼稚园应用字汇》，以作为编写幼稚园识字教材的参考。该字汇共 300 字，系依据幼儿读物中出现频率较高的字所编成。

张宗麟在 1928 年 6 月参与《幼稚园课程暂行标准》之初，在陈鹤琴的支持下，曾将读法专列为一科，旋遭其他专家反对而作罢。在其后颁布的《幼稚园课程标准》中，也从未再列读法科；但在张宗麟其后零星参与的幼教实践中，他还是继续试验读法教学，并在《新中华幼稚教育》中，仍将"读法"列为专章。

尽管陈鹤琴和张雪门两位幼教大家均认定，在幼稚园中可以进行文字教学，但当时幼教界的主流思想，均认为幼稚园识字不符合幼儿生理和心理发展的规律，并视此为与中国传统儿童教育决裂的表征。在1952年3月颁行《幼儿园暂行规程》时，中华人民共和国教育部又重申"幼儿园不进行识字教育"①的禁律。

在陈鹤琴1956年7月发表了《幼儿园应当进行识字教育吗?》一文后，张宗麟于同年9月撰写了《幼儿园是可以进行识字教育的》一文。文中简单介绍了自己20世纪20年代在幼稚园中进行读法试验的经过，接着明确指出：

> 根据我的经验和几个实验的结果，我认为，满四岁的儿童〔可〕教他们识字；满五岁的儿童，有比较浓厚的识字要求。在幼儿园里识得几个字的儿童，升入小学，比起没有受过识字教育的儿童来，确实是强些。
>
> 我认为，这个问题的关键，不是"该不该"，而在于"是否有条件"。这里我提出三个问题：(1) 对幼儿进行识字教育的认识；(2) 如何训练师资与置备设备；(3) 作为一个政策来看这个问题，是否需要大事提倡或全部否定。②

对于这三个问题的提出，不仅需要有学术良知，而且更需说真话的政治勇气。

张宗麟对于第一个问题的认识是，不宜人为地在幼儿园与小学之间"截然划一条红线"，从"幼小衔接"的合理性来看，在幼儿园提早开展识字教育是必要的。从幼儿心理和中国文字的特征来看，"也不会因为教识字而妨害了儿童的健康和全面发展"。尤其值得指出的是，"我国现行学制规定儿童满七岁才能进入小学"，这较"壬戌学制"的学龄推后了一年，所以更应当在幼儿园中进行识字教学。

他对于第二个问题的回答是，幼儿园识字成败的关键是教法。教法的孰优孰劣，则因人而异。"因此，我建议幼儿教育师范学校里，应该开设幼儿园识字教学法课程，或者在各科教学法中专辟一栏，把如何教幼儿识字作为一

---

① 中国教育年鉴编辑部编：《中国教育年鉴(1949—1981)》，中国大百科全书出版社1984年版，第726页。

② 张沪编：《张宗麟幼儿教育论集·幼儿园是可以进行识字教育的》，湖南教育出版社1985年版，第628～629页。

种学问来研究。"至于设备的优良与否,他认为并不是开展识字教学的充要条件。

他对于第三个问题的看法是,政治上的一元化,并非要求教育实践的"一刀切"。他明确主张:

> 幼儿园是否可以进行识字教育的问题,不必作为一种硬性的规定。过去几年,硬性规定取消它,是有些毛病的,应该及时改正;今后也不必硬性规定幼儿园必须识字,更不应订出幼儿园识字标准要全国一律执行。我认为,有条件的幼儿园(主要是师资),应该进行识字教育。[①]

他反对强求一律的思想,正是教育学中一项最为基本的学理。

(二)主张幼稚园下乡

张宗麟关注中国乡村教育,属于较早的一批。1923年秋,由美国留学归国的赵叔愚受聘任教于东南大学教育科;他在美专攻乡村教育,归国首先开设的为"乡村教育概论"和"乡村教育指导"两门课程。张宗麟选修了这两门课,开始对乡村教育发生浓厚兴趣。课余只要有时间,总喜欢与三两同学跑到赵师的办公室里去,翻看他从美国带回的有关乡村教育的外文资料。但赵师的态度和劝告则是:

> 哪知道他极不赞成我们读书,常常与我们谈乡村情形,并且劝我们出去参观、调查。起初我们很对他怀疑,后来我们说,何妨试试看,因此跑到燕子矶来参观。那次参观,可说是大学生下乡的第一声;远方的人知道南京提倡乡村教育,受那次参观报告的影响也不小。[②]

这"报告",题为《燕子矶乡村小学参观记》。

在撰写《燕子矶乡村小学参观记》之时,张宗麟已决心投身于幼稚教育了,其后才醉心于鼓楼幼稚园的试验性办理。然而在此过程中,他的乡村教育情结并未消解,所以当1926年冬陶行知找他商量筹办乡村幼稚园时,便使

[①] 张沪编:《张宗麟幼儿教育论集·幼儿园是可以进行识字教育的》,湖南教育出版社1985年版,第631页。

[②] 张宗麟、胡家健、沈子善:《燕子矶乡村小学参观记》,《中华教育界》第15卷第4期(1925年8月)。

他将乡村教育与幼儿教育结合，参与到"幼稚园下乡运动"之中。其后，他全程参与了燕子矶乡村幼稚园的创办，又指导创办了晓庄学校所属的晓庄、万寿庵、和平门、迈皋桥等乡村幼稚园，还主持创办了集美试验乡村师范附设洪林美乡村幼稚园、邹平简易师范附设幼稚园，不懈地实践了幼稚园下乡的主张。

幼稚园下乡主张的提出者为陶行知。他于1926年底，先以中华教育改进社名义发表了《创设乡村幼稚园宣言书》，后以个人名义发表了《幼稚园之新大陆——工厂与农村》，从而指明了幼稚园下乡的方向。张宗麟作为该主张的拥护者和坚定实践者，对于幼稚园为什么应该下乡、乡村幼稚园的优长何在、乡村幼稚园应如何办理等问题，均多有丰富和发展。

对于幼稚园为什么应该下乡的问题，张宗麟承续了陶行知的论述思路，认为中国是一个农业国，绝大多数人民都生活在农村。他明确指出："'中国以农立国'，这是大家都承认的。中国农人之多，有人以为占全国人口百分之八十以上；以全国四万万人计算，那么农民数至少也在三万万以上。"[1] 而自1902年颁布《钦定学堂章程》后，虽有了乡村小学的设立，但毕业生却纷纷前往城市谋出路，乡村并未沾得"新教育"之益；至于学前教育机构，在乡村中则是绝无仅有。张宗麟在深入调查中发现，每当农忙时的情景是：

> 赤贫的当然放孩子到地上去，任他自由爬行就是了。在闽、粤一带，母亲有背着孩子做事的。在江苏北部、山东、河南、湖北一带，母亲是袋着小孩做事的。南北的差异，只是一个在背后，一个在胸前。[2]

既然连抚养的责任都难以尽到，遑论教育！因此，幼稚园下乡实为当务之急。

对于乡村幼稚园优长何在的问题，张宗麟跳出了经费困难和师资难觅这两重阴影，走出黑暗而寻觅光明。他所寻得的积极因素，主要是乡村中的优美环境：

> 在乡村里，出门就是广大的田野，罗列着无量数的动物、植物、矿物，只要教师肯指导儿童，真是到处都是材料，何必有标本等设备呢？

---

[1] 张宗麟：《乡村教育经验谈》，世界书局1932年9月版，第2页。
[2] 张宗麟：《八省儿童生活的印象述略》，《儿童教育》第6卷第1期（1934年7月）。

> 碧草如茵，绿荫如盖，在大树下的草地上做游戏、做工作，比在洋楼里如何？潮退后的海滩，平沙无垠，满布着贝壳、鱼蟹，真是最精美、最有用的沙滩；此外如山花、野果、溪涧、石子、候鸟往来、风雨阴晴，都是应有尽有。你倘若闭目静思，有哪一间幼稚园的设备有这样完备的？①

这种诗化的描述，当然有理想的成分；不过他认为"日本的露天幼稚园实在合乎乡村"②，则是再真实不过的想法。其他优长还可罗列两点：一为乡人质朴，"倘教师能诚恳相遇者，精神上所得之报酬，必较城市高出万万"；二为往来便利，"吾国乡村多为聚居，数十家为一村。村中设立幼稚园，儿童往返仍便，尚无交通上之困难"③。

对于乡村幼稚园应如何办理的问题，一是要求办理者尽量省钱，二是要求主持者公平对待。省钱的第一要件为园舍和设备。露天幼稚园只是理想，房舍总还是要的。张宗麟主张借鉴"庙产兴学"的经验，利用当地的寺庙、祠堂等公共设施来办理幼稚园；至于设备，则力求简单实用，并以自制和利用废物为原则，在《幼稚园的设备》一文中，他还为此专拟了"一个幼稚园最低限度设备表"。其后在一次演讲中，他认为可以省掉的东西还有如下七项：

> （1）地上的圆圈可以不要的；（2）在桌子上面玩的一盒一盒的积木可以不要的；（3）普通的古董式的摆设可以不要的；（4）华丽的布置可以不要的；（5）许多变花样的课程可以不要的；（6）幼稚园的组织可以不要的；（7）表册、挂图等有的可以不要的。④

至于公平对待的问题，主要是针对主政者而言的："主持教育行政人

---

① 张宗麟：《通信指导师范生的实例——给集美幼师四组学生的两封信》，《集美初等教育界》第3卷第4期（1932年6月）。
② 张宗麟、王荆璞：《大江滨的乡村幼稚园——一周岁的燕子矶中心幼稚园》，《乡教丛讯》第2卷第24期（1928年12月30日）。
③ 张宗麟：《幼稚教育概论》，中华书局1928年7月版，第138～139页。
④ 张宗麟：《简单的幼稚园——邹平简易乡村师范幼稚园课程讨论会讲演之一》，《乡村建设半月刊》第5卷第8、9期（1935年12月15日）。

员，要不违反这个原则，城市是大儿子，乡村是小儿子，有产均析，不分轩轾。倘使要偏袒一方，说不定要闹出家庭革命的乱子出来。"这是因为："世界各国城市与乡村，渐有平等的趋势，总有一天达到这种愿望。"①

幼稚园下乡除经费这一难关之外，另一大难关便是师资。当时的幼稚师范多由教会办理，毕业生多少沾有些贵族气，哪肯下乡吃苦？加之乡村幼稚教师薪俸低薄，满足个人开销已属不易，哪还够养家育子？为此，张宗麟大力推行"艺友制"，试图以此冲破乡村幼稚园的师资难关。

（三）主张试行艺友制师范教育

何谓艺友制？通俗说来就是"师徒制"或"徒弟制"，即传统手工业者（如木匠、铁匠、泥瓦匠、缝衣匠等）传承手艺的古老方式。其要义是"教学做合一"，不依托于学校，而是利用各种工作场所，以师傅带徒弟的方式，来养成各行各业的继承人。具体说来，便是不再专门指靠幼稚师范来培训幼稚教师，而是将每一所幼稚园变成一所幼教师资养成所，由一位教师带领三五位艺友，在共办幼稚园中学习办理幼稚园的知识与技能。

此制由陶行知正式提出，时在1928年1月。当时晓庄师范正在筹办第二院（幼稚师范院），原定院长陈鹤琴、指导员张宗麟均因故不能到职，而该院的招生工作业已开始，因而须对新生的学业预为安排。另一创立背景则是，张宗麟于1927年10月创立燕子矶乡村幼稚园时，除幼稚教师徐世璧外，还招收了三名艺友（一为燕子矶小学校长丁超的夫人，其他二位为燕子矶小学年长的女毕业生）。经过一个多月的试验，成效斐然，因而有了此制的提出。

陶行知对艺友制的严谨定义为："何谓艺友制？艺者，艺术之谓，亦可作手艺解；友，为朋友。凡以朋友之道教人艺术或手艺者，谓之艺友制教育。"接着，他又回顾了艺友制的产生历程：

---

① 张宗麟：《解放儿童》，《新闻前锋》第4期（1930年1月31日）。

> 十六年秋，燕子矶幼稚园成立，丁夫人偕同女毕业生二人，随张宗麟指导及徐教员，学办乡村幼稚园，进步异常迅速。至此同人益信，此制不但为培养人才最有效力之方法，而且为解除乡村教师寂寞与推广普及教育师资之重要途径。①

由此可知，艺友制是因"学办乡村幼稚园"而产生，并且张宗麟为最早试办者之一。

1928年2月，晓庄师范幼稚师范院招得女生9人，又有黄志成、孙铭勋、戴自俺3位男生改习幼稚教育，另有学习幼教的艺友4人、长期参观的女同志3人、教师夫人1人，此时修习幼教者共有20人。为此，于同年秋专门增设"幼稚教育指导部"，以承担这批人的教学指导工作。该部部长为徐世璧，指导员为王荆璞；张宗麟虽为该部兼职指导员（主职为晓庄学校生活指导部主任），然而却是三位指导员中的主心骨。在他的主导下，决定正式以艺友制来培训这批未来的乡村幼稚园教师。

在《怎样指导幼稚园的教学做》一文中，张宗麟系统论述了实施艺友制的意义以及步骤、方法。有关艺友制的意义，他解说得简洁明白：

> 艺友制最大的好处，就是一切生活都是教师生活。今日所做的，即是实际的技能，就是将来要用的。我们教育上最怕的，是所学非所用；社会上最不经济的，是所用非所学。艺友制最小限度的好处，可以免去"学""用"分家的弊端。②

在"教学做合一"原则指导之下，这种培训幼稚教师方式远较幼稚师范有效。在该文中，他对指导艺友的培训步骤，分为如下四期。

第一期，时间大体为一个月，先从当幼稚生做起。"初来的艺友，不问他怎样，给他一个座位，叫他做幼稚生；唱的时候同唱，游戏的时候同游戏，吃点心的时候同吃，认字的时候也同认"，要求与幼稚生打成一片，并观摩幼稚教师的教学。

---

① 陶知行：《艺友制的教育》，唐钺、朱经农、高觉敷主编：《教育大辞书》，商务印书馆1930年7月版，第1649页。
② 张宗麟：《怎样指导幼稚园的教学做》，《乡教丛讯》第2卷第24期（1928年12月30日）。

第二期，时间至少为半年，主要工作为试做。由幼稚教师首先"指示他几种极简单的方法。例如讲故事的简明点，认方块字的变化法，带小朋友在地上玩的应注意诸点。他得了方法，就看时机，给他一群小朋友去试做"。试做后的当天或隔天，幼稚教师须与艺友共同研讨，"问问有什么困难，应该怎样改进"。

第三期，时间大体也为半年，工作为独立的干。此时"依着预定的大纲，在那里自己作主的干，导师在旁边看"。此期另一项重要工作，是到其他幼稚园去参观，然后对照自己的工作，找出"我们幼稚园应该改进诸点"。

第四期，时间大体也为半年，分为两段，主要工作为分组轮流充实理论。此期分艺友为两组，一组继续担任日常教学工作，另一组则搜集材料、认真读书、相互研讨，进行理论学习，三个月后再进行轮换。

以上"总共四期合起来，大约要一年半以上，或者延长至两年。四期以后，我们还不给凭证，要看她出去做事的成绩，经过半年或一年以后，我们去考察实地情形如何，再给以凭证"。

至于具体方法，除幼稚教师随时加以指导，并组织若干次的参观之外，张宗麟还特别重视如后四事：（1）讨论会。每星期举行两次，一次预定下星期的活动大纲，一次讨论教学做的实地情形，并介绍新方法。（2）教学做示范。将许多新材料与好的教学方法，拿出来作为示范。（3）指示读书。所读的书分两类：一类是预先规定的；一类是临时指导的，并须开列详细书单。（4）做试验。研究所得，"往往拿来做试验的。这种试验，都是指导员与同学共同来做的"。

教师指导艺友的重心，不是在临时指导艺友应当怎样做，而是在做之前如何拟定"教学做草案"，然后依计划到幼稚园里去做。张宗麟指出：

> 到幼稚园里去做的很多，他的大纲如下：（1）儿童活动，如故事、音乐、游戏……（2）园务，如设备、整洁、材料采办、银钱出入、招待……（3）社会活动，如社会调查、妇女运动等。（4）儿童养护，如医

药、卫生等。①

正因为有此草案或大纲,艺友在幼稚园中学做幼儿教师,才可能有条不紊地进行。

这种利用幼稚园来培训幼儿教师的师范教育便称为"艺友制师范教育",它是由陶行知正式提出,而张宗麟则是率先实践者和理论完善者。他不仅在晓庄学校多有实践,而且其后在厦门洪林美幼稚园、邹平简易乡村幼稚园,均指导其夫人王荆璞继续进行艺友制试验,并不断在理论上进行总结,为攻破当时乡村幼稚园的师资难关,提供了一条可供采择的新路。

以上分为五大部分介绍了张宗麟的幼教实践及其幼儿教育学说。他从事幼儿教育的时间并不长,大约只占他大学毕业后工作时间的五分之一;然而这十年求索,则无疑为他生命历程中的闪光年华,他所留存的相关专著和论著便是明证。在中国幼儿教育发展史上,张宗麟以"第一位男性幼儿教师"著称,他以福禄培尔为榜样,不仅勇于实践,而且能深入钻研相关理论,为后世留下了百余万字的幼教史料。我们分"专著"和"论著"两册予以精选和注释,旨在使这份历史遗产在新时代中能够发扬光大。

---

① 张宗麟:《怎样指导幼稚园的教学做》,《乡教丛讯》第 2 卷第 24 期(1928 年 12 月 30 日)。

目 录

幼稚教育概论（1926年12月23日）

凡例 ······· 3
第一章 绪论 ······· 5
  一、幼稚教育之重要 ······· 5
  二、幼稚教育之真诠 ······· 8
第二章 吾国幼稚教育之由来及其现状 ······· 10
  一、吾国创办幼稚园之略史 ······· 10
  二、吾国今日有几多幼稚园，应有几多幼稚园？ ······· 12
  三、我国幼稚教育之症结及其补救之方 ······· 14
第三章 幼稚教育发达史略 ······· 17
  一、初创期 ······· 17
  二、改进期 ······· 20
  三、猛进期 ······· 22
第四章 幼稚生生活述略 ······· 27
  一、幼稚生生理状况 ······· 28
  二、幼稚生心理状态 ······· 30
  三、幼稚生生活举例 ······· 31

第五章　幼稚园课程 … 37
一、幼稚园课程之历史观 … 37
二、幼稚园课程之来源及其编制之举例 … 41
三、幼稚园课程之分野 … 47

第六章　实行课程之历程 … 51
一、国庆纪念周之经过情形 … 51
二、最普通的几条教导原则 … 55

第七章　幼稚教师 … 59
一、幼稚教师之任务 … 59
二、如何培养幼稚教师 … 62
三、幼稚教师之修养 … 65

第八章　幼稚园之设备 … 67
一、幼稚园何以需要有相当之设备？ … 67
二、置办各种设备之标准 … 70
三、幼稚园应有几多设备之建议 … 73

第九章　蒙养园、幼稚园及小学低年级 … 76
一、蒙养园与幼稚园之关系 … 76
二、幼稚生升学问题 … 78
三、普及幼稚教育谈 … 82

再版附言 … 84

幼稚园的社会（1931年1月）

自序 … 91

第一章　孩子们的社会 … 94
第一节　孩子们的社会 … 94
第二节　社会是什么 … 97
第三节　本科的目标 … 98
第四节　本书讨论什么 … 101

第二章　第一天进幼稚园的孩子 …… 104
第一节　几个不同样的孩子 …… 104
第二节　几个孩子的家庭 …… 106
第三节　教师应该怎样呢 …… 108

第三章　社会化的幼稚园课程 …… 114
第一节　什么是幼稚园活动的根据 …… 114
第二节　两张幼稚生的习惯与技能表 …… 116
第三节　实行的原则 …… 121

第四章　实施社会活动的原则 …… 126
第一节　教育学上的新趋势 …… 126
第二节　心理学上的根据 …… 128
第三节　几条实施的原则 …… 131

第五章　孩子们的家庭 …… 135
第一节　为什么孩子也要家庭 …… 135
第二节　孩子们怎样会感觉到他的家庭 …… 136
第三节　孩子们的家屋 …… 137
第四节　教师的准备 …… 144

第六章　孩子们的乐境 …… 149
第一节　导言 …… 149
第二节　孩子们的乐境 …… 150
第三节　教师的准备 …… 158

第七章　孩子们的世界 …… 162
第一节　幼稚生已经有的地理观念 …… 162
第二节　怎样扩大孩子们已经有的地理观念 …… 163
第三节　孩子们的山河 …… 167
第四节　各地的孩子 …… 171
第五节　教师用的参考书 …… 174

第八章　关于幼稚园社会活动的几个好机会 …… 176
第一节　导言 …… 176

第二节　婚、丧、寿庆 ………………………………… 178
　　第三节　节期、赛会期、纪念日 ……………………… 181
　　第四节　展览会及其他 ………………………………… 185
第九章　幼稚园社会活动的试验报告
　　第一节　预定的计划 …………………………………… 189
　　第二节　每天的记录 …………………………………… 194
　　第三节　应用的材料和参考 …………………………… 204

新中华幼稚教育（1932年5月）

编辑大意 ……………………………………………………… 211
第一章　认识幼稚园 ………………………………………… 212
　　第一节　参观一个幼稚园 ……………………………… 212
　　第二节　参加幼稚生的活动 …………………………… 215
　　第三节　与幼稚教师开讨论会 ………………………… 218
第二章　幼稚教育的略史 …………………………………… 221
　　第一节　福禄培尔 ……………………………………… 222
　　第二节　蒙台梭利 ……………………………………… 224
　　第三节　中国幼稚教育略史 …………………………… 227
第三章　幼稚园的儿童 ……………………………………… 233
　　第一节　幼稚生的生理状况 …………………………… 233
　　第二节　幼稚生的心理现象 …………………………… 237
第四章　幼稚园的设备与布置 ……………………………… 241
　　第一节　幼稚园的布置 ………………………………… 241
　　第二节　幼稚园怎样置办设备 ………………………… 245
　　第三节　幼稚园应该置办些什么设备 ………………… 249
第五章　玩具 ………………………………………………… 253
　　第一节　福禄培尔的恩物 ……………………………… 253
　　第二节　蒙台梭利的恩物 ……………………………… 255

  第三节 应该置备怎样的玩具 …………………… 257

第六章 课程 …………………………………………… 262
  第一节 怎样厘订幼稚园的课程 …………………… 262
  第二节 幼稚园课程应该怎样编制 ………………… 264
  第三节 幼稚生究竟应该学些什么 ………………… 271

第七章 自然与社会 …………………………………… 284
  第一节 幼稚生常常会遇到的事物 ………………… 284
  第二节 怎样帮助儿童去和自然与社会发生关系 … 286
  第三节 几个设计的例子 …………………………… 290

第八章 卫生 …………………………………………… 296
  第一节 幼稚生应有的卫生习惯、态度与常识 …… 296
  第二节 幼稚生的心理卫生 ………………………… 299
  第三节 幼稚园应有的卫生设备 …………………… 300
  第四节 幼稚园里最通行的几种卫生教育的方法 … 302

第九章 故事 …………………………………………… 307
  第一节 幼稚园为什么常常讲故事 ………………… 307
  第二节 故事的组织和种类 ………………………… 309
  第三节 幼稚生爱听什么故事 ……………………… 312
  第四节 怎样对幼稚生讲故事 ……………………… 317

第十章 游戏 …………………………………………… 322
  第一节 儿童游戏的重要元素 ……………………… 322
  第二节 幼稚生最喜欢玩的游戏 …………………… 324
  第三节 怎样带着儿童做游戏 ……………………… 328

第十一章 律动与音乐 ………………………………… 331
  第一节 孩子们的音乐与律动 ……………………… 331
  第二节 欣赏音乐与律动 …………………………… 333
  第三节 幼稚教师应注意的各点 …………………… 336

第十二章 工作 ………………………………………… 339
  第一节 工作的性质与种类 ………………………… 339

第二节　工作的进行 …………………………………… 341
　　第三节　在工作时期中应该注意的琐事 ………………… 343
第十三章　读法 ……………………………………………… 345
　　第一节　幼稚园为什么要有读法 ………………………… 345
　　第二节　幼稚园读法活动应注意的几点 ………………… 347
　　第三节　方法举例 ………………………………………… 351
第十四章　教师 ……………………………………………… 360
　　第一节　幼稚教师的职务 ………………………………… 360
　　第二节　幼稚教师应该怎样修养 ………………………… 362
　　第三节　幼稚师范 ………………………………………… 365

幼稚园的演变史（1935年7月20日）

自序 …………………………………………………………… 373
第一章　在继续不断演变中的幼稚教育 …………………… 375
　　一、从神秘的演变到科学的 ……………………………… 377
　　二、从慈善性质的怜悯演变到权利性质的享受 ………… 378
　　三、从少数人的演变到多数人的 ………………………… 379
　　四、从个别的演变到团体的 ……………………………… 380
　　五、从宗教式的信徒演变为正当的职业训练 …………… 380
第二章　从普通学校变到幼稚园 …………………………… 382
　　一、福禄培尔的生平 ……………………………………… 382
　　二、福禄培尔的学说 ……………………………………… 385
　　三、为什么会产生福禄培尔学说 ………………………… 388
第三章　从慈善事业变到幼稚园 …………………………… 391
　　一、蒙得梭利的生平 ……………………………………… 392
　　二、蒙得梭利的学说 ……………………………………… 394
　　三、蒙氏对于自由的真义 ………………………………… 398

第四章　从敬节堂变到乡村幼稚园 ·············· 400
　　一、第一期 ································ 401
　　二、第二期 ································ 405
　　三、第三期 ································ 409

第五章　从少数人享乐的幼稚园变到多数人受训练的幼稚园
　　 ··· 416
　　一、美国 ································· 416
　　二、英国的婴儿院与中国的育婴堂 ············ 420
　　三、苏俄 ································· 421

第六章　从小学教育变到幼稚园教育，又从幼稚园教育变到小学教育
　　 ··· 425
　　一、幼稚园教学法的来源 ···················· 425
　　二、小学设计教学法的利弊 ·················· 426
　　三、幼稚生与小学儿童究竟有〔哪〕些不同 ······ 427
　　四、幼稚园新法对小学的影响 ················ 429

第七章　明日的幼稚教育 ······················· 433

幼稚教育概论

（1926年12月23日）

【题解】 本书于1928年7月由中华书局初版。脱稿时间，依据本书《凡例》所言，为"十五年冬至后一日"，即1926年12月23日。1932年8月本书再版。

"幼稚教育"名称，系民国中后期对于幼儿教育的通称，系指对3岁至6岁幼儿所施行的公共教育。这种公共教育机构，晚清创立时名为"蒙养院"，民国前期称为"蒙养园"；1922年"壬戌学制"颁行后，改称"幼稚园"；中华人民共和国成立后，定名为"幼儿园"。它属学前教育的后半段，其前半段为"婴儿园""托儿所"或"保育学校"。缘此可知，此《幼稚教育概论》，称之为《幼儿教育概论》亦无不可。

张宗麟于1925年6月毕业于东南大学（前身南京高师）教育科，得陈鹤琴推荐，以留校担任助教名义，协助陈鹤琴办理鼓楼幼稚园。该园当时尚未定名为鼓楼幼稚园，因为得到了东南大学教育科资助，或可称为"东大附属幼稚园"。它初设于1923年春，由陈鹤琴、卢爱林女士（美籍，时任东南大学幼稚教育讲师）主持办理，作为试验幼稚教育理论，并为教育科学生提供实习园地之用。当时因陋就简，借陈鹤琴私宅之一部开办，学生仅为12人（多为东南大学教员子女）；先后来园任教者，除卢爱林外，还有甘梦丹女士、钟昭华女士、李韵清女士等。张宗麟在校学习时，因对陈鹤琴主讲的儿童心理学颇感兴趣，于是开始涉猎幼稚教育理论，并时常到该园参观考察，有时甚至与陈鹤琴对谈幼稚教育至夜半。故在毕业之际，尽管多有亲友劝阻，他还是义无反顾地有此选择。

在张宗麟决心投身于幼稚教育事业之时，该园得朱琛甫先生捐资，并得东南大学教育科和中华教育改进社的赞助，已开始在南京鼓楼购地兴建专用园舍。当张宗麟1925年9月正式来园工作时，新园舍业已落成，"鼓楼幼稚园"之名也已正式确立。此时该园尚属半公半私性质，当1927年南京国民政府成立后，方以"私立"向地方教育行政部门注册。张宗麟供职于鼓楼幼稚园的时间为一年半，即从1925年9月至1927年1月。他在1927年1月下旬回绍兴老家过年后，便因北伐战火的阻隔和投身于大革命的洪流，而未回到鼓楼幼稚园续职。因此，他在鼓楼幼稚园的主要任务，是受东南大学教育科教授陈鹤琴和中华教育改进社主任陶行知之托，致力研讨方兴未艾的幼稚教育理论与实践。

综上可知，本书是张宗麟从事幼稚教育试验的重要理论成果。若论该书的历史价值，实为国人专研幼稚教育的第一批专著。在其之前出版的同类书籍，仅有王骏声的《幼稚园教育》（商务印书馆1927年3月）；在其之后出版的同类书籍，则有张雪门的《幼稚园教育概论》（商务印书馆1931年1月），袁昂、郭祖超的《幼稚教育》（世界书局1933年3月），孙铭勋的《幼稚教育》（大华书局1933年9月），懋兆庚的《幼稚教育》（商务印书馆1935年5月），葛承训的《师范学校幼稚教育》（正中书局1935年7月），吴慧玲的《幼稚园教育》（四川省立教育科学馆1940年自刊），洪宝林的《幼稚教育大纲》（内政部1942年自刊），陆秀的《实验幼稚教育》（四川省立成都实验幼稚园1946年自刊）等，本书无疑居于前列。

本书在收入《张宗麟幼儿教育论集》（张沪编，湖南教育出版社1985年）时，在文句上曾多有删改。

凡　例

一、本书为幼稚教育发凡，于各方面均择其大者、要者而言；更因著者不愿宗于任何一派，故各种学说凡列入者，亦均属大要。详细叙述与报告，日后非各有专册不可。

二、本书第六章最难着手，盖幼稚园各科教法之详者，各科皆须巨帙；若只述普通教学原则，则年来吾国谈普通教学之书日见增多，何待赘述。今举教学实例一，以示取径之方向；至于如何实行，尤望诸教师之活用。

三、本书材料来源，多半为著者经验，间有摘自他书者，皆有附注。如有误解、疏漏原著之处，希读者诸君指正。

四、吾国幼稚教育，正如种子之初萌芽，当有适当的雨露与日光，尤须任其自然发达。著者于此道毫无成见，对于各种先人成法，均取研究态度，详为讨论。在实际上，吾国幼稚教育前途希望甚大，不必宗于任何一派以自缚。著者试验未久，研究未深，谬误实多，祈海内明达进而教之，同力培植此幼芽，使成为大厦之干材，吾国幼稚教育界幸甚！

五、本书之成，得力于学友雷震清①兄甚多，其他如陈鹤琴②教授平日指导诸种试验，周天冲③兄之促我写述，均甚感激，特此志谢。

国民十五年冬至后一日张宗麟写于南京鼓楼幼稚园④

---

① 雷震清（1904—1984）：字仲简，湖南永州蓝山人。幼年丧父，家境贫困，靠亲友接济入学。早年毕业于长沙私立明德中学，后考入南京高师教育科（毕业于东南大学教育系），追随陈鹤琴，出任南京市教育局指导员，主持上海"工部局"所办东区小学、华德路小学、蓬路小学；公余编写教材，协助办理"中华儿童教育社"会务。1941年后，又协助陈鹤琴创办江西省立幼稚师范学校。1946年受聘执教于中央大学师范学院，讲授幼儿教育课程；又负责重建中央大学附属大石桥小学，长期兼任该校校长。著有《小学校长与教学视导》《幼稚园的自然》等。

② 陈鹤琴（1892—1982）：浙江上虞人。早年肄业于杭州蕙兰中学、上海圣约翰大学；1911年秋，考入清华学堂高等科。1914年庚款留美，先获约翰·霍普金斯大学文学士学位，后获哥伦比亚大学教育硕士学位。1919年归国，历任南京高师专任教员、东南大学教授。后创设南京鼓楼幼稚园，致力于儿童心理和幼儿教育研究，并以此名家。在上海主持公共租界华人教育处期间，创设中华儿童教育社，担任理事长。1940年，主持创设江西省立幼稚师范学校，任校长。该校后改国立，并增设专修科。抗战胜利后，创设上海幼师和上海幼专。著有《儿童心理之研究》《家庭教育》，著作有《陈鹤琴全集》等。

③ 周天冲：生卒年籍贯未详。1925年6月毕业于东南大学教育系，与张宗麟同班且相洽，为国家主义教育的赞同者。1928年赴法国留学，入巴黎大学专攻史学。1931年归国后，专事著译。撰有《设计教育法评议》《幼稚园的设计教学法》《阿氏主编〈儿童教育大全〉》等。

④ 鼓楼幼稚园：知名试验性幼稚园，当时张宗麟以东南大学教育科助教身份供职于此。

第一章 绪 论

各种儿童教育之发达，以幼稚教育为最迟；① 各种教育之收效，以幼稚教育为最难。髫龄稚子，能力薄弱，充其量而为之，不足当成人之一睐；于是社会上对于各种教育之轻视，亦以幼稚教育为最甚。然而静心默思，幼稚教育之重要，实为惊人。正如毕克特（L. H. Picket）② 所谓："成人生活中之许多失败，皆由于儿童时代缺乏自己表现与发展之机会……"③ 信如此言，则吾人壮年之过失，其根源莫不在童年。然则其重要之点何在？所谓幼稚教育者，其性质究属如何？本章皆当说明。

一、幼稚教育之重要

幼稚教育之重要为多方的，盖儿童之关系乃多方的。吾人能明了儿童在人生，在社会国家之重要，则幼稚教育之重要思过半矣。

（一）幼稚儿童在人生之重要

幼稚儿童为初离母怀之儿童（三岁或四岁至六岁），已能行走，又能说简单语言，各种奇特之心理状态渐次发现；而四周所接触者陡然扩大，家庭而外，自然界、实际社会、小朋友……皆日益增多，于是影响日渐加增。各种

---

① 作者原注："幼稚教育之名词，在十九世纪中叶始见于世界。详情参看本书第三章。"
② 毕克特：通译皮克特，生卒年未详。美国教育家，时任德克萨斯师范学院培训学院院长。
③ 作者原注："L. H. Picket：*EarIy Childhood Education* Ch I." 编者另注：其中英文作者与书名，可译为皮克特《幼儿教育》。

刺激必起各种反应，此一往一复之刺激与反应，莫不与儿童之目前或其一生有直接或间接之关系。

在生理上，此期儿童最易蹈危险，正如初放之芽最易被虫蚀；在心理上则所有影响最深，几乎一生不消。弗洛伊德（Freud）①之精神分析结果，证明患神经病者，类多幼年所受之恶影响所致。反之，倘有良好之教育，则其影响于一生，也有同等之伟大。

（二）幼稚儿童与国家社会之关系

一国人民能直接为国效劳者，为壮年之国民；然而为国家败类者，亦以壮年国民为最多。试问，如此效果发源何处？莫不于童年时造成之。此儿童与国家、社会关系者一。

据人口调查，儿童自三岁至六岁之死亡率最大。此死去之儿童，未必尽如《天演论》②所谓优胜劣败。则国家、社会于此，实蒙最大之影响。倘能有良好之保护与教育，使婴儿皆长为成人，更能各现其个性，则国家、社会之进步，必速于今日。此其关系之又一方面也。

吾人爱国热忱，发于理智者少，而发于情感者多。然而永久的情感，非一时所能造成；必日浸月渐，然后根深蒂固、虔心不改。吾人倘以国民为必须爱国者，必须为社会服务者，则其教育当自最初级之教育开始。此教育为何？即幼稚教育也。

---

① 作者原注："佛氏为当代变态心理学者，与琼（Jong）齐名，能以心理分析而医神经病。"编者另注：弗洛伊德即西格蒙德·弗洛伊德（Sigmund Freud，1856—1939），奥地利精神病医师、心理学家、精神分析学派创始人。1881年获维也纳大学医学院医学博士学位，先任维也纳综合医院医师，后私人开业治疗精神病。提出"精神分析"概念，出版《梦的解析》等文论，创立精神分析理论并形成学派。著有《图腾与禁忌》《超越唯乐原则》《群体分析及自我之分析》等。

② 《天演论》：严复著名译著，译自英国生物学家赫胥黎的《进化论与伦理学》，最早于1897年12月在《国闻汇编》刊出，1905年由商务印书馆正式出版。该书强化了达尔文"物竞天择"进化论学说，认为这一原理同样适用于人类社会，申述了"落后就要挨打"的通理，激励国人发奋自强。

（三）幼稚教育在学制上之地位

以学龄儿童而言，幼稚生不能列入学制。① 而各国学制，皆有未届学龄之教育（Pre-school Education），近年来且极注重于此项教育。吾国亦受影响，故新学制颁布时，已将幼稚园列入。② 此种理由，不言而知，其为世界教育家觉悟，幼稚教育与其他各期教育有同等重要之征象。

其中关系最密切者，当然为前期小学③。有许多工作，幼稚园皆可由自然的趋势而施以教育，小学教育即受莫大之利益。非独小学，即中学、大学生许多习惯、性情，亦可在幼稚园养成之。如研究的态度、对人的品性等，皆奠基于此。

总之，小学教育，为中学、大学教育之基；而幼稚教育，又为小学教育之基础，为学制上一切教育之起点也。

（四）幼稚教育与家庭之关系

幼稚园与家庭之关系最为明显，为家庭托付儿童之第一个场所，最能与父母接触之第一种教育事业；而学生之成绩，最有待于家庭辅助。幼稚生在园之时间，不如在家者多；教师与幼稚生接触之机会，远不如父母之多。幼稚生受父母之教育，至少有三年之久。同属一言，出于教师者，远不若出于父母者效力之大。幼稚园若不与家庭合作，则效果甚少，此就幼稚园待助于家庭者言也。

更就幼稚园辅助家庭者言之，儿童年龄日长，父母各有职业，又有其他事务，不能负子女教育之责，于是付托于幼稚园，一也。父母因学识关系，对于子女之教育，有时爱而不知教者甚多；幼稚园有专门人才，可以随时输

---

① 此"不能列入学制"，系指在晚清颁布的"壬寅学制"和民国初年颁行的"壬子癸丑学制"中，均未将幼儿教育机构列入法定学制系统。

② 此"列入"，系指1922年颁行"壬戌学制"时，已将"幼稚园"列入法定学制系统。

③ 前期小学：系指"壬戌学制"所确立的初等小学。更为准确之言，则为初等小学的一二年级。

入教育方法于父母，使儿童教养得宜，二也。母亲会①之功效，不仅幼稚园受其利益，即母亲间获益亦甚多，且可因此增进母亲间之感情；而母亲会之组成，以幼稚园发起而组织者最为适宜，三也。

二、幼稚教育之真诠

何谓幼稚教育？何以需要幼稚教育？于前节约略言之。聚三岁以上、六岁以下之儿童于一处，施以有目的之教育，用有组织之方法，此为幼稚园。其字，为德人福禄培尔（Froebel）②所创，原文 kindergarten。各国多用原文，吾国则译意。幼稚园产生之时，纯出于爱儿童之一念，而杂有宗教的信仰；其后一切教育，受其他各种科学之影响而进步，幼稚教育之观念亦渐改。在今日，所宜趋向之宗旨如下：

（1）养成有健康、活泼身体之儿童。教育之第一义，为谋儿童之健康；若徒有知识增进而身体不健，是畸形的教育。

（2）养成几种儿童生活上必须之习惯。如饮食、穿衣、避灾害、对人有礼貌等习惯，皆当自幼养成之。

（3）养成儿童欣赏之初基。吾人于各种知识等等，不患知之不多，而患无欣赏之能力。有欣赏能力者，正如宝钥在手，随时可以取藏物者也。故幼稚教育不必灌输几多知识，而须培养欣赏之态度。

（4）养成儿童能自己发表之能力。儿童之好发表自己，无论何处皆能见之，如图画、手工、讴歌及各种自由动作，幼稚园皆当培养之。

宗旨者，吾人所愿意达到之境地也。至于如何达到及方向如何，此为方

---

① 母亲会：即当时幼稚生母亲所自发组织的联谊团体，现今多称"家长会"（可吸纳父亲或其他亲属参加）。该会的主要功能在于强化"家园联系"，发挥协同教育之力量。

② 福禄培尔：即弗里德里希·威廉·奥古斯特·福禄培尔（德语 Friedrich Wilhelm August Fröbel，1782—1852），德国教育家、幼儿园制度的创始者。他崇尚裴斯泰洛齐的教育思想，曾在裴氏身边工作了两年。1816 年在家乡创办了一所学校，实验裴斯泰洛齐的教育主张，并取得了成功。1837 年在家乡为学龄前儿童创办了一所活动学校，1840 年将该校正式定名为"幼儿园"。著有《人的教育》《慈母曲及唱歌游戏集》《幼儿园教育学》等。

法。幼稚教育所取方法之原则如下：

（1）须适合于民族性。民族性之特异，世人已尽承认之。吾人能集合而成为国、为社会者，皆此性之功也。故国可亡，人民可散，而此性永不可失。如犹太人民虽被强国驱散，而永不忘其祖国，此即犹太人父谕其子、兄勉其弟之结果。负有重大使命之教育，尤须注意乎此。

（2）合于儿童生活的。儿童之生理、心理，完全非成人，别有自己之田地，教育当适应其需要。

（3）所有方法皆须出于自由、自然。能任儿童自由，则个性毕现，教育可以着手；欲适应儿童自由之趋向，必须采取自然之方法。所谓顺性而导，古今中外皆如是也。

（4）幼稚教育非宗教。从事于幼稚教育者，有教徒信教之热忱则可，若化幼稚教育本身为宗教则不可。"儿童有宗教本能"一语，吾决不敢信其有。愿我同志，大家实地试验之，幸勿盲从。

（5）富有游戏性的。儿童之生活，大半在游戏中。各种作业能出于游戏的态度，则生气勃勃，儿童乐为。

（6）一切作业当使儿童能见到效果。效果为儿童作业目的之一，即可以鼓起儿童之勇气。

（7）教师勿抱有成见。世界一切事业之进步，正如川流。吾侪今日之所知，必有许多胜于百年以前所知。教育上之有生物学观及心理学根据，[①] 不过近世事耳。此二种科学日进不息，即吾侪研究教育者根本上日进不息。一切学说定理，皆可为当时当地适用品；移地逾时，皆当重新试验。

吾国幼稚教育为萌芽时代，同志诸君，处处须有研究态度，使灿烂之葩得以尽放。非然者，必长落人后，危险实甚。

---

① 此"生物学观"，指教育生物起源说，代表人物为法国社会学家利托尔诺。该派认为，人类社会教育的产生，是一个生物学的过程；生物的冲动，是教育的主要动力。结论为：人类社会的教育，是对动物界的继承、改善和发展。此"心理学根据"，指教育心理起源说，代表人物为美国教育家孟禄。该派认为，人类社会教育的产生，源于儿童对成人生活的无意识模仿。这种心理活动是人类社会所特有的，有别于生物学本能。

第二章　吾国幼稚教育之由来及其现状

幼稚教育之宗旨与功用既明，将进而述吾国幼稚教育之现状，然后更讨论世界幼稚教育之学说。此本章与第三章之讨论点也。

一、吾国创办幼稚园之略史

吾国兴办学堂，始于光绪二十七年之上谕，① 实行于廿九年，② 至宣统而雏形渐具。民国成立，学制屡变，学校之发达与改进亦相与并进。故编纂吾国近代教育史者，莫不以此为渐进之线索，独幼稚教育不与焉。

按：光绪廿七年上谕中之"蒙学堂"，其性质与今日之幼稚园完全不同。虽有"蒙学堂毕业升入寻常小学"之一条，然而蒙学堂入学在七岁，毕业时已十岁，犹今之前期小学也。③ 故此期不论。（实则此上谕并未实行）

光绪廿九年上谕有蒙养园矣，④ 其性质与幼稚园同，其制则来自日本。蒙童入学为四岁至六岁，其课程有游戏、歌谣、谈话、手技；而玩具、设备等等，皆有大略之规定。孰知拟制度者，知其一端而不知其全体，因而有莫大

---

① 此"光绪二十七年"为作者误记，此章程名为《钦定学堂章程》，该章程的颁布时间为光绪二十八年七月十二日，即公历 1902 年 8 月 15 日。
② 此"廿九年"时间有误，《奏定学堂章程》的颁布时间为光绪二十九年十一月二十六日，中国农历的岁尾，已是公历的年初，公历的准确时间为 1904 年 1 月 13 日。
③ 作者原注："《钦定学校章程》，光绪廿七年颁布。"
④ 此"蒙养园"名称错误，当称为"蒙养院"，见《奏定蒙养院章程及家庭教育法章程》所载。

之笑柄，今请述之，足见当时教育界思想之一斑。①

（1）蒙养园之须有保姆，保姆之须女子，且须有特种训练，当时人皆知之。然而女学未兴，以女子求学为危险之途。于是训练育婴堂之乳妪与敬节堂之寡妇一年以上，经两堂人员认可给凭为保姆。此其一。

（2）蒙养园设有管理人，其办法与育婴堂之管理人相仿。此其二。

民国成立，各种学制类有变更，取消幼稚园即其一端，②故元年所定学制系统无幼稚园。③迨至民国五年，教育部有变更教育之命令，方见有幼稚园之名称矣。④其办法，与前清竟无大异；⑤所进步者，在女子师范学校附设保姆科，以训练幼稚园教师，非若昔日以敬节堂之寡妇充之矣。⑥

另图1　江苏省立女子中学附设保姆科第二届毕业学员合影
图片来源：《江苏省立第一女子师范学校校友会杂志》第2卷第1、2期（1923年5月）

---

① 作者原注："《大清新法令》（光绪廿九年十一月廿六日颁布）第七类，商务书馆印本。"
② 此"幼稚园"当称为"蒙养园"，见《国民学校令施行细则》所载。
③ 作者原注："《教育法规汇编》，第四类学校系统表上及说明书中无幼稚园。"
④ 此"幼稚园"名称错误，当称为"蒙养园"，见《国民学校令》所载。
⑤ 作者原注："《教育法规汇编》，民国五年八月一日颁布《国民学校令施行细则》第六章自第七三条至八二条。"
⑥ 作者原注："《教育法规汇编》第五类师范学校令第一、二两条。"

自民五以后，各省省立女子师范大学创办保姆科，如江苏、浙江成绩尤佳。其专设幼稚师范者，北女高师外，①惟江苏一女师也。②自是而后，虽如种子之芽未见放叶，然而嫩绿之期，实胚胎于此也。

最近则为新学制之厘定期矣。幼稚园亦占学制系统上之地位，幼稚师范定为专科师范之一，国人对于此问题亦渐知注意，报纸、杂志上亦时见此类讨论文字；然而幼稚园之课程未定，幼稚师范之章程无有也。

平民化，极端自由之教育制度，为吾国特具之精神，又何独幼稚教育为然。然而，其如国家设立教育之本意何？其如外人将窃取之何？吾书至此，不禁为提议改革学制之诸君子惜焉。

二、吾国今日有几多幼稚园，应有几多幼稚园？

读者见本节标题，必以为将见惊人之统计，孰知尽出于意料也。

吾国年来内乱不休，政治不良，各种统计报告，在政府则丝毫无有。而私人之调查，倘需〔不〕借力于官厅者，必不能得结果。各种事业皆如是，又不独幼稚教育为然。著者于今春，曾发出调查江、浙、皖三省幼稚园表约二百份，信皆寄教育局，且附有贴就回信邮票之信封。截至今日，为期半载有余，只收到回信七十七封，其大略情形如下（表1）：

表1　调查江浙皖三省幼稚园统计表

省名\所得诸点	寄出信数	收到信数	有幼稚园之县数	幼稚园总数	幼稚生总数	幼稚教师总数	备注
浙江	74	34	16	27	904	55	
江苏	60	26	13	33	1186	59	有废信一

---

① 作者原注："北女高于民八附设此科。"

② 作者原注："苏一女师于民十二创设此科，只一班，即遭中等学校校长会议之结果，以省费虽加，不敷各校之分配而停办。"

续表

省名\所得诸点	寄出信数	收到信数	有幼稚园之县数	幼稚园总数	幼稚生总数	幼稚教师总数	备注
安徽	60	26	5	9	203	14	（1）其中有一县在筹备中；（2）其中有幼稚园两所在筹备中。

上述统计表是否准确，不敢必也。例如上海之幼稚园，教育局来信只二所，而私人调查则有二十余所（另图2）。① 所以存此表者，聊以占其概况也。

次之，即为吾国应有几多幼稚园？此事若政府有人口统计，推算之诚易事也。盖以全国学龄儿童数为被乘数，以四岁以上、六岁以下儿童之死亡率与六岁以上十岁以下儿童死亡率之比例为乘数，然后暂定每所幼稚园为若干名（以四十名为准则）。除之，所得之数，即全国应有之幼稚园数。然而吾国无此类统计，著者之能力，亦止于贡献方法而已。

与此问题相关切者，为社会上需要问题。在儿童学上、教育原理上，则幼稚园之设立实为必需；然而吾国社会是否需要，实为一问题。且竟有一部分学者反对幼稚教育，以为不适于国情，不合于社会组织，不过贵族教育之一式，当斯百事待举之秋，无须急此缓事。发此论者，类多曾习教育之人士。

另图2　上海幼稚园之统计
图片来源：陈鸿璧《幼稚教育之历史》

---

① 作者原注："《养真学校概况》（十五年出版）及陈鸿璧最近之调查报告。"

故学理之讨论，倘非成见甚深者，当能了然，无待哓口。

今请叩以事实。与幼稚园最相似而有密切关系者，小学也。小学之宜广设，已不成问题；然而办小学之困难，当亦人尽知之。经费之困难一也，乡村小学生可以助佃作不得入学者二也。幼稚园之规模小于小学，每村能有一人知此者，假稍大之房间一（或竟不用房间），即可举办。幼稚生在家，往往为父母之累，此不论贫富皆如是；送之入幼稚园，不独能使儿童受教育，且得免去家庭中喧扰之累也。然则今世之反对论何由而起？曰起于幼稚园办法之不良，以致不知其底蕴者误会丛生也。

三、我国幼稚教育之症结及其补救之方

我国幼稚教育之不良，无可讳言，其弊之所在，厥有二端。

（一）教会之垄断

我国初无幼稚师范，教会学校设立之女学开其端。以江浙而论，杭州弘道、苏州景海之幼稚师范，①皆创设于民国三年；历年皆有毕业生，遍于江浙两省。其中课程，前三年与中学同，后三年始稍稍不同；然而其中《圣经》钟点，竟超出教育课程钟点之上也。②盖外人所以设立学校之初意，在乎传教也。最近福州幼稚师范之报告，登在 Childhood Education Vol II. NO. I. ③以其向外人报告，故直吐真情。兹摘译数语于下，以见其用意之所在：

> ……学生入学资格，至少须受过中学二年教育，以基督教学校为尤佳。传教之职务极为重要，若辈必须在基督教学校内已具有基础者……现有学生三十一人，尽为基督信徒。（原文有隶属教会名，以非必须从略）

---

① 此"杭州弘道"，即杭州弘道女学。该校由美国长老会于1890年创办，1916年设立幼稚师范科，并附设幼稚园。此"苏州景海"，即苏州景海女学，该校创设于1902年，1917年附设幼稚师范科，并依旧附设幼稚园。

② 作者原注："《中华教育界》师范教育专号拙著《幼稚师范问题》。"

③ 作者原注："此为美国儿童教育杂志之一，报费年美金二元五角。月出一期，多学理之讨论，间有实施状况报告。"

出其所学以教人者，是常情也。幼稚教师在学时所受教育如是，出校后安得不为传教徒耶？著者昔年曾调查江浙幼稚园，所见几疑为基督教传道所者，良由以也。①

且也，基督教之幼稚师范，全国有六处之多——北京、长沙、苏州、杭州、厦门、福州。② 反观吾国，几乎绝迹，苏一女师之幼稚师范亦停办有年矣。委托养成最初基教师之责任于外人，此吾国之创举，亦世界各国所未见之奇事也。

（二）社会之漠视

此点可分为二：社会上稍有教育学识者之漠视，诚如前节所述，若辈高视远瞩，成见甚深，以为幼稚教育乃不急之务者是也；又有无国家、民族思想，或发迹于教会学校，或迷信教会学校之辈，于是轻视本国人设立之幼稚园，送其子女入外人所设立者。如此举动，不啻助长外人之势力，而汨没幼稚教育事业之发展。此二点，论其弊，后者为外人得在吾国设立传教学校之根本原因，前者则为摧残幼稚教育之极大利器，其害俱甚烈。

有此二弊，故吾国幼稚教育难望有进步。外人唯知传教，国人则惘然不知；虽有研究者，亦将兴趣索然矣！吾国年来小学教育进步甚速，而与之有密切关系之幼稚园，依然故步自封，唱赞美诗，走朝会圈，能用百年以前之福禄培尔古法者，已属难能可贵矣。

国人如不欲收回教育权则已，如以为须收回教育权者，则完全为外人所操纵之幼稚教育，必当首先注意。今拟定办法四条：

（1）停办外人设立之幼稚师范及幼稚园。世界独立国，断不许外人设立小学以教育当地人民；不许外人充任小学教师，更不许外人设立师范学校。故政府对于外人设立之幼稚师范及幼稚园，不必采取和缓态度，宜即限期停

---

① 作者原注："《中华教育界》第十五卷十二号拙著《调查江浙幼稚教育后之感想》。"
② 作者原注："《中华归主》师范教育章，该书为基督教调查各种事业之报告书，于一九二二年出版，其中基督教传教之猛烈，处处以先进国对待中国，以为吾国野蛮到极度，非赖白人之救助，不足以生存之语气，溢于言表，读之令人发指，尤以教育一章为最甚。"

办。若不遵从，可依国家教育法令查封之。

（2）严定幼稚师范及幼稚园之标准。外人之幼稚师范及幼稚园停办后，必须有代替之者。凡教徒乘机设立之变相的传教机关，或市侩设立借以为敛钱之所者，俱有妨幼稚教育前途之进展。故为免除未来之弊端起见，为创设独立国家教育精神起见，皆当严定幼稚教育之标准。

（3）筹设幼稚师范并检定幼稚教师。前者为代替已停办之用，亦为造成适应新需要之教师所必须；后者则专为考核从前已受非正式之师范教育，仍愿继续其职业者。二者之轻重，当然以前者为首务，后者乃权宜之计而已。至于如何设幼稚师范及如何检定之办法与标准，当于后篇讨论师资时详述之。

（4）鼓起社会之注意。此为根本办法，盖无论何事，未有人民之不注意而能发达者。鼓起人民之注意，方法甚多，上述数项亦有间接之效。最要者，为教育当局之宣传该事业之重要，解释固有之误会，使不知者知之，少知者多知之，迷信外国货者清醒之。夫然后，则社会对于不良之教育，知所监察；而于本处之缺乏，亦必设法兴办之矣。

第三章 幼稚教育发达史略

幼稚教育在诸种教育中发生最迟，世界上自有幼稚园开办，迄今不过一百十岁。虽各国近纷起注重，然而其幼稚之状况，正犹其名也。兹分三期述之：

第一期 十九世纪时代为初创期；
第二期 二十世纪开始至一九二〇年为改进期；
第三期 一九二一年以后为猛进期。

一、初创期

是期以福禄培尔（Friedrich Wilhelm August Froebel）及其同志为代表。今述其一生创造幼稚园之艰难与毅力、坚持之可佩，及当时所谓幼稚教育者究属如何。

福氏生于一七八二年德国之小村，父为牧师，未周岁而丧母。继母不慈，育于舅父家，进小学四年；虽无良好教育，然因地近山野，养成爱好自然之忱。未几学徒于森林家，[①] 二年期满，告贷而入耶那大学[②]，研究自然科学。终于因接济未足，欠学费九星期之故而退学。自是而后，氏求学之心愈切，惟醉心于科学，虽梦中亦未知其异日将创立幼稚园也。

---

① 此"森林家"，即年14岁时，跟从当地的森林管理员学徒，前后为时近3年。
② 耶那大学：通译耶拿大学，德国知名大学，始建于1558年，位于图林根州耶拿市，知名校友有黑格尔、马克思、莱布尼茨等。

一八〇五年得舅父之遗产，重入学，颇思习建筑术。有葛兰特者(Dr. Grunder)①，裴斯托拉齐②弟子也，见福氏，大加器重，力劝从事教育，并礼聘为氏所创办之小学教师。福氏几经考虑，终从葛氏之劝而往执教也。既与活泼儿童相遇，快乐异常，家书中曾有"余此时之快乐，正如鱼之入渊、鸟翔天空"等语。

与葛氏居两年，感情甚洽，且曾实地考察裴斯托拉齐之学校，深加钦佩；惟感觉无系统、整个之目标，不足资为规范，此氏异日"一元学说"之起因也。一八一一年投笔从戎，与欧洲魔王拿破仑酣战。虽沙场之功未立，而终身相随、共创幼稚园之友人，实得于沙场也。其人为谁？密台陀夫与兰赛(W. Middendorf and H. Landgethal)是也。③至一八一六年，名垂千古之幼稚园出世。此时，不过一所茅屋、五个儿童而已。

翌年，战地所遇之二友，皆自远方来，协力图进，渐见发达。同年九月，与 H. W. Hoffmeister④女士结婚。女士富家女也，然而爱好教育，与福氏纯为同志而结褵，故福氏一生事业，除密、兰二友外，能慰藉、襄助而终身不减其勇气者，夫人之功为多也。福氏自成室后，虽得无形之鼓励，然而经济之困难愈甚。艰难维持至一八二六年，《人类教育》一书（*Education of Man*）⑤出版，声名愈盛，而嫉之者亦因之愈多。至一八二九年，被逼离祖国而远游。自是而后，虽又几经尝试，然而皆席不暇暖矣。至一八五二年病殁。

---

① 葛兰特：通译格鲁纳博士，即戈特利布·安东·格鲁纳（Gottlieb Anton Gruner, 1778—1844），德国教育家、神学家，服膺于裴斯泰洛齐的教育学说，时任法兰克福模范学校校长。

② 裴斯托拉齐：通译裴斯泰洛齐（J. H. Pestalozzi，1746—1827），瑞士教育家。毕生重视儿童教育，办理了两所学校，作为实验教育理论的基地，获得了极大成功。著有《林哈德与葛笃德》《葛笃德怎样教育她的子女》《天鹅之歌》《我一生的命运》等。

③ 此"密台陀夫"，通译米登多夫，生卒年未详，德籍，小福禄培尔十余岁，为其挚友，且为其办学的左右手。此"兰赛"，通译朗格塔尔，生卒年未详，德籍，小福禄培尔十余岁，为其挚友，且为其办学的左右手。

④ 所载英文为人名，可译为霍夫迈斯特，生卒年未详，德籍，为福禄培尔的第一任妻子。

⑤ 《人类教育》：通译《人的教育》，有罗炳之、赵端瑛的中译本，人民教育出版社1964年版。该书系统论述了福禄培尔的幼儿教育思想。

继之者，有继室 Luise Levin①，而德国政府之禁止开办幼稚园之命令，于一八六二年始撤消也。

福氏一生从事幼稚园事业，虽政府之威逼，经济之穷苦，在所不顾。如此精神，宜乎留名后世；即其学说，在当时亦可为富于革命精神。不崇尚三R——读、算、写——而发明游戏为儿童教育之目的、之原则；卢梭②以后，氏为第一人。然而时代变迁，氏之学说亦随时而渐失其效。今以近世教育眼光，批评其不适合于现代之处。吾知国中不乏崇奉福氏者，当有以教我焉。

福氏一生教育立足点，为象征学说。此学说发生于一元论，以宇宙为整个，由一而变，由变而万物生也。正如一粒种子，储力存也。雨、日之培养，不过为发展其固有之质而已。于是氏于恩物，则以圆为起点，以整个为归束。儿童之心，即宇宙之心，转而发展之，即为教育之无上妙策。细考其恩物十九种，其目标无一不在于整个。由整个而变成种种玩法，或由种种小恩物而积成整个之恩物，此氏哲学观念谬误者一。

当时心理学未见发达，往往误解儿童。福氏知游戏为儿童之天性，而不知音乐尤为幼稚生所喜（福氏课程中无音乐科，恩物中无乐器）；所有恩物多偏于细小，甚有不能使儿童运用者。盖是时，儿童之肌肉尚未发展至若是细微也，此其于教育心理学之见解谬误者二。

福氏一生虽受无神之诬，实则福氏于幼稚园中甚器重上帝，有"儿童之心，即上帝之心，勿使蒙蔽，当顺其固有者而发展之，庶几不违上帝假吾侪教育家之初愿"等语。是吾人之教育儿童，为上帝而教育，非为儿童而教育，非为国家培植国民，此其迷信宗教者三误也。

至于氏所定之幼稚园课程，注重自然、手工、图画、游戏，取消责罚，纯以爱为感化之教育宗旨，以儿童自由为最要目标，此皆千古不朽之言论，不能因其一部分之学说失时效而一概否认之也。

福氏既殁，其学说始大行于德国。然其知友葛、兰诸氏亦相继死亡，继

---

① 所载英文为人名，可译为露西·莱文，生卒年未详，德籍，为福禄培尔的第二任妻子。

② [法]卢梭：即让·雅克·卢梭（J. J. Rousseau, 1712—1778），法国启蒙思想家、哲学家。他明确提出"自然主义"教育观，批判了传统教育的陈腐。著有《爱弥儿》等。

之者不得其人。虽有善法，亦不能行，况其法尚未臻完备乎！及二十世纪英美诸帮闻风兴起，而福氏学说又有人过问矣；身后异域之荣，亦氏意外之遇也。①

二、改进期

本期当以蒙台梭利②为代表。蒙氏，当代之女教育家也，今犹健在。生于一八七〇年，无兄弟姊妹，父母钟爱之甚。氏之所以能得罗马大学第一次女医学博士学位者，父母培植之功也。氏初习医，研究精神病，致力于法国精神病家石庚（Seguin）③氏之学说。毕业后，任罗马精神病院之助理，因而得研究低能儿。继而留学法国，继续其学。

归国后，任为公立低能儿院院长。居二年，日夕研究，大有所悟。乃重入罗马大学研究，凡七年之久。应友人泰罗（S. E. Talomo）之招，计划三岁至六岁之贫儿学校，一年而他去。遂自办儿童院（Casa dei Bambini），此即氏试验其学说之所。氏之成名，亦即此区区一试验院也。院中儿童，非低能，乃常儿矣，时一九〇七年也。至一九一三年，以后且引用其原则于小学教育矣。氏近年西渡赴美，国中自欧战后，奉行之者稍稍衰退，不若前此之狂热；

---

① 作者原注："关于福氏之参考书如下：（1）*Education of Man*. 此为福氏手著之一，有英文译本，为福氏各种学说之出发点。（2）Manual Kilportrick：*Froebel's Kindergarten Principles*. 此为批评福氏学说最精到之书。（3）唐毅编：《近代教育家》。"编者另注：其中英文书名，"（1）"可译为《人的教育》；"（2）"可译为《福禄培尔的幼儿园理念》。

② 蒙台梭利：即玛丽亚·蒙台梭利（Maria Montessori，1870—1952），女，意大利学前教育家。是意大利历史上第一位女医学博士。1907年在罗马贫民区建立"儿童之家"，招收3~6岁的儿童加以教育，获得了惊人的效果。她所创立的"蒙台梭利教育法"，曾风靡了整个西方世界，深刻地影响着世界各国的儿童教育。著有《教育人类学》《运用于儿童之家的科学教育方法》等。

③ 石庚：通译塞贡，即爱德华·塞贡（Edouard Seguin，1812—1880），法国研究和治疗心理缺陷者的先驱者。他的研究，促进了对基本心理过程的科学研究，同时也奠定了特殊教育的理论基础。19世纪40年代末移居美国，在特殊教育中引入生理学方法。著有《白痴及其生理诊断法》等。

且闻有新学说开始试验，以谋代蒙氏而兴之说也。

蒙氏学说与近世教育潮流颇相近，盖氏亦潮流中人物之一也。个别教育（individuate education），二十世纪最新之教育学说也，氏即提倡者之一人。无论教导、设备等，莫不以儿童为中心，亦莫不以儿童个性之所近为归结，使各个儿童得尽其所能而发展，此氏学说优点之一。

以自由为教育宗旨之一，此前人述之者众矣。而氏则曰："自由当有界限，非可任儿童者也，教师当测知儿童之兴趣而诱导之，此教育之所以尚也。"此氏学说优点之二。至若注重儿童之健康、深明感觉教育等，此又氏之余绪也。

虽然，氏之受人攻击者，在乎心理学观点之误。著者曾读氏最近之著作矣，其中根据之原理，皆百年前才能派心理学（faculty psychology）[①]之言也。于是以为心理上有智能矣，以为智能可以受特种训练矣，以为所受之特种训练可以普遍应用矣。本吾之所知，在今日心理学实验之结果，断无此智能，亦断不可以因特种之训练而得普遍应用者也。

心理学者，教育之根据地也。心理学之观念既误，教育上之应用必误。故氏之主张训练感觉也，以为经过此类训练，儿童之智能必进，人生真正之教育即在于斯。幼稚园中之主张设读、数两科，且用单字、单数以教；小学之教读法、文法、数学等，亦莫不以单独分子施教。如读法一科以外，又有文法独立一科。教文法之方法，纯粹用分类及原则举例之方法；其方式，颇与吾辈昔日所读之《纳氏英文法》[②] 相似。此等教法，无论儿童将来成绩若何，吾辈不敢与以赞同。以其教育之目的，乃预备人生，非即人生也；其教材，乃论理[③]的组织，非心理化者也；视儿童之心理，可以因特种训练而完成

---

① 才能派心理学：通译官能心理学派，起源于西方古代的希腊，盛行于十八世纪。认为人类心灵或心理，系由许多官能所组成，诸如意识、感情、知觉、想象、记忆、推理、意志、注意等，均属人心中的重要官能。各种官能本来是分立的，如经训练，数种官能可彼此配合，即产生各种心理活动。

② 《纳氏英文法》：英文书名为 *English Grammar Series For Chinese Students*，第一本译介到中国来的英文语法书。原作者为英国语言学家 Nesfield, John Collinson（译者为赵灼），由马相伯作序，群益书局 1907 年出版。

③ 论理：逻辑学的旧称，即要求教材编写须合乎知识逻辑，而非学习者的可接受性。

之者也。

虽然，吾于蒙氏之人格甚加钦佩，不以父母之钟爱而骄惰，反能勤苦有加，得为意大利第一人之女博士学位；不以虚衔既得，可以欺世，而能继续努力，应用其学于教育；不以有科学研究而轻视教育，如吾国一般稍知科学皮毛者，动辄弁髦〔髦〕教育。氏非但重视教育，且以为教育值得终身研究，引为终身之事业。凡此种种，已足令人敬佩。其学说虽有谬误，然而始终以教育为目的，毫无宗教迷信之观念，此亦为前人所不及者。氏春秋正富，近正努力改进，或者能改其从前心理学上之谬误，亦未可知也。

吾书至此，尚有一附言以告读者：吾国女子教育方兴，在此过渡时期，难免越轨之举。愿我从事幼稚教育之女同志，人人以蒙氏为师表，力行其志也。①

三、猛进期

本期最为复杂，亦最为重要。吾人深知教育之进步，非教育本身单独能进步；与之最有密切关系者，为社会状况、儿童心理学、哲学观念。今分述此三者与幼稚教育猛进之关系，并略及此潮流中重要人物。②

（一）社会状况之改变

世界上无论何国，今日之社会状况，大异于三十年以前。以吾国而论，昔日可以隐居而自耕自食、自织自衣，今则渐难办到。自学校渐兴，外人入

---

① 作者原注："关于蒙氏教育之重要参考书：（1）*Montesorri Methods*（有英文译本）。（2）*Advanced Montesorri Methods*（有二册，上册为理论，下册为教材等实际报告。此书专为七岁以上儿童教育用。有英文译本）。（3）Kilpatrick：*The Montesorri System Exaxined*。（4）唐毅编《近代教育家》第十一章。（5）但焘译：《蒙台梭利教育法》。"编者另注：其中英文作者与书名，"（1）"可译为《蒙台梭利教学法》；"（2）"可译为《先进的蒙台梭利教学法》；"（3）"可译为克伯屈《检视蒙台梭利体系》。

② 作者原注："（1）*Childhood Education* Vol. No 3. P. S. Hill. （2）*Changes in Curricula and Method in Kindergarten Education*."编者另注：其中英文书名，"（1）"可译为《儿童教育》；"（2）"可译为《幼儿园课程与教学法的演变》。

内地者渐众，人民之入学而有新知识者日多，于是社会人民之各种观念渐变。

生活程度提高，人民之生活愈不易，于是不劳而食者将日少。种种改变，皆受世界潮流之影响。世界各国生活竞争愈甚，人民各方面之求进步亦较切于昔日。利用人生光阴，毋使有一日之虚掷之论，几为第二国法。

有此种种原因，幼稚园之需要乃日增。为父母者或因谋生活，或因求知识，无暇于教育其未届学龄之子女，于是送之入幼稚园。夫学龄之规定，非谓未届学龄者无受教育之能力。倘有相当之教育方法，父母或国家有充分能力以培植之者，则此数年之教育，必有影响于终身。

幼稚教育虽非因社会之需要而发生，然而实因社会之需要而发达。自欧洲最近大战以后，各国非但极力提倡幼稚教育，且注意于蒙养园（nursery school）矣。使人生而能自初生即受良好之教育者，必为社会所需要。然而处今日社会状况中，为父母者，必难亲自教育其子女也。

（二）儿童心理学之进步

幼稚教育与儿童心理学关系之密切，无待赘述。近年来儿童心理学之进步，几有一日千里之势。在二十年以前，以观察儿童各种活动为研究之大工作，今则有极精密之试验矣。如华真[①]之试验儿童情绪，精密周详，几乎超越一切心理学之试验；又有各种儿童测验，以研究儿童普遍的心理状态而求得一标准。虽测验之工作未臻至善之境，然而如此趋向，实为斯道之佳音。

与儿童心理学相互并进者，为儿童生理学。年来儿童保育法远胜于昔日，举凡儿童之饮食、衣服、睡眠、运动、清洁，皆有科学的研究；而儿童各年龄生理上发达之状况，研究尤为详尽。

---

① 华真：通译华生，即约翰·布罗德斯·华生（John Broadus Watson，1878—1958），美国心理学家、行为主义心理学派创始人。早年师从杜威、安吉尔、洛布等，1903年获芝加哥大学哲学博士学位，旋留校任教，并专注于动物行为实验。1908年受聘担任霍普金斯大学教授，负责指导实验室，通过多年的动物行为实验，于1913年提出"行为主义心理学"主张，力求心理学研究的客观化，用以区别弗洛伊德的心理学说，故被称为"心理学第二思潮"。著有《从一个行为主义者的观点看心理学》《行为：比较心理学导言》《行为主义》等。

幼稚教育最重要之根据，为儿童。今世于儿童研究如是发达，宜乎幼稚教育之改进也。

（三）教育哲学观念之进步

昔日福禄培尔之哲学观念，为神秘一元，以儿童之心即上帝造物之心，于是所谈之幼稚教育，时见神秘之论。今世之教育哲学，立基于生物学、社会学、心理学。教育非预备人生，更非为上帝而教育，教育者即人生也。

教育之历程，即人生经验之改造。儿童无神秘之心灵，吾人所应知而能知者，惟施以若何刺激而能发生若何反应。本此成绩，可以为教育之根据。故近世教育，于儿童环境极力注意，又于学校与社会极力设法，使之镕而为一。

幼稚教育之改变其根本观念，当然以教育哲学观念为转移。今其根本观念既如是，则今日幼稚园各种设施、教材、方法等，所以异于昔日，盖有自矣。

（四）近世美国幼稚教育概况

幼稚园发源于德国、意国，而盛行于美国。况近世世界上各种教育新潮流，美国实为重要分子，故述其幼稚教育进步之历程之崖略。①

一八五五年，叔尔次夫人（Mrs Carl Schurz）② 设立一幼稚园，以教育其子女及邻居之儿童，实为美国有幼稚园之嚆矢。夫人本为福禄培尔之弟子，故于幼儿教育极重视。当时德人之在美国者，多设私立幼稚园，故美国之有幼稚园，亦可为德人为之先导。

---

① 作者原注："关于美国幼稚园史，可以参考下列诸书：（1）N. C. Vandewalker. *The Kindergarten in American Education.*（2）*Pioneers of the Kindergartener in American.* 此外，各处研究报告甚多，名目繁多，不及备载，价目大都在数角；然亦有甚贵者，如《哥仑比亚之报告》（*A Canduct of Curriculum for the Kindergarten and First Grade*）。"编者另注：其中英文作者与书名，"（1）"可译为范德沃克《美国教育中的幼儿园》；"（2）"可译为《美国幼教先驱》。

② 叔尔次夫人：通译舒尔茨夫人，生卒年未详，德籍，福禄培尔的学生。移居美国后，与皮博迪共同创设了美国第一所幼稚园。

一八六〇年，皮波狄女士（Miss. Elizabeth Peabody）①创立一幼稚园〔于〕波士顿省。

自此以后，美人自办之幼稚园日见其多矣。女士为美国大教育家曼氏（Horace Mann）②之姨，终身服务于幼稚教育；初时实地充幼稚园教师，后又赴德研究，归国后从事于宣传。美国承认幼稚园为学制上之一步，及人民之信仰幼稚教育者，女士之功也，宜乎今日美人称女士为彼邦"幼稚园之母"。

与女士同时而专事于提倡幼稚教育，非但幼稚园本身获益，且小学受其影响而改进者，则为巴那德氏（Henry Barnnard）③。氏为杂志主笔，自一八五四年赴英参与万国教育展览会后，深觉幼稚教育之重要。归国后，专从事于提倡，虽无学理上之贡献，然而能沟通小学者，氏之功不小也。

美国提倡幼稚教育最热烈之时，为十九世纪之末与今世纪之初，一时人才蠭起，事业大举。自一九二〇年以后，国人几乎全觉悟，于是走入正轨，循序发展矣。此期以希罗克女士（Miss Lucy Wheelock）为关键，氏承先人提倡之后，指导后人研究之门，今为万国幼稚教育会会长，今方从事于整理与试验工作，异日必大有造于斯道。

美国今日幼稚教育，几乎如义务教育之普及矣。然而五十年前之幼稚园，

---

① 皮波狄：通译皮博迪，即伊丽莎白·皮博迪（1804—1894），女，美国作家和教育家。出生于教师之家，1859年结识福禄培尔的学生舒尔茨夫人，遂决心投身于幼教事业。次年，在波士顿创设美国第一所英语幼儿园，被公认为是美国幼儿园的奠基者。1863年与其妹玛丽·皮博迪合著的《幼儿园指南》和《幼儿道德文化》二书出版，初步总结了自己的办园经验。1867年，停办幼儿园，前往欧洲拜师求道。次年归国后，在她的倡议和支持下，在波士顿开办了美国第一所幼儿园教师培训学校。编有《婴幼儿教育指南》，著有《学校纪录的侧证》等。

② 曼氏：即荷拉斯·曼（Horace Mann, 1796—1899），是19世纪上半叶美国著名公共教育改革家，发起"公立学校运动"，被誉为"美国公共教育之父"。

③ 巴那德：通译巴纳德（Henry Baruard, 1811—1900），美国教育家。早年毕业于耶鲁大学，后执律师业。1937年转而从事教育行政，草拟并促使议会通过教育法案，创办《美国教育杂志》、巡回模范学校。后历任州学校督察、州立师范学院院长、威斯康星大学校长、圣若望学院院长、美国第一任教育总长等职。著作有《教育文库》（Library of Education）等。

不过数个私人结合而成者。稍后，始由教会供给经费；及国家认为重要而提倡者，不过近三十年事耳。其间，于学理上之变迁亦甚大。初时，受福禄培尔派之影响，群以此为标准；稍后，各种美术、音乐等渐次加入，其风稍变。近年来，受"教育即生活"及平民教育、动的教育之影响，一般学者非如昔日之崇拜福氏矣。今则各处皆另辟新路，以冀造成一新系统之幼稚园；十年之后，其成绩必大有可观矣。

第四章 幼稚生生活述略

吾人呱呱坠地，即为生活之开始，于是渐长而成童；及壮，以至于老死，莫不为生活一系之历程。此中分期，虽无显然之界限，然而三两年不见之儿童，乍遇之于途，将认辨依稀矣，此即人生分期之由来。而科学家于此，则更有详密周到之方法。近世最通行之人生分期，大致如下：

  第一期 自一岁至三岁，为婴孩时期；

  第二期 自四岁至六岁，为幼年期；

  第三期 自七岁至十三岁，为儿童期；

  第四期 自十四岁至十七岁，为青年前期；

  第五期 自十八岁至二十岁，为青年中期；

  第六期 自二十一岁以至大学毕业时期，大略在二十四五岁，为青年后期。①

自青年期以后，入于壮年期，此期最久，且亦因个人身体之壮实与否而微有参差；大都在四十五岁左右，即渐入老年期。虽诸家公认如是，然而年岁之差亦微有出入，此则个人生理发育之迟速之分也。

至于心理年龄（即用皮奈—西门之智力测验，②以定某个人之智力年龄几何），此事年来聚讼正殷，非本书能力所及，姑置不论。

---

  ① 作者原注："徐松石：《家庭教育与儿童》第二章。"

  ② 此"皮奈"，通译比纳（Alfred Binet，1857—1911），法国心理学家；此"西门"，通译西蒙（T. Simon，1873—1961），法国医生、心理学家、巴黎大学文理学院生理心理学实验室主任。1904年，比纳接受巴黎教育局的委托后，与西蒙合作制定智力的测量方法。1905年，制定并出版了第一个"比纳—西蒙量表"，成为世界上第一个按智力年龄来计量的智力量表，并成为智力测验运动中的里程碑。

以下讨论诸节，仅及三岁至六岁儿童之生活。过此以往，为小学时期；前乎此者，则为蒙养园（nursery school）时期，亦非本编之范围。

一、幼稚生生理状况

研究儿童生理状况，从前学者惟凭日常经验与观察，最近始有应用统计方法，用数量考察者矣。然而此事大非易事，测验时工作之浩繁，困难之多，决非常人所能猜想。今述浙江省五六岁儿童轻重、长短，列表如下（表2）：①

表2　浙江省五六岁儿童身体发育表（表中数字，以万国度量衡为标准）

项目	年岁	成绩			
		最大数	最小数	每年增加	平均
全身长度	5	1147	1101	—	1115.4
	6	1187	1127	44.3	1159.7
坐时高	5	613	592	—	603.4
	6	640	623	28.1	631.5
躯干	5	261	247	—	255.6
	6	287	250	8.4	264.0
头及颈	5	358	331	—	347.8
	6	373	353	19.7	367.5
头长	5	176	266		170.8
	6	172	161		163.3

---

① 作者原注："根据 S. M Shirokohogoff：《中国人发育之研究》摘集而成。"编著加注：作者 Shirokohogoff，通译史禄国（1887—1939），俄国人类学家，时任广东中山大学教授，曾率队在东北进行通古斯调查，又深入大凉山考察，还指导费孝通等到广西大瑶山进行社会调查，1939年客死于北平。另著有《中国东部和广东的人种》等。

续表

项目	年岁	成绩			
		最大数	最小数	每年增加	平均
头广	5	150	142		145.4
	6	149	139		143.3
腿	5	559	513	—	533.6
	6	582	543	32.4	566.0
大腿	5	269	244	—	258.2
	6	282	268	17.8	276.0
小腿	5	290	268	—	275.4
	6	300	275	14.6	290.9
臂	5	548	471	—	507.9
	6	571	489	29.3	537.2
上臂	5	229	191	—	204.6
	6	247	193	17.1	221.7
下臂	5	186	140	—	161.4
	6	193	149	7.1	168.5
手	5	154	133	—	141.9
	6	158	144	5.1	147.0
全身重	5	21.43	17.47	—	18.87
	6	22.68	19.61	2.03	20.90

至于由观察所得而为吾人熟知者，其例甚多。今与吾国最通行之教育学书中所言以为例：

> 现代儿童之科学的研究，一个最大的贡献，即在打破视儿童为成人之缩影……凡于粗大的基本的筋肉配合，前一期不能完全使用者，到此期已渐具自由之支配，或伸或攫，或行或跑，发音通语，至此已渐完备。然对于精细繁复的筋肉动作之支配，尚有待于学习。当此期之初，凡于

纽衣、缚鞋、着手套或进行跳舞中诸有节奏之动作，皆有困难；试用笔时，其结果不过乱涂，不成字物……①

由观察而得之结果是否可靠，固属难说，然而教师因此而得其大体的根据，倘能更加以亲自观察，则于教导上之助更大矣。

二、幼稚生心理状态

研究儿童心理状态，若为一般的研究，其事甚易，有忍耐心者即可从事。若为特殊的试验，甚为困难。虽以近世行为学派②巨子华真（Watson），穷十年之功，其成绩犹不多。今兹所论，乃摘取他人之研究之结果。③ 著者个人之观察所得，当于下节论之。

（1）可塑性。性之义，近乎本能。本能之说，近颇有持异议者；此之谓性为便利计，非与心理学家争名辨也。可塑性者，即儿童具有可以受教之性。苟儿童非低能或白痴者，必能受教；且三岁至六岁之儿童，尤为可教。人生各种动作之基本，皆于此时学得。

（2）无畏性。除数种强烈之刺激，如声、光等能引起反常之反射动作以外，儿童毫无惧怕。一切惧怕，皆后天养成。

（3）好游戏。动物生来好动，此为进化学上竞存之一道。人类堕地，即手足乱动，哭噱皆有，因好活动而生好游戏。虽游戏之种类、性质，因年龄而不同；然而，各期皆表现其好游戏之特质。幼稚期儿童，团体游戏与崇拜英雄等游戏尚未发展，最多者为模仿游戏及动物游戏等等。

（4）好模仿。此期儿童模仿力已甚大，能一见即模仿，抚育孩子、陈设

---

① 作者原注："郑晓沧：《密勒氏人生教育》第三章。"

② 行为学派：全称行为主义心理学派，为现代心理学的重要派别，亦称"心理学第二思潮"。代表人物有华生、赫尔、托尔曼、斯金纳等。该派重视客观的实验室研究，认为心理学应该探索行为规律，从而预测和控制人的行为。明确反对专重意识研究，对弗洛伊德学说发起了挑战。

③ 作者原注："(1) Norsworthy：*Psychology of Childhood*．(2) 陈鹤琴《儿童心理之研究》．(3) 又，《家庭教育》。"编者另注：其中英文作者和书名，可译为诺斯沃西《童年心理学》。

酒席固能之，即丧葬、喜庆等亦能仿效。

（5）喜欢户外生活。关在家中，设法扰父母；放之户外，便活泼自寻生活。此为父母者当皆知之，此与好游戏有密切关系。

（6）富于想象。此期儿童能与物语，能扬鞭骑竹马，喜听神怪之故事，视"小宝宝"为伴侣，反较真的小朋友为亲切。

（7）好奇。儿童最容易破坏东西，非儿童具有破坏本能，实为好奇心所致。幼稚园中之玩具，除教师深藏不允许玩弄以外，皆易破坏。儿童不知豆子生长与否，种后一日即掘地考察；以为玻璃之碎音可爱，举棍而碎之，此皆吾侪常遇之事也。

（8）注意力与记忆力尚未十分发展。此期儿童，大都好身体之活动，往往见异思迁，未终局而他徙。至于使之记忆事物，尤属难事；惟某事感到十分兴趣者，亦能牢记不忘。

三、幼稚生生活举例

幼稚生实际生活状况，大都与儿童学家所论者相同，然亦有例外。本节所述诸例，皆为著者亲自观察幼稚生所得之记录。此事轻而易举，成效最易见。为幼稚教师者，倘能备小册子一，即可从事记录。此种记录，可以作施教育之根据，亦可为研究之初基，故颇为重要。

（1）身体健康之影响。中康年五岁，活泼可爱，第一学期各种成绩甚佳，第二学期顽皮倔强，有时呆坐如木鸡，成绩甚劣，半年几无所得。后据医生验得，患不消化及虫症。

达权年三岁余，性躁厉，后经医生证得，鼻中生小珠，施手术后，性情渐趋和缓。

（2）两性差异。爱莲来幼稚园已二年，最喜"小宝宝"，几乎无片刻离左右，其弟和安即不甚喜欢小宝宝。其他女孩子亦喜小宝宝，而男孩则喜玩木马、竹刀、学军人出操等戏，大都不甚喜小宝宝。偶有玩弄之者，然而不数分钟辄弃之，甚有击其首，剥其衣，掣其胫者。

性的表现，据心理学家云，幼稚期尚未显露，有之则为身体之强弱关系。

岂吾所见之男孩皆较强于女孩欤？

（3）家庭之影响。德宁五岁余，初来幼稚园不能快跑，亦不能爬梯子、上秋千；而认识字数已不少，且能作画。一年以来，在户外活动终不甚进步。据云，因祖父母之钟爱，在家虽上凳下床，亦有人代劳。

（4）最初教育之效力。家龙五岁余，活泼聪颖，在同班中为俊秀，然而执笔之姿势不甚合。经教师半年之注意，始渐改正。盖该生昔日之幼稚教师，未曾注意及此，故养成此不良习惯，致费半年改正之功。

（5）习染之易。鼓楼幼稚园幼稚生，皆活泼有礼，令人可爱（另图3）。十四年秋，忽来一外国小孩，年约八岁，每日下午来园学习华文华语。此儿亦甚活泼，惟顽皮不堪。半月后，全园幼稚生皆渐有此恶习。

（6）年龄与学习关系甚大。卓如年四岁，为全园之最聪慧者。然而其学习能力不甚高，注意力亦难集中。至将近五岁时，忽进步甚速，无论图画、剪贴等，成绩皆甚佳。

另图3　南京鼓楼幼稚园的幼稚生表演
图片来源：《今代妇女》第7期（1928年12月1日）

（7）好群非幼小儿童所能。幼稚园中，常有幼稚生之弟妹来游戏。此辈儿童，不愿与任何人同玩，幼稚生之年幼者亦如是。年龄稍大者及身体较强健者，不喜独自游玩，处处必拉小朋友或教师同去。

（8）户外作业之活泼。以吾个人经验，户外教导幼稚生易，室内难。在户外作业，无论在本园帐幕生活、种植、炊事……或旅行采植，儿童皆活泼尽致，兴趣淋漓。室内则不然，有时一出短故事犹未完毕，儿童即有不安之象。

（9）专心作业之可爱。一日下午，赴近邻池中捉蝌蚪。一鸣见池旁黑点濡〔蠕〕动，狂呼同伴，未几尽走入池内，以手提捕。及教师见之，已鞋袜淋漓。幸池水甚浅，不然突遭危险，此在儿童本毫不负甚责任也。

（10）儿童无畏物。常闻幼稚教师言，儿童最畏虫豸，余不甚信。盖吾所见之儿童，皆不畏任何虫鸟。非但蝴蝶、蚯蚓、甲虫等能以手捕捉，即牛马等亦能骑。

一日旅行中国科学社（另图4）①，儿童见各种动物标本，毫不生畏。忽见壁上大蛇标本，某儿以手抚摩，而某教师顿出惊骇之声，儿童即缩手，不敢近之。余虽多方导之，仍难恢复。数月后，该儿始能手抚黄鳝、蚯蚓而不畏。

另图4　中国科学社生物研究所新楼外景图

图片来源：《科学》第15卷第6期（1931年6月1日）

（11）机械学习之可能。某月举行某种测验，须儿童记忆者，教师用命令式使其记忆，儿童之成绩甚佳。又有一期举行射箭试验，十余日后，总成绩上亦现进步。②总之，机械学习是可能的。惟教育非预备人生，故不必由成人代为组织材料而教之。若以机械学习可能，而以为教育应取论理组织者，非

---

①　中国科学社：指中国科学社设于南京的自然陈列馆。该社于1915年由中国留学生创设于美国，1918年迁回国内，总部设南京。1920年创设自然陈列馆，免费向公众开放，进行科普教育。

②　作者原注："《教育杂志》儿童心理专号（下）陈鹤琴及著者合述《动作性的学习报告》。"

然也。

（12）哭之原因。幼稚生初入园或身体上有变化，必哭泣。今举数例如下：

中康与德宁同时初入幼稚园，中康毫不以幼稚园为可畏，见玩具即玩弄；德宁大哭，且至一星期之久。

爱莲进幼稚园已二年，平时虽一人在园游戏，亦颇自得。今年四月，每来必哭，其弟亦随之而哭。后据医生验得：病后身体未完全复元之故。至秋又如常矣。

韩澜第一二日进幼稚园，其姊陪来，不哭；第三日仆人送来，初入园时与教师等请早安等如常。此时教师因有他事不与之玩，彼约呆立数分钟，又赴运动场上一次，归至室内即哭，且甚久。虽教师多方设法，仍大哭不止，至仆人来始止。此后每日来必哭，三日后父母不送之来园矣。

董明与其姊董光同来不哭，不见其姊即哭；若作业时忽见其母来，必笑而迎之，迨母亲去则又哭。一日，园中自烧菜吃，董明见母来笑迎如常，及母去亦不哭。

（13）儿童最爱玩泥沙。儿童每逢做泥工，必兴趣甚浓，虽继续一星期亦不稍衰。我园有室外大沙盘一，每日儿童必满，持铲执耙，勤作不倦。董光、秀露〔霞〕等常因玩沙盘而不愿回家吃饭。

（14）好新奇与爱复习。儿童好新奇，世人常言之，吾亦常遇之；惟吾所遇者，必为儿童对于该新奇物，已具有最普通玩弄或欣赏之能力，方爱好之。同时儿童爱复习，此事以年龄幼小儿重〔童〕为最。我园幼班儿童于歌谣、音乐，喜屡次复习；于故事，喜有重复性者。

（15）新玩物之刺激甚有效。我园儿童玩皮球之兴趣不甚浓厚，虽教师用示范、暗示诸法，亦不能使儿童兴趣持久。一日余自上海归来，买得一有彩色画之皮球，儿童即喜玩，于旧有之大小皮球均喜玩矣。迨能拍与蹴矣，即常玩弄不厌；且有数个儿童，自己组织以比赛之活动。

（16）儿童于环境上并不注意。今年春，余因好奇，欲测验儿童于四壁所悬之图画是否注意，于是个别试验之，成绩甚劣。及后设法使之注意，虽隔两星期之久，儿童仍能一一背述。①

（17）儿童思想之可贵。儿童于处置各种活动，在在能表现其有思考。敏才在唱歌时忽不经意，左脚踏住邻座儿童之手，敏才即以手抚摸之，该儿仍昂首唱歌，毫不觉察。敏才见其状，于是以脚踏自己之手，又以另一手抚摩之，乃微笑。

一日课后，一鸣见架上手巾已污，于是言于安琪，安琪对以"请工人洗去"。一鸣说："工人所洗不洁。"卓如在旁插言曰："我家衣服，有时送洗衣公司洗涤，吾等亦可送去。"一鸣、安琪皆称然，于是分携手巾往洗衣公司，并取洗衣单而归。此时三人大喜，遍告诸师及一鸣之父母等。

（18）爱小朋友。幼稚生虽时有争执之事，然以吾所见，年长之幼稚生欺侮弱小朋友之事甚少，而帮助之者甚多。青鸾年甚幼，遇事常哭，其余儿童常帮之做一切事。爱莲之爱护青鸾，宛如一极慈爱之看护妇。

卓如、卓民，兄弟也。在家时，常因争夺食物、玩具而吵闹；然而每来幼稚园，兄（卓如）之爱护其弟甚周，半年来未尝有一次争执吵闹之事。

（19）爱教师之真诚。人类爱之真诚、纯洁者，莫过于髫龄稚子之爱。吾为幼稚教师，自晨至暮，无日不享受真诚之童爱；每日所遇，吾实不知如何写述以记其万一。今举二事为例：

吾因事忙，星期日亦常赴幼稚园治事。邻居幼稚生必有来者，如鲁还、秀霞、一鸣、卓如等等。来则必时近吾侧，或唱歌以娱余，或画成一图、搭成一物请余鉴赏，有时且有要求坐余膝上，或要求弹琴而己则跳舞者。如此种种，虽略分吾心，然而无此可爱之小朋友，吾之工作将变为最辛苦之苦工矣。

今秋，余因奔父丧匆匆回家，小朋友初未之闻也。翌日上午课毕，卓如言于吴教师曰："我今日上午遍寻张先生不得，使我心中非常不快活，张先生究竟何故不来？"吴教师告以故，卓如几乎放声哭矣。午后，吴教师对诸儿说明余所以回家之原因，诸儿大不快，于是群议写信吊唁。当余接读："张先生

---

① 作者原注："试验成绩见《教育杂志》儿童心理专号（下），著者《儿童之观察力及其教育方法》。"

请你不要哭了……"时,虽恸老父心切,转思千里外尚有念我、慰我者,哀心亦得稍舒也。及来校,诸儿相见之欢,吾笔实不能描写矣。

同学师友常有述,近来师生感情之淡薄者;而吾侪幼稚教师,正享受最真诚之童爱也。得此可贵之爱,虽牺牲一切,亦所愿也。吾因此将以勖同志辈,勿以幼稚教师生涯之清苦,且不为社会所重视,于是弃而远去也。

第五章 幼稚园课程

幼稚园课程者，由广义的说之，乃幼稚生在幼稚园一切之活动也。历来变迁甚大，其主要原因，则以当时教育学说为转移。本章课程二字之范围，包括一切教材、科目、幼稚生之活动。本章之目的，希望说明吾国幼稚园课程应取之途径。

一、幼稚园课程之历史观

（一）福禄培尔幼稚园之课程

福氏承裴斯泰洛齐之余绪，而别立幼稚园之名，其最关紧要处，即为课程。其主要点如下。①

（1）福氏认清游戏为儿童之生命，因此制成多组之恩物，以适应其需要。而福氏幼稚园之主要课程，即由此出。

（2）氏认儿童之生命为自由的，此自由生命有需要的。一切课程，须适应此自由的生命。

（3）福氏之主张甚坚（主张见本书第三章），故有"吾侪必须最严格的循哲学之思想与观念之要求而行"之言。即一切课程，须合其神秘的哲学。然而氏仍坚信，彼之哲学思想，与儿童自由生命并不相悖；所谓适乎此者必合于彼，二者必能得异途同归之结果也。

---

① 作者原注："H. C. Brown: *Froebel and Education Through Self-ativity* Ch. Ⅶ."
编者另注：其中英文作者和书名，可译为布朗《福禄培尔与自主活动教育》。

（4）本乎氏之象征主义（symbolism）、发展论（development）及儿童心理（哲学的），于是有福氏恩物之发明（详见本书第九章）。大部分之幼稚生工作，即在于斯。

（5）此外福氏认为，重要者尚有竞赛的游戏、节奏的游戏与欣赏、绘画、手工、故事、自然等等。然而各科之内容、目的及教师应取之态度，无不发于氏之神秘学说，而终于神秘学说也。福氏曾有言曰："……在此时期，即可以使彼入学矣……此处之学，非谓学校之学，不过为智识之有意识的交换而已。夫所谓有目的者，即有一定之目的与有一定的内在的关连之谓也。"①

（6）福氏幼稚园课程虽有瑕疵，然吾人决不能全斥其妄，取其精华而舍其神秘可也。其中各种游戏、恩物、工作材料等，倘能以近世心理学眼光分析而整理之，大部分仍可保存。有人因福氏学说之故，而斥其课程足以阻碍一切幼稚园进步之说，② 吾不敢信也。

（二）蒙得梭利幼稚园之课程

蒙氏非哲学家而为医生——或可称为生理学家。其出发点与福氏不同，其课程之着目处当然各异。其要点如下。③

（1）蒙氏因研究低能儿转而从事幼稚教育，故其儿童院（children's houses）④ 中最主要之作业，为感觉的训练。其训练之方至繁，几乎与寻常心理试验室中之仪器相等（参看本书第九章）。此等仪器，虽有主张用者；然而儿童于此能有持久的兴趣者，恐非普通情形也。

（2）对于儿童的身体上非常注意。儿童院中之课程，虽名目甚多，如清

---

① 作者原注："唐毅编译：《近代教育家及其理想》第八章。"
② 作者原注："Kilpatrick：*Froebel's Kindergarten Principles*. Ch. Ⅴ. Ⅵ."编者另注：其中英文作者与书名，可译为克伯屈《福禄培尔的幼儿园理念》。
③ 作者原注："*Montesorri Method*."编者另注：其中英文书名，可译为《蒙台梭利教学法》。
④ 儿童院：通译儿童之家（Casa dei Bambini）。该设施，由蒙台梭利于1907年创设；设于意大利罗马贫民区，招收3~7岁的幼儿入学受教。1909年，她总结了儿童之家的施教经验，写成《适用于儿童之家的幼儿教育的科学方法》一书，从而使"蒙台梭利法"风行全球。

洁检查、感觉练习、谈话、唱歌、游戏两类、体操、手工、图画、动植物之照料、祈祷等；细观其日课报告，于身体上之课程，占全日之最大部分。①

（3）自由教学为氏所极力主张者，故氏虽有日课表，然而仍极力声明，一切工作由儿童自己之兴趣。

另图5　蒙台梭利式幼稚园游戏课实况
图片来源：《教育杂志》第8卷第3期（1916年3月）

（4）读、写、数三科，为蒙氏儿童院中注意之课程。其教法，与近世的方法不同，此事颇费世人之推究。例如读法以字母开始、单字之练习为基本等，恐非今人所愿效法。② 数的一科，以吾个人之经验，在幼稚园可以教顺序而数，不能有加或减；至于翻入符号，尤为过早，盖儿童无此需要也。

（5）蒙氏在心理学上，仍属才能学派（faculty），故教育上主张形式训练（formal discipline）。于是各科皆有精细的论理组织，以为人之才能，必须如此方能引起，方能训练此才能至完美之域。蒙氏本人为极有本领之教育实行者，于其本人学说或能做到，然而未足以为一般幼稚教师之法则也。

（6）蒙氏注意于儿童个性之发展，并知教育须适应儿童的个性；然而其课程只限于数种设备，有时且不从实事上做起。例如学扣钮子一事，最应该儿童自己本身做起，正不必做成恩物以练习者也。故克尔帕屈立克（Kilpat-

---

①　作者原注："*Montesorri Method* Ch. Ⅶ."编者另注：其中英文书名，可译为《蒙台梭利教学法》。

②　作者原注："*Montesorri Method* Ch. X. Ⅵ."编者另注：其中英文书名，可译为《蒙台梭利教学法》。

rick），①批评蒙氏与近世教育不同之点，指出其教具为固定的、有限的，实不足以言合乎儿童真的个性与需要。②

（7）蒙氏儿童院每日儿童在院时间，冬季七小时（上午九时至下午四时），夏季则有十小时（午前八时至午后六时）。③

（三）幼稚园课程之新趋势

幼稚园之进步，以最近十余年为最速。在此期中，因受各方面影响，改进甚多，课程亦其一端。④今述其概况如下。

（1）幼稚园课程须以发达儿童全部为目标。儿童之生活为整个的，在普通教育下之儿童，应保持儿童整个的生活，使各方面平均发达。所谓健全之身体、灵敏之感官固属重要，而人生之必须习惯、相当知识，亦需同等注意。

（2）幼稚园课程内容须艺术化。小学课程之新趋势，近颇注意欣赏一途，即脱体于艺术化。而小学课程之改进，受幼稚园潮流之影响不少。艺术化之课程，必能使儿童个个欣欣然有喜色，和蔼可爱，入其室正如满座春风，儿童自己不知其为工作欤？抑游戏娱乐欤？近来有人主张，幼稚园中以音乐为中心者，盖合乎儿童好尚之音乐，儿童必唱不离口。工人、农人讴歌之风，经音乐家之艺术化而入于幼稚园者，儿童于此，宁有不乐哉此园之颂者欤？近世快乐主义甚盛行，艺术化之课程，或即发源乎此。

（3）人生实际活动为幼稚园课程之根源。幼稚生即今日社会中之一部分，亦即异日社会之一部分。幼稚生今日之生活虽有特别情况，然而积年累月之

---

① ［美］克尔帕屈立克：通译克伯屈，即威廉·赫德·克伯屈（W. H. Kilpatrick，1871—1965），美国教育家，杜威实用主义教育思想的追随者及杜威教育哲学的解释者，为"设计教学法"的发明人。陶行知留学哥伦比亚大学时，师从克伯屈，推崇其生动活泼的讲课方式，并建立了较为亲密的师生关系。1917年后，他多次来中国访问、讲学。著有《教学法基础》《教育哲学》《设计教学法》等。

② 作者原注："Kilpatrick: *Montesorri System Examined* Ch. IX."编者另注：其中英文作者与书名，可译为克伯屈《检视蒙台梭利体系》。

③ 作者原注："*Montesorri Method* Ch. VII."编者另注：其中英文书名，可译为《蒙台梭利教学法》。

④ 作者原注："本书第三章猛进期。"

进入成人生活，初无显然之界限存乎其中。而儿童环境上一切事物，无一不为切身问题。例如衣、食、住所需诸物之来源与性质，自然界之新奇灿烂，件件皆为幼稚生所应明了，愿意明了，且能明了者。此风来自小学教育，近来幼稚园之注意于此点者已日见增多。

（4）沟通小学低年级。近来稍知适应世界教育新潮流之小学，若附设有幼稚园者，莫不以其低年级之儿童与幼稚生合，此实为小学与幼稚园共同进步之证。昔日小学与幼稚园完全隔绝，幼稚教育几乎为小学所不承认；而幼稚园亦一意孤行，不问本身之课程如何。今知教育即人生，其历程乃整个的。故小学与幼稚园，近已各捐成见，互相调和，以造成新课程。其详细组织，非但吾国无确定，各国亦在试行之中。大概采取幼稚园以游戏为作业之精神，一以小学最近趋势之课程内容为范围，于是拟成大纲。此法是否正当，虽未敢言，然而其趋向则甚正当。

（5）减去各种形式训练，亦为幼稚园新课程目标之一。本条与前述数项有密切之关系，且互相表里。昔日福氏课程，即为注重于形式训练者，故以圆为出发点而寓完整之意。及乎蒙氏，以其才能派之心理学为出发点，于是形式训练更甚矣。感官之训练，可以利及心灵；甲物之训练，可以使乙物同时并进。今也科学日渐发明，象征主义之哲学渐破，以生物学为之基矣；心理学之荒芜渐辟，昔日之神秘学说渐失其效矣。故有以儿童生活、人生实际问题等直接教育，出而代从前诸说矣。

二、幼稚园课程之来源及其编制之举例

无论何种学校教育课程之来源，皆为满足学生之需要及社会上之希望。幼稚园课程，大体亦如是。惟适应社会上之希望一项，似未能与前项并重。盖六岁以下之儿童，与社会发生之关系较少，自身之需要甚殷也。在身体上各种动作大致能做，而心理上之发展尤为迅速，求知、想象、模仿……诸般活动，件件勃发，幼稚园课程即可循此而得其端倪。至其内容之来源，约有四：

（1）儿童自发的诸般活动；

(2) 儿童与自然界接触而生之活动；

(3) 儿童与人事界接触而生之活动；

(4) 人类留传之经验而能合于儿童的需要者。①

以上四项目的为整个的，盖无论何种活动，必须具有此完整之目的，方得称为合理的课程。

次之所当讨论者，则为如何编制课程？关于此点，著者曾有一年余之经验，或者尚有一述之价值。

余之编制幼稚园课程之经历，自一九二五年秋起至今日止，约可分为三期。每期皆感到不适用而逐渐改变；严格言之，恐无期可分也。

第一期，散漫期

余于历来幼稚园诸种课程皆有所疑，皆以为非儿童真正之活动，更无自由教育之可称。于是初次试验时，打破一切制限，纯由儿童自由活动，教师惟罗列诸般应时之环境，并从旁指导之。在理想中，以为此制最善，孰知儿童之自由，皆在同一平面上，虽逾数月，进步甚微。

例如一鸣之图画进步，此期最为迟钝，而其他活动亦无甚长进；且因而养成许多不良习惯，例如做事之注意不集中、倔强不驯等。在教师则辛苦万状，有时布置得最希望儿童从事之环境，儿童竟不一顾，反转而之他；而儿童新发生之活动，教师或未预备及者，欲应付之，则又嫌不足，且在指导上亦感到极大困难。

盖儿童注意之不集中，忽东忽西，此为最难应付。于是深感绝对自由之不可能，乃设法改变。

第二期，论理组织期

此期最显之时期，为十五年春。一方感到，非行有组织之课程不可，同时东大②教育科幼稚教育班实习生，必须有预先接洽，于是拟每星期课程矣。

---

① 作者原注："（1）郑晓沧译、庞锡尔著：《设计组织小学课程论》第八章。（2）Picket-Boren：*Early Childhood Education* Ch. V."编者另注：其中英文作者与书名，可译为皮克特、博伦《幼儿教育》。

② 东大：全称国立东南大学。前身为南京高等师范学校，1927年后改称中央大学，现名南京大学。

在每星期二课后教师集会时，讨论下星期课程。决定后，于是寻觅材料等，预备下星期开始教导。

此法行之将近一学期。其间，实际上课程与预定者时有不合处，有时竟视预定者为赘疣。此种耗费，决拟省去，而今日之第三期出矣。

附：第二期课程预定表雏形——鼓楼幼稚园第十六周课程预定表（六月十四日至六月二十日）：

本星期继续端〔午〕节生活、夏季卫生。自然科以水中生物为主。

星期一

本日为端午节，照部章放假。本园主张学校要家庭社会化，所以上午仍有课，惟一切功课，为过节的生活，如买物、请客、唱歌等。下午因儿童在家，亦须参与过节、放假。

星期二

上午：

故事与谈话——昨日的故事与复述。

音乐——金鱼。

自然与旅行——鼓楼公园看水虫。

跳舞——复习。

下午（本星期拟检查字）。

读法——（1）检字；（2）写字。

图画——水虫的记忆画。

游戏与故事。

星期三

上午：

旅行去，以自然教学为目标，能见到水中生物为目的地（倘科学社有材料，就到科学社去）。

下午：

谈话——上午所见所闻的报告，即教自述法。

读法——检查字。

若有标本，则画写生画。

星期四

上午：

自然——金鱼。

图画——自由画。

音乐——复习。

游戏。

手工——泥工。

故事——凸眼的金鱼（生活史体）。

下午：

故事——凸眼的金鱼（人鱼公主体）。

检查字。

数学游戏——放四子。

星期五

上午：

手工——缝纫。

图画——水彩画，水虫等。

故事与自然——水虫怎样生活的。

音乐——复习。

下午：

读法——（1）检查字；（2）本周复习。

谈话与故事——儿童自述。

星期六

上午：

自然——水虫生活。

图画——水虫的彩色图。

手工——剪贴工。

故事——人鱼公主的一段。

音乐——复习。

第三期，中心制

自感觉第二期缺憾以后，曾几度试行设计法①，然而结果亦不佳。幼稚生年龄太幼，一切生活问题，皆难引起注意；有时虽由教师引起动机，而其中历程非极短者，鲜能终全局。

例如小麻雀之死，本为极好之设计；然而在幼稚生，非将此事在半小时或半日内做完不可。若延至下午，即索然无生气。如此设计教学，教师之工作多，学生反为客矣，于是不如变为中心制。在某时期有节期，如中秋、国庆、重阳、元旦、清明、端午等，或自然界有应时物件，如红叶、菊花、螃蟹、梅花、雪、雨等，或有社会性之事件发生，如庆祝师寿、开恳亲会、邻家作客去等。

另图6 鼓楼幼稚园积木课
图片来源：《南京鼓楼幼稚园儿童生活写真》，商务印书馆1938年6月初版

每星期或两星期，认定数项为中心，于是依此中心而多方作业。此等中心，既为应时货，大都可以做得，范围甚宽，不致有拘束。每种活动，谓其有联络性可，谓其独立之作业亦可，儿童与兴趣可以随时换新，不致厌倦。作业时，亦得以集中其注意，故数月以来结果尚佳。

此制最难之点为搜集教材。盖每个中心，其中包含之活动不知几多，须多方参考；在未引起儿童兴趣以前，教师必须了然胸次，然后方能应付自如。兹举一例如下：

南京鼓楼幼稚园课程预定表（十五年十二月十三日至十二月十九日）

一、课程总说

(1) 本星期做冬日的各种活动；

---

① 设计法：全称设计教学法，又称"单元教学法"，是美国教育家克伯屈所创。该法旨在创设一种问题的情景，让学生自己去计划、去执行，并解决问题。其基本步骤为：创造情景→引起动机→确定目的→制定计划→实行计划→评价成果。所谓"混合设计教学法"，即对实施步骤有所改良、综合。

(2) 冬至到了，做些礼物送家里的父母、兄妹等；

(3) 例行工作，如星期一有朝会、星期六晨有周会、每周检查清洁两次、考察习惯一次等等，不赘述。

二、可以试做的范围及诸活动的各方面

(1) 冬日的各种活动：

本月是冬月——名称。

冬季的气候——冷，渐入严寒，太阳很可爱了。

冬天的早晨——常见浓霜、坚冰、白雪、惨淡的阳光。

冬夜——特别长，极冷，常有西北风怒号，无鸟兽声，西人有圣诞老人送礼物给儿童的趣事。

冬季的家庭——小朋友的家里，大都有下述诸物：火炉、火炕、手炉、脚炉……（诸物的各方面）；冬食：都是很热的，有火锅、热汤、热饭……冬衣：棉衣、皮衣、绒线织的衣服等，厚帽、手套、围巾、套衣、棉鞋……卧室：厚被、热水壶……

冬季的野外——动物：大都冬眠了，如蛇、蛙……又有预先找到或做就安适的窠的，如雀子、兔子……植物：大都枯落了，但是有包被的毛芽，明年再发。冬日是长芽时代，只有松、柏、竹、豆子、白菜是绿的。冬日植物的衣服，是要人替他们穿的（包稻草）。烧草皮。打猎去。

冬日的北门桥市上——挂满了各种野味：野鸡、野鸭、獐、兔……雪菜、豆苗、各色萝卜，黄蜡样的冰豆腐，皮货店里的皮衣，各种衣店、鞋店、帽店、煤炭店的热闹。

(2) 冬至的礼物：

剪贴冬日的故事——风景，做成小贴子的样子。

刺绣冬日的动植物——用硬纸板打洞、穿线。

用冬日的蔬果——如萝卜、苹果、豆苗等，做成各种奇怪形状。

用小盆下种子——球茎等使发芽，如豆子、大蒜……

利用废物——如墨水瓶、洋火盒等。

恭贺、庆祝贴也好。

剪贴、刺绣或图画的材料——可以向旧杂志、旧报上面找去；做的时候，教师只供给原料，由儿童自己选择，教师从旁指导。

（3）冬日的娱乐：

玩冰雪、寻石子、拍球、奔逐、跳绳……火炉上烧食物吃，冬季的跳舞，冬季的故事和表现，冰、雪、梅花等歌择一而教。

（4）其他各科，皆于上述诸活动内可以包括无遗。

三、幼稚园课程之分野

以儿童活动为课程笼统之说也。儿童活动究有几多？可以归类否？是否应该分科的施教？此等问题，在小学教育上争执甚烈，幼稚教育亦有不同之二派。

（一）以儿童活动归入五大类中

无论材料、方法，皆由此五类寻觅。美国丹复（Denver）有此制。① 五种活动如下：

（1）开始的活动。此为幼稚生初入园时必须养成之习惯，亦为人生最基本之习惯，如放手巾，认识教师、同学，以及初步之礼节等等。

（2）身体上的活动。此为强健身体之习惯与技能，如各种卫生习惯、跑步、跳、爬、驾车等等。

（3）家庭的活动。幼稚生之家庭活动必占多数，如父母兄弟、缝衣、烹饪、婚嫁之礼节等，耳濡目染，最易自发。于是积木为房屋，组织小囡囡之家庭等活动，皆能极自然的发生。

（4）社会的活动。此类活动，为养成公民必须之教育，幼稚园当重视之。例如各种纪念日、节期、日用品之制造与买卖、同伴之游玩、礼貌等等。

（5）技巧的活动。此为自己发表之活动。有此技巧，在自己发表上便利

---

① 作者原注："（1）*Kindergarten and First Grade Magazine* Vol. II. No. 1-No. 6. （2）*Kindergarten Curriculum. The Denver Public School.*"编者另注：其中英文书名，"（1）"可译为《幼儿园与一年级》（后改名《美国儿童》）；"（2）"可译为《幼儿园课程》。

许多。虽不希望幼稚生有几多机械式的技术，然而儿童要求自己发表时，必须指导以人生极有用之技术；且学习之历程，须最精确、最简便者，例如手工、图画、写字、整理物件、清洁房屋等等。

（二）分儿童活动为各种学科者

此为最普通之方法，美国多用此法，蒙氏亦颇近此派。其中科目，与小学相仿，惟各国略有不同。今举其科目如下：①

（1）音乐。此科包含听琴、唱歌、节奏动作三项，近来美国派颇重视之（此中别有缘故，吾国似乎不必仿行）。儿童玩弄小乐器亦应列入。所用教具，大都为风琴与钢琴两种。

（2）游戏。此科包含最广，举凡幼稚生活动，倘属自发者皆属之。大都个人游戏较团体游戏更宜重视。

（3）故事。故事之目的有三——得知识、学语言、欣赏。其中以欣赏之目的为主，其他二者当视为附属品。

（4）谈话。有以本科归入其他诸科者，然亦有独立成为科目者。总之，本科当出之于自然，若到规定时间必须谈话，恐无话可说。

（5）图画。此为儿童发表自己之最好途径，故幼稚园中不必注重于临帖之真否、形状之肖否，当注意于执笔姿势等基本动作。

（6）手工。此科与前科相仿佛，做成后更为有兴趣。现在通行者，有纸工、泥工、缝纫及竹木等。其中最要之点，为做成之物须切实用，更须因儿童之需要而动手做。

（7）自然。此为幼稚园中新增科目，先人虽有言及者，然并不重视，此实大可惜也。儿童环境中所能接触者，以自然物为最多。此罗列之动植物、天空之变异，倘成人能略略指示之，儿童必兴趣盎然。吾意幼稚园一切课程，皆当以此为中心，应时节而教导，永不致失却儿童兴趣；况吾侪与自然界关

---

① 作者原注："（1）唐毅译：《万国幼稚教育联合编订幼稚园课程》。（2）*A Conduct of Curriculum for the Kindergarten and First grade.*"编者另注：其中"（2）"英文书名，可译为《幼儿园与一年级课程管理方法》。

系何等密切，尤宜首先研究。至于教材之多，则俯拾即是，胜于抄袭外国货万万也。

（8）常识。幼稚生必须有数种常识，如国庆、国旗、所居地名、家庭、卫生常识、简单礼节等，皆当知之而能行之。所谓公民者，自堕地至入棺，无时不为公民。幼稚生即为幼稚生时代之公民，而各种常识，必须多于未入幼稚园之儿童。若徒学唱歌、跳舞，恐非国家之冀望，亦非俾福于儿童也。

（9）读法。此科与识数，为美国新派所反对，而英国派及蒙氏学派皆主张列入正式课程内。以余个人之经验，幼稚园中读法一项必可试教，惟方法上须有变化。①

（10）识数。此科可否在幼稚园试教，似属不易解决之问题。以余个人之经验，似乎只可教至数数目、总数之多寡、五以下之整堆数，如同时有四或五等。总之，幼稚生无数的需要，故难以加此也。

课程一项最为繁重，今兹所言，不过崖略而已。惟有一事须讨论者，幼稚生上课时间，每日应有几多？每日应分几段教导时期？

关于前者，吾国幼稚园大都为上午二小时半，下午甚少。此制亟须改变，不然社会上将永远视幼稚园为装饰品，亦将永远视为贵族教育，前途实为危险。或曰，幼稚生须与母亲多聚，午后幼稚生应休息，此亦似是而非。幼稚生与母亲晨夕相见，幼稚园非儿童公育所，断无不聚之事。幼稚生午后休息时间不宜过长，幼稚园或延迟午后二时为作业开始时间，或幼稚园置备极简单之休息用具，皆无不可。故于幼稚生到园时间，余以为每日至少当有四时半。

作业时间分段，颇不易定。或者除中午停止作业进午餐以外，其他自入学至放学，不必有规定之时间表。若每日有几项必须操练（drill）之事者，则每日于相当时间行之，惟教师必须胸有成算，在某时期宜如何作业，以调节儿童之身心。例如激烈运动后，当继以和缓运动，并休息数分钟；儿童长日在桌上工作者，必须使之有户外活动。团体作业每日必须有一二次，然不必强迫全体儿童参与。倘该种团体作业极饶兴趣，教师又能善用暗示者，除极

---

① 作者原注："《中华教育界》十六卷第三期。"

少数儿童外，其他必能群往合作。

总之，无论以儿童活动分类或以科目为课程之单位，教师决不可拘泥于某时当教何种课程，致贻削足适履之讥也。

第六章 实行课程之历程

本章讨论达到课程之途径，即通常所谓教法是也。所以不敢名曰教法者，盖有二义：课程与教法，本为整个而属两方面，不宜分列，一也。幼稚园课程既如是复杂，欲一一讨论其教法，则书难容，二也。不若举例说明普通原则，以示方法之一斑，读者循径而活用之可也。

一、国庆纪念周之经过情形

国庆纪念又名双十节，为我中华民国开国纪念，亦可为我国最大之纪念日。凡属中华民族，皆当有最热烈之表示。学校为教育国民之机关，此日即为最可采用之日。故于事前宜极力准备，到期尤须尽情庆祝。虽废去一切而专意于此，亦所不惜。况真正之庆祝，其目的、其活动至为复杂；教育作业几乎无一不可包含其中，在乎教师之如何准备、如何活用而已。其历程约如下。[1]

（一）教师之准备

国庆准备之时日不拘多寡，儿童作业大约一星期即可。而教师之准备，则又须前一星期而行之。教师应准备之事项如下（以该园有二个以上之教师为标准）。

（1）会议。讨论国庆周之课程与分职。

---

[1] 作者原注："此类设计报告，近来杂志上发表甚多，往往偏而不全。张九如编《设计协动教材纲要》，颇可作为参考。"

（2）搜集国庆教材。吾国国庆材料甚多，约举之，如国旗、国歌、爱中华歌、国旗歌、五族同胞之生活概况、革命先烈之轶事、我国丧地史、国耻史、卖国贼、武昌起义、孙中山先生、国庆纪念之仪式、国庆礼物等，教师皆须各处搜寻相当材料。材料既得，则须运化之。幼稚生非成人，例如丧地史、国耻史，非常不容易使幼稚生明了，必须出之于游戏或故事等法。即通常认为最易教之唱歌，恐亦须有相当预备，方能使儿童兴趣勃勃，不致如基督教强执儿童唱赞美诗。

（二）引起儿童的兴趣

国庆纪念非他的活动，可以随时引起、随时变更日期。所以教师于前一星期，须从各方面渐渐引入儿童兴趣；且幼稚生的作业状况，与小学生有许多不同，有时竟不能作整个之活动，不若小学设计可以逐步演进（据友人雷君震清云：小学设计报告，亦有许多为教师之笔下理想。然予深信，小学生因年龄、作事能力等关系，必较幼稚生能作业）。所以，教师必须多方引起儿童兴趣，庶几儿童倦于甲方者，又能努力于乙方、丙方……然而诸方面之归结，仍在国庆纪念，教育之目的达矣。可以引起儿童有国庆纪念之兴趣之道，约有数端。

（1）国旗。教师可以购买或自制小国旗一方，张挂于儿童最易注目之处。儿童见而邀同学或教师询问时，教师即可乘机讲国旗的意义、故事等；做手工或画图画时，即可实地做国旗。于是，唱歌亦可以教国旗歌，游戏则更无论矣。

（2）参观纪念塔、先烈祠、先烈铜像。此事在吾国江南诸大城皆可行得。幼稚园出游之日，即以参观先烈祠等为目的；回园以后，即以此为作业之中心，儿童必个个踊跃。

（3）日历。看日历一事，幼稚生大多数不能。然而将近卒业之幼稚生（即大班），必有能看日历者。在十月初（能一日或二日最佳），教师可以于日历之下悬一图画，表示本月份将举行极大的礼节。于是在自由活动之谈话中，引起国庆纪念。更由已知之儿童，传达未知之儿童。

此外，尚有悬挂先烈遗像，如杭州、绍兴，可以挂徐锡麟①之遗像；其他各处，可以挂孙中山或其他诸先烈之遗像。其效，与挂国旗相仿。又有时事可以引用者，如今年（十五年）十月初，武昌大战即可利用。② 时事谈话在幼稚园中，可以试行。

（三）可以试行之儿童活动

儿童对于国庆纪念，既有浓厚之兴趣，教师即可乘势提起庆祝国庆。于是，各种活动皆可开始矣。惟幼稚生须助于教师者，较小学为多。即如会议一项，非有平素之训练者，恐不能提议一事。

下列诸活动，教师常用极灵敏之暗示，使儿童能脱口而出；且各项之进行，有须同时并进者，有须分工者，有须合作者，此全在乎教师指导之技术也。可以实行之活动，约有下列数项：

（1）会议。可以于引起儿童兴趣后，即继续而行之。能于十月一日或二日举行，最为有效。

（2）布置会场。此可以全体合作，亦可分工，含有欣赏、选择及图画、工艺诸种活动。

（3）写邀请来宾请柬。幼稚生大都不能写字，然而能画图、摺字等工作。所以教师可以预备请柬之辞句，儿童自己做成请柬，画就图画，于是贴上辞句。

（4）筹备开会用品。先预计来宾数目，决定几多用具，购买几多茶点，然后分头做去。此活动中，有计数，选择物品之精粗、贵贱，能贡献自己私物于大众，社会上的请客礼节等，购买物品之常识等。

（5）招待员之预备。此为练习礼节之好机会。于事前不妨练习数次，如

---

① 徐锡麟（1873—1907）：字伯荪，号光汉子，浙江绍兴人。1903 年应乡试，名列副榜。后游学日本，决心参与反清革命。归国后，加入光复会，绍兴创立体育会、大通学堂，积聚反清力量。1906 年任安徽武备学堂副总办、安徽巡警学堂会办，次年在安庆刺杀安徽巡抚恩铭，率领学生军起义，失败被捕，次日慷慨就义。

② 此"武昌大战"，系指北伐军进攻武昌城，或称北伐战争武昌战役。此战始于 1926 年 9 月 2 日，至同年 10 月 10 日攻占武昌城，为时 40 日。

每日进点心时练习之。

（6）娱乐来宾。此为庆祝仪式之一，亦即表示成绩之一道，种类甚多，惟处处当以切合于国庆纪念者为主。例如故事，则为先烈之轶事；唱歌，则为爱中华〔歌〕、国歌、国旗歌等；游戏，则为兵操、选举首席等。在本周，可以作为各种活动之日课。

（7）仪式。此事或非幼稚生所能自动的提议。然而欲使儿童知祖国之可爱，诸先烈功业之伟大，非有严肃之仪式以表示之不可。所以于会议节目时，教师当首先提议此事，并主张在本周每晨上课前举行一次——唱国歌（或爱中华歌），向国旗行三鞠躬礼。以后每周星期一上课前，有此仪式。在举行此仪式时，教师亦须必〔毕〕诚必〔毕〕敬以示范；闻国歌而立正，见国旗而致敬。此为国民应有之态度，幼稚园必须养成者也。

（四）教师应注意诸点

无论有若何适宜之课程、教育机会、教导方法，倘教师于技术上不熟练者，决难收良好之成效。有时竟因一言之微，在最有兴趣之活动中，儿童有一哄而散者；亦有因极细微之暗示，能使最咆哮之群儿静寂无声者。吾辈为教师者，此等经验，一日中不知经过几多，且时时引以为忧喜。国庆纪念诸活动中，最宜注意者约有数端。

（1）会议时，教师之灵敏，须放出极能干领袖之本领（此事在幼稚园与小学稍异）。

（2）各种活动经过儿童参与讨论而排定顺序后，教师必须兼顾儿童之随时的兴趣；然而顺序单，依然可以保存实行。

（3）幼稚生在分工时颇易起争执，须用暗示；且某生当一事未了以前，决不可允许另作一事。

（4）幼稚生合作一事，不可有多数儿童，大约两三人最为有效。

（5）幼稚园不能做完全一个设计之全部分，此为最大遗恨。教师于此，似乎不必强迫，任儿童自然过去。然而有经验之教师，必能预料儿童做到某部分将中辍，可以预为设法。

（6）作业成绩须保存。如布置会场之成绩，教师当妥为保存。

(7) 开庆祝会时，教师除从旁指导外，不必多助儿童做事。

(8) 消弭儿童争执于未显，既有争执，即须有正确之解决。例如甲儿向国旗跪拜，乙儿纠正之，于是争执以起。此时教师当指出，国旗歌中明明说须鞠躬致敬，不必跪拜。

(9) 回答儿童问题必须确实。例如中康说："孙中山先生放在玻璃棺材里不会烂的。"卓如捉着一甲虫，装入玻璃瓶而问曰："此虫亦将如孙中山先生而不烂乎？"教师须即解释尸体所以不致腐烂之原因。

(10) 有目的之作业，必能引起儿童之兴趣。然而幼稚生对于得到结果，愈速者为愈有兴趣。故国庆纪念之大目的，中间须分为许多小目的；必须使儿童于一次作业，获得一次之效果。

二、最普通的几条教导原则

幼稚园之教导法，至少与小学等。本章讨论诸点，为极普通之原则，几乎无处不可应用。至于各科教学法，将来另行讨论。

(1) 充分的预备。幼稚园若取儿童活动中心法，则教师之知识与技能，几乎须万全，此事恐难以期乎大多数之幼稚师范初毕业之学生。日后经验渐多，于是某项活动，必含有几多小项目；在未发现以前，大约可以预料几分，在事前各方搜集、准备，方得运用自如。至于何以须有预备工作，在任何论教学法书中，皆可找得。

(2) 无论教材、方法、进行等，皆须切合于儿童经验。幼稚生于任何学习，难从抽象着手，此事为教师者切须记着。故某地幼稚园作业，当从当地所有者入手；且一切做事之手续，皆须从儿童经验做起。例如国庆纪念之灯，当仿照本地所用式样；做成之手续，又不能仿照灯店所做之法。须极简单，幼稚生亦能动手做，做成后亦能燃点小烛。

(3) 从实物开始易收效果。能见、能接触又系日常所惯用者，儿童必熟悉，稍加指导，即能极力研究，兴趣益然。故自然界、家庭、村市、工商业等，皆为良好之教场。吾侪并不希望，幼稚生有科学家之精致研究；倘能切于儿童生活、环境之事物，得到大体之观察，更能明了其中关系之大略者，即可为达到目的。儿童生活决非限于室内，亦决不止桌上之木块，吾人当知自然界、社会常识与人生关系最切，吾侪倘有余暇研究幼稚园教导法者，当从此等处着手，不必斤斤于某氏某家之教法如何如何也。

（4）利用儿童活动之要点。儿童活动往往因环境而变，其中富有极有价值之分子，教师发现时，亟须利用之。一方固可以助长其活动之创造兴趣，一方可以因此而做许多有价值之作业。例如一鸣与安琪，用中号积木在地板上搭成一所房子，缀以菊花。教师问以何用，一鸣答："开菊花大会。"教师即表示赞助，于是集合许多小朋友开菊花大会矣。①

（5）有人生目的之作业。有目的之作业，始得为之有价值。作业之目的，有以快乐为目的者，有以发展身体为目的者，皆具有相当之价值。然而不若以人生为目的，而其他一切目的，皆得包含。例如衣、食、住之作业，无一不可包含；组织家庭、宴会客人、搜集野果等作业，几乎教育上、人生上各种目的，无一不可以包括在内。

（6）引起儿童之自动与责任心。自动为儿童能自己寻找、自己发现作业、自己愿意作业，教师不过做备咨询之人。责任心，为既作业后，于该事能切实做去，不是苟且塞责，亦非中途而废。此二事，皆为教育之要点。以我个人之经验，幼稚生对于自动较易，对于责任心似乎不易做到。然而经过相当训练者，亦渐能明了。例如玩具之玩弄，凡健康之儿童，无一不去尝试；然而玩毕放置原处，则不能矣。倘有习惯记录表以训练之，亦能渐成习惯。②

（7）有系统之暗示。暗示为最有力之教学法。教师利用暗示时，往往有所指示，然而亦往往缺乏系统。于是作业本可一线下去者，成为散沙，及后儿童不知所措矣。故教师发出某种暗示，儿童已有反应后，非至做完全，不能再有新暗示；即使须用暗示时，必当在此种暗示范围以内者。③

（8）利用奖赏。奖赏较惩罚为有效，为鼓励作业兴趣之一法。奖赏用于

---

① 作者原注："此类设计报告，近来杂志上发表甚多，往往偏而不全。张九如编《设计协动教材纲要》，颇可作为参考。"

② 作者原注："参看东大《教育汇刊》二卷三、四期《鼓楼幼稚园概况》。"

③ 作者原注："Miller: *Education for the Needs of Life*. P. P. 119、143、237."编者另注：其中英文作者与书名，可译为米勒《人生教育》。

幼稚生者，以教师语言及赠与玩具或文具为最有效；于标识之奖赏，虽有时亦有效，而不若前两种之速且持久。惟教师有须注意二事：①（a）奖赏不可常用。唇上涂蜜之教师，难以为儿童之良导师。此为先人有经验之言，至今仍适用。（b）儿童成绩有在团体中居优良地位，有不能在团体中居优良地位而个人有进步者，奖赏时必须两者兼顾。

（9）任儿童自由活动，同时教师用极能引人注意之方法，使儿童从教师之行。昔日弗洛培尔②之游戏法，即有此意。惟此种方法，须始终不变其宗旨，不然易蹈糖包药丸之弊。③

（10）幼稚园是否须用课程表，尚在不可解决之时，异日吾国必有相当之课程表发现。然而此种课程表，只可用为参考，作为自己预定功课之一助。同此，教师自己预定之课程表亦不可拘泥，仍当以儿童之兴趣为依归。

（11）注意于个人指导。幼稚生可以做小团体的作业，而不可用团体训练。例如图画，倘用团体教学，其结果必不佳；非但不能画成一形，且种种不良习惯，如执笔之不准确、歪坐、斜眼、侧首等不良姿势皆养成，将来改正时极费力。所以因教学之效果起见，必须个别指导。更有某儿童于某时期（或永久）喜欢某种作业，而某种作业之成绩确甚优良者——普通称为天才——实须个别指导。不然兴趣一失，永无复得之机会。④

（12）设计教学在小学可以行得，在幼稚园亦可行得。惟有数事须注意：

---

① 作者原注："Bennet：*School Effiency* Ch. 269."编者另注：其中英文作者与书名，可译为贝内特《学校效率》。

② 弗洛培尔：通译福禄培尔，德国学前教育家，参见前文第 8 页注②。

③ 作者原注："(1) John Dewey：*Democracy and Education* Ch. X. (2) John Dewey：*School of Tomorrow* Ch. V. Ⅵ. (3) Parker：*General Method of Teaching in Elementary Schools*. Ch. Ⅵ."编者另注：其中英文作者与书名，"(1)"可译为约翰·杜威《民主主义与教育》；"(2)"可译为约翰·杜威《明日之学校》；"(3)"可译为帕克《小学普通教学论》。

④ 作者原注："(1) John Dewey：*Democracy and Education* Ch. X. (2) John Dewey：*School of Tomorrow* Ch. V. Ⅵ. (3) Parker：*General Method of Teaching in Elementary Schools*. Ch. Ⅵ."编者另注：其中英文作者与书名，"(1)"可译为约翰·杜威《民主主义与教育》；"(2)"可译为约翰·杜威《明日之学校》；"(3)"可译为帕克《小学普通教学论》。

（a）幼稚生因能力关系，不能做成极完整之设计。于规划设计时（动机初发），教师即须注意到此点，竟可免去其中数部分，以免将来儿童不能做，由教师代做虚伪之弊。（b）幼稚生于作业获得结果，为最重要之奖励。故一个设计，当有许多小段落，儿童可以做一段得一段结果。（c）每个设计必须做完，是否需一气呵成，则属可疑。有时大多数儿童兴趣他移，似乎不必勉强；俟有相当时机到来，再行设法继续。（d）教师须做一个极能干之领袖，为儿童之指导者，可以转变儿童之兴趣于未然，为儿童最可信托者，为儿童之最能亲爱者。

（13）操练（drill）之功效。有数种技术，似乎必须经过操练。惟操练亦有条件，方能收效：①（a）操练须保儿童之热诚、兴趣与注意之集中，故时间须短。（b）所操练之事情，须经过最精密之考察，对于材料、方法必须审查，或参考他人之试验。例如算术的操练，单背"九九口诀"而不用实物，决无良结果；只注意于准确而不注意速度，将来入社会必甚受亏。（c）操练次数之分配，须合乎学习律。（d）每种操练对于每个儿童之成绩，须顾及科学方法预定之标准，且不能遗弃一部。例如图画，儿童虽能画得成形，然执笔之方法不合，必须重新操练其执笔法。（e）利用实物，作为操练抽象符号之助。（f）广泛的学习，对于某种专技帮助不多。故欲儿童所学者精，必须利用有兴趣、无害于儿童之操练。

---

① 作者原注："Parker：*General Method of Teaching in Elementary Schools*. Ch. X."编者另注：其中英文作者与书名，可译为帕克《小学普通教学论》。

第七章　幼稚教师

谈何容易，做得一位优良小学教师。密勒氏（Miller）① 所谓："教师为第二种职业，必须有丰富之学识、高尚之人格、干练之才能，方为合格。"② 据有经验之小学教师云，高年级之教师，易于低年级。诚以高年级儿童，皆受有相当训练作为基础，而低年级则在在须手创者也。孰知幼稚教师之不易，尤甚于小学低年级之教师乎？盖幼稚生于学习能力固乏基本训练，即自顾之能力，亦远不若小学生也。可惜吾国幼稚教师素少发言，不然，难哉幼稚教师之论，将腾载于教育言论界矣。然则若何始可以为幼稚教师？幼稚教师之任务如何？应如何修养？国家应负相当之责任否？

一、幼稚教师之任务

幼稚教师之任务，在实际上重于小学教师。其最要责任，为养护儿童；至教导一切知识、技能，改良家庭教育等等，仍有相当之重视者也。综核之，约可得下列数点。

（一）养护儿童

幼稚生之年龄，大概为四岁至六岁；亦有在四岁以下，而未有超乎六岁

---

① 密勒：通译米勒（I. E. Miller），美国教育家，著有《人生教育》（*Education for the Needs of Life*）。该书于1921年，由郑宗海、俞子夷译出，商务印书馆初版，曾风行一时。

② 作者原注："*Education for the Needs of Life*. 315～317 P. P."编者另注：其中英文书名，可译为《人生教育》。

者。此髫龄稚子，对于己身之饥饱寒暖，无一能顾；且一切行动，皆为勇往直前，毫不知畏。见蜈蚣而以二指捉之，登高台而跃下，吹肥皂泡而饮其水者，此幼稚园中常有之事也。

聚数十毫无自卫能力之儿童于一处，稍不留意，危险丛生。虽曰每日不过数小时之责任，然而如何利导此蓬勃之好动儿童，使之能充分发泄而免于危险者，实大费教师之计划也。至于如何使儿童知卫生之益，如何能使儿童免去传染病，此亦为幼稚教师责任之一。然而其重要之量，则次于前项矣。

（二）发展儿童身体

吾国幼稚教师皆深知，幼稚儿童之勇敢无惧之易蹈危险，又限于种种困难，不能设法以利导，于是不得不采取消极方法以禁止许多动作，训练活泼泼儿童，成为仗马①、寒蝉；即有游戏，亦如机轮之转动，无自由余地。

如是教育，实为幽囚。吾将效卢梭之言曰："放儿童于自然界，毋使入人手也。"夫养成有纪律、能服从等，虽为教育目的之一，然而究属次要；其最要者，实为如何能使儿童活泼运动，如何能使儿童之好动倾向尽泄无遗，如何能养成儿童健全之身体。

况吾国家庭，大都以压制儿童、使群儿居室不闻微音为美德，中等以上社会尤重此事。幼稚园虽不能移风易俗，使全数家庭合作；而在园时，必不可再加禁止。必须多方设法，时赴郊外，多作露天生活。凡幼稚园中一切作业，除音乐、手工、图画之极小部分外，皆可在户外作业；至于丰富环境、刺激儿童好动之心诸端，尤为最要之事也。

（三）养成儿童相当之习惯

幼稚生应养成几多习惯，在吾国尚未有人提及此问题。然而大体之原则，不外"生活"二字。幼稚生生活为何？如穿衣服、鞋袜，洗手面，能活泼的户外活动，见尊长有极简要之礼节等，实为必须条件。教师之责任，即在使

---

① 仗马：原为皇帝仪仗队所用的马。装饰华丽，通常用于朝会、祀典、出巡等；此处引申为，将儿童训练得规规矩矩，以致成呆头呆脑之状。

此种种习惯，于自然的情况中养成之。不若蒙得梭利氏之欲使儿童学系纽扣，而特制一教具以训练者也。①

（四）养成儿童有相当之知识与技能

儿童无储能，更不如种子之全形已具于一粒之内；惟一切儿童除有生理上缺陷外，皆有学习之能力。吾辈不必希望，儿童学习许多高深知识，或供成人玩赏之技能；然而，吾人可以使儿童学习人生日常必须之知识与技能。

例如语言，不必希望幼稚生有优美之修辞、繁复之叙述；然而一事一物能简明之报告，实为必需，亦为幼稚生可能学习。他如日用品之来源与制法，自然界最常见事物与现象，儿童最简单之发表工具等等，教师皆当有相当之教导。至于养成儿童如鹦鹉之能歌、蝴蝶之能舞，此为装饰品之教育，用之于开游艺会，以取悦于父兄则可；然而，非为幼稚教师必要之任务也。深愿今后幼稚教师，视幼稚教育乃真正教育之一部分；其责任在教养儿童，非为幼稚园之装饰品也。

（五）与家庭联络并谋家庭教育的改良之方

日前与某乡村教师谈，某君谓乡村学校联络家庭之不易；若青年教师常赴学生家中，则社会诽议丛生，甚或学校遭不测之祸。幸哉！吾幼稚园在目前，断不致有此现象也。

教育之道，当各方一致，而后效果方见。若学校之所教，与家庭父母之主张不一致，是学校教育非但无效，且将发生恶影响；若学校教之，而家庭不继之，是一曝十寒，无从见效。况幼稚生之家庭生活，实倍蓰于幼稚园；即家庭教育关系之大，实倍蓰于幼稚园。此幼稚教师之所以欲收其教育之效，

---

① 作者原注："幼稚生应有几多习惯，可以参考下列诸文：（1）东南大学教育研究会《教育汇刊》第二卷第三、四期；（2）参看本书第五章；（3）*Kindergarten and First Grade Magazine*, Vol. Ⅱ. no, 1～6; Denver Public School Curriculum. （4）*A Conduct of Curriculum for the Kindergarten and First grade.*"编者另注：其中英文书名，"（3）"可译为《幼儿园与一年级》（后改名《美国儿童》）；"（4）"可译为《幼儿园与一年级课程管理方法》。

必需与家庭合作者也。

吾国家庭教育之宜改良，年来颇有提倡者；欲其收效之速，则不如到家庭间去。幼稚教师有儿童为媒介，可以与父母接触，可以讨论实际问题，此实为改良家庭教育之利器。吾国幼稚教师多为女子，与家属谈话较易，且可以免去社会之诽议，实为幼稚园特长。至于联络之方，吾以为不在多开游艺会，而在多访家属，与之作亲密之谈话，于无意中告以幼稚园之主张，并改良其家庭教育。此虽幼稚教育之副目的，然而亦颇能影响于教导之成效，故述及之。

（六）研究儿童

幼稚教师终朝忙碌，能否有余暇致力于此道，实不敢言。然而其随时之经验必甚丰富，摘录其经验，亦可为研究儿童者之大助。盖吾国儿童之特性如何、用何法教之可以收效等问题，非实地施教者，断不能知之。彼埋头研究者，其所得成绩，或来自外国，或凭其理想，或属于片面；更有全属理论而无实际经验，此于教育上之关系不甚大。

深愿吾国幼稚教师，于百忙中，每日抽出十分钟之时间，记录其一日间之所得诸问题。如儿童之行为、好尚、身体之发达状况、学习之能力及其特遇之事，又有教学上之实际问题等。此虽小事，实为吾国幼稚教育之根本事业也。

二、如何培养幼稚教师

本节承前节之目标、意义，讨论幼稚师范问题。本节讨论之问题有二：其一为行政问题，另一为课程问题。

第一，幼稚师范教育行政问题

本问题所含细目甚多，大别之为国家的与校内的二类。

1. 国家对于幼稚师范行政问题

（1）师范教育为国家事业，绝对不容外国人、教会或私人包办。故国家对于任何师范教育，皆应负完全责任，幼稚师范当然不在例外。

（2）吾国最近所有幼稚师范，完全为外国人所设立，且为纯粹的教会教育。此于国民教育甚为危险，政府急宜令其立即停办；若有不遵者，可以封闭。盖独立国不容他国人设立师范教育，此为万国公法，彼外人即有传教之条约，然而断不能设立师范，作双料的传教事业。

（3）各省宜从速筹办幼稚师范。若因经费问题，可以附设于师范学校；若为迎合时下社会人士之好尚起见，暂时请女子师范办理。此事在消极方面，为补教会学校之缺；在积极方面，实可以培植出许多幼稚园及低年级之教师。

（4）从前受过非正式幼稚师范教育之幼稚园教师，皆须受国家检定，方许其使行职业。不然若辈只知有上帝、西洋人，不知有中国者，仍将继续殆害于未来之国民。

（5）国内大学教育科应负提倡之责，设立课程及试验机关，供给国家之咨询。

（6）地方上举行暑假讲习会及不定期讲演会，以增进终日忙碌的教师之学识。大学内，应于暑校内增设相当课程，以备终年忙碌的教师之补习；同时地方上须有专款以补助教师，不然教师因经济的压迫，虽有各种补习科，仍不能入内听讲者也。

2. 学校行政问题

幼稚师范无论附设于普通师范或独创办者，皆与下列诸问题有关系。

（1）目的。幼稚师范之主要目的，为培植健全的幼稚教师；然而同时须知，幼稚园与蒙养园（nursery school）及小学低年级有密切关系，当注意及之。

（2）在学年期。幼稚园教师至少当受过六年小学教育、三年初中教育及三年或二年之专门师范教育。

（3）入学标准。当收初中毕业以上之学生，年龄当在十六岁以上，尤须注意于下列数项：（a）身体强健，能耐劳忍苦；（b）富有爱国心，非为崇拜西人者，或有拜金主义者；（c）态度和易，注意精密，且能以真诚爱儿童；（d）有优良的基本学识及善能变换之智慧。

以上数条，有时于半日一日之间颇难考得。故入学方法，可添加试读一条，于相当期间内，试验新生之去留。

（4）经费与待遇。在吾国教育经费如是窘迫，社会人士如是漠视幼稚教育之秋，必难以得专款以办幼稚师范。然而培养一、二年级之教师，人人以为急图；有心提创〔倡〕幼稚教育之校长，可以以此说动社会，作为兴办幼稚师范班之一道。若仅附设一班者，每年能增加五百元，即可勉强过去。至于学生待遇，似乎应免收学费；倘经济稍裕，并膳费亦须酌免。近年一般只知增加学校收入之拜金主义者，所提倡之减去师范生优待办法之议论，吾甚不以为然也。

（5）男女学生问题。幼稚教师非为女子之专业，必须有男子之理由，吾屡向国人言之；① 然而为迎合吾国现今社会人士起见，暂时只设女子班，将来渐渐加入男学生。正如吾国初兴学校时，只有男教师，及后渐有女教师，女子师范亦得渐为社会所欢迎。

（6）毕业生出路。师范生出路问题，已为吾国近年来师范教育之大问题。幼稚师范生出路，暂时不致感到困难。盖每年教会学校之毕业生，皆求过于供；今彼等既全数停办，来源尤感缺乏。此后幼稚园之发达，必将与小学俱进，所需师资甚多。况小学一、二年级，将来必可与幼稚园合办，其需要师资愈大矣。故在今日之中国办幼稚师范，可以无虑于毕业生出路之困难。

第二，幼稚师范课程问题

吾国教育部自来未定幼稚师范课程。新学制颁布以来，虽有"幼稚师范与其他专科师范并称"一语，然而迄今未闻有课程之明令。国家如是漠视，宜乎外人之乘机代谋，养成牧师式之幼稚师范课程，得行于国中也。② 今拟定一种标准，作为异日有心此道者之参考。

幼稚师范课程分为六组，其分量各有多寡。

公民训练组——本组目标，在养成有国家精神、明了世界大势之公民，包含本国史、本国地理、世界史地概要、社会学、最近世界概况。本组学程，占全部百分之十五。

普通科学组——本组注重于普通科学及人生必需之技能，包含科学入门、

---

① 作者原注："《中华教育界》十三卷十二号《调查江浙幼稚教育后之感想》。"
② 作者原注："《中华教育界》师范教育专号《幼稚师范问题》。"

应用科学、生物学、应用数学、簿记。本组，占全部百分之十五。

语文组——本组有国文、国语、英文（此科非必要）。本组，占全部百分之十。

艺术组——图画、手工、烹饪、家事学（此科与以上三科有密切关系，几不可分，故归入此组）、音乐。本组，占全部百分之十五。

普通教育组——教育学、教育心理、教育史、普通教学法。本组，占全部百分之十。

专门教育组——幼稚教育概论、儿童心理、儿童保育法、幼稚园各科教学法、幼稚园各科教材讨论、幼稚园实习、幼稚教育之历史及其最新趋势、小学低年级教学法。本组，占全部百分之三十五。

厘定课程，极不容易，著者一人之搜集与见解有限，上述不过一种雏形而已。又因限于本篇〔篇幅〕，不能详细讨论设立各科之理由、内容及其分量，所言尤属简略。①

三、幼稚教师之修养

教育之与日俱进，在教育史上已明白证实。即就幼稚教育言，十九世纪以前；无所谓幼稚教育，故福氏之论崭然新颖。至二十世初叶，蒙氏学说又一新矣。然而近来儿童心理学日新一日，幼稚教育亦与之俱进，蒙氏之说又未免有缺点矣。征诸教育史，为教师者苟不随时修养，以谋合于潮流，以求其业之进步，不亦将与所学者同失时效乎？且以在学时期不长，所学有限，或者仅能得其研究之方。曾忆某教授之言曰："大学教育不过使学生习得研究学术之方法，真正研究，还当待诸毕业以后。"洵如此言，则幼稚师范生在学时代之所学，尤属普通训练矣。继续努力，实不容一日忽也。

修养之方甚多，学问上、品性上以及一切技术上，皆当同时顾到。兹提

---

① 作者原注："本问题可以参考下列诸书：（1）《中华教育界》师范教育专号；（2）《教育杂志》学制讨论专号；（3）《宁一女师十周纪念刊续集》幼稚师范一节；（4）杭州弘道、苏州景海及福州幼稚师范之章程；（5）美国各大学，如哥伦比亚等年刊内，亦有学程目录。"

出数条修养之方，或可作为幼稚教师平时修养之一助。

（1）对于品性上之修养，继续如求学时代之朴素、诚笃。吾国近年来教育界风气，因分子良莠不齐，渐有奢侈浮华之趋势。此种习染，为教师时代之危机。教师者，儿童之表率也；教师如是，儿童亦将从而效之，其危险不更大欤？故首宜注意此点。

（2）知识上之修养，须抱定多读书之主义。教师时代往往岁月过去，除直接预备教材以外，对于其他书籍，竟有一不寓目者。落伍之咎，实由自取。幼稚教育在吾国，为新萌芽之教育，发展、变化必甚速。为幼稚教师者，必须自定每月读书之最低限度，如读普通书报几种，教育书报几种，关于幼稚教育之书报几种。在此最低限度之内，必须多方设法办到，每月如是，不使放过。

（3）与本区幼稚教育联络。倘能发起俱乐部，规定时间，聚本区幼稚教师于一堂，讨论最近幼稚教育趋势、各人所有之心得，或订立共同购买之方法等等，非但所费有限，久之且为增进学问及娱乐之唯一机关矣。

（4）暑校之设，于教师有极大便利。幼稚教师当利用暑假闲暇，为改进学问之谋。倘能直接选到幼稚教育学程固佳；不然，选读几许普通教育学程，亦有极大效益。

（5）男女之有室家，乃人类正当行为；在稍有见识者，决不以独身主义为是。然而女教师既嫁以后，鲜有继续其职业者，中外一辙，此实为教育界不良现象之一。国家之耗费，丈夫之受累，女子个人之损失，均不可胜计。愿为幼稚教师者，终身从事于此，幸勿以此为过渡桥（stepping stone）也。

此外，尚有吾国目前最重要之问题须讨论者，即为曾受不正当幼稚师范教育之幼稚教师，当如何修养，方能无害于国家，有益于儿童？在教育行政当局，须警告此辈教师之不合格，使其觉悟：吾力不足以从事于幼稚教育。然后，行政当局设法使其有补修之机会。创办暑期讲习所，实为最要之途。既有相当之补习，再加之以平时之修养，则此辈失之于前者，必可得知于后，于职务上或不至有大谬也。①

---

① 作者原注：“（1）《中等教育》第一期《教师自省和自强的标准》；（2）《人生教育》之教师章。”

第八章　幼稚园之设备

幼稚园之最引人注意者，厥惟设备。犹忆八年前余初次参观幼稚园时，心神为之倾倒。及今思之，此幼稚园不过吾国最普通之一，然而较之寻常小学或中学则远胜之矣。[①] 年来与人谈及幼稚教育时，咸以设备为该步教育之特色；虽于教育研究有素之士，亦以此相许。然则幼稚园之设备，果如是其重要欤？曰非也。设备者，不过为教育的工具之一，非教育之中心，此任何学校皆如是，幼稚园宁能越此乎？在如是小册内，本无单独讨论之价值，然而本问题既为社会之重视，而一般盲从欧化者又多误会，不得不本鄙见之所及，与国人一商也。

一、幼稚园何以需要有相当之设备？

在极端主张自然发展说者，对于任何设备皆所反对。其最大之教材、教具，为宝藏无穷之大自然界。此说吾人可以相当承认之，然而断不能以之作一概论也。今请述其必须有相当设备之理由如下。

（1）依据儿童心理，必须有丰富的设备。儿童之好动、好游戏，已为众人所公认。一切儿童教育，莫不借助于此二者。然则儿童之动，非终日空自跑跳，必有相当教具以引起之、助长之。自然界万物，社会上之形形色色，虽件件为最佳教具，惟动辄加入社会活动，则社会因种种关系，将不胜其烦，或将不欢迎焉。至于自然界之限制甚多，尤难全赖乎此。况儿童生活，根本与成人有异；有许多成人社会生活、自然状态，非儿童之所愿。有此种种困

[①] 作者原注："《中华教育界》十五卷十二期《调查江浙幼稚园后之感想》。"

难,故儿童必须有特制之玩具与用具,此幼稚园所以须要设备者一也。

(2) 因社会环境之限制,而须要相当之设备。上海之幼稚园,倘无完美之设备,断难享受自然之美;大部分自然常识,势难施教。吾国内地各省幼稚园,若非设于繁华之地,在自然界一方面颇可发展;然而其他身体之发展,人生必须几种技能之养成,不易为功。因当地社会之所有而教之,此为教育之最要一步;采取他地之所有而设法教之,其功亦无异于前律也。

(3) 在教育原理上,非有相当设备不可。幼稚教育非灌输知识之教育,更非养成鹦鹉式能唱能跳之教育,此已屡言之矣。然则欲养成一健全之儿童,免除社会上一切之谬误教育,使儿童能愉快而生活者,非有丰富之设备不可。户外之运动器具,室内之玩具,师生合作时之教学用品,训练善良习惯时之应用物件等。在教师,固然要求有完备之设备,所谓"工欲善其事,必先利其器"也;在儿童,则于自由活动之时,可以左右逢源,不致枯坐,更可以自己发明几多工作,以表现其心愿。

因上种种,故设备为几多教育家所重视,而幼稚教育为尤甚。兹约略述历史上幼稚教育家之设备。

福禄培尔本裴斯泰洛齐之余旨,于儿童玩具最为注重。惟氏有一贯、内发等哲学,故其恩物,亦多以此为攸归。福氏恩物共十九种:

(1) 圆球六个,用色线结成套子以包之,此为第一种恩物。

(2) 积木四种:(a) 木制圆球一,立方体一,圆柱体一;(b) 小立方体积木八,合之则成一大立方体;(c) 长方形积木八,合之亦成一大立方体;(d) 大立方体积木一,可以分为二分的、四分的。

(3) 排图用恩物三种:(a) 小木板多块,有四方的,有三角形的;(b) 短短的小木杆多条;(c) 全个、半个、四分之一个等小金属环。

(4) 手工材料及用具十种。其中有打洞、缝纫、剪纸及黏纸、编织、金属条的编织用品二种、打结、摺纸、豆工、泥工等十类。

(5) 图画材料一种。

福氏恩物受哲学影响而减少价值者虽多,然其重视儿童教学设备之初意不谬也。况就其恩物而变换用之，未始不可收效也。①

至若蒙得梭利②，则以感官训练名世之一人也。其恩物之注重，自不待言；种类繁多，罗列之可满一室。大别之可分八类：

（1）触觉——辨别粗细、软硬，如砂纸等等；

（2）温冷觉——水之温冷与木铁等之温冷等等；

（3）重量觉——用种种轻重不同之物质，制成式样相同物件，使儿童闭目以别之；

（4）视觉——辨别形状、大小、深浅、位置等，此组恩物最多，几乎占全部之最多数；

（5）色觉——有深浅不同的颜色八组；

（6）听觉——听声音之高低、音乐之欣赏及节奏等等；

（7）读法与写字——用单字以教读法，用单个字母以练习写字；

（8）数目——用长短的木条十，以练习加减法。

蒙氏无偏执之哲学见解，其恩物亦较切于儿童生活。然而蒙氏之设备，发源于训练低能儿，寻常儿童是否须要如此训练？是否可以直接用实物教学，不必假变形之教具？此皆为今日教育上之疑问矣。③

美国自受"教育即生活"之教育哲学影响以来，对于各种设备颇多改革。幼稚园不宗任何一派，一切以儿童生活为依归。儿童玩具，以儿童能实际可以利用、实际可以参加者为尚。例如积木，桌上之小积木儿童搭成物件，只能供观赏。今则有大积木矣，搭成之房屋、器具，儿童即可作为实际用途。其他如各种手工、图画之设备，皆为能作日常应用物者为目标。④

日本以民族性之崇尚俭朴，故幼稚园之设备至为简单而切用。近来且有

---

① 作者原注："Edward Wiebe：Paradise of Childhood. 有详细说明书。"编者另注：其中英文作者与书名，可译为爱德华·韦伯《儿童的乐园》。该书是美国学者第一部系统研究福禄培尔幼儿园理论的著作。

② 蒙得梭利：通译蒙台梭利，意大利学前教育家，参见前文第 20 页注②。

③ 作者原注："Kilpartrick：*Montesorri System Examined*."编者另注：其中英文作者与书名，可译为克伯屈《检视蒙台梭利体系》。

④ 作者原注："Picket-Boren：*Early Childhood Education Appendix*."编者另注：其中英文作者与书名，可译为皮克特、博伦《幼儿教育附录》。

主张废去幼稚园之房屋，代以帐幕者。夫放儿童于自然界，使之过户外生活，吾固深表同情。且露天幼稚园（homeless kindergarten）之创办，更便于寻常幼稚园。吾甚愿吾国未来之乡村幼稚园，效法乎此。至于城市幼稚园是否可以废去房屋，似乎有讨论之余地也。①

二、置办各种设备之标准

幼稚园必须有相当设备，已于上节详言之。所谓相当者何？不求其丰富，但求其合用与适宜。尝见几多私立幼稚园，校董既属资本家，不惜巨资以增加设备；于是购办物件甚多，开学时琳琅满室。揆诸教育原理，则多为浪费，宁非可惜。余以为幼稚园之设备，至少须合乎下述数项标准。②

（1）要合乎国民性的。民族之有特性，人尽晓之。俭朴坚忍，我中华最优美之国民性也；奢侈好新异，哲人之所不齿者也。而吾国最基本之教育，则大反乎吾国众认之美德。精致之园场——或且洋楼高峙——炫目之玩具，耳之所闻，目之所见，莫不为富室之设备（据余之所见，幼稚园多为贵族式的，与小学大异）。如此设备，非但吾国教育经费如是窘迫之秋所不能普遍，即有能力者，亦岂可分有用之金钱于奢侈之用途也哉。设备之刺激甚大，印于儿童之心者最深，最须留意。倘能幼稚园布置得如吾国最普通之家庭，则尤佳矣。

（2）须合乎当地社会情形。教育之"不能与社会实际情形分离"一语，已成为最普通之原则。故欧美学校之设备，莫不为当地之最常见之事物。例如钢琴、自由车、唱机、跳舞等，在西洋几乎比户皆备，人人能之，故幼稚园亦采入之为必须教具。又如美国之葛莱为工业地，其学校即为工业之设备；其他乡村以农业为中心，学校中莫不备农具以事耕种。

---

① 作者原注："R. Hashizune：*The Houseless Kindergarten*."编者另注：其中英文作者与书名，可译为海恩斯《露天幼儿园》。

② 作者原注："可以参看：（1）Bannet：*School Efficiency*. Ch，Ⅶ.（2）*School of Tomorrow* Ch. V.（或中文译本 90～118 页）。"编者另注：其中英文作者与书名，"（1）"可译为本内特《学校效率》；"（2）"可译为《明日之学校》。

吾国年来留学生之回国办学者，动辄以某国学校如何如何，吾当效法之。故与吾国国情漠不相关，而所费甚奢之钢琴、外国音乐机①等，均采为幼稚园中必备之具。而吾国最通行之乐器，如钟鼓、铙钹、箫琴之类，反以为不足教而弃之，甚有见他人之采用者讥笑之。吾于此处，当竭诚告国中之同志，吾国社会虽恶，然而可以采为幼稚园之教具者甚多甚多，静心而求之，各地皆有最优美之材料，宝藏无穷，采用不尽，正不必乞灵于舶来品也。

（3）须适应儿童之需要。儿童与成人不同一语，发明甚久。然而，儿童与成人究竟如何不同，虽当代之儿童学家，亦无以详答。虽然荦荦大端，最普通之定律则已可应用。曾于第四章中略述之。置办设备时，能遵此定律及留意于平日儿童之需要，则思过其半矣。

（4）利用日常用品以制成者，儿童必爱之。日常用品可以利用者甚多，如洋火杆、肥皂、萝卜、豆、棉花、麦子等物，皆可制成极佳之儿童用具。此等物品，得之甚易，儿童见之甚多，采取之可以教各种常识；制成用品时，又可因之而教图画、手工等科。经过如是历程而成者，儿童爱之必甚。

（5）利用废物以制成者，既省钱，又可爱。浪费为各种事业失败之大原因。使日无废物，知废物之可以利用，此为养成俭德之一途。幼稚园之废物不多，而家庭及儿童自身之废物甚多。例如破袜子、破铁罐、各种空玻璃瓶、碎布、各种果品之核、破碎之画片、书籍及旧报纸等等，几乎无家无之，幼稚园亦间或有之。此等物品，皆可利用之以制成极有趣之用品。如破袜子之制成小宝宝，空玻璃瓶之储放各种标本与用品，补缀碎画片等以成壁上装饰品等。因物利用，触机应变，世无废物者也。

（6）无论何物能经过师生合作而成者，愈有意味。幼稚生因各项能力关系，不能做成精美之物，然而可助教师以成简单之用品。例如由木匠制成之玩具，买得几许油漆，师生合作以漆饰之；破袜子之制小宝宝，儿童亦可助成之。总之，用具能自制者，必须自制。而教师尤须紧〔谨〕记，引起儿童踊跃参加之兴趣。

（7）自然界之灿烂，社会上各种事物之美备，实为幼稚园最广大之设备

---

① 外国音乐机：即进口的留声机。

场。幼稚园之能力有限，势难采人生之需要于一园；即曰能之，而人事之变迁、自然界之新陈交替，无法以获得之、保留之。故最得当之教育，不如使儿童入于实际生活之途。自然界无物不可爱，山野水乡，百物罗列，可玩可学、可食可采者，俯拾即是；自然界之风景，虽穷世界之艺术品，不能及其万一。如此宝藏，如此风光，得之全不费力，实为吾辈教师之莫大利助也。

次之即为社会，社会有城乡之别，世有专爱城市或乡村之士；然而在教育上，则城乡两宜。城市之工商，乡村之农业，无一不可以采为极佳之教材，正不啻社会为我辈布置得极美备之教场，微笑招手，欢迎吾侪可爱之小朋友与有儿童性之教师也。

最后尚有一言，则为省钱。无论何种教育，成绩佳而费钱多者，功过相抵者也。置办设备，尤需注意乎此。惟省钱云者，尚需注意于耐用与否；徒贪小费而不坚固之用具，仍浪费也。

附：陈鹤琴拟定玩具之优劣标准：

（一）优等的玩具

（1）可以引起儿童发生爱情的，如小宝宝、活动物等是；

（2）质料坚固不易损坏的，如木类、橡皮类等是；

（3）可以刺激儿童想象力和发展儿童创造力的，如积木等是；

（4）儿童自己玩弄而能拆开的，如机械、弓等是；

（5）能适应儿童的能力、发展儿童的智力和发生兴趣的，如纸鸢、地铃等是；

（6）能洗濯而颜色不退，形状也不丑陋，足以抒发儿童美感的，如松香做的玩具；

（7）有变化而活动的，如皮球、沙盘等是。

（二）坏的玩具

（1）要发生危险的，如洋铁做的刀、摇铃等是；

（2）不合卫生的，如毛鸡、毛猴等是；

（3）不能引起儿童兴趣和发生爱情的，如泥老人、石狮子等是；

（4）声音嘈杂，没有好听的声音的，如响盒、泥老虎等是；

(5) 只能使儿童旁观呆看，而不能使儿童发展创造力的，如火车、电车等是；

(6) 质料薄弱不能洗濯的，如纸人、泥人等是；

(7) 无变化而不活动的，如军舰、五色彩球等是。①

三、幼稚园应有几多设备之建议

吾尝言之，幼稚教育须有全国统一之点，而同时各地方应有特殊之点。今之建议，自问地方——吾国南部——色彩甚浓，非敢请全国幼稚园皆如是也。况一人之见解与一地之根据，皆属有限；读此书者，幸勿拘泥也。②

（一）普通设备

(1) 校牌（如为附设者，可以省去；若必须置办者，以黑漆白字，形式不必过大）；

(2) 小桌子（高约一呎六吋，桌面长约二呎八吋，阔约一呎二吋，以备二人合坐）；

(3) 小椅子（为单人用，以便幼稚生之取携）；

(4) 小书架（若为新造房屋、可以嵌入壁内）；

(5) 洗面架（低于小桌子）；

(6) 洗面盆（约须二个）；

(7) 便桶（约须二个）；

(8) 厨房用具（倘能置备得儿童可以自己做菜者，尤佳）；

(9) 教师用桌、椅、床、书架等；

(10) 国旗（大国旗一、小国旗一，张于室之中壁）；

---

① 作者原注："(1) 陈著《儿童心理之研究》第十章；(2)《新教育》九卷五期，幼稚教育组《儿童玩具组报告》。"

② 作者原注："Picket：*Early Childhood Education*. Ch. Ⅵ. 以上为主要参考资料，其他则为著者平时参观江南幼稚园之经验。"编者另注：其中英文作者与书名，可译为皮克特《幼儿教育》。

(11）旗杆（运动场中）；

(12）家禽笼等；

(13）家常用具，如扫帚、畚箕、抹布、痰盂等（须缩小至幼稚生运用）；

(14）饮食用之杯子、盆子、碟子、茶壶等；

(15）儿童自己放物件之箱子或桶子；

(16）水缸。

（二）教学用具及儿童玩具

(1）沙箱（须大可容三四小孩同时能自由入内玩耍，须放在露天，且须在地上，不必用架子）；

(2）秋千、滑梯等（倘能布置得有连续性，则儿童之兴趣甚浓）；

(3）积木（不必用最大的，中号的即可。惟商务书馆出售之积木，颇有数种不切实用。积木最好自办，乡间倘因经费关系，则农家修屋子、做农具所余之竹头、木片均可应用）；

(4）小车子（有数种，如三轮脚踏车、小黄包车、雪车、小推车等皆可置办，惟因经费关系或社会环境之不同，此可省去）；

(5）小农具（如锄、铲、铁耙等）；

(6）剪刀；

(7）针线及零布；

(8）山东珠子或念珠；

(9）小乐器（吾国儿童乐器可以引用者甚多甚多，摇鼓、小钹、小鼓、小锣、小箫等，无物不为极佳之玩具，不必购舶来品）；

(10）风琴（是否需要，可以视当地情形而定，不必拘泥。至于钢琴，实在可省，留下此费作他用，岂不更好乎）；

(11）小宝宝（可以用破袜子等制成，不必买舶来品，花费甚多之钱）；

（12）皮球（吾国之线球亦可，近有陈嘉庚①之橡皮球亦可采用）；

（13）笔（铅笔、毛笔均需要。至于蜡笔，则价值甚昂，国货又因制造太劣，不如不备）；

（14）颜色数种；

（15）工作凳子、桌子及木、竹工之用具；

（16）其他如小木碗、碟之类，亦可备几许。倘有贝壳等，必须搜集。而家常之旧盒子、旧罐头，皆可利用；甚至鱼骨、兽骨等，莫不可以加以制造而成为极佳之教具或玩具也。

（三）书籍

（1）儿童用书（如图画书报等，至少须有三种，约四十小册子）；

（2）教师用书（杂志及专科用书目录中，可以择优购备数种，以经费状况为准则）。

---

① 陈嘉庚（1874—1961）：原名甲庚，福建同安（今福建省厦门市集美区）人。早年闯南洋，经营商业、航运业，又经营橡胶园，成为巨富。捐资故乡创设"集美学村"和厦门大学。此处所言"橡皮球"，即陈嘉庚橡胶业的产品之一。

第九章　蒙养园、幼稚园及小学低年级

本章讨论幼稚园之衔接问题。前乎幼稚园者，为保育四岁以下儿童之蒙养园（nursery school）；后于幼稚园者，为幼稚生出园后之升学机关——小学低年级。在吾国，似乎后者更重于前者，然而已有数处发生前项问题矣；况吾国今日有此等教育机关者尚不多，借此作一简短之介绍。

一、蒙养园与幼稚园之关系

今人常有以为幼稚教育者，乃学校教育之开始。孰知适应儿童好伴侣之需要，应用科学的教育方法，辅助家庭教育者，尚有蒙养园教育在也。

蒙养园吾国似乎未之先闻。在一八一六年，英国儿童学家倭温（Robert Owen）[①] 创一学校，教育二岁至五岁之儿童，以谋其健康、快乐及自由活动，实为世界有蒙养园之嚆矢。然而倭氏之业无继之者，因而中断。适一九〇〇年又有提倡复兴者，亦无若何成绩。盖迩时幼稚园之潮流掩之，不能显也。及欧洲最近大战停止后，因社会之需要，于是骤然为该国人士所重视，今且国家议会定为专条以补助之矣。不独英国若是，凡感到需要儿童有此项教育

[①] 倭温：通译欧文，即罗伯特·欧文（Robert Owen，1771—1858），英国空想社会主义者，也是一位实业家、慈善家。出生于北威尔士蒙哥马利郡的牛顿城，早年做缝衣工学徒，后又尝试过多种职业，积累了丰富的职业经验。18岁时借款开办了自己的工厂，后卖掉工厂，担任工厂经理，成为出色的管理者。其后，便致力于"新村"试验，在英国新拉纳克的"新村"中附设幼儿学校（1~6岁），并宣传其社会主义或共产主义理想。著有《新社会观》《新道德世界书》等。

之国家莫不兴办，美、法、意诸国提创尤力。①

蒙养园之办法各国不同，有收五岁以下之儿童，有只收三岁以下之儿童，大约为一岁半以上至四岁之儿童。其教育之目的有四：

（1）谋儿童之幸福；

（2）养成身心健全的发展之儿童；

（3）渐渐发展儿童社交的能力；

（4）培养各种初期发动之活动能力。

至于其中作业，较幼稚园更为自由，几乎无一件规定之工作，惟进食与睡眠为规定的。质言之，蒙养园之最大目标，为保育幼小儿童，使之能充分地发育也。②

至于蒙养园与幼稚园之联络问题，尚少实际试验报告。著者服务幼稚园，曾遇受过蒙养教育之儿童数人。与未受此项教育之儿童比较，相差点如下：

（1）乐于来幼稚园，第一日来园无哭泣等，能自由游玩。

（2）对于幼稚园之作业，在半年内优于普通儿童。

（3）有良好习惯，如听话，能叙述极简单之事实，能作许多户外器械运动，略有卫生习惯；然而亦有几多不良好习惯，如性情太柔弱、多畏生物或有骄蛮习惯等。

吾国蒙养园教育，将来必有发达之一日。如南京鼓楼幼稚园，近亦收二岁左右之儿童。将来或与幼稚园合办，或单独创设，必日益增多。上列诸点，虽非普遍情形，或可为后来者之参考。

今更述办幼稚园者对于蒙养园应负如何责任，而蒙养园应如何与幼稚园衔接。

（1）无论何种课程，当以人生实际生活为中心。本此旨而行之，则自小学而至大学，断无不衔接之处。幼稚园以下之儿童，初离母怀，家庭生活犹

---

① 作者原注：" Grace Owen：*Nursery School Education.* "编者另注：其中英文作者与书名，可译为格赛斯·欧文《蒙养园教育》。

② 作者原注：" （1）M. McMillan：*The Nursery School*. Ch. XII. IX. （2）陈鹤琴：《东大幼稚教育讲义》第八章。"编者另注：其中英文作者与书名，可译为麦克米伦《保育学校》。

未全去。倘使儿童另易新环境，无论蒙养生与幼稚生，皆将感到不能适应之象。故为联络家庭、蒙养园、幼稚园起见，三者非趋于一致不可。何适何从，以后二者从前者为最宜。

（2）生活习惯之养成，亦教育目标之一。蒙养园之主要目的虽在养护，而简单的生活习惯必可渐渐养成。如饮水、吃饭、大小便、穿鞋袜、洗手、开关门户、不随意放物件入口，及道谢等简单礼节等等，皆当放入主要工作内。为生活之训练，亦为幼稚园之预备也。

（3）幼稚园之工作虽将增高，然而仍当注意于养成生活习惯。将蒙养生已有之生活习惯考察之，简单者复杂之，无有者新增之。如识字、识数等为新增之工作，开关门户之能加锁，吃饭之能取菜等，为加繁之工作。在幼稚园之初期，新增者愈少愈妙；渐次增加之，使其中无突变之现象。

（4）生活习惯之另一方面为社交。蒙养园之社交，只限于道谢，同游犹未能也。至幼稚园则有游侣，而社交加繁矣。此事于联络蒙、幼二园上，亦为大关键。

（5）肌肉、感官之训练，在蒙得梭利方法中，甚为重视。此事幼稚园中是否须特别训练，当与钢琴之练习，是否为吾国幼稚园中之特别需要，同一可疑。然而各种运动，如骑车子、玩球、秋千等，皆为蒙养园所不能，而幼稚园则能之。虽非特别训练，实寓训练于实际活动之中，蒙养园似不能直抄之也。

（6）吾国蒙养园之能否发达，尚在未可预料之中。然而幼稚园之收二岁以上之儿童，在事实上必甚多。此事切须留意，若能行之得宜，可以消泯二者之隔膜。惟切须记着数语，可以使幼稚生互助蒙养生，但不可化蒙养生为幼稚生。

二、幼稚生升学问题

本节讨论幼稚园与小学之关系。

按：幼稚园之附设于小学者甚多，而幼稚教育与小学教育能联络者则不多睹，此不独中国为然也。所以发生此等现象者，其故有二：一因研究幼稚教育者无暇顾及儿童升学问题，以为幼稚生出园后必可升入小学，不至如小学、中学之毕业生，难以得相当机会而升学。另一原因，则当归罪于小学，以为新生入学，各科新授不问学生已有之习惯，一律从头教起。如此办法，岂非幼稚教育委于无用之地乎？

今亟须讨论者，为幼稚园毕业问题及小学低年级之教导标准。

（一）幼稚生出园问题

幼稚园之办毕业与否，非但不为社会所注意，且不为父兄所注意。家庭对于幼稚生之成绩等特别宽容，以为髫龄稚子，本不足以言学；在另一方面，则帮助特多，各种习惯之养成，能容纳幼稚教师之意见等，皆高出小学、中学。幼稚生至相当年龄，则由教师通知家属，请送入小学。若与小学合办者，则直接升学，省去通知之手续。以年龄为幼稚生毕业之标准，此为最通行之办法。

依吾国学龄标准，大约幼稚生无过六岁者。此法之弊，在乎不顾幼稚生实际成绩，实欠公允。然而此中亦有不得已之苦衷在也。吾国幼稚园课程，无确定标准，更无相当之成绩测验标准，幼稚教师实不知适从。吾于幼稚生毕业问题，以为非能单独解决，必须诸方面同时确定。至少须有下列数种：

（1）最低限度之应养成的习惯表；

（2）幼稚生作业之标准；

（3）各种测验标准，如智力、体力、学业等测验。

上述三种标准，急须制造。至于如何制造及准确与否，此属另一问题。教育原为演进的，非一成不变的，愿有志于此者，努力为之，勿以为他日将被弃而自馁也。

今更介绍美国哥伦比亚大学附属幼稚园之升学标准。[1]

全部考察之标准共四，每种标准最多二十五分，以十五分为及格，最少

---

[1] 作者原注："P. S. Hill：*A Conduct of Curriculum for the Kindergarten and First grade*. Part V."编者另注：其中英文作者与书名，可译为希尔：《幼儿园与一年级课程管理方法》。

则为五分；教师各人观察各儿童而定之，至学期终汇集平均之，以得及格分数者升级。四种标准之例如下：

（1）工作上的智力，例如能规划自己的工作否？

（2）在自由集合之团体内合作之能力，例如是否太自私？

（3）在有组织之团体内尽职的能力，例如乐于从事否？

（4）责任心，能对自己负责否？

（二）小学低年级如何对待新生

小学低年级之对待新生，恐为教学上一大问题。

按：吾国初届学龄入小学之儿童，约有五种：（1）完全只受家庭、社会及自然界之自然教育；（2）受有一部分的有计划的教育，如父母已教过识字或其他知识的；（3）私塾学生；（4）幼稚园毕业生；（5）小学转学生。以上五种学生，除"（5）"种只须重新适应以外，其他四种学生，在吾国小学教育情形之下，大都皆须重新开始。

盖幼稚园之所学，或有几分相合，而大体不同。小学低年级因其他多数学生，及其所取方针不同，不得不使曾受幼稚教育之学生使之强同也。此等处实为不经济。倘二者能沟通办理，如东南大学附小、湖南楚怡小学、美国哥伦比亚大学附小等，二者之间无所谓过渡。则低年级新生中之来自幼稚园者，非但不必重新适应，且可以由渐而进，正如生活之增长，"不知今年之我，即去年之我也"。①

（三）对于幼稚园与小学低年级衔接之提议

衔接问题凡有关系之二者，必须共同协作，方可解决。吾国幼稚园与小学之不能衔接，有归罪于幼稚教育之不切实际者，又有归罪于小学教育之不能幼稚园化者。二者各自引罪，实则各无标准，永难解决。教育之标准为何，

---

① 作者原注："（1）L. H. Picket：*Early Childhood Education* Ch. l.（2）《东南大学附小概况》，（3）《楚怡月刊》第一、二卷各期。"编者另注：其中"（1）"的英文作者与书名，可译为皮克特《幼儿教育》。

人生生活也；能处处合于人生生活者，即为达到教育之最后目的。解决衔接问题，莫要乎各方面皆合乎人生生活。至于其中细条目则甚多，大约可分为五：

（1）改革现今幼稚园、小学低年级各自为谋之作业。在幼稚园，勿再多做装饰品的教育之工作，如跳舞、唱外国歌等；在小学低年级，勿斤斤于知识之注入，如算术口诀之背诵及书本之熟读等等。请二者办理人各抑雄心，使学生每日过日常生活，且无须乎忧心于毕业生之不能做何种何种之跳舞、唱外国人所定之歌曲；或恐社会指摘一二年级生尚不能背熟九九数①，或写斗方字者也。②

（2）吾国幼稚园之环境与小学完全不同，此亦为二者不能衔接之大障碍。在实际上，学校环境当不能异于家庭与社会的环境，则二者即无大异。吾国普通幼稚园之环境，尚有几分与家庭相似，此于儿童较为相似。此后，可否请小学低年级仿照幼稚园而改进之。③

（3）吾国幼稚园教师几乎尽属女子，而小学教师即多为男子，且二者教师所受之教育不同，故与学生相遇，其态度、方法等即不同。教师于学生之影响甚大，平时非但教师须适应学生，学生亦须适应教师。希望此后此二种教师，受同等教育，并以相仿佛之方法等对待学生。

（4）因学生各种学力而分别其组或级之高低之办法，在中学或大学已渐通行，在小学则尚未谈到。此事在教育原理，实为最优良之方法。虽手续上稍稍繁琐，而学生之得益甚多。小学低年级倘采此制，至少可以得几部分之衔接。如唱歌大都可以在二年级，手工亦可超乎一年级生等。此制最紧要者，为分班之标准，今日尚无此物。然而无标准之分班，犹胜于混杂而教也。④

---

① 九九数：乘法口诀的俗称。在古代是倒过来从"九九八十一"起始，到"二二得四"为止。因为口诀开头两个字是"九九"，所以人们就简称它为"九九数"。

② 作者原注："L. H. Picket: *Early Chidhood Education. Ch. II*,"编者另注：其中英文作者与书名，可译为皮克特《幼儿教育》。

③ 作者原注："L. H. Picket: *Early Chidhood Education. Ch. II*,"编者另注：其中英文作者与书名，可译为皮克特《幼儿教育》。

④ 作者原注："东大附小已试行此制，湖南楚怡亦早试行，南京鼓楼幼稚园亦有极简单之试验，结果均甚佳。"

（5）吾国小学与幼稚园往往分离，独立之幼稚园与无幼稚园之小学为数尤众。在小学附设幼稚班，在经济上不无影响。然而在社会环境较优之处，此费尚可设法。至于幼稚园之添办小学低年级，倘无特别情形，则加增一位教师即可，此费之出尤易矣。至于学生，二者皆不甚困难。前者可以因姊、哥之入小学，率其弟、妹入幼稚园。常见小学之附设幼稚园者，幼稚生必众。而后者之学生，多为当年之幼稚生也。虽然，此中有最紧要之一点须注意，二者必须在同样环境之下作业，不能有界限，只能加重其作业之成分。

三、普及幼稚教育谈

幼稚教育在寻常人视之，多以为贵族教育之一。在吾国，几与大学教育并称，为难得入门之教育。全国幼稚园数虽无确实统计，然而以江浙而论，其数之少，亦可想见。① 萌芽时代，岂可言乎普及？然而近来普及之机渐动矣，乡村幼稚园亦有提议创办矣。② 乡村之是否可以办幼稚园，尚未可预料。然而以乡村之情况、需要而推测之，倘能办理得当，必可成功。倘乡村幼稚园能逐渐普及，即吾国幼稚教育之逐渐普及，而义务教育亦得一助也。今述乡村可以设立幼稚园之理由如下：

（1）乡村儿童甚多，六岁以下之儿童，因父母往田间操作，家中无人照顾，需要教育其子女甚殷。

（2）乡村环境甚佳，创设幼稚园极为相宜。

（3）乡人质朴，其希望于学校者，不求精致华丽，幼稚园竟可因其固有之朴素环境而设立之，必能得乡人之欢心。如此轻而易举之事，非在城市所能办到。

（4）乡人诚朴可爱，倘教师能诚恳相遇者，精神上所得之报酬，必较城市高出万万。教师愉快，则教育事业成矣。

（5）吾国乡村多为聚居，数十家为一村。村中设立幼稚园，儿童往返仍

---

① 作者原注："本书第二章。"
② 作者原注："陶知行等正积极提倡此事，拟在南京燕子矶试办。"

便，尚无交通上之困难。

然而乡村幼稚园之困难亦有也。经费之难筹，为义务教育与乡村教育中尚未解决之问题。添设幼稚园，费将安出？次之为师资之缺乏，乡村间之精神报酬甚佳，而物质报酬则甚苦，为生计所迫之教师，虽有宏愿甘心牺牲者，亦不得暂时违心而不来乡间也。有此二难点，吾国乡村幼稚教育或将受厄。甚愿提倡诸君，预为之计也。

次之，吾所欲论者，为幼稚教育代替义务教育之一部分，为普及义务教育之一助。吾国义务教育之不能普及，原因甚多，父母不愿使子女受学校教育，为大原因之一。例如乡间儿童六七岁时，牧牛放羊，助父母在田间工作者，为最普遍之情形。如此社会情况，若强迫儿童入学校，岂非减去农民一部分之收入乎？同时，则六岁以下之儿童，终日在家，无人照顾。

吾人倘能创设义务幼稚园，使此无人照顾之儿童入学，乡人必甚愿。至于义务幼稚园之作业，采取前期小学课程之几部分，同时则以乡间之大自然界为教育场所，不失儿童自由活动之精神。如此教育二年，虽不能完全达到义务教育，而儿童所得之益必不鲜矣。或有以六岁以下儿童不能受如此教育相难者，则吾敢应之曰："能。君如不信，请试行之。"

再版附言

回忆四年前的冬天，因幼稚教育事，与陈师鹤琴常常谈到午夜。有时喟然长叹，很替这粒多难的种子担忧。那时国人对于幼稚教育的冷淡，真不堪言状。但是事事鼓励人的陈师，哪里会得相信这样杞忧呢？不久，此书告成，我也稍稍得着自慰。

最近三年，中国幼稚教育可算进步得很快。以幼稚园数目而言，如十六年南京幼稚园数，从三所增加到十九所。以师范而言，十六年晓庄幼稚师范院①成立，十七年南京女子中学幼稚师资养成所成立，同年中央大学特设暑期幼稚教师训练班，十八年安徽女子中学设立幼稚师范科、山东女子师范设立幼稚师范班。各中学师范科，又都增设幼稚教育学程。

以推广而言，十六年中国幼稚教育运动实行下乡，晓庄学校设立幼稚园于燕子矶村，并实行艺友制②。陶知行③师发表《乡村幼稚园宣言》。以研究

---

① 晓庄幼稚师范院：该院又名晓庄师范"第二院"（第一院为小学师范院），原聘陈鹤琴为该院院长（第一院院长为赵叔愚）。陈鹤琴后因种种原因未能到任，所以该院有名无实，并未正式成立。晓庄师范所招收的幼稚师范生，均用艺友制来培训。

② 艺友制：全称艺友制师范教育，为陶行知所创立的师资培训方式。它脱胎于传统的"艺徒制"，但强调以"朋友之道"待人，让小学和幼稚园教师充当"师傅"，学做小学和幼稚园教师者充当"艺友"，然后通过示范指导、边干边学，从而培训教师。它为"生活教育"理论的独创性成果，为穷国普及教育的师资培训，提供了另外一种选择。

③ 陶知行：即陶行知（1891—1946），原名文濬，曾用名知行，安徽歙县人。1914年毕业于南京金陵大学，旋赴美留学，次年获伊利诺伊大学政治学硕士学位后，入哥伦比亚大学攻读教育学博士学位。1917年归国，历任南京高师专任教员、教务主任。1922年任中华教育改进社主任干事，全力推进平民教育。1927年创办晓庄师范，以振兴乡村教育为职志。1932年创办山海工学团，以此推行"现代普及教育"。1939年创立合川育才学校，致力于难童中人才幼苗的培陶。平生热衷教育试验，并创立了"生活教育"理论。著有《中国教育改造》《陶行知全集》等。

而言，十六年南京幼稚教育研究会成立，《幼稚教育》月刊出版；十七年全国儿童教育社成立，《儿童教育》月刊出版；十八年商务印书馆着手编辑"幼稚教育丛书"，陶知行、陈鹤琴、张宗翰〔麟〕合著《幼稚教育论文集》出版，董任坚①《初期儿童教育》出版。

以实际课程工作而言，教会的祷告已取消，刻板式的活动减少，渐渐趋重于放儿童到自然界里去，并且注重于儿童卫生习惯的养成。其中，尤以乡村幼稚园的活动最耐人寻味，已有晓庄幼稚教育研究会着手试验。

以行政而言，十七年全国教育会议通过关于幼稚教育议案七件；② 十八年教育部委托我编造教育方案，③ 我就提了普及幼稚教育等方案五件。

以上都是直接看得出来的。其他如提倡"夫妻学校"等制度，不但可以安小学教师的心，且能使幼稚教育走得远些，走得快些。这样看来，中国幼稚教育的前途确是乐观。但是和外国比起来，还差得多，正像学步的孩子，站在高人的身旁，不能望见项背。

今年此书再版，我很希望，此书到十版的时候，这个孩子长得和高人一般，并且格外来得强壮。

其次我希望，全国的生理学家、心理学家、卫生学家，多多的注意六岁以下的儿童。要知道，二十世纪是小孩子的世界了。

至于教育家研究幼稚教育，是他的分内之事。不要以为幼稚儿童干不出

---

① 董任坚：生卒年未详，浙江海宁人。1911年就读于杭州府中学，后入上海圣约翰大学、清华学校。1918年赴美留学，先入克拉克大学，后入康奈尔大学，师从构造主义心理学家铁钦纳；又入哥伦比亚大学，获心理学硕士学位。归国后，历任东南大学、光华大学教职，参与发起中华儿童教育社，主编"中华儿童教育社丛书"。历兼中国公学教务长，大夏大学、暨南大学、南开大学教授。抗战胜利后，任上海新陆师范学校、市立上海师范专科学校校长。译有《初期儿童教育》《行为课程》，著有《小学教育的改造》等。

② 此"议案七件"，系在1928年第一次全国教育会上提出。其中，陶行知提出者，为《调查全国幼稚教育案》等5件；陈鹤琴提出者，为《令各省、各市、各县实验小学先行设立幼稚园案》等2件。后经提案审查会合并、整理为《注重幼稚教育案》，"大会照审查报告通过"。同年7月24日，大学院通令推广幼稚教育。

③ 此"编造教育方案"，系指教育部为准备次年召开"第二次全国教育会议"，分别委托各方面专家预拟实施计划或准备相关提案。张宗麟所提交的幼稚教育计划和提案，后融入《改进初等教育计划》之中。

什么花样，就不值得去研究。倘若有某教育家（？）说这句话，我们可以回敬一言："您倒干不出什么花样来，幼稚儿童倒很能干些事。"

末了，我有三句话贡献于继事幼稚教育的同志：

第一，不要做洋八股先生，不要以为洋货都是好的，外国人也是天天在那里求进步，求适合儿童的需要。外洋的鸡毛，不能充当中国军队的令箭。

第二，我们干幼稚教育，是为着全国的儿童，尤其是为着贫苦的儿童，不是替富贵人家充当干奶妈！

第三，要想幼稚教育普及，必须用钱极省，用力极多。倘若只图阔绰，多雇工人、多买洋货来欺骗儿童，那是亡国灭种的教育，决非幼稚教育的本意！

上面的三句话，未免太甚。万望读者取其意而恕其辞，共来努力，使四千万儿童都得着好教育。那么，中国幼稚教育可算大功告成，我们的责任也算尽了。

十八年十二月晓庄

幼稚园的社会

（1931年1月）

【题解】 本书于1933年2月由商务印书馆初版，1938年5月再版。本书采录，依据初版原本。本书脱稿时间，依据本书《自序》所言，为"二十年一月"，即1931年1月。本书系"幼稚教育丛书"之一，校订者为沈百英。

"幼稚教育丛书"，系中国近现代最早出版的幼儿教育理论丛书。原系商务印书馆向张宗麟约稿者，除《幼稚园的社会》外，还有《幼稚园的自然》和《幼稚园的演变史》两本。《幼稚园的社会》与《幼稚园的自然》同时交稿，结果后书书稿毁于"一·二八"战火，只好由雷震清补写，结果姊妹篇不幸"跛足"。

"幼稚教育丛书"的其他书目，除张宗麟自著的《幼稚园的社会》和《幼稚园的演变史》、雷震清的《幼稚园的自然》外，还有沈百英的《幼稚园的故事》、梁士杰的《幼稚园教材研究》、周尚的《幼稚园的卫生教育》、葛承训的《幼稚园的管理》、陈济芸的《玩具与教育》等等。

"社会"作为幼稚园课程，是在1929年8月颁布的《幼稚园课程暂行标准》中确立的。在1932年11月颁布的《幼稚园课程标准》和1936年7月颁布的《修正幼稚园课程标准》中，此科依旧得以成立。须得说明的是，当时是"社会和自然"合科，所以当时向张宗麟所约之稿，为《幼稚园的社会》和《幼稚园的自然》两书。"课程标准"所确立的幼稚园课程，除社会与自然一门外，尚有音乐、故事和儿歌、游戏、工作、静息、餐点6门，社会与自然位列第 4 门。

值得特别说明的还有，在清末颁行的《奏定蒙养院章程及家庭教育法章程》中，并无社会科内容；当时所确立的蒙养院课程，为游戏、歌谣、谈话、手技 4 项。中华民国颁布"壬子癸丑学制"和"壬戌学制"后，并没有配套颁布"蒙养园"和"幼稚园"的课程。因此，在 1929 年颁布的《幼稚园课程暂行标准》中，是首次将社会列入到学前教育的课程之中。

至于为何敦聘张宗麟来撰写这本社会科的教学参考资料，则主要有两个原因：一为自 1925 年 9 月始，张宗麟便在鼓楼幼稚园主持开展了三期试验，而试验科目中，社会即为其一。二为在 1928 年草拟《幼稚园暂行课程标准》之时，张宗麟便为参与者之一。在《〈幼稚园、小学课程标准〉编订经过》一文中，明确载录的该课程标准起草委员会的成员为："甘梦丹、吴研因、金海观、胡叔异、俞子夷、马客谈、张宗麟、陈鹤琴、葛鲤庭、杨保康、蒋息岑（以姓氏笔划多少为序）。"而在张宗麟的自述和他人的回忆中，张宗麟对此致力尤多。

还有必要说明的是，在 1936 年颁布《修正幼稚园课程标准》时，将"社会与自然"的课程名称更名为"常识"，即社会常识与自然常识。其他修订，则是在"目标"第四项中，增加了"互助、合作"两项内容；将"内容大要"的标准项中的若干序号予以了调整；而"最低限度"的 7 项皆同，无一修订。总体说来，幼稚园课程标准自草拟后，所更易之处其实很少。这说明，它较为符合幼儿教育实践，进而可能更为广泛并长久地指导幼儿教育实践。

本书曾收入湖南教育出版社 1985 年张沪编《张宗麟幼儿教育论集》，当时除在文句上多有改动外，还整段删除了若干内容，略去了"第九章 幼稚园社会活动的试验报告"整个部分。此次录入，旨在"恢复原貌"。

幼稚园的社会原书书前图片

原图 1　孩子、教师在厨房里

原图 2　跳进沙盘玩个痛快

原图3　没有阶级性的劳动

原图4　这是孩子们异想天开的话：他做"张先生回家"的活动，在路上，用三轮脚踏车、雪车联起来玩，口里叫着："呜，呜，火车来了。"

自 序

"孩子们的生活现象,我们可以用科学方法来调查、来研究。孩子们的生活乐趣,我们已经不能领会,因为我们已经不是孩子了。"这句话,多少含着几分教育的真理。从这点推论起来,我们成人的社会,决不是孩子的社会;我们所认为极重要的,未必是孩子们的金科玉律;孩子们以为极有意思的,我们反以为是儿戏。这种例子,俯拾即是。金钱利禄不是成人社会的命脉吗?在孩子们看来,不及一条竹马。孩子们在厅堂、屋隅组织家庭,带〔戴〕着草花行结婚礼,用贝壳办喜筵,极认真的干;但是粗鲁的成人就会大声呵斥,以为在庄严的厅堂上,不应该有这样的儿戏。

孩子的世界,与成人的世界是极不相同的。所以我们以为孩子时代应该学的,未必真是孩子所需要学的。越俎代谋,何异于揠苗助长。我们无缘无故把孩子关进幼稚园,教他这样,教他那样,虽然用着许多不正当的手段,可以教成许多成人以为需要的本领;但是把孩子们的黄金时代耽误过去了,平心而论,我们这种举动,又何异于捉住雀子关在笼子里教它唱歌、学话呢?强迫孩子们学习,实在是残酷的举动,实在是罪恶。

我们做幼稚教师的,要想免去罪恶,只有让孩子们到他们自己的社会里去,不要拉他们到我们的社会里来。我们最大的工作,只可以从旁帮助他们组织社会,供给他们需要的材料。正如园丁对于花木,只能供给肥料、水和调节温度;断不能使一粒种子,在一天之内变成开花结果的植物。

对于我国近年来幼稚园的猛进,谁都快活。不过,对于还有一部分留着的形式陶冶的方法和主张,我终以为,应该做"百尺竿头,再进一步"的工夫。

"放儿童到自然界里去,让孩子们过孩子们的社会生活。"这或者是幼稚园活动的一条新路。此路通不通，还没有把握。不过，我们看看别人已经走过的一段，似乎前途还有希望。

有人以为"放儿童到自然界里去"，是乡村幼稚园的课程；"让孩子们过孩子们的社会生活"，是城市幼稚园的课程。这也是似是而非的话。试问：儿童在自然界里所过的生活可以孤独吗？荒岛上的鲁滨逊也做不到，何况是有伴侣的幼稚生呢？孩子们就是在课室里组织快乐村，难道可以不带着自然界里的一切吗？许多原料品都是自然物，所以"自然"与"社会"，决不因乡村与城市而限制的，它俩是难以分离的。

本书的主张与方法，都免不了有不成熟的弊病。我所以急于发表，一来是抛砖引玉，希望国内在最近有更好的贡献出现；二来有了这样一本小册子在社会上，可以使全国的同志们驱策我继续努力。因此，我希望同志们对于本书，多多批评和指正。

本书大纲，承陈鹤琴教授、雷震清先生的指正；在写的时候，承王荆璞[①]女士的帮助处很多；书中各位试验者，如鼓楼幼稚园、晓庄幼稚园俞选清[②]女士、徐世璧[③]女士等。还有引证的各书著者，允许我引证，特别是董任坚教

[①] 王荆璞（1907—1984）：女，江苏武进人（一说福建人）。早年毕业于南京第一女子师范学校，曾短期任职于小学。1928年夏，转任晓庄学校幼稚教育指导员。1930年夏与张宗麟成婚，后随张宗麟赴厦门集美幼师、四川乡村建设学院、湖北教育学院等地，均从事与幼稚教育相关的工作。中华人民共和国成立后，长期担任新闻出版总署托儿所所长。

[②] 俞选清：女，生卒年未详，浙江杭州人。1926年9月接替李韵清，任职于鼓楼幼稚园，为张宗麟同事。与陈鹤琴合撰有《幼稚生的图画》。

[③] 徐世璧（1898—?）：女，安徽南陵人。江苏省立第一女子师范幼稚师范科毕业。时任晓庄师范幼稚教育指导员，主持燕子矶乡村幼稚园和晓庄幼稚园的办理。

授，我都很感谢。最后，对于高觉敷①先生、沈百英②先生致谢意，因为没有他们的鼓励与催促，这本书我还不〔会〕动手写的。

二十年一月写于上海

---

① 高觉敷（1896—1993）：原名卓，字觉敷，浙江温州人。早年肄业于北京高等师范学校英文部，后考入香港大学文学院教育系，1923年获学士学位。后历任暨南学校、四川大学、广东省立勷勤大学、中山大学心理学教授。1940年任蓝田国立师范学院教务长和教育系主任，1946年任金陵大学教授兼教育系主任。译有《社会心理学》等，著有《教育心理学大意》等。

② 沈百英（1897—1992）：又名菊泉，笔名石英、白丁等，江苏吴县人。1918年毕业于江苏省立第一师范学校，旋任教于家乡甪直镇第一小学。1920年任教于母校附小，1927年受聘为商务印书馆附设尚公小学校长兼养真幼稚园园长，次年专任商务印书馆编审，负责编审小学和幼稚园的教学用书。主持编辑出版了"幼稚教育丛书"，担任教材编审长达35年，为中国儿童教育事业的发展作出了贡献。其间，曾兼任上海中学、立达学园教职，担任光华大学、沪江大学、大夏大学兼职教授，1958年任华东师范大学教育系教授。著有《设计教学法演讲集》《小学教科书的改革》等。

第一章 孩子们的社会

第一节 孩子们的社会

"社会是因有孩子而成立呢，还是孩子因为社会而生长？"倘若有人提出这个问题，我就毫无疑义的回答："社会是因有孩子而成立，孩子决不是因有社会才能生长。"

卢梭的名著《爱弥儿》①，开头就指责成人，以为孩子一入成人社会的手里，就变成没有救了。他不是明明说，成人社会于孩子只有害、少有利的吗？

再来考察从动物进化到人类的历程中，下等动物的幼子与母体分离以后，就能独立生活，无需母亲的保护；到了两栖类，还是不很需要母亲的保护。这些动物的社会性的行动极少，可说是没有。到了鸟类，雏鸟需要母鸟的保护了，它们的社会性的行动也就显著了。哺乳类很少有孤独生活的，就是因为，它们看护孩子的工作格外来得重要。

人类最初时代是母系，一切财产、权力、工作等，都以母亲为主，男子是附属的臣仆。那时的母亲为什么有威权呢？就是为着她有孩子。到了父系时代，一切都归父亲了，承嗣尤其重视父亲的血统，婚姻也以父族的血统为主。试问：这个把戏为着什么而干的？就是为着孩子的统属权。人类社会倘若失去了孩子，或者孩子落地就无需养护，不但社会的组织不能继续存在，

---

① 《爱弥儿》：为卢梭的教育小说，书中以富家孤儿爱弥儿为主人公，批判了旧教育的荒谬腐朽，提出了新教育的原则和理想。该书提出了自然主义教育理念，系统提出了新的儿童教育观。

恐怕立刻就会变成悲惨、阴沉的世界。

虽然有人证明，社会是为着孩子而成立；但是孩子自身，终究不感觉到需要社会的学说，也还有人主张。因为有许多儿童心理学家，以为孩子不到相当年龄，都是自私自利、好营孤独生活的。换句话说，就是孩子们不受到社会上相当熏染以前，决不要社会的生活。但是以儿童的"心如白纸"的心理学，自从本能学说①出现以后，就不能自圆其说了。

主张本能学说的心理学家，极力主张儿童有好群的本能。近年来各书坊出版的儿童心理学，还大都主张有好群性，诸位读者大概都看到过或听到过。不过，本能学说是不足据为理由的。我们与其说儿童因有好群本能而拉朋友，不如说因为儿童常常拉着朋友，所以儿童心理学家说儿童有好群的本能。儿童拉朋友的理由，决不是一个"本能"的名词可以不了了之。儿童为着生理上的冲动，为着身体上的需要，不得不与外界接触；因接触而有反应，因为反应而神经系上的通路增加顺利，这就是所谓熟悉。有了熟悉，就成为朋友或仇敌的基础，就是儿童拉朋友的基本来源。

初生的孩子，因骤然脱离母胎的环境，失去从肚脐里输入养分的机会以及胎衣的包裹，受外界冷空气的刺激，发生几种单纯的反应动作。不久，母亲用乳头从口里滴进乳去。婴儿初次吸乳，是不会吮的；以后渐渐会吮了，又因母亲时时用声音、手势、气味、举动等刺激婴儿的感官，婴儿就与母亲发生熟悉的关系。

主张本能学说的，又以为是"孝"的本能。但是我看到过许多吸乳母的乳的孩子，对于乳母比对于生母要亲热得多；孩子们对于母亲，比较对父亲要亲热。主张本能的，也以为是母子的本能。但是喜欢亲近孩子的父亲，就会得到孩子的亲热。诸位如不信，可以看陈鹤琴先生著的《家庭教育》，父亲不是也得着孩子的亲热吗？

孩子们完全无所谓社交本能、好群本能，他们不过为着生理上的需要，

---

① 本能学说：即认为一切精神能量均来源于本能的主张，为弗洛伊德精神分析学派的基本观点。两种最为基本的本能，即生的本能（爱欲本能）和死的本能（破坏本能），其他均为这两种本能所派生。

因而与环境接触；因接触而熟悉，因熟悉而拉朋友而有社交。

孩子最初的朋友，是哺乳的母亲。这是为着她能满足孩子胃壁蠕动的需求，又能使孩子的身体各部分舒适，如尿布、衣服、抱、睡、起等。孩子最初招呼朋友的记号是声音，初出母胎的哭声，那是完全受外界空气激动而发声的，还不是有目的的招呼朋友的声音。以后因为哭而得到各方面的满足，那么哭就渐渐有目的了。四五个月的孩子，在哭的时候听到母亲的呼唤，会停止哭声；倘若过一息母亲还不去，他就大哭了。到了会说话，他的招呼方法才有确切的把握。

孩子初出母胎时，手脚、身体的动作，是受到外界冷空气的刺激，发生极单纯的反应。渐渐长成了，神经系能有控制作用了，眼睛的看、手的握持、头的倾向、耳的听，都渐渐有把握了，那么他的四周都渐渐为他所主有。这时候，他是四周人物的主人。四周人物就是他的朋友，并且不很分得出人、物的界限。所以他对于一个皮球与母亲，以为有同样人格的。他能吮母亲的乳头，也能放皮球到口里去。这种动作，虽然因屡次的失败而减少发现的次数，例如皮球的滋味不及母亲的乳头。但是物的人格化的观念，到了六岁以上还会存着。

幼稚园的孩子，常常以为囡囡、偶人是有生命的，给它吃奶，喂它吃东西，给它穿衣服，有时还对它发言，替它结婚。对于猫、狗、兔子等也都是这样。所以孩子们的社会，比起成人营营逐逐于利禄之场的社会，不知要广大得多少！比起成人斤斤于人情世故、法律道德的社会，也不知要自由得多少！所以无怪许多诗人，常常幻想儿童时代的生活；许多哲学家，常常以天真做他的鹄的。

可爱的孩子，终究难以过他自由、天真的社会生活，这正如卢梭引为憾事。但是人类的孩子，不是下等动物，可以完全脱离成人而生活的；人类的孩子，受成人的抚育，也就受成人的节制。还有孩子与孩子的行动，也不若孩子与偶人、囡囡来得自由与单方面的。孩子们互相有应该遵守的行动。怎样使成人们多替孩子着想？怎样使孩子能适应成人社会，不失他的天真活泼的生气？怎样能使孩子们能快活着行动？这许多都是教育上的重要问题。

第二节　社会是什么

社会是什么？回答的人很多，并且各家都以为是正派。最流行的有四派：

一是生物学派。以为社会是有机体，与生物由细胞组织而成的是同一式样、同一法则，个人就是细胞，社会是生物的整体。

二是心理学派。以为社会是彼此心性相感而成的团体生活。一切社会的行动，都可以由个人的习惯来解释、来改进。

三是法律学派。以为社会是许多人在同一法律或契约之下结合的团体。社会是全体共有的，所以只要全体同意，可以使它兴旺，也可以使它衰落。

四是经济学派。以为社会是各人为着要满足欲望，共同加入生产关系的结合体。一切社会现象，都立基础于经济；经济变动，社会也变动。

我们暂且放下社会的总根源是什么，回头看看社会的现象，真是如千层饼的有层次。试拿上海市场，沿海乡村，内地山村，蒙古牧队，贵州、广西的苗、瑶各种社会来比较，不但觉得人类生活的复杂，也会感觉到人类能力的伟大。无论自然环境怎样限制，人类必可设法减少它的限制力，在可能范围以内共同生活着。无论人与人中间有怎样险恶的行为，为着共同生活起见，必能设法减少这许多不利的行为。倘若要把以上社会分起类来，那么上海市场是工商社会，乡村是农业社会，蒙古牧队是游牧社会，苗、瑶还带有原人社会的遗形，不过已经渐入于初期的农业时代了。

社会最初必为个人。因为生活的需要，生殖的作用，由个人而成为一个小集团或是家庭，但是并不像现代的家庭。那时代，工作是分任的，生产品是共有的，粮食也不知道怎样积储的，货币也不发现，至多也不过是以货易货。他们的敌人很多，大多数是毒蛇猛兽，以及自然界的剧烈变化；人的敌人，因为不易遇到，或者因为共同关系太密切，所以不很发生。

从原始时代进一步，就是农业时代。开始有固定的土地、有家庭，与自然界奋斗的范围扩大了，时期也要加长了，生活资料的获得也较容易了，于是聚族而居的现象便发生。由此而发生酋长，更进而有裂土为王、夺国为帝的事发生。这是农业时代的特征，也就是因之而产生封建社会的原因。

土地的生产有种种限制，人口是一天一天多起来，不得不找新土地，在新土地里同来竞争逐鹿。于是一切大工业、大商业逐渐发达起来，就形成今日资本雄厚的工商社会。但是贫富的阶级、劳逸的不均，也就从此发生了。研究社会学者，所以大家都预料将来社会的局面决无阶级，也决不是少数人的生产，是全部分的努力。一切社会必需的或主要的生产工具、运输工具，都不是私人所有，都归社会所有。所谓共同生产、共同消费、共同劳动、共同享受，这是大同世界，是将来的社会。

无论在哪一个时代生活，个人的生活必定是多方面的，生活资料的获得也不是单纯的。除非在个人生活时代，各种关系极少；社会愈进化，个人与全人类的关系也愈加密切。例如穿在身上的一件布衣：布的植物是棉，纺细纱的棉是美国种，从美国来的；纺纱是机器、机器的原料是铁，或者是中国的大冶出产。造机器或者是德国人，大冶矿内多日本人。英国织布厂极盛，或者这匹布从英国运来，经过上海或香港，又由布商们的贩卖才到内地；又经过缝工的制裁，才成为一件布衣。还有缝工的工具、商人们运输的器具，都须经过多少人的手续。一件布衣的关系如是广大，其他可知。

关于人与人之间的生产消费关系，成人与孩子是共同的。成人的布衣关系如是，孩子的布衣也是这样。不过，成人可以直接参加活动，孩子们因为年龄、能力的不成熟，暂时可以不参加。孩子们虽然有自由的社会生活，有特优的享受条件；但是终究是社会的一份子，不久更是一个正式份子。所以孩子对于社会现状、进化程序、个人与社会的关系，都不得不略略明了。这就是儿童教育责任之一。

第三节　本科的目标

幼稚园增加"社会"，在名称上虽是新鲜，但是在从前已经有过相当的活动，不过名词不喊出来罢了。例如朝上相见的请安，替囡囡整理床铺，固然可称为社交性的活动；福禄培尔恩物第一种六个色球的传递，认真说起来，也是社会。教育者看法不同，归类也就不一。

十八年，我国教育部拟订幼稚园课程标准①，毅然喊出"社会"。当时虽有人以为，幼稚生少社交的行动，反对列入此科。但是幼稚生究竟有没有社交行动？他们的社交范围怎样？我们都应当站在不满六岁的孩子的地位来看；更要以社会学为立足点来估量一下，孩子对于社会的关系怎样？我们需要的孩子，决不是只会吃、只会个人享受的孩子；我们需要的，是能为孩子们谋共同享受，能注意他的四周事物的孩子。为着这种种关系，幼稚园的各种活动里，都应该含有"社会"的意味。至于是否应该单独列为一科，到下章再详论。

教育部所拟订关于"社会"各项，摘录如下：

（一）目标：（1）引导对于"人和社会的关系"的认识。（2）养成爱护自然物和卫生、乐群等好习惯。

（二）内容大要：（1）关于食、衣、住、行等生活需要，卫生方法以及家庭、邻里、商铺、邮局、救火组织、公园、交通机关等社会组织的观察研究，与本地名胜古迹的游览。（2）日常礼仪的演习。（3）纪念日和节日（如元旦、国庆、总理忌辰诞辰、五九、五卅、儿童节以及其他令节）的研究举行。（4）身体各部的认识和简易卫生规律（如不吃担上的糖果、不吃杂食、食前必洗手、食后必洗脸、不随地便溺、不随地吐痰、不吃手、不用手挖耳揉眼、早睡早起、爱清洁等）的实践。（5）健康和清洁的查察。（6）党旗、国旗、总理遗像……认识。（7）集会的演习（以培养公正、仁爱、和平的态度、精神为主）。

（三）最低限度：（1）略知家庭、邻里、商铺、工场、农田以及地方公共机关作用。（2）知道四肢、五官的机能、作用。（3）认识总理遗像和党旗、国旗。（4）对于师长、家长有相当的礼貌。（5）有爱好清洁的习惯。

这个课程标准，缺点当然很多。例如"目标"项内，应添加"幼稚园各种活动，都应该倾向于社会性的"。因为照着现在所订标准，几乎把教育化成

---

① 幼稚园课程标准：指1929年8月颁布的《幼稚园课程暂行标准》。此标准在1932年11月正式颁布时，方称为《幼稚园课程标准》；在1936年7月修正颁布时，称之为《修正幼稚园课程标准》。

工具，没有灵魂。教育的灵魂，不是在乎胪列许多科目，也不是在乎"养成良好的公民"一语，乃是在乎"养成适合于某种社会生活的人民"。

苏俄教育所以能传颂于全世界，决不是因为它的方法好、材料好、制度好，乃是它能处处表现苏俄的精神。中国的社会现状渐趋变动了，政体是由专制和军阀手里争回来了。那么我们应该在教育上，培养一种适合于未来社会的国民。这种工作，在唱歌、游戏等活动里可以做出来；但是这种精神，都要从"社会做中心"作出发点。

美国支加哥大学教育学院幼稚园与初等教育指导员格雷斯（Grace E. Storm）①，曾经拟了五个目标，引译如下，作为本科的参考资料（原文在 The Classroom Teacher, IV. Community Life and Social Study 421 P. ）②。

（1）把儿童的经验社会化，并且发达他对于社会关系的了解。

（2）发达适合现代生活的欣赏。

（3）发达可爱的态度与习惯，并且使儿童明了为什么要这样的理由。

（4）鼓励儿童天机活泼的发表，用自由的目的与活动，引导儿童经验到最可爱的经验里去，以适合整个的人生需要。

（5）在日常生活里，显明儿童的各种观念，并且增强他的兴趣，以养成社会生活的基础。

苏俄对于幼稚园的活动特别注意。现在根据李谊③的译文，摘录几条如下，也可以作为参考（原译见《妇女杂志》十六卷七号《苏联对于学龄前儿

---

① 格雷斯：即斯托姆·格雷斯（1885—1968），美国教育家。早年毕业于伊利诺伊大学，时任芝加哥大学教育系助理教授，后以研究美国初等教育知名。

② 所载英文为书名，前者可译为《班级任课教师》，后者可译为《社区生活和社会学习》。

③ 李谊：即杨贤江（1895—1931），字英甫，笔名除李谊外，还有李浩吾、叶公朴、柳岛生等，浙江余姚（今属慈溪市）人。1917年毕业于浙江省立第一师范学校，任南京高师教育科职员，旁听教育学、心理学等课程，开始发表教育文论。1921年转任商务印书馆编辑，为《学生杂志》执行主编。1922年加入中国共产党，参与领导"五卅"运动和上海工人三次武装起义。1927年"四一二"事变后，任武汉北伐军总政治部《革命军日报》社长，参加南昌起义，失败后流亡日本，专事著译。1929年归国后，仍著译不辍，成为中国早期马克思主义教育理论家。著有《教育史ABC》《新教育大纲》等，著作有《杨贤江全集》（6卷本）。

童的教育》第五二页)。

（一）根本原理：（1）儿童积极参加于他们自己生活的建造；（2）加重对社会有用的劳动；（3）确立对当代生活的密切关系；（4）自然研究及唯物的世界观之发达。

（二）完成目的的方法：（1）儿童积极参加他们自己生活的建造；（2）教育事业对当代生活和四围社会的联络；（3）利用谈话和实际的故事，使儿童得以具体地理解生活的现象。

第四节　本书讨论什么

将前三节作为立足点，阐明幼稚生应该受的社会化的教育，并介绍怎样实施这样教育的方法，这是本书的轮廓。兹更分述大要如下。

（一）说些什么

本书要讨论的问题如下：
(1) 孩子们有社交的需要吗？有社交的行动吗？
(2) 孩子们在幼稚园里，可以养成的社交行动与观念有多少？
(3) 幼稚园用什么方法，来教育孩子养成社交行动与观念呢？
(4) 个人卫生与公共卫生是社交行动吗？

（二）编写方法

"社会"包括最广，凡历史、地理、家庭、职业、卫生、风俗人情、伟人事迹、各国人的生活等都可在内。本书初拟分科讨论，后来觉得分科讨论不但挂一漏万，并且一切界限也因求清楚而更不清楚。因此决定，采取整个讨论的方法，以事为单位，以儿童活动作根据，逐条分别讨论。

本书编写体裁，初拟仿效 Twiss, G. R：*Principles of Science Teach-*

ing①,就是分科讨论;后因觉得不很容易使幼稚园教师领会与试做,改为现在的体裁。这个体裁,与 Picket and Boren：*Early Childhood Education*② 很相像(此书已由董任坚先生译成中文,名《初期儿童教育》,儿童书局代售)。

本书材料,大半为著者几年来的经过。下列各书,为主要的参考资料:

(1)《初期儿童教育》,董任坚先生译。

(2) *The Practical Infant Teacher*③ Vol. Ⅲ.

(3) *The Classroom Teacher*④ Vol. Ⅳ.

(4) *Kindergarten-Primary Activities Based on Community Life*（Lucy Welleer Clouser and Chloe Ethel Millikan）⑤。

(5)《儿童教育》月刊第一卷各期,拙著关于幼稚园习惯、常识各文。

问题:

(1) 注意一个儿童或一群儿童整天的生活,详细记录有社交性的行动。

(2) 参观幼稚园一天(至少半天),注意教师与孩子的关系,孩子们互相发生的关系。

(3) 凭着你平时对于中国社会的观察所得,来拟一个合于现代中国立国方针的幼稚园社会科目标。

(4) 读罢本章,再参考人类进化史(如《人类征服自然》等书)、社会进化史(切忌偏于单方面的书,以免先入为主的弊〔病〕)等书数种,然后用事实证明的方法,来证明或驳辩本书开头的两个问题。

(5) 先去参观一个幼稚园的开学日,或与幼稚园教师谈一次开学日所遇到的问题,然后再继续看第二章。

本章参考资料:

(1)《互助论》,周佛海译,俄国克鲁泡特金著,商务印书馆出版;

---

① 所载英文为著者与书名,可译为推士《科学教授法原理》。该书有王珹所译的中译本,由商务印书馆1926年初版。

② 所载英文为著者与书名,可译为皮开特·博润《早期儿童教育》。

③ 所载英文为书名,可译为《实用的幼儿教师》。

④ 所载英文为书名,可译为《班级任课教师》。

⑤ 所载英文为书名,可译为《基于社区生活的幼儿园与小学活动》。

(2)《爱弥儿》，魏肇基译，法国卢梭著，商务印书馆出版；

(3)《人类征服自然》，李小峰译，美国吕诺士著，晨报社；

(4)《人类的行为》，郭任远著，商务印书馆出版；

(5)《社会科学大纲》，郭希望、高真著，平凡书局出版；

(6)《古代社会》，杨东莼〔莼〕等译，昆仑书局出版；

(7)《中小学课程标准》第一册，教育部；

(8)《妇女杂志》第十六卷第七号；

(9) *The Classroom Teacher*[①] Vol 4. P. 421.

其他各书译〔附〕于第四节。

---

① 所载英文为书名，可译为《班级任课教师》。

第二章 第一天进幼稚园的孩子

第一节 几个不同样的孩子

"我最不愿意走进两处场所,一所是儿科医院,一所是初开学的幼稚园。"这是几年来老友海真与我谈选择职业问题时候的痛言。的确,在这两处场所里,只听到孩子们啼哭的声音。世界上除非有特别缘故,谁能听到孩子的哭声而不动心的?这就是做儿科医生与幼稚教师的难关。不过这两处的孩子,哭声的尾音都是欢笑,并且当时也有许多孩子是不哭的。下面,是我在国内极普通的幼稚园里看到的情形。

(一)哭

幼稚生进园的第一天,必有父母、兄姐或工人陪来的。哭的情形种种不同:

(1)望见幼稚园的大门,就抱住陪来的人大哭,不肯走了,于是就拉拉拖拖地进来;有的见到教师就不哭,有的更加大哭。

(2)路上,和陪来的人谈得很有趣。走进幼稚园,到了一个不熟悉的地方,看见许多生人,就放声大哭,于是拉住陪来的人不放走。

(3)有许多孩子只站在那里哭,一面偷看别的孩子玩;有许多孩子不愿意看,直向门外奔跑,弄得别人去追回来;有许多孩子,竟在地上打滚。

(4)哭的时候,除喃喃咕噜以外,大多数喊着:"妈……呀""我要回家去了"。

(5)哭得急了,往往撒尿出来。

哭是最普通的现象，不但第一天如是，竟有哭到两个星期的。到幼稚园就哭，至少停过半小时才不哭。有时候，教师以为他今天来得很好，可以不哭了，哪知道一不留心看他，就大哭起来，并且这个哭是无法劝止的。

以上所举几种哭的孩子，都是为着换了新的社会而哭。此外哭的原因很多，本节从略。

（二）立着不动

母亲陪着他来，到了幼稚园，他还是拉住母亲的手，眼不转瞬地看其他的孩子玩。有时吃衣角，吮手指。教师送东西给他玩，母亲怂恿他与孩子们去玩，他终是报他一个"ㄅㄧ"①字，把头一歪，身子一扭。一直等到许多孩子吃点心去了，他还是不肯放松母亲的手。倘若母亲受了教师的暗示，脱手而去，那么他就大哭一场。

（三）见到东西就玩

幼稚园的玩具比家庭里多。他看到别的小伴侣在那里玩得很起劲，活泼的孩子也就要拿来玩了。他还要去爬滑梯、上秋千，跳进大沙盘翻筋斗，弄得满身满头都是沙泥；夺别人的皮球、敲打锣鼓、翻弄囡囡的床等，都是常事。他是环境的主人，不知道什么是应该的，什么是不应该的，凡能刺激他的感官的，他就拿来玩。这种孩子，教师也会讨厌的。但是比起哭的孩子来，那是容易做伴得多了。

（四）能够寻着有意义的东西去玩的

我从来没有看到过这样的孩子。有时候偶而碰到一个，仔细调查他的过去经验，不是经过别的幼稚园，就是他的母亲是幼稚教师。他已经受过相当形式的幼稚教育，或受了母亲许多事前的暗示，使他到了幼稚园，如跑进故事里的理想国。初时稍有生疏，过不了多少辰光，就去独自玩。再过一天，就能与其他儿童做伴去了。

---

① ㄅㄧ：注音字母标音，系南京话"不"。

第二节　几个孩子的家庭

三四岁孩子的态度、行动、习惯，都是家庭的反映。我们对于特异的孩子，必当设法详细调查他的家庭，这是教育孩子进社会的预备工作。下面有几个例子。

（一）常哭的兆铭

兆铭的哭太离奇了，差不多已经哭了两星期。只要母亲一走，就嚎啕大哭，并且用脚乱踢，又随便摔丢东西。看了这种情境，就用心调查他的家庭。

他的父亲是一个新式官僚，母亲是一位半新式的太太，言语举动极泼辣。兆铭是独子，母亲非常钟爱他。因为在家乡不惯大家庭的生活，便搬到外边来住。但是这位官僚又有爱人，所以家庭之间常常勃溪。据说为着送兆铭进幼稚园，夫妇间已闹了几次。

因为这位官僚为着面子关系，非送孩子进幼稚园不可；这位太太却抱着旧观念，相信算命人的话："孩子非到六岁，不宜送进学校。"

（二）不好动的德宁

他初来幼稚园也哭了几天，不很出声。爱看图画，也能画画，字识得很多，一切与其他孩子无异。不过极不好动，老是坐着。不但不敢上滑梯、玩车子，就是看到拍皮球也会怕的；走路极慢，说话声音极轻，这也是一个特异的孩子。

有一天，我与他的父亲谈到他的种种情形。原来这位李先生，出国五足年，当德宁还未满月时，他就到外国去了。祖父母年在六十以上，见儿子万里远离（李先生又是一位独子），所以爱孙格外来得切。德宁今年六岁，祖母还常常抱在怀里。无论吃饭、穿衣、睡觉，甚至上下椅子，无一不是祖母代劳。

在进幼稚园三个月以前，李先生回国看到他的六岁儿子路还不很会走，心里颇觉不安，于是把他送进幼稚园的。

（三）勤快的问渔

这是一位卖鱼人的孩子，父亲、母亲每天都划着船去打鱼。她已经四岁了，天天关在家里，后来送到幼稚园来了。

第一天是母亲送来的，她左手拉着她的小女儿，右手摸出六个铜元交给教师说："请先生代她买点烧饼，我中饭是不回家来的。"说罢，她就匆匆地走了。问渔似乎过惯与母亲别离生活的，见着母亲去了，并不难过，就和秀珠去玩了。

在乡村的幼稚园里，一切扫地、抹桌，都是教师带着孩子做的。问渔的勤快，决不因为年纪小而退缩。

（四）两个不同的兄弟

俊良、俊德是胞兄弟。俊良六岁，俊德四岁。这两个孩子，表现两个极不相同的模样。俊良进了园，见着东西就玩，上秋千、爬滑梯、拉车子、跳进沙盘，拿出图画书来看，搬出积木来搭东西。可是他不很开口，除非在练习唱歌的时候，不会听到他的声音的。他不喜欢和人共同做事，也不很请人帮助。有一次跌得极厉害，敷上药就跑去玩了。

俊德的年龄比哥哥小两岁，行动也很活泼，不过爱说话。初来的几天常常哭，不愿意独自一个人玩；有时候在房子里玩，回头看到别的小朋友都出去了，就会哭叫起来。对于教师极亲密，常常拉住教师的衣裙不放；不敢上滑梯，也不愿进沙盘，不会拉车子（这或者因体力关系），却很愿意坐在车子上请别人拉。就是玩小积木，也要拉一个人同玩。他常常拉俊良，不过因为俊良太喜欢独自玩了，所以也只好去拉别的伴侣。

孩子受家庭的影响极大，比幼稚园的力量还大。有时候兄弟不同样，是在特殊行动上如是。倘若身体上没有大变动，决不会一个驯良、一个暴躁的。据俊良的母亲说："良不很有病，德常常有病。"这两个孩子的社交行动如此不同，根源或者就在这点。

第三节　教师应该怎样呢

要想把孩子们的社会从家庭扩充到学校，能够减少许多阻力，平稳地适应，这个责任大部分在幼稚教师。本节讨论教师怎样引导新来的孩子，使他能欢喜来园，快活地加入新社会里过生活；同时对于原有的社会——家庭，也能得到同样的快乐。

（一）教师的态度

孩子初见生人，终有些羞答答的。中国社会习惯，成人常常用"送进馆去"等话吓孩子，[①] 因此在孩子观念中的教师，是黑脸红发、可怕的神相。要想消灭这些威严可怕的观念，只有教师自身来做。

1. 教师的服装

一个人最先引人注意的是服装。教师的服装，应与当地社会相仿佛。如果在乡村中当教师，穿了高跟皮鞋，着了鲜艳衣服，烫着头发，涂着香粉、香水，那一般乡下孩子，决不会爱你的，只有惊骇而畏惧。

华丽奇特的服装，于孩子是极不相宜的。即使在大城市、大都会里，教师能够素雅洁朴，倒能引起孩子们的爱好。如果色彩艳丽、光耀夺目，反容易扰乱儿童的心境。这是有心理试验根据的。一般教师于开学日，常常穿着得特别华丽。我们倘若为孩子着想，总觉得是不应该的一件事。

2. 笑容

"望之俨然"不是幼稚教师应有的态度。不论这个孩子怎样，当初进幼稚园的时候，教师必当用微笑而极温柔的态度去欢迎。拉拉他的手，问问他的名字、年龄；送来的父母们，必会从旁促着孩子说话，就可因此与孩子结交了。

3. 举动

教师在第一天开学的上午，确是最忙。在忙的时候，心境要格外澄清而

[①] 此"进馆"，系指送进传统私塾中去。因为私塾先生声色俱厉，且经常体罚孩子，故能起到恐吓作用。

镇静，举动切忌鲁莽。但是，也不能老是坐在位子上不动，板着脸孔询问孩子的一切，好像医院里的挂号人。教师应该对每个孩子都极自然的欢迎。

这里还有一件事须注意，就是不要分阶级。对于来园的孩子，一律平等看待。无论他的家庭贫富如何，无论孩子长得美丑如何，教师都不应当分青白眼的。

4. 爱

"爱"是集合社会的唯一灵魂。教师与幼稚生从见面之日起，就是要共同组织一个生活团体，营社会生活。"爱"不但可以消灭孩子的惧怕，并且可以引出孩子内心深藏的天真来。

"爱"的表示，在动作，在笑容，在语言；但是动作、笑容、语言，倘若缺少了爱，就是一切神情都表演得惟妙惟肖，结果仍旧是冰一样的冷酷。我们做幼稚教师，为着爱孩子而做的，倘若整天在那里怨恨孩子，根本上就不配住在孩子社会里，哪里还配引导孩子过社会生活呢？所以本段特地提出这个"爱"字来。

（二）设备的布置

无论怎样美满的家庭，决不会布置得如学校；无论怎样理想的学校，也决不会布置得如家庭。要想完全免去幼稚生进幼稚园如入新社会的感觉，那是做不到的。教师对于第一天的幼稚园，应该布置得清静而快乐。现在再分室内、室外来说明一下。

1. **室内**

通常幼稚园有三间房子：一间活动室；一间清洁室；一间教师室。

活动室里的椅子、桌子，可以分成几个活动。如一桌放着彩色积木，一桌放着书，一桌放着纸、色笔，一桌放着蒙氏恩物等；囡囡床上睡着清洁的囡囡，书架上放着极整齐的书，黑板上挂一张极容易注目的图，如闹新年、放风筝、捉萤火虫等；壁上的画，最要按着时节；一切小音乐器具，第一天不能陈列；皮球、车子等，也切忌放在活动室里。

清洁室是最要紧的一间。有许多幼稚园，把食物、药品、便桶、水盆、手巾、扫帚等物都放在这间里。这许多东西，都要放在一定的地点。如食物、药品必须放在柜里，其他扫帚等也规定一个处所。一切都用标记记出来，这是卫生的起头，教师应该切实注意的。

在教师房子里，一切材料都放在里面。这一天，因为教师特别忙，所以这间房子最容易杂乱，报名簿、收费簿、布置的用具放得满桌。这些虽然是小事，但是会给孩子和父母们一个极不良的印象。所以在桌子上、柜里，除去必要的东西放在手头外，其他应该很整齐的收藏起来。

2. **室外**

室外大多数放着运动器具。除固定的秋千、滑梯等外，如小车子、皮球、大积木等，可以放在路旁极容易引人注意的地方。倘若有草地的地上，如有小石子等碎物，可以不必急急拾干净，尽可以和儿童共同做一次清洁的工作。

如果大门口常常于这天升旗的，就应该升旗结彩，表示欢迎的意思。不过，旗竿上的国旗，最好与孩子们共同来升；并且可以放些鞭炮，引起他们对于国旗的特别注意。

3. **教师**

教师也占布置中的一位。倘若只有一位教师，那么内外照顾，确是忙极；倘若有两位，那么一位可以在室内与孩子玩，一位可以在室外，一边参加活动，一边欢迎新来的孩子。千万勿坐在办事室里，等着客人来寻找。

（三）活动的准备

"只布置相当的环境，暗示孩子去活动，让他独立。"这是准备活动的总诀。除上段所述各种布置以外，还可以布置一个动物场、植物园。在幼稚园里有了玩具，有了动物、花草，孩子的活动已经很广了。

新生点名，是一件互相认识的好机会。在升旗之后，教师可以按铃招呼孩子进屋子，请他们每人坐在一张小椅子上。如孩子要陪来的人同坐，不妨让他同坐。椅子排列，要成半圆形。教师就按着报名簿，喊着"某某"，就请"某某"举手或起立。教师喊名的时候，可以先喊旧生或在户外玩得不怕羞的孩子，然后喊小的或新来的。孩子的回答，有时会错的，教师应当原谅，或请陪坐者帮助。喊名字似乎不必带着姓，比较亲爱些。有时候，还可以先来形容，然后喊名，也会引起其他孩子的注意。

"谈话",确是一个暗示孩子去活动的方法。这天的谈话,大多数从假期的生活开始。教师为着暗示明后天孩子们过社会活动,可以加重于家庭、职业或喜庆、丧寿等事。倘若社会上忽然发生了一件大事,有一个孩子说汽车轧死了人,或看到冻死的人,那么教师千万不要放过,应该即刻暗示孩子做避汽车、走马路、穿衣服、贫富阶级等等活动。

黑板上的画,大多数可以做谈话资料的。在谈话时,教师可以时时插入唱歌和种种表情动作,如手指游戏、脚的舞蹈等。房子里的陈设,户外的玩具,都是暗示孩子活动的。不过,有时候旧生们会独占的。教师可以利用这个机会,请旧生去带着新生玩。也许有几个不爱结伴的,经教师的暗示,做了一次介绍,便可以结成新伴,从此可以减去新生的怀疑、旧生的独占了。

第一天的活动,只有太多,不会过少,教师要选择了做。每一种活动,虽不必每个孩子都参加,但是要每个孩子都注意。这有两种意义:一种是直接的,是对于活动的本身;一种是间接的,是使各个人互相多一次认识或注意。间接的价值,也就是将来营共同生活的最大的安排。所以拿一张图画给孩子观察,除教师手中展布以外,还应该请孩子们传递着细看。又如观察一种动物或花草,除分组以外,聚在一起观察,不如依次传观来得有意思。

经过介绍以后,孩子们自然会在一块儿去玩。当吃点心的时候,可以来分组了。分组不要以什么智力来分,第一天可以用体力估计的方法。有时候,竟可由教师选出一人,让他选四人或五人为一组,然后再做第二、第三等选组。这也是极自然组成社会团体的活动。

《再会歌》没有一个孩子不喜欢唱的。教师说明唱过《再会歌》以后,大家可以回家的话,怕生的孩子也极愿意唱了。唱过歌以后,大家互相可以摇摇手,说明天(或下午)再会。这是暗示明天、增进熟悉的方法,教师切不要把这机会错过。

(四)几种特殊情况的应付

"不要性急,他自然会……的。"这是有经验的幼稚教师常常告诉人的话。但是迟了一天,就是教育的功效少去一天,也就是间接夺去孩子们过社会生活一天。上述三项,是普通的原则;遇有特别情形,还得随机应变。

1. 常哭的孩子

四岁以上的孩子,不会常哭的。常哭的孩子,很不容易过社会生活。教师遇到常哭的孩子,必须调查他的身体是否有病,他的家庭怎样;他在某种情形下不哭,在另一种情形下必哭。

倘若身体有病,急须医病,不然任何教育是无效的。若因情况的不同,例如她必须与某某小伴侣在一块儿,离去就哭。那么常常暗示他们共同做一事,有时加入别的孩子,使他的伴侣逐渐增加。

若因家庭关系,当将孩子在园情形详告父母。除去极少数蛮横的家庭以外,父母们都能虚心来参加研究,使孩子得着扩大生活的机会的。

2. 不好动的孩子

孩子不好动的原因很多,身体病、疲弱、缺少动的习惯或衣服穿得太多太厚。若是衣服的关系,最易解决;若是身体与习惯的关系,那么教师切勿操之过急。一面通知父母医病或使多劳动,一面教师常常带着他动,如玩车子、皮球、草地上赛跑等。第一步做得到了,再做滑梯、秋千、蹊蹊〔跷跷〕板等第二步活动。最初的伴侣,必须教师或与他最熟悉的人,然后渐渐加入各队各组里去。到了他有伴侣,他就能自由活动了。

3. 孤独的孩子

此外还有许多孩子,玩得极自由、极活泼,个人工作也做得极好;可是平时极不愿意与别人做伴,并且对于一切玩具大都喜欢独占。这种孩子,可以多给共同工作的机会。例如用大号喜尔氏积木(Hills blocks)[①]、帐幕等,不是一人所能独玩的叫他玩;再用旅行、农作等,不是一人可做的叫他做。更如喜庆、丧病等事,必须几个人才可动手的叫他参加。机会多了,接触也

---

① 喜尔氏积木:通译希尔式积木、海尔式积木或霍尔氏积木,通称大积木,由美国教育家希尔发明。希尔全名帕蒂·史密斯·希尔(Patty Smict Hill,1868—1946),时任哥伦比亚大学师范学院幼儿教育系主任。该积木于20世纪20年代末引入中国。此积木尺寸较大,有木制的长方柱、短方柱、长方板、短方板、圆柱、三角板,铜钱铸的长钩、短钩、棍子的锲子梢等,全副计354件,能供给儿童建筑规模较大的楼房和实际可以乘坐的车辆。此积木更能唤起儿童们合作的精神,使他们的兴味格外浓厚。相较于福禄培尔式积木,也更有利于儿童操作。当时,苏州玩具制造商吴亚可曾进行仿制,并很快为中国各幼稚园所采用。

多了，那么一切独自玩的习惯自然会渐渐的消失。

至于怎样多设社会生活的机会，本书第五章以后，举有实在的例子，可供参考。

问题：

（1）孩子第一次进幼稚园为什么要哭？

（2）孩子进幼稚园以后，他的社会生活扩充了多少？一切旧有生活习惯的影响又怎样？

（3）有人主张幼稚教师以女子为宜，根据孩子们社会生活的情形，举几条理由出来。

（4）拟一个你以为合乎当地孩子们的幼稚园的布置，愈详细愈妙。

（5）中国家庭式样极多：在都会里，有妻妾满房；在乡村中，有三四世同堂。这种家庭，对于孩子的社会生活有何好处？有何害处？

（6）找一个素不相识的孩子，你和他谈二十句以上的话，请你的朋友把你的谈话经过怎样开始、怎样分手等举动、言语，详细写出来（不要怕失败，与幼稚生谈话不是一件容易的事。如若失败，再来找一个）。

（7）你喜欢有怎样习惯的孩子？仔细想一下，再看第三章。

本章参考资料：

（1）《幼稚生生活状况的实例和讨论》，《教育杂志》十九卷二号；

（2）《幼稚园研究集》第一、第二两篇，张雪门著，香山慈幼院出版；

（3）《爱的生活》，张宗麟著；

（4）《家庭教育》，陈鹤琴著，商务印书馆出版；

（5）《家庭教育与学校》，熊翥高著，商务印书馆出版；

（6）The Parental Education and Kindergarten; International Kindergarten Association[①]. 1929.

[①] 所载英文为书名与著者，可译为《亲子教育与幼儿园》，国际幼儿园协会。

第三章 社会化的幼稚园课程

第一节 什么是幼稚园活动的根据

无论哪级教育的课程，只有两个根据，好像人类只生了两只脚。这两个根据，一个是成人生活——社会；一个是孩子生活。洛格（Rugg）① 说："从成人生活里得来的事实，是决定永久价值的；从孩子生活里得来的事实，是决定各期儿童教育价值的。"

"社会"是极复杂的，第一章第三节所举布衣的例子，不过只就社会的一方面而言，已经有如许复杂。整个的社会有三方面：一是过去的历史关系；二是现代的各方面关系；三是影响于未来的情形。学校课程，也就要包含这三方面。

历史科的材料，大半是研究第一方面的关系。我们生活到今日地步，确非一朝一夕之事。语言、文字、数目以及科学等，大半为着第二方面的，这是人类沟通的工具，也就是解决生活问题的必需。把现代生活必需品研究得彻底，用科学方法再求进步，这是第三方面的事。学校科目中，虽然没有专立科名，但是每学科缺少了这个精神，就好像没有生气的人体模型一样。

幼稚生年龄很小，对于社会情况很少经验。幼稚园要把社会三方面都做到，当然要费些手续。最直接而容易做到的活动，如了解家庭的状况、社会

---

① 洛格：通译腊格，即哈罗德·欧德里安·腊格（Harold Odroay Rugg，1886—1960），美国教育家。时任哥伦比亚大学教授，最初持儿童中心主义观点，后将研究视野扩展到对社会、文化的分析。著有《儿童中心主义学校》等。

的职业、食物的来源、用品的制成，以及乡村儿童明了城市生活，城市儿童明了农村社会，还有各国的孩子、苗人生活、游牧生活等。这种种活动虽能做到以后，于第三方面的关系竟会毫不涉及的。

但是，孩子们对小团体的生活确能完全领悟，并且也能做几件极单纯的"互助""合作"等工作。例如集合几个孩子做纸鸢、做箱子、搭积木、玩泥沙等，都很能极愉快的共同达到目的。克劳塞（Clauser）①说："孩子们倘若因实际的团体活动而领悟到人们怎样营共同生活，他也能得着怎样改进团体生活的暗示。"这样说来，幼稚园对于社会的第三方面也可以做到。②

幼稚园课程的另一根据，是幼稚生的生活状况。达恩斯③说：

> 孩子可以领悟任何人生的、物质的以及社会集团的、现代状况的一切。这种种领悟的能力，只有他自己的经验所能给与的。要想孩子明了而欣赏一件抽象的、经验里所没有的、别地方或别种职业的团结生活、远代的史事，都是不可能的。除非他已经先有了直接生活的概念。

幼稚生的生活究竟怎样呢？笼统的儿童心理定律，或者是一二个儿童生活的研究，在各种教育书里说得极多。不过，各地的儿童不会一致的；甚至同一地方的孩子，他的家庭背景如不同，就会显出两样的生活状态。例如上海是五方杂处的大商埠，其中有许多儿童从乡间来，有许多从内地来，有许多是老上海人。这一群孩子，必会显出许多不同的样子来。

幼稚生的生活，不是不足靠，实在因为各个间的差异很大。我们只能根据有普遍性的几点，然后来拟订富有弹性的活动。不但孩子可以自由，教师也得在这种普遍性的规律之下自由伸缩。至于怎样编订课程与怎样活用，本丛书的"课程"一书内，必有详说。

---

① 克劳塞：通译克洛塞，仅知为美国教育家，其他生平事迹未详。
② 作者原注："克氏语在 Kindergarten-Primary Activities Based on Community Life 23P."编者加注：所载英文为书名，可译为《基于社区生活的幼儿园与小学活动》。
③ 达恩斯：仅知为美国教育家，其他生平事迹未详。

第二节　两张幼稚生的习惯与技能表

根据上述的理由，幼稚园的一切活动，由广义说来，都是"社会"。其中最有独立性的，只有"自然"。但是幼稚园的"自然"，决不是"纯粹的自然研究"，必定是"与人生有密切关系的自然研究"。涉及人生，也就是"社会"了。

不过依着广义而讨论，范围太大。例如"拉车子"，当然有坐的人与拉的人，至少有二人。但是这件活动，在孩子们活动的当时，游戏取乐的性质，比较对人的关系来得重，所以不列入。又如采集标本，常常需要数人共同出外旅行等活动，但是主要目的在"自然"，不在怎样与小伴侣过共同合作的生活。为着这个缘故，所以在胪列幼稚生活动的时候，大都分别目的的主要与次要。

本节讨论直接有社会性的活动。为着便于讨论起见，举中国南北两张幼稚生的习惯与技能表做例子。

（一）第一表

这张表，根源出于南京鼓楼幼稚园，系陈鹤琴教授、俞选清女士与著者共同草拟。初在该园试验，继而推到南京特别市全市幼稚园，又到乡村幼稚园去试过——如燕子矶、晓庄等，最近也来上海试验；又几经陈教授修改，不久可以全文发表。[①] 本段系摘录与本科有关系的讨论，不是全文。

　　1. 做人习惯——社会的
　　（1）进出门户不争先；
　　（2）做事或游戏依了次序，不争先恐后；
　　（3）不和人相骂争斗；
　　（4）小事情不告诉；

---

　　① 作者原注："教育部《中小学课程暂行标准》第一册附录《幼稚生应有的习惯技能表》，系录自《儿童教育》第一卷第四期，系著者整理的，不是著者拟的。"

（5）自己的东西或公共的东西，喜欢与人家共用；

（6）帮助人家，敬爱朋友；

（7）会说"早""好""谢谢你""对不起""不客气""再会"等；

（8）做值日生做得好；

（9）见了人家痛苦，会哀怜他们；

（10）每天第一会见到熟人，能招呼；

（11）至少有一个最要好的小朋友；

（12）对新来的或幼小的小朋友，不欺侮，又能帮助他；

（13）又懂得又会做最常用的手势的意义，如点头、招手、摇手等；

（14）知道全体老师和同学的姓名；

（15）对客人有礼貌、不顽皮；

（16）不得到人家的允许，不拿他的东西；

（17）人家正在说话，不中途插嘴；

（18）不在人家面前横串〔穿〕过去；

（19）不虐待佣人，不打、不骂，有事相劳，也有相当礼貌，如和颜的说"请""谢谢"等；

（20）对国旗、党旗、孙中山先生遗像，能行敬礼；

（21）唱国歌、党歌时，立正致敬；

（22）看到外国人不怕，但是也不恨。

2. 做人的习惯——个人的（只摘录带有社会性的）

（1）准时到幼稚园；

（2）听到铃声，就到目的地去；

（3）走路轻快；

（4）开门、关门很轻，放椅子也很轻；

（5）离开座位，椅子放归原位；

（6）用过的东西归原位，并且放得极整齐；

（7）看见地上有东西或纸屑，就拾起来；

（8）爱惜纸笔、书籍、玩具，爱护园里的花草、动物；

（9）说话不怕羞，说得清楚；

（10）能守会场秩序；

（11）能靠左走（这有地方性的，有许多地方是靠右走的）；

（12）不说谎，做错了事，直捷、爽快的承认，不推诿给别人；

（13）不乱涂墙壁、地板、桌椅；

（14）人家有警告的地方，不大声叫喊或快跑等；

（15）果壳不丢在地上。

3. 卫生习惯

（1）不用手指挖鼻子、嘴和耳朵；

（2）不用手指揩眼睛；

（3）手指要清洁，并且常常修剪指甲；

（4）吃东西以前洗手，大小便以后洗手；

（5）每天洗脸洗得干净，洗脸时不哭；

（6）每天至少刷牙两次；

（7）不流口涎；

（8）不拖鼻涕；

（9）身边常带手帕；

（10）打喷嚏或咳嗽时，用手帕掩住嘴巴和鼻子；

（11）不带零食到幼稚园里来；

（12）慢慢地吃东西；

（13）嘴里有食物时，不讲话、说笑；

（14）坐立的时候，胸膛挺直，头也端正；

（15）穿的衣服整齐、清洁；

（16）运动出汗以后，不即刻脱衣乘凉；

（17）到外边去，知道穿衣服；

（18）每天早晨必大便一次；

（19）不随地吐痰或玩弄吐沫；

（20）不沿路大小便；

（21）不是吃的东西，不放进嘴里；

（22）不用手抓饭菜吃；

(23) 落在地上的东西，必经洗濯后再吃。

4. 其他（这是从其他各种习惯里摘出来的）

(1) 会做团体游戏，如猫捕鼠、捉迷藏等；

(2) 会玩蹊〔跷〕跷板；

(3) 会用大号积木造成房子、花园等；

(4) 会排列椅子；

(5) 会做节奏的动作；

(6) 会听琴表情；

(7) 会讲短故事；

(8) 会表演简单的故事；

(9) 会养护蚕；

(10) 会拉小黄包车；

(11) 到公园里去，不损坏任何花草、物件；

(12) 会抚爱囡囡，替它做许多事，如起床、睡觉等。

（二）第二表

本表系张雪门①先生在北平拟的。据张先生说，是归纳许多参考材料而拟的，分体力、学力、智力三项。体裁很近于"测验式"。原表中，只有学力表内有"社会""卫生"两项，与本节有直接关系；其他有关系各部，亦相当摘录（原表参看《幼稚园研究集》三五页至四八页）。

1. 社会

(1) 非必要时，不求助于人；

---

① 张雪门（1891—1973）：原名显烈，字承哉，浙江鄞县人。中国著名幼儿教育家，与陈鹤琴并称"南陈北张"。早年就读于家塾，后肄业于浙江省立四中。1912年受聘执教于宁波私立星荫小学并任校长，于1918年在该校附设星荫幼稚园，1920年主持创设宁波幼稚师范学校。1924年受聘担任北京大学注册课职员，以旁听生身份，肄习北大教育学系课程。1926年秋，受聘担任"孔德南分校"主任，在该校增设幼稚师范科和幼稚园。1930年后，协助熊希龄创设北平幼稚师范学校；抗战期间，主持迁校至桂林办理。1946年赴中国台湾，创设台北保育院（后改育幼院），任院长。著作有《张雪门幼儿教育文集》等。

(2) 做了一事以后，能另寻别的有益事情去做；幼稚园公共的事情，能够和别人互助的做去；

(3) 按时到园；

(4) 弄坏玩具，立刻报告师长；

(5) 用过的东西，放到原有的地方；

(6) 开关门户或移动器具，都是轻轻的；

(7) 能说"请""谢谢你""再会""请你原谅"等语；

(8) 能够鞠躬、握手、送吻，而且都做得很适当；

(9) 会帮助年幼的小朋友的忙；

(10) 不会故意阻挠别人的行动；

(11) 略述一种职业的生活（如铁匠、店铺、贩卖……）；

(12) 能说出两三种食物的来源（如米：农田、耕种、磨谷、舂米、运输、贩卖……）。

2. 卫生

(1) 身体干净；

(2) 衣服整齐清洁；

(3) 吃东西以前洗手；

(4) 嘴里有食物不讲话；

(5) 手指清洁；

(6) 牙齿天天刷；

(7) 不用手揩眼睛；

(8) 身边常有一条手巾，以备揩拭；

(9) 打喷嚏或咳嗽时，即用手帕盖住鼻口；

(10) 坐立时身子挺直；

(11) 看书时，身子直、头仰起；

(12) 大小便有定时，最好每天早晨进园以前做过。

3. 其他

(1) 比较脸的"美丑"——智力标准（9）。

(2) 以物件的用处，定物件的定义——同上（7）。如筷子、桌子、

马、椅子、母亲等。以五件为题，说对三件为合格。(著者注)

（3）解决三个问题，如："当你要到学校去的时候，天下起雨来，你怎么办呢？""假若同你玩的小朋友无意之间打了你一下，你怎么办呢？""如果你把别人的东西弄坏了，你怎么办呢？"能答两个不错的，及格——同上（3）。

（4）能讲述简单故事——学生标准（语言）。

第三节 实行的原则

上节所列两表，虽不能十分表现中国幼稚园对于"社会"科教育的实质，至少也是近五年来全国趋势的一斑。这两张表，虽然一南一北，渐映入一般幼稚教师的行动里。不过做得愈久，改变的机会也愈多。在修改的时候，下列几个建议极要注意。

（一）互助与合作

这二个行动原则的重要，前数章已经说过。人类就是为着这个，才能生存到现在。"互助"与"合作"小有分别。"互助"是无条件的，或者他的报酬不是当时的，或者不是直接的；"合作"是有条件的，报酬就在目前。例如甲孩上秋千，不能使秋千动，乙孩去推他使动，这是互助。因为过一刻乙孩或上秋千，甲孩或去帮助他，但是并没有先订就报酬的、条约的。又如用积木共同搭房子，这是合作。在这组各个分子之间，必须具有相当能力；不然，他们是不会要你合伙的。在实际的成人社会里，合作的动作多于互助的动作。但是为着整个人类谋生存起见，互助却胜于合作。

虽然合作与互助小有分别，但二者都是远胜于"竞争"。竞争也是人类行动原则之一，但是人类进化决不是靠"竞争"的。我们无论怎样改变幼稚园的活动，决不可以改到竞争一途。这是第一点。

（二）爱与怜

这两个人〔者〕也是极相似的原则。但是，爱是有生气的，可以互通生气，所谓是双方的。爱者，可以使被爱者发生力量，培养力量。怜是单方面的，如富人布施乞丐，这是怜；父母对于弱疲的儿子，不愿使他操劳，一切代做，因此养成这个孩子等于残废，这是怜。教师对于孩子，能温和的引导他们做事，养成种种习惯，这是爱；孩子们能够共同做事，极快乐的互助，这是爱。孩子看见路上乞丐冻得不成样子，要求母亲把糖果、钱给他，这是怜。我们为着弱小、病苦人民而言，当然需要怜，不过总不若爱来得积极。

"怜"虽不若"爱"来得积极，不过决不是"自私自利"。倘若把幼稚园的活动变到个人的自私自利，或某一阶级的自私自利，那就是走入死路。这是第二点。

（三）顾到别人

幼稚生对于别人的观念，确实不很深切，所以往往玩某件事到极注意的时候，竟会"旁若无人"。一切玩具乐与他人共玩，不扰乱当地的秩序，不打断他人的说话等，都是顾到别人。我们可以培养孩子有独立、自由的精神，但是决不可养成孩子有骄傲、惟我独尊等习气。

与顾到别人相近的，有三条：其一是公共利益，例如不沿路大小便，不随地吐痰，咳嗽时必用手帕盖住鼻子、嘴巴等；其二是礼貌，例如说"请""谢谢"，能鞠躬等；其三是人我的分开，例如不得别人的允许，不拿他的东西等。这三条，都是"顾到别人"相辅而成的要件。

（四）明了生活的根源

这层最难达到，但是也极重要。例如生活必需品的供给，是从各种职业来的。儿童生活的场所是家庭。为着明了生活必需品的出产，就少不了地理、交通。我常常听到幼稚教师叹着，此道的难做到。但是，当我们听到罗素[①]可

[①] 罗素：即伯特兰·罗素（Bertrand Russell，1872—1970），英国哲学家、数理逻辑学家，诺贝尔文学奖获得者。1893年获剑桥大学三一学院数学学士学位，后又获得伦理科学学士学位。其后，留校担任研究员，不仅对数学、伦理学多有研究，而且还对哲学、政治学、社会学和教育学颇多创见，成为蜚声世界的学者。1920年8月，曾应邀来中国讲学。著有《论教育：特别是早期教育》（亦名《教育与美好生活》）等。

以教他的四岁的孩子,从英国伦敦走到中国北京的故事,[①] 也就以为此路或者可通。

关于本条,除本义——明了生活的根源——以外,它的精髓是互助。教师不必如老牧师说教,处处提出耶稣样的注重;不过向着互助一条路上走,确是解决生活问题的根源与大道。

(五)领悟人类生活的纵横两方面

幼稚生实在不知道秦汉的兴亡,张将军和李将军打仗;更不知道日本的不景气,苏俄的五年计划。但是当讲故事时,忽然讲到人是猴子变的,南洋的孩子是裸体的,日本人把孩子背在背包里的;或者看到岳母在岳飞的背上刺字图,日本人残杀山东火车上的小孩的图,他们没有一个不是狂叫狂笑、惊骇咋舌的。

引着许多奇事以博孩子的一笑,确有相当价值;不过,更需要引起孩子对于这件事的"心向往之"。幼稚生虽然少有崇拜英雄的举动,谈到伟人事迹,就可以引他们的切身事情来做例子。至于异地人的风俗,只要不是什么男女恋爱、贩卖交易等情形,凡属孩子的生活,在五岁以上的孩子,都会想入非非地去做梦。引导孩子们去做异地孩子生活的梦,比起引导他做生翅膀的蝴蝶梦、戴金冕的皇帝梦要好得多。

"时代潮流"或者就是本条的精髓。在这个时代,再不应该使孩子发生皇帝的梦,也不应该使孩子只知道崇拜金钱,崇拜武力。人生的生活供给,资本家的贡献多呢,还是劳动者的贡献多?因此,我顺便贡献读者一言,为着这个缘故,许多坊间流行的童话、儿歌、故事、游戏等,其中凡是含有什么皇帝怎么好、那个公主怎样动人等,都有修改的必要。养成这条观念,在乎教师、父母平时的谈吐。希望我们当教师的,不要做反时代潮流的人物。

---

① 此"故事",系徐志摩 1925 年 7 月在英国罗素家中所见。当时罗素四岁的儿子"约翰"正在玩电动火车,并且捧着一本地图书,向徐志摩介绍到世界各地的走法;并且指出了由伦敦出发,乘船过英吉利海峡后,再坐火车横穿西北利亚后,即可抵达北京。并表示"约翰大起来,一定得去看长城、吃大鸭子"(志摩:《罗素与幼稚教育》)。

（六）从实际改起

近年来，国内学校大家都在那里求进步，改变人家的标准，这是好现象，决不能厚非。在小学训育①里，有"好儿童""好学生""好国民""好市民""好……"等，内容是大同小异。据说都从一家批发出来的（美国哥伦比亚大学实验小学）。这样改法，似乎没有多大意义，因为于实际上没有多大好处。

其次是改了名目，也肯切实地做。不过，教师只知教孩子做，孩子也只知依着做，弄得双方都成机械。例如对国旗和总理遗像等行敬礼，如果只有形式，不重实际，便成做礼拜一样，那就毫无意义，白白的浪费时间罢了。

所以我们倘若要改变人家的标准，第一，不要只改名义；第二，不要只做照例办公了事。一切事不但要做到，并且要做到精髓的所在。

问题：

（1）举一件实际的事或物，来说明整个社会的三方面。

（2）人类社会集合的精髓是什么？也举一件实际的事来说明。

（3）幼稚园课程的根据有几？举例说明。

（4）把本章第二节的两张表做一个比较，举出各表的短长。

（5）复看前面三章，来补充或减去第二节两张表里所列各个项目。

（6）用你已经有的社会学的见解，来批评本章第三节。

（7）看一本普通教学法，如杜威的《明日之学校》、克尔柏屈克的《教育方法原论》、派克尔的《普通教学法》等，然后准备看以下各章。

本章参考资料：

（1）《儿童教育》第一卷第四期《幼稚生应该有多少习惯和技能》。

（2）《幼稚园研究集》，《从幼稚园出去的孩子》。

（3）*Kindergarten-Primary Activities Based on Community Life* Ch,

---

① 训育：德育的旧称。晚清名"修身"，民国前期称"公民"，民国后期称"训育"。该育与"智育"相对，指教师遵循育人规律，顺应学生身心的发展需求，对其思想、行为进行培陶。

I. 1. (*Clauser-Millikan*，是一本试验报告)①

(4) Dynes：*Socializing the Child*② Ch. IV.

(5) Rugg：*The Child Centered School*③ Ch. VII IX.

(6) Dewey④：*The Child and the Curriculum*（此书已有中文译本，书名《儿童与教材》，中华书局出版）。

---

① 所载英文为著者与书名，可译为克劳泽和米利肯：《基于社区生活的幼儿园与小学活动》。
② 所载英文为著者与书名，可译为戴因斯《儿童社会化》。
③ 所载文为著者与书名，可译为腊格《儿童中心主义学校》。
④ 所载文为人名，可译为杜威。

第四章 实施社会活动的原则

以上三章,已经把社会科的目标和内容大纲讨论过。以下各章,要讨论怎样可以达到这些目标,怎样可以获得这些内容。简单说来,就是方法问题。本章先讨论各种方法的原则,以及施用这些方法需要的技术与学识。

第一节 教育学上的新趋势

关于教育方法的新花样,现在可说多极了。究竟会趋向到那条路上去呢?我来引两句话做指示的实证。

桑戴克[①]说:"与其说教育是预备生活,不如说教育就是生活……倘若学校里的生活格外近于实际生活,那么合理的反应转到实际生活上去,也格外能真确。"(Thorndike: *Elementary Principles of Education*[②] 161P.)

华虚朋[③]赞许欧洲巴古里残废学校说:"巴古里学校生活自身,便会选择

---

① 桑戴克:即爱德华·李·桑代克(Edward Lee Thorndike,1874—1949),美国心理学家、动物心理学的开创者和教育心理学体系的构建者。早年在哈佛大学,师从詹姆斯,进行实验心理学研究。后入哥伦比亚大学,师从卡特尔,获心理学博士学位。其后,终生在哥伦比亚大学教育学院执教,为行为主义心理学派的重要人物。著有《教育心理学》《学习心理学》《奖赏的实验研究》等。

② 所载英文为著者与书名,可译为桑代克:《教育之根本原理》。实际系由桑代克及其弟子盖兹(Arthur Irving Gates)合著。

③ 华虚朋(C. W. Washburne,1889—1968),美国教育家。早年师从帕克,后获加利福尼亚大学教育学博士。1919—1943年,任伊利诺斯州文纳特卡镇督学。上任伊始,他就从事教育实验,创立"文纳特卡制"。1939—1943年,担任美国"进步教育协会"主席。1961—1967年,任密歇根大学教授。著有《使学校适应儿童》等。

设计。设计的选择，不是为着预期未来的需要的，需要自身便创造设计。"
(Washburne：*New Schools in the Old World*① Ch. XII)

从这两点看起来，我们知道教育方法的趋势，就是要把学校生活与社会实际生活打成一片。实际生活，不是一村一乡的实际生活，乃是一民族或一国的实际生活，所以美国与欧洲显然不同，与日本也不同。关于这点，我来引一段德国汉堡实验学校教师回答华虚朋的话来作证：

> 我以为，那是美国与德国不同之点。在你们那儿（美国），你们以为各事各物都已安排好了。你们为那永远不变的情况，教育你们的儿童。你们希望，你们的资本主义的、工业主义的社会，继续着不改变。因此，你们为要使你们的儿童们在这个固定的社会秩序中有效地生活着，乃为他们作一种合于科学的预备。在我们这儿（德国）便不相同，我们不知道"将来"对于我们是怎样。我们所要学的，只是深切的观察。我们认为，最精要的事体，便是各人的自由，每个人的灵魂之自然开展和扩张。

（同书第十章。此书已由唐现之译成中文，名《欧洲新学校》）

"学校教育要与现代的生活打成一片"，这是现代教育新趋势之重要点。

其次是"个别学习而能互助与合作"。关于这点，有历史的沿革可以寻究。班级教授的产生，是因着社会希望学校工厂化而来的；希望在一个极短的时间里，用同样的材料，可以教育几十或几百的学生。不过自从心理学渐渐脱离神秘哲学以来，儿童的学习不如机器的生产的观念，也渐渐明了。所以，由班级而偏向别个〔个别〕。不过，社会不是各个人独立无关系的；事情的做成，也不是件件都可以独力干成的。因此，互助与合作也就成为学习的原则了。

这条个别而互助合作的原则，在幼稚园里格外来得明显。例如蒙得梭利的恩物与方法，就是明显的个别教育。不过对于互助与合作，还嫌不足。美国的自由制，如本书第六章所引一例，互助与合作也兼顾到了。文纳特卡学

---

① 所载英文为著者与书名，可译为华虚朋《旧世界里的新学校》（中译《欧洲新学校》）。

校（Winetka Schools）①，从一年级起到六年级止，也都做这样的试验。

其三是"朋友制"了。教师对于学生，素来是师严道尊的。学生在学的时候，绝对服从师命；教师所注重是装货箱，不必问学生要不要。这条路也已经走完了。教师哪里是至尊呢？不过是学生的朋友罢了。

美国行设计法的教师，是本组活动团体里的一员，与儿童共同进行、共同操作。欧洲新学校的教师，也没有一个执着教鞭，傲气凌人要学生背诵教科书，学习某种技艺的。教师是抱着感化态度，不是取干涉手段的。除出极少数的习惯训练，如进饮食、洗澡等是按着科学方法严行规定外，其他诸事，教师都是从旁指导，从来没有直接的命令。所以儿童发生了一件有趣味的活动，竟可做到一月半月。教师只从旁供给原料，做进程中的顾问。在外表看起来，以为是教师偷懒。哪知道教师是充满着热忱与爱，是顶知己的朋友，不是凶恶的工头；对于学生的进步，无时不留心的。

我不敢武断，新教育方法的潮流只有这三种。但是，在幼稚园的社会活动里，确实只有这三种潮流是最重要。

第二节　心理学上的根据

心理学的研究，与哲学同时产生，近来渐渐地走进科学的路上去，所以它的派别异常复杂。但是关于学习心理学的一部分，各派的意见大致还相近的。关于习惯问题，在幼稚园社会科里，占着一个极重要的地位。习惯的养成，是学习心理学的事。所以在这里，特地抽出最重要的几条来讨论。

（一）成功与有效

第一次做某件事成功了，那么第二次做的效率，必能格外有进步。例如幼稚生对教师报告一件极简单的事情，这次是口齿清楚，得到教师的赞许，那么他第二次遇到同样事情，一来〔定〕格外有效。

---

① 文纳特卡学校：即华虚朋在美国芝加哥文纳特卡镇所创立的实验学校。该校所确立的教学制度，名为文纳特卡制，该制要求教学个别化、学校社会化。

（二）继续不断的练习

习惯的养成，要经过一定历程。在进程之中，决不能有一个例外。例如吃东西以前要洗手的卫生习惯，在没有完全养成的时候，每次必定洗手，决不能有例外；倘若有了例外，便可以把从前所学的减去很多。

（三）兴趣与目的

"兴趣"二字，已经成为许多心理学派争论的中心。不过，无论如何有一件事是极值得讨论的，就是做事的起劲与不起劲，是极显而易见的。怎样会使工作者起劲呢？就是工作者对于这件工作，有他自己的目的，那么就起劲干；倘若这个目的不是他自己的，或者竟使他得不到目的，他就做得不起劲，甚至于不做。

例如幼稚生搭积木，倘若是他要替囡囡搭一间房子，他就做得极起劲；倘若是教师教他搭一个圆或方的房子，他有时就会说"不高兴"，或者搭了好久还不成功，即使教师骂他"蠢才"也没有用处。

（四）交替反应（conditional reflex）

这是行为心理学派的贡献。简单的说来，就是某人同时受了甲、乙二个刺激，发生了一个反应，以后不论受着甲、丙或乙、丙的刺激，也有同样的反应。复杂的交替反应，几乎可以使人摸不着头绪；但是仔细分析以后，也会找出根〔据〕来的。

华真（John B. Watson）就是用行为心理学的方法，来研究儿童心理学的一人。他对于解释儿童的行为，极注意于交替反应。因为人类的行为，是复杂的反应（complexity of reaction）。这个复杂的反应之养成，决不是单纯的，至少有两件以上的刺激。有了同伴的刺激，就会发生交替反应。它的结果，竟会出人意料。所以有时候同样的方法，在两个幼稚园里做起来，会发生不同样的结果，就是这个缘故。因此，我们培养幼稚生的习惯时，必需注意下列三个条件。

1. **幼稚生的健康**

健康与学习发生的影响最大。在不健康的时候,最会发脾气,最不愿与人接触;不但学习效率减少,并且发生意外的交替反应的机会也增多。蒙得梭利虽然不说出交替反应的学理,但是很承认健康与学习大有关系。这点我们要首先注意。

例如儿童对于医生终是怕的,因为寻常社会只有害病的时候才去见医生。因此医生与痛苦,在儿童的心理上发生了交替反应(更加以看见医生以后必吃苦药的刺激,不过这是环境问题,下段再详)。于是医生来了,必定会有痛苦的错误推论,在儿童以为是极正当的;并且这个刺激与反应之间,完全不能加思索而发生的。所以我们做一切活动的时候,考察儿童的健康是一个先决问题。

2. **幼稚生的生活背景**

本书第二章第一节、第二节所说的各种情形,就是儿童各种生活背景的反映。他的生活背景,就是发生现在交替反应的因。我们看清了孩子有多少因,那么可以免去许多教育上的浪费。

例如对于甲虫,有的孩子看到以后吓得面如土色,有的儿童能够去玩弄、饲养。儿童对于任何生物都不怕的,甚至皮毛也不怕的;不过倘若同时加有一种可怕的刺激,那就惧怕了。多数孩子怕生物的缘因,为着他的成人或同伴看到生物惧怕。我们既然知道这个根源,第一步就要做如何使儿童不怕,然后再可以研究生物,与生物做朋友。

注意儿童个性(individual difference of the children)不是近几年来的事,但是从调查儿童生活背景来解释儿童的个性,是一个最根本的办法。

3. **当时的环境**

学习时的环境适当,学习的效率大,不然就会减少。这个理由,不是什么神秘的,也不过是交替反应。例如练习音乐的时候,必需有极幽静的场所,再加上教师和蔼的脸、活泼温柔的举动、清晰的琴声,那么学习者自然很能学得极有效;倘若是一块许多声音杂沓的场所,或者教师是极粗蛮的,或者琴声是噪音,都于练习音乐上不很相宜。

本段所谓环境,是包括教师、学生以及四周的物质设备而言(其中学生除身体健康已于"1"段里说明外,其余如衣服等,也是包括在内的)。怎样才算是适宜的环境呢?幼稚园是养成儿童有独立、自由精神的,所以除出如音乐等必需极平安幽静的环境外,其他各种活动的环境,不必供给得周备。但是要供给,可以有引进工作的环境,所以原料品是适用的,现成的玩具是不适用的。教师呢,不能处处干涉,不能个性太强。本章前节所说的朋友制,是必需要的环境之一。

本节不抄录许多儿童心理学上的学说,只举这四端。著者自知太简单,但是儿童是否有本能的争辩,至今还未有结论;儿童是否可塑性特强的争辩,也未定实。其他如儿童学习能力、记忆力是否比成人、老年人强的论调,也渐渐有人来证明是不很确实了。在纯粹的儿童心理学上还未决定以前,似乎不应该引作教育上的根据,正如没有打定坚固的基础上,不应该建筑高楼大厦。

第三节 几条实施的原则

把幼稚园课程弄到这个地步,既不是福禄勃尔[①]派,又不是蒙得梭利派,在心理学上又不根据詹姆士[②]的机能派(functionalism,这派就是主张本能学说)[③]。那么,在实施上多少有些要失去有系统的组织。这些散漫,或者是教育上的损失。不过无论如何,不至于再用成人来戕杀儿童。怎样免去散漫,到现在还没有一定的方式。有人采取设计法,但是设计法的应用,在小学是

---

① 福禄勃尔:通译福禄培尔,德国学前教育家,参见前文第 8 页注②。

② 詹姆士:即威廉·詹姆士(William James,1842—1910),美国本土第一位哲学家、心理学家、实用主义倡导者,美国机能主义心理学派创始人之一,也是美国最早的实验心理学家之一。长期担任哈佛大学教授。1875 年建立美国第一个心理学实验室,1904 年当选为美国心理学会主席,1906 年当选为国家科学院院士。著有《心理学原理》《实用主义》等。

③ 机能派:通称功能主义心理学派,主要是研究个体于适应环境时所产生的心理功能,以此为基础理念,适应和实用便成为中心思想。最早由冯特于 1890 年提出,后由詹姆士发展于美国。认为凡是"方便的""有用的"就是真理,还创立了"纯粹经验论"学说。

极合用，在幼稚园就要经过修改（详细参看本书第八章）。本节单谈几件实施时应注意的诸点。

（一）留心儿童动作

孩子们的社会与成人们不同。我们虽然不能领略他们的乐趣，但是可以观察他们的动作，相机帮助，增进他们的乐趣。例如第六章的乐境，完全是留心儿童动作而做的。

（二）临时的遭遇

这是社会上的事刺激儿童，于是儿童也就大举动起来。在成人眼光里看起来，虽然太不郑重，在儿童确能认真的做。例如第八章的许多机会。

（三）有意的刺激

在必需要儿童领会的事情，教师就得设法来刺激儿童，做有目的、有计划的活动。例如第六章纪念日的设计等。

以上三点，是决定要做的活动的路。

（四）丰富的原料品与适当的工具

竹头、木屑都是原料品，比现成的玩具有用。小斧、小槌、剪刀、小铲等，都是极重要的工具。布做的囡囡、竹的小床、旧袜子做的小动物，都是他的家具和伴侣。预备工具与材料，只要从这方面着想，不必多买现成的玩具。

（五）指导组织，引进思考

儿童应该自由，但是应该肯改进，并且能合作。这二点，都要靠教师的力量了。当一个活动已经开端，其中工作决不是单纯的，也不能全体儿童同时都参加一种工作的，所以一定要分组。

分组须得儿童的同意，或先每组选出一人，由他去请别的小朋友，或者由各个儿童自己认定。不过后者较难，稍不留心，就会使这个活动全盘打消。

当发现儿童的工作度渐趋低下时,教师就要来设法提起;当儿童遇到困难时,教师用暗示的方法来解决这个困难。有时儿童不愿自己思考,完全求助于教师,这是不应当答应的。教师可以陪着他做一段,或发现他的困难点,共谋解决。

(六)随时息手,随处起头

这句话或者会引起误会,就是对于活动太不郑重。不过,幼稚生对于长的活动很难做完,有时候他的身体不胜持久,因为他的能力不胜解决困难。为着这个缘故,每一个活动,教师可以把它分成许多小段,随时可以得到一个小结果,随时可以息手。但是,每个段与段之间,要没有很大的界限,以便随时可以起头。

关于这点,有人主张每科算做一个段落,例如图画、手工、游戏、唱歌等,各各算做一个独立的活动。这很近乎分科设计,也很像小学里的联络教材。此法引用到幼稚园里来,难免有勉强的地方。因为图画、手工等科的技术训练,与各个活动里的一段是不同的。勉强拉进去,就会发生顾此失彼的弊病。至于图画、手工等是否可以做独立活动,本丛书各有专册讨论。

以上三点,是教师陪着儿童做各种活动时应注意之点。

(七)关于习惯训练的

关于习惯训练,我很钦佩蒙得梭利氏的方法。蒙氏于心理学虽有误解,于儿童生理学确是研究得很精。她的恩物,几乎可以说,都是训练感官的,她能用极有趣的玩具来训练感官。所用的方法,又是让儿童有自由,教师不过来引起一个头。

习惯训练不是一朝一夕之功,也不是甲地应如是,到乙地就可以改的。习惯训练要继续不断,没有一次例外,到完全养成、完全熟练为止。幼稚生应该养成的习惯很多(详见第三章),在幼稚园里固然可以养成一部分(方法实例参看第十章),然而没有与家庭切实合作,也难免有一曝十寒之弊。怎样与家庭合作,第十一章举了些例子,不过也很简略。因为这个问题的根本办法,在乎家庭父母教育。

怎样举办这个教育，美国已有先例。详细情形，可以参考后列参考书；本书因篇幅关系，不及详引。

问题：

(1) "教育即生活""生活即教育"稍有不同，根据本章来解答一下。

(2) "朋友"与"教师"，哪个于学习上有效？说出理由来。

(3) 看一本学习心理学，来对比本章第二节，举出异同各点来。

(4) 交替反应的条件有四，能举例来说明吗？

(5) 看一本小学设计法，来对比本章第三节，举出异同各点来。

本章参考资料：

(1) Thorndike：*Elementary Principles of Education*[①].

(2) Washburne：*New Schools in the Old World*[②].

(3)《教学做合一讨论集》，陶知行著，商务印书馆出版。

(4)《教育心理学》，廖世承著，中华书局出版。

(5)《人类的行为》，郭任远著，商务印书馆出版。

(6)《行为主义的幼稚教育》，华真原著，黎明书店出版。

(7)《蒙得梭利与其教育》，张雪门著，世界书局出版。

(8)《幼稚教育论文集》，陈鹤琴著，儿童书局。

(9)《教育方法原论》，克柏屈原著，商务印书馆出版。

(10) National Society for the Study of Education：*28th Yearbook part*[③] I. Ch. X. XIV. part II. Ch. XIII XV.

---

① 所载英文为著者与书名，可译为桑代克《教育之根本原理》。
② 所载英文为著者与书名，可译为华虚朋《旧世界里的新学校》。
③ 所载英文为著者与书名，可译为全美教育研究学会《第 28 届全美教育研究会年鉴》。

第五章　孩子们的家庭

从本章起，都是以某个活动为单位来说明。关于写的体裁，本来想归一律，以便阅读；但是这样一来，有许多材料非大加重组不可，难免著者主观色彩。为着这个缘故，所以以下几章，有的是活动日记，有的是讨论，有的是讨论和记录都有。

第一节　为什么孩子也要家庭

"孩子是从家庭里出来的，所以孩子也要家庭。"用这句含混的话回答这个问题，或者会适当的。当某个社会还没有废去家庭制度，儿童还没有到公育的时代，家庭是孩子们开始享有的社会。孩子没有进幼稚园以前，他的环境就只有家庭。这是幼稚园应该有家庭活动的第一个理由。

孩子虽然住在家里，可是他对于家里的一切，倘若没有人指引，他会完全不知道的，宛如普通成人天天住在大气里过活，不是科学研究，会完全不感到大气的一切。幼稚园有了这个活动以后，孩子们可以领悟家屋的用途、家庭的清洁以及家人的职务；他是家庭一分子，也应当负起一部分的责任来。这是第二个理由。

从家庭活动里，可以附带着许多材料的学习。例如家屋的材料：木头、铁、砖、石、玻璃等；家具的来源：家具的制造、房子的形式、工人的生活、贫富人住屋的悬殊、家具的精粗等等。这是第三个理由。

在家庭制度没有完全废止的时代，人们似乎应该欣赏每人的家庭，以取得一种所谓精神上的报酬，孩子们也就应该受此教育。因为有了欣赏，可以使自己的家庭逐渐改良，这也是一定的趋势。这是第四个理由。

第二节 孩子们怎样会感觉到他的家庭

孩子们自己会过家庭生活的。不过，他们不知其所以然，更不能有更巧妙的改进。教育是要求人类生活进步的，所以教师必须捉住孩子已经发现的情况，继续精进的做去。下列几个情境，很值得给教师注意。

（一）我的家

这是一句土话的译意，孩子们叫"做人家"或"办人家"。当幼稚园自由时间，许多孩子会拉出一个箱子、几张小椅子，隔成一间小房间，于是指定甲处是卧室，乙处是吃饭的地方；甲孩做主妇，乙孩做客人，囡囡做儿子。一刻囡囡哭了，给它吃奶；一刻客人来了，用贝壳做碗，用泥沙、碎纸做菜、做饭，于是大摆酒席，请起客来。这是一个极有意义而极自由的情境，教师值得注意的。

有二三个孩子，在房子的一角，拿了许多大、中的积木，在地上隔成一所房子的平面形。里面放了许多玩具，又放了一二条小凳子，于是音乐声起来了，笑声来了。问她们这是什么，她们就会很得意的说："这是游戏房。"这也值得注意的。

（二）小家具

幼稚园里放着许多小家具，有时会一些也不能引孩子的注意。忽然有一天，一个孩子从家里拿着纸做的小家具来，许多孩子大起惊奇，于是指出一个大盒子说："这是家庭。"那么这些小家具应该怎样处置？家庭还要开窗子，还要有灶、有茶壶、有……极自然的一件又一件的都做起来了。这也值得注意的。

（三）谈到的

谈话之中，常常会谈到的。孩子们常常会谈到，我家的小狗生出来了，我的卧房里有什么什么。教师有时也有这样机会，受到孩子的询问："老师，你的妈妈喜欢你吗？你的家在哪里？你家里有些什么？"

故事也是一个家庭活动的机会。故事中的家，常常是有的，什么动物大都有家，有爸爸、有妈妈，有……它们的住屋也是人化的，什么房子、什么客厅、什么卧室、什么……当讲完了故事的时候，有的孩子谈起他自己的家里来了。这都是一个机会，值得注意的。

（四）看到的

倘若幼稚园有一二家"朋友之家"，那么每星期或每逢佳节，可以互相过从。这是一个极好的活动。他的好处之一，是可以引起孩子们注意到家庭。某某的家里真干净，什么东西都干干净净的；某某家里的某件东西真有意思，我们做客人应该怎样。我们过一天，来请某某先生、师母到幼稚园里来玩，我们应该怎样做主人。这都是教师与儿童可以共同回想或预先拟定的。接下去的活动是什么呢，当然是极有意思的家庭活动了。

第三节　孩子们的家屋

这节材料，根据 *The Classroom Teacher*① Vol IV. *Community Life and Social Study*② Ch. I. 第四二四页至四四三页。篇中所述，是美国中等家庭以上的孩子的活动。我为着适合国情起见，删改之处很多，但是终觉带着资产阶级的色彩。不过中国幼稚生的来源，以我五年来的经验，资产阶级的子弟几乎占全数。我想，本节材料在目前很可应用，希望将来有为劳动阶级而设的幼稚园出现，彻底的把本节删改。

（一）好事近（approach 或译动机）

前节所说各种情况，无论捉住哪个，都可做"起头"的。不过教师在预定中，以为这时候值得有家庭一个活动了，那么这个"好事近"就得设法了。

---

① 所载英文为书名，可译为《班级任课教师》。
② 所载英文为书名，可译为《社区生活和社会研究》。

（二）讨论"好事近"已来了

教师就用极温和的态度，引出孩子将发的事来，宛如种子已发芽了，就只要适宜的气候和养料。关于房子的数目，必定是最先来的问题。儿童的家庭不一致，所以提出来的也不一致。尤其是我国的大家庭制，更加使儿童莫明其妙。这时候，教师可以一一接受，勾引孩子尽量说出来。到了结论，可以决定必需的几间房子。在城市里，可以有厨房、卧房、吃饭室、客堂或加一间洗脸间、一间书房；在乡村里，就必须加仓房、牛羊房。

次之，就是建筑材料问题，这是孩子们必定会提出来的。最初讨论的，要从实际上出发，例如木、砖、石、玻璃等。经过这层以后，就会讨论到什么房子容易做，又好看。在美国，木屋最经济、最时麾，那么就可以渐渐引孩子建造木屋。一个大木箱，有四尺长阔的，就够用了。不过，这是教师暗示出来的，不必代孩子决定。

（三）分组

"一切计划和实行的责任，应该放在孩子肩上，不是在教师的肩上。"这才是干孩子活动的本色。到这时候，房子是决定造了，为着要全体孩子都做事，都负责任，把这件事能做得好、做得快，必须分组。教师可以提出组名来，组名如下：（1）房子建筑组；（2）厨房组；（3）吃饭室组；（4）卧房组；（5）客堂组；（6）洗脸房组；（7）书房组；（8）裱糊墙壁组；（9）花园组；（10）购备家具组。

组名定了以后，就由孩子自己承认愿意加入哪一组。教师把他们的名字一组一组地写出来，张挂在工作场所的附近墙上。每组必须有一个计划，这个计划，可以和教师去讨论，决定怎样做法。每组每天必须开一次讨论会，每人所做的事完全负责。全体约定，三日开一次大会，报告经过情形和计划。这是一件极有意思的工作，孩子们或会去告诉妈妈或别人。成人们千万勿说下面的话："这有什么意思呢？还是……去吧！""你的教师不帮助你们做吗？真躲懒！""你千万勿去做钉的工作，当心你的手。"

"批评""合作"的精神必须有的。教师应当暗示孩子，在本组内互相有善意的纠正；对于另一组，也应当尽力合作；做对的当然赞美，不对的也当善意批评。这是在大家共同生活中应有的精神，在工作时应该养成的。

全部的孩子不是常常开会讨论吗？这里不但可以共谋进行，并且可以消除竞争的弊。我们知道，这座房子的成功，不是厨房完成就算全部完成，也不是说外表完成就算完成。所以甲组工作完了，教师应当暗示他去帮助别组；同时还要暗示，这组欢迎帮助。在初次，当然需要教师的暗示；不过，这样习惯不难养成的。因为孩子们受到经济、名誉的诱惑还不顶深。

（四）最难做的一段

在全部屋子落成的时候，有一次总检查。这个检查，可以用下列的步骤：

（1）在各组报告各部都完成的会议席上，教师可以提出总检查来讨论。

（2）教师引孩子来展览这幢房子，请全国〔园〕孩子、成人都去参观。

（3）参观以后，可以召集一个批评大会，看哪几处还得修改，哪几处还要加工，哪几处不相称。

（4）经过上面的批评会以后，教师还可以提议，应修改的各处，还得请各组再来重做。这件事或须〔许〕会引起孩子的不耐烦，所以教师说这句话的时候，态度方面最须留意。

其次是提出用理智来下判断的口吻。例如厨房里少了一个排水沟，教师就可以这样提议：

> 我们天天洗锅子、洗碗的水，积起来不很好，某某（注意要叫名字，不要泛叫小朋友，也不要带姓叫，也不必叫小弟弟某其）：你们家里的厨房里，不是有一个排水沟吗？我想每个小朋友今天去看看，我们幼稚园的厨房里，有没有这个排水沟。

到这个时候，孩子或须〔许〕会说："我们的木屋还没有这个东西。"教师就可以提出："应该要做吗？"担任厨房组的孩子当然要做。有时会推诿做不来的，那么教师就得鼓励他们去参观排水沟，鼓励别个孩子的帮忙等。

这一段，是全部活动最难做的一段。幼稚生做事的维持时间极短，能够把担任的各组工作做完全，已经极不容易；如果要再加修改，那是更不容易。所以教师的热诚与温和，格外要努力显露出来。改进方法是教育的要务，但是方法的能否收效,大半在乎教师。在最难做的一段里,就能够显出教师的能力。我写此语,希望教师勿避去这段,要记住下面一句话:"这次失败,就是下次成功的预兆,千万勿怕难为情。"

(五)各间房子的用途

孩子们能在厨房里看到母亲烧饭,但是不知道厨房是烧饭用的;他也在吃饭室里吃饭,但是不知道吃饭室的用途,客堂、厕所等都是这样。因为不知道某室的用途,所以其中的设备也不很明了。有了房子不知道用,那是太不近人情,这步所以也得做到。

我平素极不喜欢赞美外国人的,不过写到此地,又不得不希望中国人了。外国的图画与诗歌,似乎都为着孩子;至少这许多艺术家不失童心,没有忘记孩子。所以现成的妙诗,现成的佳画,处处可以引来给孩子应用,并且价值都很便宜。中国呢,对于此道实在太贫乏。我们与孩子为伍的人,为着能力所限,以及其他的限制,当然不能立刻有这许多创作。一般国内艺术家,又似乎瞧不见孩子。要想引用外国材料,有时候实在无从引起。诗歌固然不可以直引,图画又何常〔尝〕可以呢?例如本节所说诸节,如客堂的诗歌与图画,中国实在缺乏此项材料;即使有了几张,也是贵得买不起。因此有的人提议,用香烟画片,这是表示中国艺术家不顾到孩子的弱点。

在肚子饿得发昏的时候,诅咒稻子的不长,是没有用的;只好别寻方法,所谓荒年吃树皮、草根也是常事。没有好的图画,可以请会摄影的朋友来拍照,把本地社会的家庭各室,逐一摄起影来。摄影的时候,有几件事要注意:

(1)尺寸大小,以六寸为适宜。

(2)各种东西的陈列,不但要美,并且要放得适当。例如菜刀放在刀架上,不如放在砧板上,旁边还可以放一株菜。

(3)最好要有实际活动的人物。例如厨房里有穿着围裙的母亲烧菜,客堂里有父亲陪着客人谈话,生活室里有一家团聚的工作,厕所里有一个小朋友很快活的在那里大便等。照片虽然少了色彩与生动,但是一切东西的惟妙惟肖,照相远胜图画(注:照相的美与图画的美各有不同点。上面所说的色彩与生动,决不涉及照相美不美的问题)。

用照相来对照孩子们的屋,是一种方法。在工作曲线将要下降时,孩子们看到照相,必能增加效率,于是来对照我们的屋子里还要些什么;并且因此引孩子去对照自己家里的各间房子,也格外有生气了。孩子们自动的高兴做时,教师就来和他们讨论各间房子的用途。

(1) 厨房与吃饭室。照相上面的厨房,有时会比孩子们家里的厨房好些,或者坏些。教师就可以问:"你们的厨房怎样?厨房里有刀吗?有砧板吗?灶吗?碗筷吗?⋯⋯"其次问到烟囱、窗子、墙壁⋯⋯然后提到,饭做成了,哪里去吃?吃饭室里最引起特别注意的,是餐桌与椅子,还有一切饮水器,如茶壶等。在吃饭的时候,孩子是否应与父母同席,确是一个问题。这里,教师只要用询问的口吻,来问每个儿童家里的情形,不必代为决定必需同席或不必同席。

"我们的食物从哪里来的?"从这句问话里,就会引出"小菜场""农村""菜园"等话来。菜,有的是农人从农村里挑进小菜场来售卖,也有的是自己家里种的。这时候,孩子们必会说,他们家里的园地里种了什么白菜、辣椒等等。教师倘若要希望孩子们注意农村情形,那么对于怎样种植、怎样收获上要有暗示了。不过这个过渡,有时会凌乱起来的,往往会把房子的活动中断的。

谈到厨房与吃饭室,孩子们请客聚餐,确是他们的好活动。倘若教师看到孩子有这样兴致,可以来做一次。这当然还得再来分工做。倘若孩子们的兴致不浓,那么可以来一次表演,这是立刻可以做的。

(2) 卧室。普通家庭的卧室,大概是父母和一二个子女同床的。经济稍裕的家庭,孩子有小床。但是中国旧式的大家,往往把孩子从落地就交给乳妈;到六七岁时,还有所谓干领的阿奶,孩子就和阿奶睡的。我们要取一个孩子有小床的卧室,孩子不但自己有床,并且有整套的卧具:轻而软的被,小枕头,舒适的垫褥。床的前面有小几,小几有两只小抽屉,是孩子的储藏处。小几上有小花瓶、小镜子,床的旁边还有小衣架,挂着几件孩子衣服。

当孩子看了这张相片之后,他必会引起他家的卧室谈话来,还会谈到他的父母的卧室。中国家庭的卧室里,放了许多箱子、梳装〔妆〕台、橱柜等类,孩子也会一件又一件的谈起来。当孩子说的时候,教师可以表示都对的。

不过，有几件事情应该改正的，例如帐子、便桶、便壶。帐子除隔除蚊子以外，一无功用，并且不透气的夏布或洋布帐子，反而有害的，所以应该说明；便桶与便壶，也有许多家庭是放在卧房里的，并且所用的便壶是没有盖的，这件事于卫生大有妨害，教师对孩子也当说明的。

有的孩子会提起，他的床上有"符咒""宝剑""皇历"，因此他的木屋卧室里，也应该有这个东西。教师便该趁这机会，说一些破除迷信的话。床上确是要美的，挂些美术品是可以的，挂些符咒等是吓鬼的，鬼是没有的。

因为讨论卧室，往往会谈到"睡觉""做梦""溺床""说梦话"等问题，这是要看下次的活动怎样。这些也都是极有趣的活动，尤其是做梦，幼稚生已经能叙述梦中情境，说起来津津有味。

做一次囡囡的睡觉，是必有的举动。教师不去暗示，孩子也会找来做的。做时，教师竟可不要去顾问。他们预备囡囡的床铺，会比一个初做母亲的妇人还要周到。

（3）生活室。这是在大都会的幼稚园的活动里，可以加进去的一间房子。中国中等家庭，还没有这间房子。近年来留学生组织家庭，往往有这间房子。生活室，就是全家在这间房子里做事或游戏的房子。孩子们看画、看书、画东西，母亲做女红，父亲看书报，孩子们做游戏，听音乐唱片、听无线电话①，还可以会客。因为有这许多事在这间房子里做，那么它的设备也必定有许多。教师可以提到，这间房子里我们要有些什么，请孩子们一件一件的说，教师可以写在黑板上。这间房子要的东西如下：大桌子、小桌子、大小椅子、书架、灯、地毯、图画、留音〔声〕机、无线电话机、茶几、花瓶、钟、笔墨。写了这些东西以后，或者可以由孩子们联成句子。例如"我们要大桌子一张，小椅子四把""我们要书架一个，放我们的书"等。

我就举这三四间屋做例子，其余如仓房、牛羊房、客堂、厕所等，都可由此类推。不过有一件事要留心，就是不要在一次把各个房间做了，孩子们没有这样长的时间可以维持的。还有各组是分工的，所以讨论时，依旧可以

---

① 无线电话：此处所指为无线电收音机，而非无绳电话。下文"无线电话机"，亦当为收音机。

分组；到了总讨论时，各组有一个简单的报告就算了结。

（六）各房子的标名

房子的用途讨论以后，有一件事可以顺便一做，就是把各房子的名字标识起来。这许多名字，要孩子们自己来题的，所以这还是各组工作。例如，全幢房子可以题做"我们的游戏室"或"阿宝的家庭"。此外卧室、吃饭室、厨房等，就可以依着名字写下来。

教师应该做些什么呢？（1）提起孩子来题房子的名称，并且讨论这是什么名称。（2）决定的名称写在黑板上，题在房子上，或写在卡片上，挂在各房的门框上。（3）指导孩子们，在他们的手册里画起房子来，把这间屋子的名称题上去。

（七）材料的讨论

建筑房子的材料很多，木料、砖瓦、石块、铁、玻璃、水泥、石灰、钉等。能够使孩子们都知道吗？这是难以做到的。不过，孩子们在工作时，有时会发出问题来的，那么教师就得设法指导他们了。现在举砖瓦的一例：砖瓦有两种做法，一是普通用的砖瓦，一是洋灰砖瓦。这里所说的普通砖瓦、洋灰砖瓦，手续还可简单些：

> 昨天安琪说他们的家是砖瓦做的。你们有多少是住在砖瓦做的房子里的？砖瓦房子比木头房子坚固得多了，又不容易起火。你们有人看到过砖瓦的做法吗？我们的邻近，不是有一个瓦窑村吗？瓦窑村的人都很肯做工，他们掘起地下的泥土，放在场上用牛踏过，又用钉耙捣过，把它一堆又一堆的堆起来。堆了几天，妇人们拿了砖瓦的模型，一块又一块的做起来。这时候的砖瓦是湿的，在通风的地方使它干燥，然后送到窑里去烧。烧砖瓦的窑，是极好玩的东西（这时候最好有图画或照片），好像一个坟墓，顶上有烟囱，中间是空的。堆满了砖瓦以后，在它的肚底里用柴草烧起来，要继续烧二十四小时才把火熄灭。火熄了以后，用水在窑顶上浇下去，浇到全部分都受到水才不浇。再经过三两天，可以把窑门打开，拿出砖瓦来。

卓如似乎来得极仔细，他提出为什么有的砖是橘色的，有的是灰色的问题来。这是因为烧〔浇〕水的关系。橘色的砖是迟浇水的，灰色的砖是早浇水，并且多浇水的。

国权又提出为什么有的光滑、有的粗糙的问题。这是因为黏土的粗细，或者因为在场上炼制的精粗关系。

木材、铁、水泥、玻璃等，孩子们也会提出来的。所以教师对于这些材料，必须有相当的常识。下节，我把参考的场所或书籍写出来。

教师对孩子说明这许多问题，要极和爱，千万不要有老牧师的神情。至于用品、图画、照片等都极有用，模型的功用不很大。倘有机会带他们去看影戏，那是格外好。例如《逻逻野史》[①]等，于住室、家庭方面，极有儿童教育的价值。

（八）要总批评吗

大多数小学设计，都有结束批评；在幼稚园里，不必有此举。幼稚生不会计算的，这是难以结束的理由之一。幼稚生应该多有欣赏的机会，少有批评的机会，这是二。化了许多时候做成了一件有趣的东西，应该大家来享受；倘若批判起来，不是一盆冷水淋头吗？这是三。

所以在这个活动的结束，应该大家来开一个庆贺会，庆贺新屋落成。怎样开庆贺会呢？可以参看怎样贺寿等的活动。

第四节　教师的准备

临渴掘井是近年来教育的弊病。虽然教师们为着生计所迫，不能充分预备；但是在可能范围以内，似乎应该努力设法。

（一）家庭生活研究的纲要

下面有一张纲要表，是为着教师用的。教师在这个活动开始以前，应该

[①]《逻逻野史》：美国电影名，又名《象》，是美国导演欧内斯特和库珀共同执导的影片，首映于1927年。

逐项有充分的准备，但是千万勿逐项告诉孩子，像告诫式地说出来。这样，反而淆乱孩子们的脑筋了。我们应该在实际活动中，逐渐指引出来，使孩子也得着整个的、清楚的观念。

1. **关于家屋的**

（1）家屋的式样。例如草屋、木屋、砖屋、石屋、中式、日本式、西式等。

（2）建筑的材料。例如前节（七）项所讨论的各点。

（3）房间的设计。例如何处做客堂、何处做厨房、何处做卧室等最为适宜。

（4）各房间的用途。例如客堂是什么用的、卧室是什么用的等。

（5）各房间的家具。例如卧室的床铺、衣柜，厨房的灶、炉，客堂的桌椅等。

（6）房子的温度。例如北方房子里怎样生火，怎样密不漏风等。

（7）房子的光线。例如房子的方位、怎样开窗户、卧室应该怎样采光、厨房应该怎样采光等。

2. **家里的人和他们的事务**

（1）家里人的个数。例如父母、兄弟、姊妹、叔伯等。若系大家庭，更为繁复。

（2）家里人对于家庭的关系。例如父亲怎样、儿子怎样、母亲怎样等。

（3）"天伦之乐"。例如一家团聚的快乐、全家合作的快乐等。

（4）在家庭里要有的习惯。例如孩子们不大声狂叫，成人们不醉酒，早晨的早起与睡觉有定时等等。

3. **家庭以外的事情**

（1）孩子到学校里去，父亲或母亲到工作场所去。

（2）探访亲戚，旅行或赴宴会。

（3）看电影、看戏或到游戏场里去。

（4）到博物院、图书馆、教育馆[①]、公园里去。

---

① 教育馆：全称民众教育馆，为民国后期掌管地方社会教育的机关。

(5) 户外游戏，如打网球、玩篮球、足球、游泳等。

倘若是教徒的家庭，还要到教堂里去做礼拜。

（二）参考的资料

关于家庭方面的参考资料，不如各种技术来得重要。近年来，中国旧式家庭制度渐渐崩坏，新的又未完全产生。在出版方面，也不知为着什么缘故，简直忽略了这一门。下面所列诸书，不是都好的，幼稚教师不但不必全读，也不必全买。不过，有些材料却散在各书内，查阅起来或较方便。

(1)《通天晓》，这是一部中国旧书，价值很便宜，其中材料极多。

(2)《天工开物》，这是中国旧工业的集成，是明朝崇祯年间宋应星编的。例如煮盐、烧窑、伐木、开矿等方法，在别书很难看到，这书都详细写述，且有图画。可惜此书不易买到。

(3)《家庭常识》，这是近十年来的家庭用书。其中新旧兼收，例如医药一门，中医、西医、丹方都有，其他亦如是。检查极有用。文明书局出版，价二元四角，共八本。

(4)《国民日用百科全书》，广益书局出版，价值三元六角，看居住类。

(5)《人类的住所》，陈锦英译，价三角五分，商务出版。

(6)《树居人》，郑振铎译，价值三角，商务出版。

(7)《穴居人》，前后二本，何其宽译，商务出版，价八角。都是讲历史上的故事。

(8)《科学的家庭》，罗世巍著，中华书局出版，价三角。这是讨论家庭的组织的。

(9)《中国家庭问题的研究》，潘光旦著，新月书店出版，价八角。这是讨论家庭问题的，尤其是家人的职务。

此外都是散见了，如《少年百科全书》的《奇象》里，也有许多材料。《妇女》杂志对于家政一门，也间有讨论到的，不过极少。小说里也有些材料，不过格外零散了。

其实，家庭问题是要社会学家来研究的。家庭技术决不是书本上的知识，所以最好的参考材料，还是实际经验。因此我有一句话顺便一叙。在社会组织没有完全变更以前,"家庭"难以废去的。家庭是谁的,是全家人共有的,所以无论何人,凡是同一家庭里的事,就得共同做。那么一切烧饭、洗衣、做菜、扫地等,才不致看作下贱的工作。近来中国男女学生,都鄙视这许多工作,一切依赖他人,实在是不应该的。在现代社会组织之下,一切人生的乐趣,孩子的健全、工作的效率,都以家庭为原动力。因此我们年轻的同志们,千万勿染着时下纨绔子弟的习气,只有骄矜,不能勤劳;只会炫惑,不图实际,对于切身的生活要件一无所能。最后,写两句重述的话,作为本章结束。

"家庭是我们的,我们就当留心家务,熟练家事,改良家庭环境。"这是幼稚园采用"家庭活动"的远的目的,也就是幼稚教师应当亲身力行的要言。

问题:

(1) 人类为什么要有家庭?幼稚园为什么要有"家庭活动"?

(2) 怎样引起孩子来做家庭活动?以你的经验,哪种方法最好?

(3) 写一张房屋种类表,并列举人类住所的进化事实。

(4) 把本章第三节做一个简单的进程表,并且说明哪一段最容易做,哪一段最难做。倘能指出难易之点的原因,那是更好。

(5) 请作一个理想家庭的计划,画平面图,并且加以说明。

(6) 做一个主妇,对于家庭有多少职务应当负担,做一个父亲呢?

(7) 拟一张简单的家具单,但以日用起居不感到缺乏为原则。

(8) 孩子们做家庭活动时,大都用什么做家具的?

(9) 孩子造成屋子后,要做什么事?怎样做?详细的拟一个计划。

(10) 你对于家庭制度的意见怎样?读罢本章,希望下一个决心,来继续研究这个问题。因为这是人生大问题,或者就是你目前急待解决的问题。

本章参考资料:

(1) Grace:*Classroom Teacher*[①] Vol. 4 *Community Life* [②]. Ch. I. II.

[①] 所载英文为著者与书名,可译为格蕾丝《班级任课教师》。

[②] 所载英文为书名,可译为《社区生活》。

（2）Parker：*Unified Kindergarten and First Grade Teaching* ①. Ch. IX.

（3）Clouser：*Kindergarten Primary Activities Based on Communnity* Ch. lV. A. The Home②.

（4）Parker：*Types of Elementary Teaching and Learning* ③ Ch. IX.

（5）张九如编：《设计活动教学材料纲要》，中华书局出版。

---

① 所载英文为著者与书名，可译为帕克《幼儿园和一年级统一教学》。
② 所载英文为著者和书名，可译为克劳泽《基于社区生活的幼儿园与小学活动》。
③ 所载英文为著者和书名，可译为帕克《基础教学类型》。

第六章 孩子们的乐境

第一节 导言

孩子们除家庭以外,他们唯一的社交生活是小朋友。这个生活的开始,可以说从会走、会说简单话同来的。年岁长起来,他的朋友也多起来。这因为他的行动格外可以自由,他的接触范围也逐渐扩大起来的缘故。

"前期儿童大都是自私自利的。"这句话,寒了许多幼稚教师的胆,不敢放手引导孩子去过社会生活。其实,孩子的体力能够达到与小朋友接触的地步,就会有社交生活;他的能力能够注意到社交上日常生活,也就能在伴侣里复演出来。这句话,必会引起许多人的不满意;但是我们知道,只要有事实的证明,无论什么原则、原理,都可以来重订的。关于这点,我们做幼稚教师的就应该注意。

孩子们到了五六岁,所接触到的已经很多了。他因为要访小朋友,因此有了邻居的观念,又因此渐渐有村镇的观念。他有时因母亲的嘱咐,买些小菜,或者跟着母亲去买物,渐渐有商场和职业的观念。城市都会的水是自来水,这个水从哪里来的?乡村里,在中国北方多井,南方多河流。井怎样掘成的?在北方打土井是极易见到的一件事。还有在大都会里,孩子们天天吃着白米、青菜,这是哪里来的?只要有机会一提,他会立刻问到农村的情形,甚至会要求到农村里去看的。

在中国成人生活里,少有集会,或开茶话会、宴会等;但是喜庆、寿诞、丧葬等事,似乎特别阔绰。这样大摆大摇,孩子们除吃好东西、穿新衣服而外,还会深印各种仪式的观念。有了这许多印象,更有了时时的反复接触,孩子们的社会生活也就扩大起来。不过，他们的社会生活，决不如成人社会生活有经济的基础，有其他的组织意味。他们的社会生活，是取乐的、纯洁的，或者竟如小说家的想象社会。

夺去孩子们要过的社会生活，来教许多几十年后或者会用得到的礼节、唱歌等，可以说得是教师的罪恶。反乎孩子们现时的生活，来强教许多硬装进去的东西，比拉住一条狂奔的牛还要费力。教师们何必费这许多无用的力呢？本章就是写述一个幼稚园里的一段社会生活。这样生活，或者可以说得是，孩子们愿意过的生活，也就是应该过的生活。

第二节　孩子们的乐境

本节材料，是 *Early Childhood Education*[①] 里第六章的一节。原著者，为 Pickett and Boren[②]，中文译者为董任坚先生。本节系参照原著与译本写的，其中也略有增删。写本节之先，已得董先生的允许，也在此声明。下面就是活动的始末了。

（一）怎样起头

这是美国跛薄头（Peabody）大学[③]实验学校里极有名的乐境。这个乐境，完全是孩子们自己做的。在开始的时候，教师们虽然胸有成竹，但是绝对不说到造村镇的事体。她不过备了许多材料，如铁锤、钉子、锯子等，还备了几只很大的装货用的箱子，用盖盖住。这些东西，就放在校舍的一角；在那处，孩子们从来没有去玩过的。

在自由活动的时间内，教师带着他们到那边去。有了这许多刺激物，孩子们哪有不动手的事呢？他们就拿起铁锤和钉子，想法来弄开木箱盖。教师问他们做什么，他们回答说："我们正在这里修理箱子，我们可以住到里面

[①]　所载英文为书名，可译为《初期儿童教育》。
[②]　所载英文为人名，可译为皮克特和博伦。
[③]　跛薄头大学：通译皮博迪学院，前身为乔治皮博迪教育学院，成立于1785年，1979年并入范德堡大学。

去。"这个起头何等自然、何等有意思,教师既没有强迫,也没有代劳。

(二)怎样分工合作

男孩子气力稍大,把箱子开了,抬到路的两旁排列起来。每个箱子是当作一座房子,为管它的那个男孩所主有。他们按照分工的道理,男女各做不同的事。所以一切营造、移动等笨重工作,都是男孩子做的;许多布置家屋、管理家务,是女孩子做的。有时候,男孩子请了女孩子管家;有时,女孩子也请男孩子做同伴。有时一个女孩子,从一个男孩子的房子里,搬到别一个较新、较好看的那里去。这些事情,都出于各个孩子的自然流露,没有斤斤于情于利的态度或计较。

一所房子需要浩大,教师只供给材料,一些也不提议,甚至"你们需要门吗"这样的话也不提。教师只听到孩子们许多的谈论。例如:"我们需要些椅子""让我们有个火炉吧""我给这个地板来铺上一张地毯吧""我们需要电灯""我们应该有电话"等话。

门是他们最初需要的东西,或者因为他们喜欢躲在那样又黑又小的地方的缘故。教师看出这个需要,就预备了些木板、绞链、钉子。孩子们经过几次努力、几次失败以后,门的东西就出现了。做门的都是男孩子。这里最难做的是上绞链,他们只有一个能做的,其余的人都去看他上。有的立刻学会了,有的因为力气太小,终究是学不会。他们既然学不到这件复杂工作中所包含的物理性的机械,所以有几个孩子,仅将他们的门靠在门口就算了。

(三)怎样交际

忽然有一个孩子左顾右盼,想要有一个电话,教师便拿些粗铁丝放在他们找得到的地方。他们立刻决定,用它来做电线。他们只把这些线,从这座房子挂到那座,没有想到电杆。后来电线挂下来了,阻挡了往来的人。

有一位女孩子恰好拾起了一根棒子,她便用它撑住了铁丝,而且说这是电杆。另有一个男孩子在地上插了一根棒子说,他树了一根电杆。有了这两件事,引得孩子们都去看校门口的电杆柱子。他们又看到需要的东西,就是电杆顶上架电线的横木。拿街上的电杆做模范,他们的电杆也做起来了。每根直柱子上钉着横木，横木上又钉了钉子，铁丝就绕在钉子上。这样，家家便连接电话了。既有电话，许多有趣的事也就从此发生。

一鸣到自己的房子里去，叫总局，说道："请接二三八九。"

大牛在家里说道："喂，你哪里？"

一鸣回答道："我是一鸣，你是大牛吗？今天你的家里怎样？"

大牛答道："啊，我未曾把烟囱装好，那烟几乎把我的房子熏坏了。你呢？"

一鸣说："我正在这里做门，现在要重做呢。再会！"

有一次，秀雅在草场上散步，拾到些梧桐子，她当它是豆子，放在一个盆里。她把盆放在膝上，坐在门口做剥豆子的样子。忽然，假装电铃响了，她很匆忙地回答道："对不起，我不能来，我正在这里烧饭。你能到我家来吃饭吗？我们有豆子、有螃蟹。"

常常假装有几个囡囡病了，孩子便打电话去请医生。别的孩子假装医生来医病了，给囡囡诊视，和她的妈妈谈话，还给些药末子、药丸子。

一个孩子假装开了一个牙医处，许多牙痛的人来了，有的哭着，有的脸肿着，有的拿手巾把脸遮着。等到医生看过了，那些病人都快快活活地回去。在这些地方，我们可以看到，孩子们怎样能够在他们游戏里面，反照出和实际社会情况相似之点，真是有趣。在成人们看起来，或者也会发笑。

（四）雨天的工作

天下雨了，孩子们不能到户外去工作，只得在幼稚园的课室里做些屋里的工作。一个男孩子要做火炉，他拿了一个小木箱，锯去了一小块做火门，门上配了绞链。又锯去了一小圆洞，当做通烟筒的，于是火炉便算成功了。

别一个男孩子要做椅子，他拿了一只小箱子，假装要将箱子钉拢来，在顶上的四围钉了些钉子。其实，那些钉子一点也没有用处，不过借此能满足他敲钉的欲望罢了。做完了这件工作，他说："我要有背的椅子。"所以寻到了一块小板，钉在他的后面。然后他说道："我不愿意只有这样一种的椅子，再要有一种。"所以他找到了一个缺一边的箱子，想做一把安乐椅。但是坐了上去试试，觉得板贴在地上太平了，于是请教师拿住了，他再坐上去。这样一来，他立刻说道；"它应该有腿的。"于是又去寻了一只小箱子，钉了三只腿，结果便是一张很满意的椅子。

另外，有一个小女孩子拿了一只小箱子，在边上钉了些挂衣服的钉子，要给她的房子里做一个挂衣间。还有几个孩子，用的小箱子做床，还铺了褥子、被单、枕头等，都是他们自己想法子做的。

其他的孩子，差不多都做桌子，只有两个孩子做了梳装〔妆〕台。当他们做成了梳装〔妆〕台，向教师要镜子的时候，她给他们几张锡纸。这件事在教师以为，必能使他们大大儿欢喜；哪知不是的，他们竟因为没有真的镜子大大儿失望。孩子们做这样工作的时候，实在是很认真的，决不是以为玩意儿可以马虎过去。

当一天雨止天晴，他们可以回到自己房子去的时候，一小女孩子请求，在她的房子上要有一个屋顶。她说道："我要一个像这样的屋顶。"同时，用两手表明了一个高起屋顶的式样。她请了两个男孩子给她做屋顶，既经完工，那两端是空空的。

一个小男孩子，希望要一个更好的屋顶。他说："我要一个像这样子的，但是两端要有些东西才好。我要一个在屋顶两端做 A 字形的。"这样，就是表示三角墙的意思。在他们的村落近处，他从工人用过的板堆里，找到了几片木料。他先指着一块长方形的板说道："这做 A 形的东西很好。"又看到一正方的说道："或者这也可以的，不过太重，还是第一片好。"他量了他的房子，找出了需要的长度，便锯了木板，做成"A"字形的屋顶。后来，其余的孩子都决定，也要那两端有三角墙的屋顶。

他们一些也没有想到房子上的窗子。等到有一天，一个男孩子走到他的房里，关了房门说道："这面须得有些光才好。"他出来便问道："锯子在哪里？我要有一个窗子。"另有两个孩子帮着他钻了四个洞儿，而且那第一个孩子用了小锯子，从第一个洞锯到另一个洞，一直锯成小圆窗。其余的孩子看到他做了窗，大家也都动手做起窗子来。

（五）这是乐境

一天明明问道："我们这个市镇叫什么街呢？"屠先生说："你喜欢叫什么

呢?"明明说:"叫房子镇罢。"另一个孩子说:"不是的,叫工人镇。"光光说:"还是叫乐境。因为我们是乐境里的小小快活仙。"小小快活仙,是孩子们喜欢唱的歌。名称决定了,每天他们出去做工的时候,总唱着这首歌:"乐境里有十个快活仙,天天指出快活天。左手五个右手五个,大家一齐说'忙上前'。心里愿做手才愿,爱作工作心才愿。快活仙呀,继续而前去,今天是个快活天。"

孩子们现在决定了,应该把市镇的名牌挂起来,那么人家经过了可以看见,晓得这市镇叫什么。一个较大的孩子拿了一块粗糙的木板,用蜡笔弯弯曲曲的写着"乐境"二字。看起来不很清楚,孩子们都说"要不得"。于是,决议请一年级的人做块市镇牌。一年级的人很热心地允许了,便拣选了一块三尺长、六寸宽的光滑木板,中间写了"乐境"两字,两端画上青鸟和树木做装饰。

一个小的孩子说:"这些房子应该编号的。"他挨户去问各屋主的号数。终究因为大家都不会做数目,于是请二年级生代劳。二年级生用小木板涂上白漆,用黑色蜡笔写了号码。幼稚生快活极了,统统都钉在房子上。其中有好几个号码是颠倒的,但是他们也不很理会,反以为很满意。

(六)食品的来源

当他们要水的时候,总得向学校里去拿,这太费时间了。所以他们议决,要一个供给水的地方。一个男孩子说:"我晓得井可以给我水,我来掘井吧。"在他们未曾掘到很深的地步,一个孩子问教师说:"我们在这里掘井,校长要来管吗?"教师说:"不晓得。不过可以把掘起来的土堆在一边,如校长反对,仍旧可以填好。"第二天他们又问了。教师便说:"恐怕要来管的。"孩子们就把已经掘的洞填好。不久,他们在杂件间里找到一个水龙头,决定以这个当做供给水的源头。

当他们玩烧饭的时候,发生了一个问题:在什么地方可以找到食物呢?因此,追求到食物铺和菜园。当时就有一个孩子,拿沙来做糖出卖,便成立了一间食物铺子。店主还采集了许多野菜,说:"这是萝卜,那是马铃薯、洋葱头。"后来,孩子们在后园种了许多红萝卜、青菜之类。那些豌豆还没成熟，也被他们拔起来用。后园的东西太不够了，他们便找到大学的菜园里去，得了许多红萝卜，洗洗干净，就在食物铺子里出卖。

另外有一个孩子采了些野花，他说："我正在这里开张一家药铺子。"又有一个把小农具、小工具都堆在他的屋子里说："我家是五金铺子。"还有一个说："这里是邮局，你们要送东西给朋友，邮局可以代送的。"这样，接二连三地开起许多店来。这许多店的招牌，都是请三年级生代写的。

有时候孩子们到杂物铺去买东西，他们就用某种大小的圆石子。假使用了别种石子去买，就被拒绝。那买主就急忙到邻近石堆里去找些合适的"货币"来。这些铺子都是现钱交易。有时候打电话去买，那开铺子的，就用车子送货物来，货物到了，钱也照付。

（七）乐境里的快活家庭

有一天，一个男孩子坐在他自己房子的阳台上对教师说道："这条街我们叫什么呢？"教师问道："你欢喜叫什么呢？"他想了一刻儿说道："鼓楼街。"这是幼稚园所在地的街名，他的家也在这条街上。孩子们常常拿自己熟悉的地址，题他所创造的街名的。

有几个小女孩子，移两只箱子到两边排着，开始做分房的屋子。后来，她们再加上一间厨房。而且因为要扶梯，在一只箱子的上面再放上一只箱子，于是成了二层楼。两间屋子中间开了门，墙上开了窗，还做了窗帘。有一个女孩子把窗帘挂在绳子上，于是那个窗帘可以移动了。这样，男孩子帮助做了屋顶等，女孩子便做了窗帘，算了一种报告〔答〕。在厨房的左近，女孩子们放了些空的洋铁罐，说是各种杂物，各种罐头食物。

有几个孩子决定，要在房里装电灯。有一个孩子，在电话线上加上第二根线，作为电灯线。有一个小女孩子，在墙上钉了个小钉子，把线弯了下来。弯下来便算开了电灯，拉上去便算关了。而且她为着省电力起见，那条电线常常拉上的。

分房的屋子里，住了些人，父亲、母亲、儿子、女儿、佣人等。一天，一个儿子做了些家庭用具，预备夜间玩耍的。到了安息的时候，母亲对儿子们说道："现在上楼去睡觉。"儿子们回答道："我不要去睡。"母亲听了这句话，便厉声说道："你是我顶难管的人了！"

（八）许多快活工作

后来到油漆房子的时候了。这个暗示是这样来的，有几个女孩子拔了些青草，在房子上擦，看见留了些青的花纹，便叫道："我们油漆房屋了。"漆是教师预先备好的，白的、青的都有。不久，孩子们把全部房子都油漆得非常光亮。油漆房子，是这个活动里最快活的一件工作。

在房屋完工之后，那小房主还在窗外做了些花箱，里面种了些堇菜和旱莲。在院子里，更种了些牵牛花。这件事，也是一个孩子起头，大家都跟着做了。

这个村子里还设了一条晒衣线，又备了洗衣盆、洗衣板，孩子们便来洗烫囡囡的衣服和窗帘。教师便暗示他们唱下面的歌："我们怎样洗我们的衣裳，洗我们的衣裳，洗我们的衣裳。""礼拜一的大早，我们洗我们的衣裳。这样，这样。"还有许多关于镇上的歌，也都是从他们的工作中产生出来的。有一天，有一只红胸百灵鸟停在电线上唱歌，他们也唱个百灵鸟歌；而且等他们唱罢一个之后，鸟儿也唱起来了。两方面歌声相和谐，更加好听。从此以后，他们一听到鸟儿唱，便晓得百灵鸟来了。

自然课的研究，要从花草虫鸟接触来的。他们也替鸟儿造了一个食场，更挖了几个小池喂养小鱼，又去采了些蒲公英之类，插在自己做的家里。山楂花是幼稚园种的，孩子们约定不许采花的，所以他们只是每天去灌些水。花儿谢了，再拾起来，有的插在头上，有的佩在胸前，这样认得山楂。他们又在一棵大枫树下造了一家药铺子，起初不知道这树的名，后来因为得到了树荫，他们便问教师这是什么树，教师也就告诉了他们。他们就在树下游玩。在日常中便算认得枫树。

当那天掘井的时候，一个孩子掘起一条蚯蚓，他想弄死它了；但是别个孩子说："不要杀害它们，它们会帮助农夫的。他们做泥土的工作，把泥土翻得很松。"这个孩子就拿蚯蚓给大家看，大家说了许多蚯蚓能帮助农夫的好故事。

有一天正在营造屋顶，一个男孩子说："我晓得木头是怎样得着的：樵夫砍下了大树，去了它的皮，拿到木厂里去锯，就成了。"说了这句话，便引起他们讲房子是怎样造的故事。在这个活动里，也常常暗示他们讲家庭故事，如《两只熊》《三只小猪》《老鼠要尾巴》《勤快的小猴子》等。

在幼稚园里最难做的是数目了。在这个活动里，倒常常有很好的机会练习数目。一个孩子从花〔菜〕园里得到红萝卜，他数了，说有二十四个；别的一个孩子也得了许多，数了一数，有二十一个。他们二人要想平均起来。第一个孩子送了一个萝卜给第二个孩子说道："我现在只有二十三个了。"教师便问第二个孩子有多少，他说："我有二十二个。"第一个孩子说："那么我比你多一个。"他又把红萝卜分成五束，每束买〔卖〕五个铜子，一共得了二十五个铜子。

当他们竖了八根电竿的时候，觉得还不够，他们再要装四根，那么一共有十二根了。当他们做窗帘子的时候，一间房子有六个窗子，两间房子有十二个，两个人做，每人要做六个。这种种，都是练习数目的好机会。

（九）乐境里的集会

他们开了几次茶话会。因为屋是用花草和颜色纸等装饰的，所以在开茶话会的时候，他们也就用这些美术品来装饰自己的身体。有一次，一个女孩子说："啊，我要跳舞，我们来开一个跳舞会呀！"她就挨家去请了许多孩子来。那些女孩子为了要跳舞，都在衣服上挂了许多装饰品；可是那些男孩子，并没有注意到装饰跳舞衣。

当客人都来了，一个孩子说："音乐在哪里？没有音乐是跳舞不起来的。"做主人的女孩子，就拉了许多小锣、小鼓、小钹出来，于是大家开始跳了。在屋子里跳舞。当然嫌地方太小，她们就在路上跳起来。

幼稚生写了些信给一年级、二年级、三年级的学生，谢他们帮忙建造工作的。可是他们觉得还不满意，所以决定在散学的那天开个茶会，请一起的帮助者都来。这是一年里最重要的事了。那天，还有许多父母们也来看他们怎样好玩。

（十）孩子们得到些什么

孩子们这样天天进、天天出，在这个乐境里做工、游玩，过了整个春季。在那里，他们一切事共负责任，同享权利。这是因为，住在同一团体里，不得不如此的。他们因此得着许多有价值的习惯和技能。其中最重要的，是那些关于社交生活有价值的观念，深深儿印在孩子们脑子里。

第三节　教师的准备

读到本章，必定感到幼稚教师非万能不可。其实决不如是。一切知识、一切能力，都是随时长进的，所谓"做到老，学到老"。我们指导孩子们做，我们自己的长进，比孩子们还要快、还要多。这点，我们千万要认清楚。还有一点，就是社会生活到了今日，已经是极复杂，决没有一人能完全知道的。但是孩子们的需要，会希望一个教师能完全知道的。这件事也不必惧怕，只要有这样一个决心"知之为知之，不知去求知""口肯问，手肯做，眼睛肯注意寻找"就好了。

关于社会生活的活动，教师应有下列各种准备。

（一）选配场所与材料、工具

（1）场所。必须预先有计划，在一所最大的场所。户外最适宜，若因种种不方便，室内也可以；但是要预先计算，某处做什么、某处做什么。如在空场上，可由孩子自由发展。

（2）工具。木工用具，图画、油漆用具，缝纫工具，铁工用具，挖土用具，家具，这里都是缩小的，以孩子拿得动为度。木工用具中，斧头是不用的。

（3）材料。材料最多，但是不必都是买来的，利用废物是第一要点。所以一切破布、碎板、旧箱子、竹头、贝壳、墨水瓶、旧铁、铁丝、兽骨、鱼骨、果壳、落叶、石子、各种纸张、线、绳等都要有，并且都要放在一定地方；平时指给孩子们看，并且约定怎样去拿，怎样归还原处。

（二）做孩子们的顾问

（1）街市村镇的组织。这个组织，不是有什么市长等，是房屋等的排列位置，街道的向阳、阔狭等。

（2）街市的设施。例如有医院，有消防队、电灯厂、电话局、自来水等。

（3）各种职业。如工厂、商店、小贩等。

（4）家屋的建筑。详见家庭活动章。

（5）应用品的装置。如装电话、修电灯、做家具等。

（6）室内的布置。关于家庭的、商店的、工厂的，各各不同。

（7）分工的讨论。为着能力的大小，孩子们必会提出分工来的。大概男孩子做用力多的事，女孩子做细巧的事。

（8）日常生活的讨论。详见家庭活动章。

（9）集会的方法。怎样召集、怎样开会、怎样做主人、怎样做客人；民权初步，在幼稚园里似乎太早，只有最初步的主席等或可一试。

（三）插进其他各科去

要是自然而然的插进去，切勿勉强。

（1）自然科。关于花、鸟、虫、鱼、天空、电光等，在日常用品里最易插入。

（2）工作科。全部活动都是孩子动手做的，所以一切木工、金工、缝纫、泥土以及油漆、图画等，也都容易加进去。

（3）语言文字。这是随时注意的事，除非讲故事、写标题、写请帖等可以特别提出来；但须注意，教师以少说肯定的话为妙。

（4）音乐。音乐不在乎有严肃的训练，而在乎自然的流露。所以，教师可以选出稍稍有关系的歌（甚至歌谣也可以的），与孩子们共作时唱。倘若遇到孩子们要开音乐会，那是更好了。

（5）数目。这科最难，教师也只能于相当时插入数数目、分东西等。不必太注重，因为数目于他们不很有用处。

（6）游戏。"工作""游戏"二者，似乎不应分开。一切工作，只要是孩子们快活的做，都是游戏。在这个活动里，教师不必再加其他游戏。

（四）参考的资料

这个活动，可以参考的资料很多，不过大都是不适合于幼稚园用的。例如商业一项，孩子们需要的商店，是现实的小商店，或者是大商店的一部分，决不要商业教科书里所说的精深。所以幼稚教师要找参考材料，还是在日常生活里去留意。书籍不过做一种备查罢了。

（1）《形象艺术教科书》，共十二册，可以选用，商务印书馆出版；

（2）《新中华工用艺术》，共十二册，可以选用，中华书局出版；

（3）《儿童理科丛书》，共三十一册，大都可以用，商务出版；

（4）《中华百科辞典》，一大册，查考常识极适用，中华出版；

（5）《儿童课余服务丛书》，可以选阅，中华出版；

（6）《图画故事》，二十册，此书极佳，儿童亦可用，商务出版；

（7）《画报》，近年来中国各大报都增图画刊，此极有用；

（8）*Ladie's Home Journal*①，美国出版。

其他参看家庭活动章。

问题：

（1）照本章所说的干，会引起中国现在中等以上家长的责难吗？有哪几点最易引起责难？为什么？怎样解释？

（2）照本章所述，教师似乎不很做事，究竟她做些什么事？

（3）倘若遇到孩子们互相欺侮的时候，这个活动的进程如何？

（4）教师准备有两种：一是事前准备；一是临时准备。本章所述，哪几件是事前的准备，哪几件是临时的准备？

（5）我们倘若实地做这个活动，有什么困难？

（6）把你的家乡一切情形，仔细地回想一下，写一个大纲出来。

本章参考资料：

（1）Picket and Born：*Early Childhood Education* Ch. Ⅵ. （董任坚译

---

① 所载英文为书名，可译为《妇女家庭日记》。

《初期儿童教育》八十六页，乐境)

（2）*The Classvoom Teacher*[①] Vol. 4. *Community Life and Social Study* [②]Ch，lII. *The Study of Community Life*[③]，该章与本章的例相仿，不过教师的工作多了些。

（3）Parker & Temple：*Unified Kindergarten & First Grade Teaching*. Ch. IX. 135p. Our Guy[④]. 也是与本章相仿的一个设计。

---

① 所载英文为书名，可译为《班级任课教师》。
② 所载英文为书名，可译为《社区生活和社会学习》。
③ 所载英文为书名，可译为《社区生活研究》。
④ 所载英文为著者与书名，可译为帕克和坦普尔《幼儿园和一年级统一教学》。

第七章　孩子们的世界

第一节　幼稚生已经有的地理观念

本章讨论幼稚园怎样处置地理一科。提到地理，就会联想到地图。地图是最抽象、最不易了解的符号，要想四五岁的孩子认识，决非寻常之事。孩子们对于地理观念，难发生的原因极复杂。最大的原因，就是因为缺乏数的观念。距离是不会计算的，地图与实际地形的比例尺更难明了，方向亦不易辨别。所以侨居南京的孩子，虽然到过杭州，也知道杭州西湖博览会①的好玩；但是在孩子观念中的杭州，与南京仿佛是邻居，或者是卧室与游戏场所，决不会有千里的远路，也决不能在地图上指出来。我们如再加分析，孩子们还缺乏联络的能力，所以两地就是独立的两地，不会联起来的。

骤然用地图去教孩子，固然不能；就是试之于普通成人（没有相当训练的），又何尝容易呢？不过我们倘若细察孩子们已经有的地理观念，渐渐儿扩大起来，那么就是从中国南京走到英国伦敦，也不是难事。下列几个地理观念，是三四岁的孩子们已经有的：

（1）在一家以内的，如皮球在卧室，或放在吃饭室，或在游戏场上。

（2）邻家的伴侣。王宝宝住在巷口，陆弟弟住在第二条胡同，已能认得。

（3）村子或街巷。我家住在李家庄，李家庄的邻村是王家里；这是二条

---

① 西湖博览会：全称杭州西湖国际博览会，于1929年6月在杭州举办，同年10月20日闭幕，观众前后达10余万人，它是中国会展史上第一次规模较大且影响深远的展销会。

巷,那面是三条巷;村子的界地有小桥,街巷的出口有栅门,又有管门人等。

(4) 亲戚。孩子们有亲戚的观念不很早。我国外祖母最爱外甥〔孙〕儿女,但是三四岁的孩子对于外祖母的感情,除出有特别缘故外,必定及不来乳妪。不过到外祖母家去了几次以后,也渐渐熟悉了。怎样去的方法,如坐船、坐车等也能明了。有时候,经过的村子等也能记得,方向也能依稀辨得出来。

(5) 城市与乡村。若住在城市的孩子,常常会听到父母们谈到乡村情形;住在乡村的孩子,常常喜欢进城去,或希望父母们常常进城去。因为从城市回来的人,必定带着些好吃、玩的东西。

(6) 物产的来源地。这个观念恐怕最模糊,甚至不会发生。例如孩子们得到皮球,若没有人提出问题,他决不会问到这个皮球的橡皮产于何处,工厂在哪里;他至多不过会问爸爸:"这个皮球哪里买来的?"这时候,做爸爸的或因有别的事,也至多回答一句:"从城里买来的。"不过这个模糊的观念,实在是我们可以利用的重要途径。

第二节　怎样扩大孩子们已经有的地理观念

从孩子们已有的经验里扩充起来,使孩子认识世界,是一件可能的事。下面有几种方法,教师们值得一试。

(一) 谈话

"谈天说地"的地,就是指着关于地上的事,不是仅限于省县之界限、河流山脉的地理。幼稚园里可以谈的地理范围如下:

(1) 大都会以及本处邻近的城市生活;
(2) 乡村生活;
(3) 衣料的来源地;
(4) 食物的来源地;
(5) 农人、渔人的生活;
(6) 其他各种职业人的生活,例如木匠、裁缝、铁匠、矿工等等;

(7) 邻近的小山、河流、名胜等。

怎样谈话，可以参看本丛书《故事》等书，本节不过举例说明各节的内容。现在就以城市与乡村两点作例。

谈话以城市为资料的幼稚园，不必限于城市幼稚园。因为乡村幼稚生，也可以在相当机会内谈到城市。下列诸点应注意的：

（1）街道。关于街道，有重要街道的名称、地位，有时还可以谈它的路阔、路长。此外如街道的清洁、建筑，以及街道的构造与设备，如行人道、车道、电灯、自来水管、警察岗位等等。

（2）建筑物。城市里的店房、住家屋、学校、医院、救火会、报馆、旅馆、戏院、博物院、车站、寺院等（中国都会里寺院不多，但是耶稣教堂、回教堂等到处都有）。

（3）交通器具。黄包车、独轮车、马车、汽车、电车等，特别注意它的便利点。

（4）城市对于全体社会的设施。如清洁的水、优美的公园、广大的运动场、清洁的街道、愉快的学校、治病的医院，以及许多安全的市民公寓。这种种，对于孩子的直接或间接都有关系的。

（5）比较。把城市家庭与乡村家庭比较，或与野蛮人的家庭比较，或将中国的城市家庭与西洋人、日本人的城市家庭比较。

住在大都市里的孩子们，实在不容易跑到乡村里去，所以谈话谈到乡村，可以试用下列各种方法来做引线：

（1）到大公园里去游览，因此孩子们得见到广大的绿色田地；

（2）到小菜场上去参观，然后可以联想到乡村；

（3）在园艺的种植上，城市幼稚园不易得田园，不过大可利用窗箱、花盆；

（4）注意各种果子、菜蔬之类，可以考究它的来源地；

（5）注意路上的小车、担子，以及其他运输农产的器具，如南方用的小船。

有了引线，可以畅谈下列几条乡村的特点：

（1）广大的田野；

(2) 家畜的生活与工作，野兽、野禽的生活；

(3) 种植物的下种与生长；

(4) 各种农产物——果子、菜蔬、谷类——的种种情形；

(5) 最简单也是最笨滞的运输，如小车、小船、担子等。

（二）图画

图画是本科最重要的工具。不过本科所采用的图画，与欣赏为目的的图画不同。下列几个标准，是该注意的：

（1）多用鸟瞰图，少用展开图；工程学上的解剖图，万不能用。房屋的平面图，在最初也不容易看懂。地方地图，要到能看平面图才能使用；远省图，当然更要移近。倘若要谈某处，用一张该处的代表图或建筑物图，比骤然用地图为有效。

（2）孩子们喜欢有颜色的图画。这类颜色，又是极初级的颜色，如大红、大绿，而不是暗绿等。

（3）孩子们喜欢颜色的简单图，不很喜欢样样齐备的照相。

（4）孩子们喜欢有动作的图，不要静止的图。所以每示一图，最好有一个故事联接上去。

（5）复杂的图，容易使孩子们的观念淆乱。所以图中除必须有的物件以外，一概不必有背景等。并且这许多物件，还要用粗的笔画；简单的勾描，不必用细细的工笔。因此许多漫画体裁的画和轮廓画，最为合用。

（6）有阴影的画，以及许多新奇的画派画，于孩子们都不很相宜。因为这许多画，都容易引起孩子们各种的想象，便不容易达到期望的目的。

（7）报纸上的广告画大可利用。论价值，那是废物利用；论形状，各种物件都有，并且有的是画着外路来的东西，于地理观念上很有帮助。

（8）寻常教师，往往以为多用图画可得便利。其实多用图画，不如少用图画。多用不适用的图画，固然会发生不良的结果；就是好的图画，多用了也会使孩子们得到不清楚的观念。所以我们在地理科里的图画，是要扼要，不在乎多供给。

（9）根据上面所说的标准，我们选择图画，要用孩子的眼光，不能用艺术家的眼光。因为孩子是一步一步长大起来的，艺术的进步与孩子的长大，不会成同个步调的。有时候，竟会发现孩子们需要的图画，是现实的、简单的生活形象，不是理想的、深刻的艺术境界。关于这点，似乎应该特别注意，不然教师会对孩子们生气的。

关于利用图画，还有三点要讨论，就是形状的大小、距离的长短、体积的立体与平面。因为孩子们太现实了，看到图画往往会弄得不清楚。所以，没有看到过汽车的孩子，骤然看到汽车图，以为是大青蛙；只看地图，以为从北平到杭州，不过一个手指的长。至于用手去拿图画上糖果的孩子，那是常常可以看到的。

要免去大小的错误，可以用比较的方法。例如一只母鸡带着一群小鸡，旁边一个孩子拿着一盘谷去喂它。这样，孩子可以推到母鸡的大小，从母鸡可以推到小鸡的大小。虽然形状、比例要差不多，但是大致可以不会误会了。

在沙盘里搭出许多地形、城市、村乡来，可以做孩子看地图的一个过渡活动。不过，为着孩子们看的地图，与其多用符号，不如多用实物。例如从南京到上海，在上海可以画些洋房来代表，南京可以用无线电台或别的建筑物来代表。这两地的中间，在铁路轨道上要画几辆火车，冒着烟向前驶行，这样孩子就会明白了。

立体与平面的错误最难解决。不过，不解决也不至于大妨碍。因为只要上述的两个困难解决以后，孩子们不会再发生纸上的东西不像现实的东西的误会。最大的错误，不过以画当作实物；但是这个错误，是没有什么紧要的。

此外，综合以上三种而发生的，还有一个远近观念。在同一张图上，小的表示远，大的表示近。孩子们发生这个概念是很迟很迟的。在最初步的孩子画里，应该免去这个方法。至于光暗、浓淡等表示，也以愈少为愈妙。因为给孩子看图画，第一要问为着什么而给他看的。所以除表显目的物以外，其他应该一律免除。

图画是帮助谈话和讨论的工具。所以除"看"以外，还可多方利用，如剪贴、着色、印模、放大等等，也都是极有意义的方法。

除"谈话""图画"以外，还有积木、沙盘、厚纸、模型等，都可用做达到本科目的的方法。以下两节，就用这许多方法来举例说明。

第三节　孩子们的山河

上节谈了两个怎样引起头的方法，本节讨论怎样可以使这些观念更加坚固或明显。沙盘、积木、黑板、纸张、小的模型，以及一切火柴盒、竹头，都是很好的材料。下面举江村（大多数的中国乡村）、上海（大都市）、沙漠（中国北部情形）三个例子。

（一）江村

江村所有的一切，都是极平常的；江村的风景，没有一处不是美丽的。因着机会与孩子们谈到江村，那么在沙盘里可以建筑江村。最引起注意的是水，就用沙做江流，用黑色或棕色的纸摺成船，三三两两放在江中。江岸，可以用小块积木排成。岸上的房子应有两种：一种是瓦房；一种是草房。瓦房就用正方和三角的小积木搭成，草房要用茅草、小木杆等扎成。

小山，是美丽的江村必有的，用泥块捏成。山上必须有绿的树林、红的小屋，这些可用色纸。在小山上建塔，是江南常见的风景，也是极好的点缀品。塔可以在料货店里买一个来。牛、羊、小车散在家屋的四周，农人牵着黄牛出门工作。这种种，都可以用厚纸做。农产品如谷、米之类，可以用真的来堆积。渔人钓着鱼，或提着鱼叫卖，也可以用厚纸剪成形状，在村子上行走。倘若要有草地、菜园，那么可用碎绿纸做。

这幅江村模型，也可以在黑板上做。不过都变了平面的，并且积木等不能用，这是缺点。但是水的美、水里的鱼、渔船的动作，在黑板上格外容易表示出来。至于孩子的能够动手做的机会，在沙盘里当然比在黑板上来得多。

（二）上海

这是代表都市的名称，不必拘于用上海。都市情形的复杂，虽生长其中的人，也难以完全明了，何况三四岁的孩子？更何况乡村中三四岁的孩子呢？所以对于都市，只要选择最令人注意的几项，不必列述很多。做的时候，最好利用房子的一角，用积木来做。

(1) 火车。这是中国几个大都市必有的交通用具。乡村孩子进城，城市孩子下乡，都可以用这个东西；并且火车的汽笛声、车站上的人物、铁路轨道的好玩、卖票房的拥挤、脚夫的号衣，都是容易引起孩子们注意的。二号积木最适宜于做铁轨，小拉车就可以做火车，或用纸盒做。车站用方形、三角形积木搭成，脚夫等用厚纸剪成，使他直立。

(2) 大商店。这也是一个特征，奇巧的货物，必能引起孩子的注意。商店的招牌，也更易于记忆。所以用积木搭成的商店，还可以挂一块招牌。这种招牌，或者就用"布店""肉店""杂货店"等字号。

(3) 工厂。这也是都市的特有物。例如无锡的工厂，在百里以内的孩子都能知道。就是极小的城市，也有一个电灯厂。工厂要用厚纸做，因为它的构造不同，一枝高耸〔竿〕的烟囱，最能引人注目。

(4) 电气事业。电的利用，近来已很发达，大都市几乎没有一个不是电气世界。不过，孩子们不很注意它。在城市的孩子，几乎是司空见惯；乡村孩子不进城去，也是想不到的。不过，这是极要紧的日用品。电灯、电话，大的都市还有无线电台、电炉，电扇等等。

幼稚园可以做的，有电杆、电线、电灯或无线电台。电杆用小木棒，电线最好用细铅丝，或用白色的线。电灯用断丝的手电珠，这可以向旧货铺子里去寻找，每个不过两三枚铜子。电车是极难装，也极难以使孩子明了的东西。如孩子们提出来，可以先讨论发电厂等，然后用厚纸、铅丝等做。最要紧之处，就是电线、开车机、司机人，车上联接电线的支柱。

(5) 其他交通器具。其他如汽车、马车、黄包车、自行车等，在乡村里也不容易看到。这里可以做的，因为用薄的木片或硬的纸，都极容易做。一来是点缀街道；二来也是整个活动的副产品。

(6) 兵舰。这是讨论国防的开端。狭义的国家观念，固然不应该在幼稚园里谈；但是帝国主义用武力压迫我们的事，必须注意。中国各通商大埠，何处不布满外国兵舰？幼稚园"建筑"都市时，可以一面滨水，水中放几艘外国兵舰，就购买现成的铅质兵舰来应用。

滨水的都市，比较不容易建筑。每逢做一件东西，孩子们又会发生掉到水里去的误会。所以教师以为设备不够（因为需要多量的积木或砖石），不如不提到水,那么兵舰也就不必提到。倘若孩子提起了兵舰,那么教师就得设法了。平地上建筑不起来,可以利用阶坡,或改在黑板上来做。

(三)沙漠

利用沙盘来做沙漠,是最适宜的场所。沙漠不是广漠的平原,必多高山。在沙盘里造高山,是一件不容易的事。所以必须借用黏土,做成山形的骨子,外面再用沙堆上去。沙漠里湖泊极少,不过有人兽的地方,必有绿色,这是有水草的牧场。这个水草地大,都是大山包围着,这是因为地势低,又不易受风灾,所以能有水草的。应该用深绿色纸或蓝色纸铺在沙上,做成水草地,再在它的附近搭起帐幕来(原图5)。

原图5 沙漠全景图

(1)沙漠树。沙漠树必定极能耐得风灾的,所以在亚拉伯①的沙漠地长着棕榈树,蒙古沙漠地长着松、女贞子之类。沙漠树用棕色纸卷起来做干,用长条的深绿色的纸做树叶子。这种树,可以长在山上或水草地,根都是极深的。

(2)沙漠人的生活。沙漠人是游牧生活,又因天气变化异常迅速,所以

---

① 亚拉伯:通译阿拉伯,通指西亚、北非地区,约占世界总面积的9%,包括22个国家。

都很强健。他们的衣服是长的，有外套，大都用毛织品。帽子也是重要的物件。所用的器具如床、椅等，都用羊皮做的，甚至饮水器亦用皮袋。这是最特别的生活，可以搜集些旧皮革来做。

（3）沙漠帐或称蒙古包。这是皮毡做的房子，中间有柱，形状与普通帐幕稍异。幼稚园可以用旧皮做，先扎骨子，然后用皮披上去，用细绳缚住（原图6）。

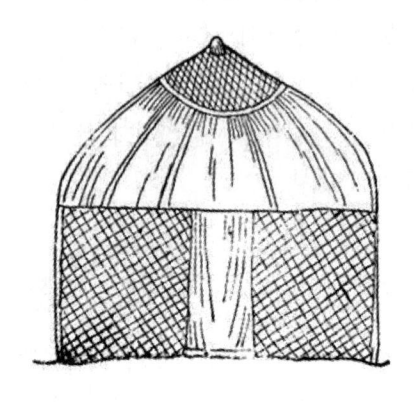

原图6　蒙古包图

（4）沙漠兽。沙漠兽种类极少，因为不容易生活。骆驼是最著名的沙漠船，马是沙漠人游牧必用的工具，羊是他们的财产，除此以外就不多了。这些兽可以用厚纸剪成，放在帐幕的四周，或有人牵着（原图7）。

原图7　骆驼图

第四节　各地的孩子

养成孩子们有世界观，最好使孩子与世界的孩子做朋友。在小学里，可以与全世界的孩子通信。此法在幼稚园难以采用。从许多物品上，有时也可以谈到各地的孩子。谈的时候，当然只可以用故事体裁。不过，这是为着使孩子明了那些地理的故事，不是神怪的故事。

有机会的时候，可以请外国人来讲一个故事，或唱一首儿歌，弹一会儿钢琴做引子，这也是一件极好的活动。这些在通商口岸极容易做到，在内地可以利用传教的基督徒；不过要事前谈妥，不得向孩子传教。不然，我们就有要反宣传（幼稚园不应有宗教的理由，参看拙著《幼稚教育概论》第二章，此书现由中华书局出版）。

在旅外侨商多的地方，如宁波、福建、广东等处，应该极注意于侨商最多地的孩子。因为他们的父兄或亲戚大都岁岁归来，谈到侨地许多生活，于孩子们的地理教育极有影响。幼稚园可以请回国的侨商，来讲该地土人的生活，有时还可以带些侨地土产来看。

同去调查一地的人情风俗，青年人与孩子的注意点大不相同。近年来出版的某地生活等书，大都着重在两性生活。这件事，于幼稚生没有多大兴趣；所以得来的材料，都要放进"儿童化的炉子"里去熔化过。教师去请人来讲异地人生活，也应该预先把此意告诉明白。下面有一个日本人的例子：

　　　　离我们不远有许多美丽的小岛，这就叫日本。小哈奈，就是一位日本小姑娘。日本人叫花为哈奈，所以这位姑娘也可以叫她"小花姑娘"。她的父亲是种田的，他们住在一个小村子里。他们的房子非常有趣，和我们的房子不同。它的墙用竹条和纸糊成的，门可以抽进抽出，不必关的。屋顶用瓦的，这和我们的屋顶相仿佛。这是日本房子的图，你看，不是她的爸爸正在抽门吗（原图8）？房子里面也没有墙的，两间房子的中间，

原图8　日本民居图

也用竹条和纸隔起来。这个隔子可以抽动的,所以有时两间房子就可以合为一间。她们的家具极少,桌子、椅子、凳子、床都没有的,地板也只用席子,她们就坐在席子上。吃饭的时候,有一张小机子,这是放饭菜的。她们也用筷子吃饭的,吃的也是米饭,还喜欢喝茶。

小哈奈睡在地板上的。在地板的一角铺上席子,席子上再铺上又软又暖的毡子,有的是毛织的,有的就是棉褥子,她睡在这个毡子上。当早上的太阳透过纸壁的时候,她就一跳起身,穿好衣服,卷起床铺。她的衣服很像和尚衣,很大的袖筒,就是她的衣袋。她的背上还有一个背包,这是女孩子穿的衣服。男孩

原图 9　小哈奈与小弟弟

子的衣服,就没有背包。她的鞋子最有趣了。你们看到过木屐鞋吗?这双木屐可以随时穿,随时脱。她走到家门口,必定把鞋子脱掉,因为房子里是铺着席子。穿了鞋子走起来,不是容易把席子弄污糟吗?这里有两张图,一张是小哈奈,一张是她的小弟弟(原图9)。

小哈奈顶爱花,她的门前就种了许多花。她最爱梅花和樱花。在四月里樱花节的时候,她的爸爸、妈妈以及祖母们,都到公园去看樱花。樱花比桃花还要好看,可惜这些樱花都不会结樱桃的,这点就不及桃花了。三月初三是日本〔女〕孩子节,这天小女孩子可以得到许多因因,她们又把旧有的也拿出来,开一个因因会。这天,是小哈奈最快活的一天。到了五月初五日,是她的小弟弟最快活的一天了。许多男孩子做了风筝去放。风筝的形状很多,鱼呀,人呀,蝴蝶呀都有,他们从早到晚,也不会觉得疲倦。

小哈奈的父亲是种田的,所种的东西多半是米,因为他们全家都吃米的。又有一块园地,园地里种了桑树。这些桑树,是养蚕用的。在春天蚕子孵出来的时候,他们全家都很忙了。小哈奈和她的母亲顶忙,一面要摘桑叶喂蚕,一面还要做饭给她的爸爸吃。因为这时候,她的爸爸正要预备种稻子了。

小哈奈极爱清洁，每天要洗澡，衣服也收拾得干干净净。她的爸爸还要天天洗冷水澡，所以身体极强健，不很会伤风。小哈奈看到人极有礼貌，她的鞠躬是极恭敬的。不过，她的小弟弟就有些傲慢。因为她的妈妈是极有礼貌的妇人（原图10），她的爸爸喜欢学英雄，所以教她的小弟弟要有英雄气概。这个英雄气概，就叫做"武士道"。

小哈奈的国里有皇帝的，叫做天皇。从前的皇帝都非常不好，到了明治天皇就好了。小哈奈的官，是皇帝的臣子，他们都极认真的。因为官做得不好，皇帝要去罚他们的。但是小哈奈的爸爸、妈妈不能去责问他们的。我们中国没有皇帝了，官做得不好，你们的爸爸、妈妈都可以责问官的。这是小哈奈顶不满意的一件事。

"东洋车，东洋车……"都听到过这个名词吗？这是小哈奈的祖父们造出来的车子。这是一辆东洋车（原图11），拉车的就是小哈奈的爸爸。有时候，我〔他〕拉着小哈奈到镇上去玩，买了东西，就放在车子上拉了回来；有时田里收了东西，也就用这个车子拉回家来。

原图10　哈奈妈妈

原图11　哈奈爸爸拉东洋车图

我讲完了这个小哈奈，你们愿意做一个小哈奈吗？谁愿意做她的小弟弟的？做小哈奈的，要开一个……会？什么会呀？她的小弟弟呢？我们来做风筝。谁能画小哈奈的房子呢？谁能做东洋车呢？我有一个小东洋车，我们大家用纸来做。小哈奈住在小岛上的，我们也来做几个小岛。怎样做呢？到沙盘里去做罢。我们来做一家"小哈奈的家庭"，这是爸爸，这是妈妈，这是小哈奈，这是小弟弟，他们都坐在席子上吃饭。

第五节　教师用的参考书

地理科的参考书很多，教师用的时候都要重新组织过的。书里的图，选择有趣的，可以给孩子看几幅。

《初中人生地理教科书》，张其昀编，商务出版，共三册，价三元二角；

《全国一周》，谢彬著，商务出版，价二角；

《西行艳遇记》，陈重生著，时报馆出版，每册五角；

《徐霞客游记》，此书已有数家印刷，价亦不一。

以上两〔几〕书，是记载我国各处山水、名胜、风俗、人情最详尽的书，且写得极有趣，确是我们做教师的消遣品，而且可以获得实际材料的书。

《少年史地丛书》，商务出版，已出四十五册，每册价三角至四角不等。该丛书，译者居半，所以外国材料很多，本国材料不很多，可以与上述二〔几〕书参看。

《台湾》，汪洋著，中华书局出版，价一元四角。

《南洋》，黄栩园著，中华出版，价三角半。

《西藏人民的生活》，刘光炎译，民智出版，价七角。

The Practical Infant Teacher[①] Vol. Ⅲ. 690—749 P. P. 此书是本章参考资料。其中方法极多，说到各国的风俗也很多，并且大致没有什么诳造，都是变了儿童化的材料。读者倘能看英文，此五六十页极值得一看。

Kindergarten Primary Activities Based on Community Life[②] 267—273 P. P. 这几页，有引用一个现成故事来谈各地孩子的一个方法，也很可利用。

《游览指南》，各名胜地都有游览指南，都可以参考的。

---

① 所载英文为书名，可译为《实用幼儿教师》。
② 所载英文为书名，可译为《基于社区生活的幼儿园与小学活动》。

《县志》。中国各县大都有《县志》，内容记载得极丰富。可惜有极浓厚的传统观念和宗法社会的思想，看时要特别留心。作为乡土地理的帮助，倒也可以。

新出的各种民族考。如《南荒蛮族》，北郊书局；《云南广西的瑶族》，中山大学出版；《古代社会》，莫尔根著；《中国的古代社会》，郭沫若著等书，虽然都有它们的好处，不过对于两性问题、婚姻问题太注重，幼稚生还不需要。只可以供教师看，而不可以直接采用。

各地风景人物片。香烟公司的画片，画着各地的风俗人情，很可利用；书局发售的美术明信片，也有这种材料，有许多是照片。不过，这些东西的教育价值，都因为太精致而减低。读者选购各种画片时，切须参考本章第二节第二段图画所说各条原则。

问题：

（1）幼稚生地理观念测验表应该包括多少要项？

（2）怎样测验幼稚生已有的地理观念？

（3）本科可以利用的工具有多少？详细说明各种的用途。

（4）选择本科适用的图画标准有哪几项？

（5）招请幼稚生两三人，在沙盘里做一个关于地理的活动，并把孩子的兴趣仔细记录下来。

（6）参考本丛书《故事》，然后来编一曲您的家乡的乡土故事。编成以后，对幼稚生去讲一次，然后再来修正。

第八章 关于幼稚园社会活动的几个好机会

第一节 导言

自从教育方法论上形式陶冶的观念渐渐消淡，设计活动的风尚渐渐流行以来，幼稚园的活动，也渐渐趋向于这条路上去。在实际上，一切设计，只要动机是孩子们的，不是教师的，确是比按时上课或用恩物也算一课的方法，近于生活。在幼稚教师自忖能力不足，设备一时也难办到以前，我以为应该采用设计法。倘若有了相当把握，那么可以采取第六章所介绍的方法。

本章是讨论几个设计的方法。以下所引的几个设计，都是遇到相当机会，然后逐步做去。到了儿童兴趣将转，教师或设法维持，或调换其他活动，不必勉强维持。为着这个缘故，所以一切设计过程要短。倘若是一个较长的单元，其中要分为若干小节，每节都要有精彩，并且每节要随时可以告结束。不然，就会弄得教师费尽大力、孩子吃煞苦头。关于这点，我很主张因"兴趣"而学习，不主张因学习而生兴趣。因为这是日常生活的过程，不是某种习惯的过程。

每个设计是否要有特别意义？这个问题极有讨论的价值。例如耶稣圣诞节，美国人对此极重视，对孩子更加来得注重。不过他们都含有特别意义，就是慷慨捐施，帮助贫苦疾病的人。又如感谢节①，是五谷丰登，慰劳农夫，

---

① 感谢节：通译感恩节（Thanksgiving Day），是美国人民独创的一个古老节日。1620年，英国移民乘"五月花"号船来到马萨诸塞州的普利茅斯，次年获得了丰收，遂欢庆并感谢上帝施恩，因此有了第一个感恩节。初时感恩节没有固定日期，1941年美国国会正式将每年11月的第四个星期四定为感恩节。

并且从此可以预备冬衣冬食。这些行为，我们人类是否需要？在幼稚园里是否应该开始训练？在设计中是否可以训练这些行为？这种问题，都应该先谋解决。

每个设计要怎样进行呢？进行的方式各各不同，并且可以由教师随机应变；不过，它的原则却有一定。利用这些原则，儿童得益可以多些。

（一）攫住孩子们的动机

孩子们受着环境的影响，身体的发育，以及旧有习惯的交替反应（conditional reflex，今译条件反射），于是在行动上就显出许多有意义的动作。例如五六岁健康的孩子喜欢跳跑，又喜欢模仿成人的行动，喜欢追问一切问题，找朋友玩，肚子饥了要吃、冷了要穿等，都是可以利用的行动。

（二）经过孩子们亲身的动作

上述行动，倘若以为可以施教育，那么应该把它们确定、显明以及清楚起来。所以应该有下列两个步骤：

（1）观察。如观察实际的社会情形，如参观菜场、家屋等，又如观察图画、标本、模型等。在观察的时候，教师须提要指导，并当多留孩子自动观察的机会。

（2）实行。如做东西吃、布置房子等；又如许多表演，也有实行的意味。在实行的时候，教师要供给材料，不必越俎代谋，代替孩子做。

（三）引导孩子们的思考

让孩子蛮干与压迫孩子不干，功罪相等。所以教师随时都要在留心之中，与儿童讨论问题，或暗示儿童自己解决问题、寻找问题，这是极重要的工作。次之，是暗示儿童自己发表自己的思想，例如搭房子、造花园等。因为在这些历程中，工作者必能更深切的体会出怎样改进他的工作，并且可以把他旧有的许多经验组织起来，一件一件的运用出来。

第二节 婚、丧、寿庆

从本节起,要讨论孩子们容易发生的动机和怎样进行的方法。本节讨论现代中国社会视为极重要,同时影响于孩子的行动也极大的婚、丧、寿庆。这三件事,用社会学的眼光评论起来,实在都不应该有什么隆重的举动。因为婚姻是法律问题,丧是纪念先人,寿更是不足道。除非活了七十以上的老人还能健饭、健步,才值得庆贺;其他四十、五十岁,实在不应该庆贺。不过现代中国社会习尚,竟以此三者为最隆重的举动,于是影响到孩子。我们常常可以看到,孩子在朝阳的帘下,女的戴草花、做伴娘,男的做新官人等结婚游戏。倘若遇到什么小鸡等死了,他们也会替它出殡、安葬。

(一)有哪几种活动可以做的

(1)小朋友组织家庭的嫁娶;

(2)囡囡的家庭里的嫁娶;

(3)死去了家禽、家畜、虫、鱼等丧葬;

(4)打破了的囡囡等的葬殓;

(5)小朋友或教师的生日。

(二)怎样攫住动机

关于上述四种活动的动机,"(1)""(2)"种最复杂,大都在邻近有过嫁娶的事,孩子就在幼稚园里谈起来或做起来。教师不必再鼓励,只要允许他们做,这个动机就能极顺利的开端。

"(3)""(4)"是实在有的环境,孩子有时会忽略,只要教师有一句话的提醒,例如死了一只可爱的芙蓉鸟,教师如看到孩子围着发惊,可以这样说:"唉,真可怜!我们怎样安慰这只已死的小芙蓉呢?"孩子必会提出安葬的话来。

"(5)"可以在谈话时引起。

（三）预备什么材料

关于嫁娶的："（1）"要预备一个屋角、屏风、小椅子、小桌子、新的衣服、野花或假珠花、结婚图、音乐器具、小的饮食器具等。

关于"（2）"的，要预备囡囡床、房子、颜色纸、色笔、野花、结婚图、音乐器具等。

关于"（3）""（4）"的，要预备园地的一角，小锹、小锄、纸棺（只预备纸）、色纸、色笔、浆糊、音乐器具、香烛、花圈、小木牌等。

关于"（5）"，要预备面、香烛、鞭炮、色纸、色笔、祝寿的话等。

（四）怎样进行

幼稚园设计的进行，不但要简短，并且要变化多，新奇层出，才能顺利进行。还有一件极须注意的，就是每个结束，要有极显然的结果。本节只说各种活动有哪几点应该注意，不是把每个活动直叙出来。

关于活动"（1）"的，在最初或中途，教师千万勿去加入。因孩子有时会怕羞的，所以非孩子特别邀请，教师不必加入。到了一切已经预备停当了，教师可以做贺客去加入，然后从旁提醒要加要删的各节。孩子们往往在行礼以后就散，此时就不必勉强。倘能用茶点移作结婚礼的喜筵，那就更好。不过茶点有特殊功用，所以也不要勉强移用。行礼之后，新郎、新人〔娘〕就变为常人。教师千万不要提到某人某某做得好，因为这也容易引起孩子怕羞的。

关于活动"（2）"的，这虽然是不会说话的囡囡，但是比"（1）"还有趣味。因为孩子与教师都站在旁人地位，囡囡又任人调度，不会提出意见来的。教师最要紧的工作，是指导各种装饰品、衣服等做法。例如囡囡衣、新娘床等。在预备行礼的时候，最好分孩子为两队，甲队预备新郎，乙队预备新娘。两队要互通声气，以交换意见。教师可以随便加入任何一组。在行礼的时候，不必尊重哪种仪式，以愈简单为愈妙。结婚以后，可以由孩子们公推布置新房等委员，担任继续〔打扫〕新房清洁等责任。有时，还可因此引起做满月等的活动。

从"（1）""（2）"两个活动里，往往会引起生育的问题来。这时候，教师应当极坦白的相告，不可隐瞒，也不可说谎欺骗。

关于活动"（3）""（4）"的，做坟是一件极重要的活动。所以，教师只要引示孩子怎样替死去的东西去做坟。坟碑是识字的一个好机会，这是要教师动手的；在讨论决定后，教师就来自告奋效劳。不过，要请孩子们共同注意这几句是什么话。管坟也是一件要紧的工作，当然可以推选几人。有时候只做到坟，孩子就不愿进行，教师也不必强求即刻继续，可以过一天，找一个机会再来继续。

送死者的礼，社会上已经通行花圈，就用花圈。无论喜庆丧吊，减去无谓的耗费与迷信，这也是教师的责任。花圈等以孩子自己动手做的为上品，切忌铺张或花了钱去买现成的货物用。

关于活动"（5）"的，这是顶快活的活动。无论做主人、做客人，都会得到快活的。贺客办礼物，要自己动手做，或到园里去拿农产品来，或去摘野花来。做主人的，要办招待品，还可以高烧红烛，吃长寿面。在吃面的时候，可以开一个庆祝会。这个会，教师可以把祝寿的意义，在唱歌、故事中叙述出来。孩子们在吃面的时候，可以学习许多做客人的礼节。倘若有教师二人，最好一人做主人的领袖，一人做客人的领袖，孩子虽然比较被动，但是只要教师不以长者自居，孩子也会显出平等的精神来的。

（五）怎样结束

本组活动，都无所谓结束。每个活动，以半天做完为最妥。不必今天做预备，明天办正项，后天做结束。所以每个活动的结束，倘能在放学时，最有意味。

关于本组活动，不必有结束的谈话。例如"（2）""（3）""（4）"，虽然要组织委员会来做以后的事，但是也不必作许多回想的话。因为委员会的工作，竟可以排在下一个活动里去。

本组活动，最可以联络的是手工与图画。音乐是否能在短时期联络起来，要看幼稚生平日的音乐训练如何，教师在当时指导如何。不过在本组活动里的音乐，可以用留声机片。因为注重欣赏，比训练口唱更有意义。

文字发表在幼稚园里，应该可以加入。在本组活动里，加入文字的机会极多。例如写坟碑，写祝寿的语句，还可以写"今天某某和某某结婚""某某是新娘子"等。在这里，只有最少的生字，又与很多的熟字联起来，所以在认识上不致发生多大问题。一切语句，必须出自孩子的口，教师只可代写在黑板上。倘若每个孩子有一本小簿子，可以鼓励孩子抄下来。幼稚园如能备一副印字机（此机约二百个铅字），可以鼓励孩子排印。

这些都是本组活动的联络工作，在结束以后，也可随时引起来的。有时候，可以在进行中做的，例如在开祝寿会等，很可以做认识"壽"字等工作。

第三节　节期、赛会期、纪念日

节期、赛会期与纪念日，在孩子们是同一看待的。社会上，以赛会期为最注重；家庭间，以节期为最注重；法令上，以纪念日为最重要。所有节期、赛会期与纪念日，不必完全放到幼稚园里去。有人主张删去纪念日只留节气，这未免太偏。我根据江南风俗，以为应留意的节期、赛会期、纪念日如下。

（一）有哪几个日期应该采用的

（1）节期。元旦（倘若从社会习惯，应作旧历）、春分（或可植树）、清明、立夏、端午、中秋、重阳、冬至、腊八、除夕。

（2）赛会日。这是各处不同的。在农村里的春夏之交的集会极重要，在城市往往带有很多的迷信会，如关帝会等。

（3）纪念日。主张不采取纪念日的理由有二：一因社会上不重视纪念日；二因幼稚生还不了解纪念日的意义。但是有许多纪念日，实在应当采取，因为幼稚生已经了解的，如中山诞辰、中山逝世纪念、国庆纪念、黄花岗纪念、"四四"的儿童节[①]等。

---

① 儿童节：中华民国所定的儿童节，为每年的 4 月 4 日，而非国际"六一"儿童节。1931 年 3 月 7 日，中华慈幼协会提出，后经国民政府批准，通令全国各学校、机关一体施行。

（二）怎样攫住动机

本组活动的动机，以纪念日的动机最难发生；在必要时，还要设法制造出来。

关于活动"（1）"的元旦、清明、端午、中秋、重阳、冬至、腊八、除夕等，在没有到期以前，社会上已经家家户户闹得孩子只期望这些日子快到，所以在早几天就会听到儿童三三两两谈说自己家里怎样预备过节。教师只要稍一留心，就不难开头。

植树节是有整套活动的。这件事，可以因小学部的筹备来开头，或者可以参观苗圃场一次。立夏有称人风俗，这项活动，可以在事后再来提起来。

关于活动"（2）"的机会，每年不很多。这样极少的机会，社会上的风传比学校里注重得多，所以教师只要探听社会期的准日、会期的特点。

关于活动"（3）"的动机，必须由教师设法引起。中山诞辰，可以用中山像或用中山幼小时的故事引起。中山逝世纪念，可以用总理陵园、南京钟山等图来谈话引起。有时倘能请到国民党党部〔人员〕来谈话，也能引起这个动机。国庆纪念，因为市上大概到时出售红灯笼，教师买一盏回来，挂在课室中，就能引起孩子们的惊奇。黄花岗纪念，是极应该有举动的。不过这个纪念日，在幼稚园里极难引起动机。我有一次主张带孩子到野外去采黄色野花，如蒲公英、蓟毛茛、黄花地丁、苜蓿、芸苔花等，采回来后暗示孩子搭一座小山，山上满缀黄花，因此渐渐谈到广东黄花岗。不过那次主张，末见实行，我还相信这样做法，倒有些别致。"四四"儿童节，可以开婴儿比赛会。

（三）预备什么材料

关于活动"(1)""(2)"，最容易预备。因为社会上的应用材料，也就是移到幼稚园里来的好材料。各地风俗不同，应用品要希望教师随时留意。这里有一个例外，就是植树节。这个节，要预备山锄、树苗、水壶、树名牌等。倘若树木稍大，教师力所不及，不必勉强从事，可以请人帮助。因为树非种得深，土非掘得广大、深入不可。

关于纪念日的先烈像，是最重要的材料。此外如党旗、国旗、红灯，以及布置房子的花、草、纸、画等。儿童节还要预备礼品，合乎科学的儿童衣服、用具。

（四）怎样进行

节期的开始或聚会，必须早于节期。因为当节期那天，家庭也有快乐，幼稚园免得重复。其中，也有不必预先做的，如春分、重阳、腊八等。各个节期，自从孩子的动机发现之日起，教师就来参加讨论，以开庆祝会为最终目标。于是布置会场、谈话、唱歌等，都可以集中于开会的一点。

清明在家庭，是扫墓。但是扫墓于孩子太少影响，可以改为试放风筝。这是南京的风俗，大可借用。植树节的树，如树少人多，可以数人合成一组，共同种下去，共同来保护。重阳是登高之期，很可因此来旅行一次；重阳旗①只须买一面，因为极简单，可以暗示孩子模仿了做。此外如元旦〔宵〕的汤圆、立夏的饼、端午的粽子、中秋的月饼、重阳的糕、腊八的粥，都是于聚会的应用品，做法各地不同，可以与孩子共同讨论、共同制作的。

关于赛会的活动，也应当预先做或事后做。在赛会的当天，如系赛神会，父母必留子女在家；如系春夏季农村集会，教师可以带着儿童去参观集场上的种种物品与买卖情形。有时候，会因为这次参观，可以引起儿童的都市商场设计思想。倘若有这样的倾向，那么应该注重于都市商场的设计。

纪念日的真意义，幼稚生实在不能领悟。只有革命军，是深印在最近几年来的国民脑中，孩子们也有同样的印象。我以为，与其开一个使孩子不能懂得的纪念会，不如来学做革命军和讲革命故事。黄花岗的活动，最好是建筑一座黄花岗的坟墓，用黄花来点缀，然后教师再来讲许多黄花岗烈士的幼年遗事。至于革命的经过，是青年人的材料，幼稚园里不必采用。儿童节的宣传工作、布置工作以及评判工作，幼稚生都可加入。倘若把年龄放长，幼

---

① 重阳旗：重阳节用色纸所制作的三角形小旗，旗上画或剪成龙、蟹、菊等图案，各家或制或买，通常插在门楣上，小孩则喜欢持旗玩耍或登高。据说，此旗源于唐代皇家令旗。

稚生也是与会的人物，陈列的衣服、用具，也都是手工、图画等良好资料。

本组活动里识字机会极多。各种节期、会期、纪念日，可以暗示孩子认识月、日。在课室内如有一张大的日历，可以乘此来做认识月、日的一个动机。分发请帖，开列账目，都是识字的机会。先烈像上必须注明姓名。特别注意之点，还可特别提出来，例如"中山装""黄花岗"等，都可以单独提出来。

（五）怎样结束

本组活动，大多数是不结束的，因为都可以过渡到别的活动上去。腊八、除夕、元旦三个活动，是接连来的。做完了腊八，就是预备过新年，如做贺年片等。过完了元旦，新年还未过去，提灯等活动正极热闹。植树节是春季活动的开始，重阳是采集秋季红叶、野果的起头。至于赛会，在会期以后的事，比当天更有价值。

例如当天看到的各种农具，如养蚕器具等，正是做养蚕工作的开端。纪念日的本身，不及因此引起来的活动有趣味。例如国庆纪念的提灯、中山逝世纪念的南京旅行等，都是极好的过渡，并且因此可以把纪念日的印象格外显明而深入。幼稚园各种活动，如流水式的联络，不能如积木式的架搭。做本组活动时，格外要注意此语。

（六）总理纪念周[①]的讨论

与本组活动有关系的，有两件事也在此讨论：一是总理纪念周；一是含有宗教色彩的活动。

总理纪念周是否幼稚园里也要举行？怎样举行？应有什么节目？因为照

---

① 总理纪念周：亦称国父纪念周，是为纪念孙中山而予以制度化的仪式。当"党化教育"全面推行后，各级各类学校每周一均须举办纪念周，全体师生必须出席。其仪程，要面对总理遗像行三鞠躬礼（后增加向"党国旗"行三鞠躬礼），然后默哀三分钟，再恭读总理遗嘱，最后由师生代表，或由校长、训育主任演讲时事政治与党义，以此来作为强化训育的手段。

寻常的仪式，有些是幼稚生不能了解的。例如《总理遗嘱》①，幼稚生实在还不能懂得。机械式的行鞠躬礼，于幼稚生的印象也不很好。因为不了解，所以会养成宗教式的礼拜，只使儿童迷信，实在不妥。我以为，幼稚园里总理纪念周可以举行的，仪式上稍稍更动一下：行鞠躬礼时，可否唱一首敬爱国党旗、总理的歌；在语句中，包含"一鞠躬、二鞠躬、三鞠躬"三动作，这样便不致完全机械了；"恭读遗嘱"一项，倘能改为总理谈话，也可以有生趣些；各种报告，以本区新闻为主，略及国家大事；再加入一项讨论，讨论本周本园应注意哪几项事情。学校中的总理纪念周，是全国教育精神所寓，所以一切仪式与内容，必须经教育部严密规定。幼稚园应该怎样举行纪念周，还没有明令颁布。本节所说，是希望将来有这样的纪念周。

其次是含有宗教性质的仪式，如做礼拜、圣诞节等是否要举行？我以为，教育不应有任何宗教色彩。中华民国国法是信教自由，所以也要让儿童有信教的自由。因此我主张，幼稚园里不应采取含有宗教性质的仪式与活动。

近来，有许多幼稚园举行外国节期，如 Easter、Thanksgiving、St. Valentine's Day② 等，只有感谢节还有些意思，不过日期是一个值得讨论的（原来是十一月最后一周的星期四），其余的便不适用。因为中国社会上是没有这种风俗的。

第四节　展览会及其他

除上述各项活动外，幼稚园的重要设计里，还有展览会、母亲会、公园、市场、农村、野人生活等。其中公园、市场、农村、野人生活等，详于第六、七各章，本节专讨论展览会、母亲会的如何举行。

---

①　《总理遗嘱》：又称《国父遗嘱》，是孙中山临终前由汪精卫代拟（一说草拟者为戴季陶），孙中山认可之遗言。南京国民政府成立后，各种集会前均要求诵读这份遗嘱。其中的名句为："革命尚未成功，同志仍须努力。"

②　所载英文为西方节期名，可译为复活节、感恩节、瓦伦丁节。瓦伦丁节又称圣华伦泰节或情人节，为每年的2月14日。

（一）有哪项活动可以包括到展览会、母亲会里去

展览会可以单独开，也可以与母亲会合开，次数不妨多。母亲会最初不应多，以后可以逐渐增多。

（1）单独举行的展览会，名目很多，有采集花草展览会、石子展览会、邮票展览会、贺年片展览会、玩具展览会等；

（2）与母亲会联起来的展览会，可以有成绩展览会（如图画、手工、写字等）、儿童用具展览会（如衣服、食物、玩具等）；

（3）母亲会，是妇女运动的一法，在初行时，恐不易立即见效；

（4）表演游艺会，此会似乎不必单独开，可以与母亲会等合开。

（二）怎样进行

本组活动是师生合作，教师是领着头干的。一切活动的开始，与孩子取开会讨论的方式；在会场上决定后，即分头进行。

关于活动"（1）"的采集花草、石子、邮票三种展览会，是这三项搜集活动的结束工作。教师可以在事前提出，要开展览会；到了时期，各人都将所搜集的拿出来，陈列在指定的场所。先来认识，次来评判。评判的标准，要预先讨论规定。评判的方法，或用举手公认，或推代表审查。评判完结以后，应有奖励。奖励的方法，要促进各人下次都能努力，不要只鼓励强者。

关于活动"（1）"的贺年片、玩具展览会等，必须与手工等联络。也可以说，是手工等的结束工作。这个展览，是儿童工作的展览，不是向商店里购买货品的展览。评判的标准，以工作的优劣为标准。优良的贺年片，可以作为拜别处幼稚园或旧日师友之用。巧妙的玩具，应该陈列几天给大家观赏，声明几天以后仍然发还。

关于活动"（2）"的成绩展览会，成绩的来源，是平日工作的积存，不必临时制作。因为要给母亲们看到整个的成绩，所以评判的工作，可以请母亲们参加；不必预先分别优劣，只把好的陈列出来。儿童用具展览会，是给母亲们观赏的，所以必须由教师到各处去搜集优良而合乎科学原理的儿童用具，在开会时还须详加介绍。

儿童对于这类展览会,最大的工作,是布置会场,整洁整个幼稚园,做招待,写请柬,请母亲、婶母、姑母来与会。请柬的格式,不妨由教师提出来,字句或可预先印成(最好指导儿童写);但须留一处空白,给儿童图画或剪贴花样之用。送请柬,必须由孩子亲送。开会的招待员是公推的,但是各位母亲,由孩子另负专责招待。招待员、布置员、主席等,都要挂一个表〔标〕帜;这虽然是一条红绢,但是于孩子的印象极深,并且能把〔使〕他兴奋起来。怎样做招待,事前应当有一次练习。练习的时候,教师与儿童可以互相做宾主。在练习的时候,也就是这个活动的一段,所以也要认真,决不可有勉强或疏忽。

单独开的母亲会,于儿童工作极少,只有极轻微的布置工作与招待工作。因为单独开的母亲会,是幼稚教师担任的母亲教育,与母亲们讨论、叙谈的事项,儿童不必参加。

表演游艺会,或与庆祝会、母亲会合开,也就是成绩展览的一种。不过,是儿童动作的展览。开这个会的时候,儿童都极兴奋,表演的固然肯努力预备,不表演的也觉得有什么大举动,都很快活。这个展览,因为参观者时间关系,不能全体登台,所以只能选择优良的登台。选择的方法,可以请儿童自己评判。表演的时间不能过久,并且不应该在深夜举行。有时候要家庭预备几件新的衣服等,这也得估量家庭的经济,不应该用华贵的材料。

凡是展览会、表演会,大都是别种活动的结束,所以本组的结束活动,不必再举行。到了第二天,或可有一次谈话,就可算为结束。

问题:

(1) 幼稚园采取设计法以后,关于许多习惯的训练,是否会减少机会?如有的,请举例;如不会发生的,请说明理由。

(2) 根据你的经验,或根据一本谈设计教学的书,尽量批评本章所引的几个设计,愈详愈好。

(3) 除本章所讨论几个设计以外,还有别的设计吗?请举一个例子,逐步详细写出来。这个设计,要取材于本地的。

(4) 纪念日的设计最难做,是什么缘故?列举它的困难点与免去困难的方法。

（5）母亲会是最不容易收效的事，用什么方法可以使它有效，并且它的内容应该怎样？

（6）参加一个幼稚园的设计的整个过程，然后来仔细批评。

本章参考资料：

（1）Parker：*General Methods of Teaching in Elementary School*[①]．Ch. Ⅴ.

（2）Parker：*Unified Kindergarten and First Grade Teaching*[②]．Ch. Ⅺ.

（3）《设计协动学纲要材料》，张九如编，中华书局出版。

（4）《设计教学法演讲集》，沈百英编，商务印书馆出版。

---

① 所载英文为著者和书名，可译为帕克《小学教学的一般方法》。
② 所载英文为著者和书名，可译为帕克《幼儿园和一年级统一教学》。

第九章　幼稚园社会活动的试验报告

本章是南京鼓楼幼稚园课程试验报告的一部分。这部分的试验日期，是民国十五年十二月。因为机会极巧，全月几乎都是社会生活。主持试验的，是陈鹤琴教授、俞选清女士和著者。这个报告是记录性质，所以只把每个活动逐项地记录下来，不是把每个活动的细微曲折处描写出来。篇末所附参考书目，是教师手头有的，不是说这个活动只有这些书可参考。

试验的手续：在每月月底，我们几个人开一次谈话会。有时候，也邀请董任坚先生，共同估计下月应有的活动。每星期四又开一次会，估计下星期的活动。于是分头去预备，如找参考书、购备材料、布置暗示孩子的环境等。到星期日全部预备工作告竣，星期一才开始做。

但是事情不会这样简单的，我们常常遇到例外。这是教师经验不老练、环境变迁得太快的缘故。所以到了星期六结算的时候，往往会惊骇的。教师将做过的活动、用过的材料，逐项记录下来，到月底再汇集起来整理。

原来的报告不分节的，为着与本书体裁符合起见，也就分节叙述。全文登在《儿童教育》第一卷。

第一节　预定的计划

（一）总说

本月份我园发生了两件事，又加上社会上原有的节气，所以集中注意于社会性的活动了。其他活动也有附带到的。总括得下列数项：

（1）张先生回家；（2）俞先生回家；（3）冬至节和新年预祝；（4）云南

起义纪念和耶稣诞辰；（5）冬天的食物和用品；（6）冬天的自然现象；（7）冬天的自燃〔然〕物；（8）试验读法与数（继续前月的）。

（二）各种活动可以做的范围

1. **张先生回家**

（1）张先生的报告：于星期二报告为着妹妹出阁而回家去；（2）张先生的家：张先生的家住浙江省绍兴县的乡下；（3）张先生怎样回去的：从南京回到绍兴乡下，要坐马车、火车、黄包车、轮船、汽车、小船；（4）小朋友的欢送：小朋友开欢送会并送礼物；（5）张先生写信来：报告路上经过；（6）小朋友写回信：回信的方法、寄信的方法、邮票的用度等；（7）新娘子：张先生的妹妹、结婚仪式。

2. **俞先生回家**

这是突然发生的事。因为二十三日她接到杭州紧急的信（这时候正是夏超、周凤祺、孙传芳混战），她因有老母在家，忧母心切，星夜束装归去。所以第二天早晨，小朋友看到这样一张条子"俞先生回家去了"，才知道她不是拿着好玩东西不出来。

（1）战争：俞先生回家去的原因——这几天杭州打仗，南京也极混乱。（2）杭州：杭州的风景如西湖，产物如丝绸、茶叶等。（3）母亲：母亲的可爱、家庭的状况。（4）写信：慰问俞先生和她的母亲。（5）送礼：做些手工去送给俞先生。

3. **冬至节**

（1）冬至节的意义：太阳向南去了，又要回来了；（2）冬至节的风俗：南京、杭州、绍兴以及其他各处；（3）冬至的天气：天气并不顶冷，但是夜却顶长；（4）冬至节的礼物；（5）人的起息：原人的起息、时辰钟的用处；（6）御寒的方法。

4. **云南起义纪念**

（1）十二月二十五日的意义；（2）皇帝和大总统；（3）蔡松坡和袁世凯；（4）云南和日本；（5）喜欢打仗的人物：吴佩孚、张作霖……（6）中华民国和孙中山先生。

5. 耶稣诞辰

本园对于世界伟人，都有相当的敬仰，所以耶稣诞辰也举行纪念的。不过我们是为着孩子敬仰伟人而干的，所以与耶教徒干的微有不同。

（1）十二月二十五日的又一个意义；（2）耶稣的历史；（3）耶稣教堂、十字架等；（4）圣诞老人；（5）和尚寺、回教堂、回教馆子（南京回教徒很多）。

6. 新年的预祝

（1）贺新年、做贺年片等；（2）闹新年；（3）拜年。

7. 冬天的食品和用具

（1）打猎、野味：南京多野鸡、獐、兔、凫、獾等类；（2）豆腐：豆腐的做法、豆浆、大豆的来源；（3）火炉：构造（火门、煤灶、烟囱）、功用，它的兄弟如脚炉等；（4）冬衣：棉衣、皮衣、毛绒等；（5）冬天的流行病：伤风、冻疮等；（6）冬天的游戏：滑冰、玩雪等。

8. 冬天的自然现象

（1）冰：成因（水冷能成冰），水的变态（热了变汽）、功用（杀害虫）；（2）雪：成因（空中水珠遇冷成雪）、形状（六角小花）；（3）冷风、暖日、寒暑表的升降。

9. 冬天的自然物

（1）冬天的草木：凋落后的芽蕾，草芽和木芽的比较；（2）冬天的花：腊梅花、梅花的花蕾等；（3）冬天的绿叶：冬青、石楠、松、柏、竹等；（4）冬天的菜圃：瓢儿菜、雪里红、萝卜、豆苗、麦子、冬笋等；（5）花房：苗床、沙池等；（6）鱼：昆虫多冬眠，鱼能在水底里不冷死；（7）候鸟：雁、楝雀、乌鸦……

（三）各种活动可以试做的各方面

1. 张先生回家

（1）在星期一朝会时，张先生报告要回家去。（2）做送他的礼物。因为携带不方便，所以只可以做剪贴、缝纫和图画。（3）开欢送会的节目：开会就座，张先生先送礼物给小朋友，小朋友送礼物；张先生讲故事，小朋友唱欢送歌，进茶点、欢呼。（4）张先生回去的路径：从东南大学坐马车到下关，坐火车过上海到杭州，坐轮船过钱塘江，坐长途汽车到绍兴城里，再坐小船到家。（5）要用几多钱：马车一元，火车用途六元，轮船是义渡不要钱，长途汽车一元，小船和饭钱一元，一共花了几块钱？（6）信从哪里来的？看信上的邮局戳子、信封上的字。（7）写回信的方法；怎样写信的内容、怎样写信封、怎样贴邮票、怎样送到邮局里去。（8）参观邮局。先与邮务员约定，然后请他指导小朋友。（9）开邮票展览会。鉴别邮票的价值：一分至二角；又鉴别种类，如美国、日本、中国等各地的不同。（10）替囡囡结婚。这是一个极大活动，可以单独做的；这里不过是附带提起来做，有时还可以设法避免。

2. 俞先生回家

（1）画从南京到杭州的地图，表示她回家的途径。（2）写信给俞先生，安慰她，并请俞母同到南京来。（3）寄信去（与前项同），并送礼物去。（4）预猜俞母见她的情形，表演母女的爱。（5）战争的凶恶，在谈话时谈到，可以看战争图。（6）看杭州、西湖、钱江潮等图，认识杭州。（7）寻俞先生去。此项活动，倘若没有事前的报告，很可以一做，也很有意味。到了孩子着急的时候，然后引到杭州的上面去。

3. 冬至节

（1）欣赏日历、太阳图等，不是希望孩子记牢。（2）欢宴：先计划买东西，做什么菜，用多少钱，怎样做法。然后做菜，请邻居、朋友来吃。（3）送冬至礼：教师供给材料，由小朋友自己计划、自由做、送给谁去。（4）装饰房子，这是有许多用：一来是调换环境；二来冬至可用；三来云南起义纪念等都要用。冬天的环境要暖，又要布置得热闹。（5）计算时间，如放学后经过多少时间天黑，冬夜的睡觉等（附带的）。

4. 云南起义纪念

（1）看蔡松坡、袁世凯、孙中山先生等肖像。（2）表演袁世凯做皇帝、蔡松坡设法脱逃等情形。（3）开庆祝会。因为与冬至相近，所以合并开的。只要小朋友能够明了这两天是不同的纪念日，做法与双十节同。不过加进冬至的意义进去。

5. **耶稣诞辰**

（1）参观耶稣的教堂。这天他们是最热闹的，所以很值得去参观。时间因幼稚生晚上早睡关系，所以只得在日间。（2）参观耶教徒家里的过节，如圣诞树、圣诞老人、祈祷等，极好玩。（3）解释迷信：耶稣是人不是神，圣诞老人是诳话。（4）请回教徒、和尚、尼姑等来，谈回教、佛教等情形，或者到寺庵里去。

6. **新年预祝**

（1）从十二月二十日以后，就可以逐日计算，过几天到新年。（2）计划新年用的东西。（3）做贺年片。（4）新年会的筹备：把房子布置一新，并置备东西。（5）开预祝新年会。元旦日，家长大都带孩子去游玩，所以新年不如在三十一晚上预祝。秩序是先一天做圆子，买年糕、鞭炮、香烛、锣鼓等。升旗，向国旗行礼；团拜，唱新年歌、做游艺娱乐；吃年糕、圆子，讲新年故事等。

7. **冬天的食品和用具**

（1）做豆腐浆和豆腐：买黄豆来，用水浸涨，放在手磨里磨成豆浆，放进菜油，用筛布去渣，放在锅子里煮，就成豆浆，可以吃了。煮沸的豆浆，放些盐卤进去，豆浆渐凝；然后用布包进方器里去，冷了就成豆腐。（2）到北门桥市上去参观豆腐店、野味店、衣庄、皮货店等。（3）烧野味吃，在火炉上烧，同时研究火炉。（4）烤火的卫生：烤火时要脱去外衣，火炉上要加一壶水；出门去要带〔戴〕好帽子，扣紧衣服；手足冷热的变化不能太剧，否则易生冻疮。

8. **冬日的自然界**

（1）找冰玩：缸里、池里都可以得到，可以做冰锣等；（2）下雪了，可以打雪仗、做雪人、煮雪茶等；（3）找冬天的花和绿叶子来装饰房子；（4）到菜园去找烧野味的配料；（5）买鱼，并询问冬天的鱼到哪里去捕得的；（6）井上的热气哪里来的，井水为什么在冬日会热的；（7）默数候鸟，如乌雅、鸿雁等。

第二节 每天的记录

第一周（日期十一月二十九日至十二月五日）
活动提要：本周做张先生回家的一个活动
星期一上午
（1）在朝会谈话时，张先生报告因为妹妹结婚，所以明天下午要回家去。家住浙江绍兴乡下，大约十天回到幼稚园里来。

（2）计划送张先生和他的妹妹的礼物。于是在自由工作时，有的孩子画张女士做新娘子的，有的画兔子结婚的。幼小的孩子，就选图剪贴。

（3）唱《快活再会歌》（特）和《妈妈羊》（幼）。

（4）进点心时，讲《小兔子结婚》的故事。

（5）户外自由活动。

（6）节奏。

星期一下午
（1）继续礼物的制造：图画、写字，粘到硬纸上去。

（2）数的试验的结束（注：这是一个分班方法的试验。详情请参见《儿童教育》第一卷第一、二两期，或看本丛书《自然》的鼓楼幼稚园的报告）。

（3）游戏：套圈子。

星期二上午
（1）预备开欢送会：办茶点、装礼物，练习送别礼节。

（2）开送别会。节目如下：小朋友就座；请张先生来；小朋友代表致欢送辞；张先生致答辞并送礼物——无锡泥人女童子军一个；小朋友送礼物，图画有新娘子、新娘子的汽车等，剪贴有风景图，还有首饰等，都是自己做的；张先生说明归去的路径，要坐的交通器具、要用的盘川；讲结婚故事；小朋友唱《快活再会歌》；进茶点；小朋友讲故事；散会。

星期二下午
（1）看轮船、火车、马车、汽车、小船等图。

（2）拼六面图的交通图。

（3）读法：述张先生回家。

（4）造火车路和张先生的家。

（5）算张先生回家去的盘川。

星期三上午

（1）继续交通活动，与昨日相仿佛。惟俞先生想了几种纸做的车子出来，小朋友就也很快活的要做。此外有做泥人的，也有做泥糕的。

（2）户外活动：大部分是计划种黄豆，小朋友有愿意种到沙盘里去的，结果种到室内的小沙盆里去；也有用水泡浸在碟子里的。

（3）进点心，讲交通器具演进的故事，仿照《小老鼠游上海》的体裁。

（4）唱跳绳歌。近几天来，有人学跳绳了，跳得很好。

（5）休息与节奏，八人舞。

星期三下午

旅行去：

（1）看鼓楼街附近经过的车子有几种——黄包车、马车、汽车、火车、小推车、牛车；还有轿子，是抬病人的睡轿子。

（2）到鼓楼公园去读书、做算学。

（3）归来浇黄豆的水。

星期四上午

（1）团聚。检查清洁，并计算此刻张先生到什么地方，大约在杭州？

（2）自由活动。依旧是交通工具，不过有买火车票了。他们喜欢进沙盘去了。

（3）进点心。讲《乡下老鼠进城游玩》，孩子们也讲了许多做梦的事。

（4）音乐与昨天同。

星期四下午

（1）写字、读法。联起来做的是，自述法和抄写工作。

（2）有许多孩子还是继续做交通器具，大都是剪纸工。

（3）游戏：找朋友。

（4）重算张先生回家和来校的旅费。

星期五上午

（1）张先生的信来了，大家读信，并研究信封上的邮票、邮戳。

（2）做信的传递：小邮差送信。

（3）进点心，讲写信趣事，鸽子、鱼等带信。

（4）音乐：表演跑马（节奏），唱歌与昨日同。

星规五下午

（1）写回信：先讨论写什么，然后教师把一句一句的写在黑板上，叫孩子抄。

（2）写信封，这件事有许多孩子都做得不很对。

（3）谈邮差、邮局的职务。

（4）游戏：送信（滚球游戏）。

（5）计算寄一封信要几分邮票，合铜元几个（这件事做得极困难）。

星期六上午

（1）做信封，几乎是全体做的。

（2）旅行去做：送信到北门桥的邮局里去；到中国科学社去参观冬天的鱼、鸟，他们还送了许多金鱼给我们。

（3）旅行回来又做游戏：两岁的明明能"抢椅子"了，两岁半的崇义会听琴跑了。

第二周（日期十二月六日至十二日）

活动提要：本周天气奇冷。做冬天的各种活动，又继续做邮票活动。

星期一上午

（1）团聚。检查清洁，并举行朝会。

（2）生火，研究火炉的构造，关闭火门后的现象、煤灶的容量、烟囱的功用等。

（3）利用火炉：除取温外，还可以烧东西吃。

（4）商议做豆腐：买黄豆来，烧温水浸黄豆，预备下午来磨豆腐。

（5）浇前星期希望发芽的黄豆。

星期一下午

（1）磨豆腐。因为水太多了，所以只可以做豆浆吃。

（2）音乐：一面磨豆腐，一面跳舞、唱歌——风舞、风歌。

（3）读算：选择风的数课来读，并且算豆腐账。

星期二上午

（1）拿出一部分发芽的黄豆，用火酒浸起来。

（2）做豆浆：将昨天的豆汁放进油渣，使浆澄清；然后用布滤出，到火炉上煮。

（3）吃豆浆。放些糖。因为滤得不净，又因为汁太浓，所以味不很好。

（4）唱歌：磨豆腐——是歌谣，在烧豆浆时唱的。

星期二下午

天气太冷，儿童来得极少，所以只做看演算片、玩块字牌，做下雪的节奏。

星期三上午

（1）中康送腊梅花来，足为谈话的资料。

（2）玩冰：在水桶里、水缸里找到极多的冰；玩冰，使冰变水又变汽。

（3）唱腊梅花歌（特），又唱雪里狗的歌。

（4）进点心，讲梅花姊姊的故事。

（5）游戏：猜花、猜冰。

星期三下午

（1）小朋友发现火炉上的沸水，于是商议它的用途。结果用以洗囡囡的衣服、被褥等。

（2）读法是歌谣。

（3）表演《猴子戴帽子》的故事。

星期四上午

（1）团聚，检查清洁，并讨论邮票的搜集法等。

（2）自由活动：找树芽、草芽，小朋友吃莎草根；吃得甜味便狂叫，疑为甘蔗；替小宝宝缝被褥；找冰、跳绳、刺绣片、着色画图等。

（3）进点心，讲芽宝宝的过冬。

（4）唱歌，如昨。

星期四下午

旅行北门桥去：

(1) 到天一公司买玩物。

(2) 参观野味店和农庄。

(3) 参观豆腐店，并详细问问豆腐的做法。

星期五上午

(1) 商议"怎样表示谁顶清洁"，结果画起塔来；又用小国旗多面，装〔每〕面可以贴写各人名字；谁顶清洁，谁就爬上塔顶去；谁不清洁，就蹲在塔下。

(2) 看各国的邮票，这是一鸣在邮票书上查到的。

(3) 练习伤风的预防：戴帽、穿衣出门去。

(4) 唱歌是复习，故事是邮票。

星期五下午

(1) 复习自述簿。

(2) 计算小朋友已经搜集的旧邮票。

星期六上午

替囡囡结婚。这是安琪提议的，大约因为替囡囡换新衣，所以提到的。于是选音乐队，请散花娘子，请不倒翁做主婚人；又布置了结婚礼堂，办喜酒（开水一杯，饼干两块，牛奶糖一块），还唱歌、作音乐贺囡囡。

第三周（日期十二月十三日至十九日）

活动提要：(1) 冬至节的活动；(2) 张先生回到幼稚园。

星期一上午

(1) 团聚。提起冬至快到了，各人到家里可以问父母，怎样过冬至节。

(2) 预备送礼物给家里人，每人一件。

(3) 点心：讲冬天老人的故事（仿圣诞老人的体裁）。

(4) 唱他的歌，并预备表演。

星期一下午

(1) 表演冬天老人。

(2) 读法是自述法。

(3) 试用世界书局出版《算术教科书》第一册。依图讲故事,还勉强过得去。

星期二上午

(1) 团聚。安琪报告张先生今晨到东大了。因为昨夜夜车太辛苦,所以要休息一天。于是大家又谈张先生的事情。

(2) 继续做冬至的礼物。

(3) 练习"冬天老人""猴子戴帽子"的表演。

星期二下午

(1) 张先生差工人送香糕来。小朋友设法向俞先生讨香糕吃,计极巧妙。

(2) 俞先生说了香糕的做法,于是大家做起香糕来了。

星期三上午

(1) 团聚。张先生来了,买来许多新奇的玩具、好看的图画。

(2) 泥工做香糕、烧饼。

(3) 点心用香糕;讲张妹出嫁的情形。

(4) 节奏、唱歌都是复习。

星期三下午

(1) 读法:检查过去两星期的成绩;歌谣《磨豆腐》。

(2) 游戏:拍皮球。从前本园孩子不喜拍皮球,虽有大皮球也不喜欢。这次买来有彩色的皮球一个,孩子很高兴拍球了,并且也喜欢拍旧球。

星期四上午

(1) 团聚。检查清洁。

(2) 继续做礼物:有几个做缝纫的。

(3) 点心:讲《冬天姊姊送雪花》(特)、《三只羊过桥》(幼)。

(4) 复习唱歌、表演。

星期四下午

(1) 读法:检查旧课,并温习歌谣。

(2) 数目也是检查两星期成绩。

(3) 自由活动:生火炉、拍球、积木搭新娘子的房间。

星期五上午

（1）团聚。提出明天要开邮票和石子的展览会。

（2）继续做礼物。

（3）点心：讲《冬天姊姊送冰锣来》（特）、《三支羊过桥》（幼）。

（4）自由活动，拍球最多。

（5）新年歌和跳舞。

星期五下午

（1）检查读算的旧教材。

（2）到鼓楼公园去拾石子。

（3）整理邮票簿，预备明天的陈列。

星期六上午

开邮票和石子的展览会：把小朋友和教师的成绩都摆出来，公开观赏。请陈鹤琴先生来评判；陈先生带来许多化石，奖给石子好的小朋友；张先生拿来好看的旧邮票，送给邮票得胜的小朋友。

第四周（日期十二月二十日至二十六日）

行动提要：本周做冬至节、云南纪念、耶稣诞辰三个节日的活动。

星期一上午

（1）团聚。计算再过几天到冬至节了、检查清洁。

（2）做礼物（幼）。

（3）读庆祝冬至的句子。

（4）练习前星期的表演。

（5）点心：讲冬天姐姐送西北风来，催一切花木虫草都去睡觉，还请许多鸟搬家。

（6）户外活动：孩子们因为见到金陵大学赛足球，也玩球战。

星期一下午

（1）装饰房子。

（2）歌谣：《四季好》（特）、《老雄鸡》（幼）。

（3）数目：二加三在特班里，还有几个孩子不能做。

星期二上午

（1）团聚。明天冬至节了，计划过节，报告各家的情形。

（2）装饰房子（特）、继续做礼物（幼）。

（3）表演的练习，兴致不很好。

（4）点心：讲冬天姊姊请太阳哥哥到她的家里去。因为太阳哥哥是带着许多和气去的，所以冬天大家喜欢太阳光的出来。

星期二下午

（1）装饰房子：有一部分孩子到野外去采松、柏、竹等绿叶去。

（2）张先生报告到暨南女子学校去演讲的情形。

星期三上午

（1）房子装饰成了。对角结两条彩：一条是柏叶，一条是红纸花，交界处挂荷花灯；墙上正中挂小国旗，国旗下是孙中山先生像，四周贴了许多手工，又把原有的画片也换了几幅。

（2）开庆祝会，不请外客，专备小朋友自己庆祝。节目如下：向国旗及中山先生像行礼；唱西风歌；做点心，是自己园里的瓢儿菜下面；预备碗筷等，以上两事分两组做的；重新入座；表演冬天老人、猴子戴帽子、八人舞等；进点心；讲故事；欢呼散会。

下午放假。

星期四上午

（1）团聚。谈昨天下午各人的经过，并检查清洁。

（2）筹备云南起义纪念，讲袁世凯做皇帝的故事并表演。有许多孩子，把袁世凯等画起来了。

（3）户外活动于球戏的兴趣又淡下去了。

（4）又讲许多国耻故事。因为今天吃的饼干有"五月九日毋忘国耻"八字，所以孩子们要求讲这个故事；恰好蔡松坡先生死在日本，也联起来了。

星期四下午

（1）读法：自述法；又从课本里找出云南起事来。小的还喜欢玩块字牌。

（2）数目五以内的加法。

（3）烧草地极有兴趣。

（4）练习表演。

星期五上午

（1）团聚。一鸣预先知道俞先生回家去了，请他报告。

（2）画俞先生归程路径图，并计划怎样去慰问。

（3）开云南起义纪念会（因明天是耶稣诞辰，本园孩子大多数是基督徒的子弟，所以只得放假，改在今天开这个会）：行礼；唱歌；讲蔡松坡等遗事，小朋友也讲故事，不过大都是耶稣故事；欢呼散堂。

星期五下午

人数大减，因为受家庭过节影响。参观金陵大学的教堂。

第五周（日期十二月二十七日至十二月三十一日）

活动提要：本周做新年活动

星期一上午

（1）团聚。因东南大学附属小学送贺年片来，因此讨论拜年。

（2）做贺年片。这件工作，做了一个小时以上，毫无倦容。可见得对于这件事情很有趣味。

（3）点心：讲《鼠伯伯过新年》故事。

（4）用留声机练习节奏游戏。

星期一下午

（1）写给俞先生的慰问信，方法与写给张先生的信同。

（2）写信封，这件工作还做得不很对。

（3）寄信去：买邮票，放入信筒。

（4）游鼓楼公园，这是顺道的。因此在公园草地上做游戏，又唱邮票歌谣。

星期二上午

（1）做贺年片，因为兴趣很浓，所以做得很多。

（2）寄发两天来所做的贺年片。

（3）找冰去，并在草地上开冰的展览会。

（4）点心时，讲《猪八戒过新年》。

（5）节奏用极幽静的动作，因为兴奋动作做得太多了。

星期二下午

（1）玩铜子。这是偶然发现的游戏，哪知孩子非常有兴趣，玩了一小时以上，教师倒疲倦了，孩子还要求继续下去。从这个游戏里，读法、数目都有。

（2）玩冰：用冰制造各种形状，这也是孩子自己发现的。

星期三上午

（1）团聚。讨论新年的果食。

（2）做泥的糕饼。

（3）自由活动，还是去找冰，用小车子载回来。

（4）用留声机做节制〔奏〕游戏。

星期三下午

旅行北极阁去，带了些糖果去的。这次去，孩子们于寻找石子最有兴味。就在北极阁下温习读本。

星期四上午

（1）做汤团：先讨论，次买粉、糖等物，次做，分两组做的；

（2）烧汤团吃，吃的时候，小朋友快活极了，自动的唱歌、跳舞；

（3）做未完工的贺年片。

星期四下午

（1）计划明年〔天〕开新年预祝会的一切：小朋友分两组进行：一组布置房子；一组出外去买办。

（2）诸事定当后，又温了些读法的旧课。

星期五上午

开预祝新年的会，节目如下：

（1）升旗行礼；

（2）团拜，唱新年歌等；

（3）快活新年：有敲锣鼓、放爆竹，在草地上做游戏；

（4）吃汤团：有几个客人也参加，于是唱歌、讲故事等等；

（5）欢呼散会，报告下午和明天都放假。

第三节　应用的材料和参考

（一）张先生回家

本活动有制礼物、交通器具、邮政三方面的材料。

（1）制礼物的材料。大都属于缝纫、剪贴、图画各方面，所以应该备旧杂志、图画纸、铅笔、剪刀、浆糊、头绳、颜色布、线、大眼而圆头的针。

（2）交通器具。除看图画外，应设法使孩子看实物或去乘坐。本园鼓楼街车马极多，船非到下关去看不到。又，积木是一件最可用的材料；地图也可以用的，不过要单纯而且放大。

（3）邮政。依张先生的来信做式样，用普通纸做信纸，用道令纸做信封，写信可以用蜡笔或铅笔。邮局要去参观一次，买一次邮票；用废卡片或牛皮纸订小簿子，做搜集邮票之用。

（4）新娘子。教师要准备小朋友提议做这件事的。囡囡几个，用颜色纸做新娘子的衣服。小锣、小鼓、小钹等类，小碗碟、小家具，有时可以用贝壳等代替。纸花装饰品、新娘房，大都可以用积木搭起来的。糕果，也用泥沙来得有趣。

（5）其他参考。这项大都是书籍、图画之类：

——《常识谈话》之"缩地教方"，商务；

——《六面图》之"交通"，商务；

——《少年百科丛书》之"游艺"，商务；

——《形象艺术教科书》"各册都有"，商务；

——《儿童理科丛书》之"船、车、火车"，商务；

——《少年百科丛书》之"常见事物"，商务；

——《社会教科书》之"一册三十五页"，商务；

——《常识教科书》之"三、四、五册"，商务；

——《儿童画报》"无论新旧都用得着"，商务；

——《小朋友》"有结婚旅行等故事"，中华；

——《常识教科书》之"二、三、六、七册",中华;

——《西湖风景片》,中华;

——本园自印的歌谣、图画;

——《常识教科书》之"二、四册",世界;

——The Imperial Stamp Album Scott Stamp and Coin Co. New York[①].

(二)俞先生回家

本活动与前项相仿佛,加些家庭方面的参考。

——《儿童文学丛书》之"洞里的家庭",中华;

——《公民课本》之"第四册",中华;

——《社会教科书》之"第一册",商务。

此外,各国语教科书里的家庭故事、战争故事,在每天的日报上去找材料。

(三)冬至节

(1) 礼物:一切手工、图画都可以的。材料与"(一)(1)"同。

(2) 装饰房子用松、柏、竹的叶子、野果子、颜色纸、小卡片、碎绸片、零布、彩色图(商务出售,每大张八分)、旧杂志、旧报纸、钉、绳、细铅丝等。

(3) 食物:由孩子商定,用土货最为相宜。

(4) 钟、日历、地球仪、太阳四季图、寒暑表等。

(5) 其他参考:本国出版刊物极迟,所以不能找当年的,只好用去年的。如《小朋友》等有一些孩子的材料。教育刊物极少实际具体的材料,所以不如看西文杂志。好在他们是提早出版的,寄到中国也还用得到。

——The Ladies Home Journal[②].

---

① 所载英文为书名,可译为《斯科特世界邮票目录》。
② 所载英文为杂志名,可译为《妇女家庭日记》。

——Childhood Education①.
——Primary Education②（此杂志改名 Grade Teacher③，十九年附注）。
——American Childhood④. 其中极多具体材料，看十二月号。

（四）云南起义纪念

（1）装饰房子详前条。

（2）蔡、袁、孙、黄等相片。

（3）梁启超云南起义的回顾，并参考林肯、华盛顿的遗事。在前项所举的杂志里有的。因为 Grade Teacher．American Childbood⑤，每年都为这几个伟人出纪念专号。

（4）庆祝歌与故事，本园试编。

（五）耶稣诞

（1）向教堂借耶稣、圣母等像来看。

（2）接洽一二处耶稣教堂、回教堂、庙宇等，以便带孩子去参观。

（3）接洽教徒，请他们讲各教的故事。

（4）参考"（三）（5）"所举各杂志的十二月号。他们每年都出专号的。

（六）新年预祝

（1）装饰房子，同前。

（2）卡片（白的）、旧杂志、旧画报、铅画纸、颜色纸、颜色粉笔、蜡笔、浆糊、邮票、汤团粉、年糕、糖、锅子、菜、油、爆竹、烛台、香炉、国旗、新日历、新年庆祝图。

（3）《小朋友》《儿童画报》《儿童世界》《小朋友画报》，都出了新年专

---

① 所载英文为杂志名，可译为《儿童教育》。
② 所载英文为杂志名，可译为《小学教育》。
③ 所载英文为杂志名，可译为《美国儿童》。
④ 所载英文为杂志名，可译为《小学教师》《美国儿童》。
⑤ 所载英文为杂志名，可译为《年级教师》《美国儿童》。

号。不过，他们都是迟出的。大约在年底，还是出版中秋专号或国庆专号，所以应该找旧货用。

（4）本园自制歌谣，如《恭禧新年》《新年好》等；又有几个故事，如《冬天姐姐》《新年乐》等。

此外，冬天的食品用具、自然现象、自然物等，都是关于自然科的。原著亦有详细参考，此处从略。读者如必欲看全豹，可以参观《儿童教育》第三卷第三期三十二页到三十四页。

问题：

（1）批评这月的活动，指出应补、应删的地方。

（2）遇到有许多重要节期在同个时期，如冬至、云南起义、耶稣诞辰等，怎样选择，应该采取哪个纪念日？

（3）一位教师回家，孩子们就这样大举动，你以为轻举妄动吗？什么理由？

（4）从甲个活动完了，要换乙个活动，怎样过渡呢？

（5）孩子们最喜欢烧东西吃，从烧东西里，怎样暗示教育价值？

（6）孩子们似乎喜欢开会，在幼稚园里怎样使孩子们熟练民权初步？

（7）遇到孩子们的家庭都是迷信的，例如迷信宗教、迷信旧历新年等，幼稚教师怎样办法辟迷信呢，还是顺着社会的习惯？

新中华幼稚教育

（1932年5月）

【题解】 本书于1932年5月由中华书局初版，脱稿时间未详。书前标有"高级中学师范科用"。1932年8月再版，本书依据再版录入。

早在1926年12月，张宗麟便撰成《幼稚教育概论》一书，由中华书局于1928年7月初版。此书主要依据作者在南京鼓楼幼稚园一年多来的实践经验，结合在校和在园的理论研究所得，在短时期内完成了这本处女作，因而难免有粗糙或不甚周延之处。

在《幼稚教育概论》交稿之后，张宗麟经历了投身"大革命"的挫折，接着担任南京市教育局学校教育科指导员，主要负责指导南京市的10所幼稚园，并发起成立南京市幼稚教育研究会（组），从而使实践和研究的舞台更大，眼界也更为开阔，因而对前著《幼稚教育概论》多有遗憾之处。应该说，这是他决定重撰"幼稚教育"的原因之一。

张宗麟决定重撰"幼稚教育"的原因之二，是在《幼稚教育概论》出版之后，他辞去教育局指导员之职，专任晓庄师范（学校）职务，全身心投入到乡村教育运动之中。在此期间，他主持创设了燕子矶幼稚园和晓庄幼稚园，协助办理了和平门幼稚园和迈皋桥幼稚园，又将晓庄学校所属的各幼稚园合组为"蟠桃学园"，对于乡村幼稚教育的办理积累了丰富的经验。有鉴于此，《新中华幼稚教育》的撰写，便可能将这种特殊经验吸纳于其中。

更为重要的为第三方面的原因，即本书是在《幼稚园课程暂行标准》颁布之后，作为幼稚师范科的配套教材而撰写的。值得注意的是，张宗麟参与了这份暂行标准的拟定工作。1928 年 9 月 13 日，在大学院召集之"中小学课程委员会"会议上，他被推举为《幼稚园课程标准》起草委员会成员；在次年 3 月 23 日召开的"中小学课程标准委员会"会议上，他被推举为《幼稚园课程暂行标准》的"总整理"。这是因为，该标准的制订，主要是依据张宗麟在鼓楼幼稚园课程试验的相关成果。正因为如此，本书对应暂行标准，专章论列了"自然与社会""故事""游戏""律动与音乐""工作"等主干课程。

当然，本书也并非刻板似地对应《幼稚园课程暂行标准》，而是坚持和保留了自己的主张。如"读法"一科，张宗麟依据自己的试验成果，认为在幼稚园大班完全可以进行识字教学，只要所采用的方法适当。在提交标准草案时，曾列有"读法"和"数法"，当此议被其他专家否定，并最终未能采纳为课程之一后，他依旧在本书中分列专章进行讨论，这无疑可以丰富师范科学生们的思考，并为幼稚教师的深入研究提供参考。

若依编者的眼光来看，此期出版的同类教材中，本书的学术价值和实用价值相对为高。王骏声的《幼稚园教育》，于 1927 年 3 月由商务印书馆初版，全书 8 万余字。该书共三编 20 章。其中历史编 11 章、教育法本论编 5 章、改善的意见及其方法编 4 章，基本内容即历史与方法两块。若细阅内容，则多为日文材料的中译和转引。该书出版稍早，学术性则稍欠。

另一当时较有影响的同类著述，为张雪门撰写的《幼稚园教育概论》（商务印书馆 1931 年 1 月初版），全书约 5 万字。其中共分生理、心理、目的、课程、教具、教材、方法、教师八章，在理论阐述方面尚能全面兼顾，并能提纲挈领地予以论述；然而其中的实验或亲身实践的材料则相对匮乏。因而编者认为，该书在实用价值方面可能稍欠。

编者的上述意见，当然只是一家之言，评断可能存在偏颇。若有心深入研究者，可以找来以上二书，与本书参照互读，然后得出自己的结论。

编辑大意

一、本书供给高中师范科幼稚教育学程之用,全书共十四章,适合三学分之时间。

二、本书材料包括四部分:(1)幼稚教育通论;(2)幼稚园课程;(3)幼稚园各项活动的材料与方法;(4)幼稚园教师的职业分析。

三、本书所取材料,除介绍近世最通行的幼稚教育学说与方法外,并加入著者近十年来从事幼稚教育的经验。

四、著者对于师范教育主张:"从做上教,从做上学,不能以为读了一二本教育书就算学会做教师;更不能只在师范学校的课室内传授书本知识,就算是师范教育的全部。"所以本书编辑方法,均以实地做中心。希望用本书的教师与学生,共同实地去做。

五、为着便于学者自己审查学习的成绩起见,所以本书于每章附有练习题若干,希望学者逐题做答。

六、本书所指定的参考书,都与各该章或各该节有关系,学者均须涉猎。看书不在乎记诵,而在乎有深入的探讨。所以学者看过各书以后,尤须做一番比较与批评的工夫。

第一章　认识幼稚园

第一节　参观一个幼稚园

诸位，从今天起，我们来研究小学以前的教育。小学儿童的入学年龄，是六岁开始的；所以本学程所研究的，是六岁以前的教育。这期教育，还可以分为两期：前期是蒙养园（nursery school）；后期是幼稚园（kindergarten）。有许多国家，对于这两期教育是不分的；在中国，是分得很清楚的。凡三足岁或四足岁以上的儿童入幼稚园。幼稚园列入学制，作为初等教育的一段。蒙养园在实际上还很少，因为中国现在的社会组织，还不很需要这期教育的专门设施。本学程，着重在幼稚园时期的教育。

诸位对于小学时代的生活还记得清楚吗？或者还能记得一二。对于幼稚园呢？有的没有受过幼稚园的教育，有的印象已经极模糊，所以在研究之初，非先去认识不可。本章提出怎样去认识的方法，至于是否能做到认识的地步，还在诸位是否能实地去做。本节先讨论参观幼稚园的方法。

（一）怎样去参观

近年来幼稚园渐渐增多，所以要想参观一所幼稚园，不致有多大困难。参观学校有相当手续，如先几天去信约期，并说明参观的人数和注意点。得到回信，然后准期出发。这种种情形，都与参观别种教育相同。惟有下列几点，是参观幼稚园时要特别注意的。

1. 勿惊奇

幼稚生都是三五岁的孩子，为着适合孩子的生理和心理起见，所以一切设备和方法，都与小学、中学不同。例如挂在壁上的画，地位很低，①成人非低下头来是看不到的。对于这种种情形，务须特别注意，不应该发出惊奇的表示，以致引起幼稚教师意外的感觉，扰乱他们师生的活动。

2. **少动手**

这也〔是〕因为见到幼稚园的玩具与众不同，所以参观人往往玩玩这件、玩玩那件；一个不小心，踏坏了沙盘，踢破了皮球，拉断了秋千绳。凡是损坏了玩具，于孩子们都是极伤心的，参观者也觉得难为情。

3. **勿厌烦**

幼稚生的哭，是极寻常的事。遇到哭的孩子，参观人尽可不必去顾问，也不要显出讨厌的神情或冷笑。因为这种种的表示，都会引起教师不快活的情绪。

4. **注意服装**

衣服忌光彩夺目，以免扰乱儿童的视线。鞋子要着布底或其他软底鞋，硬底皮鞋或高跟皮鞋都不相宜。有许多幼稚园，规定某间房子用干净的鞋子进出。幼稚生在门口换鞋进去，换鞋出外。参观人要进这间房子去，先要得到教师的允许，并且要把鞋底擦干净。

此外如吃糖果、随地吐痰、大声喊人、奔跑、耳语、吸烟等，都不要在幼稚园里做出来。参观时，固可请教师引导，也可请她谈话，但以不妨碍她与儿童的活动为度。第一次参观的时间不必过久，看一个大概情形就可告辞，约定下次再去。

（二）参观些什么

第一次去参观幼稚园，最好请担任学程的教师（以下简称学程教师）同去；不然，便要请该园的教师做指导。因为下面几件事，都非初到幼稚园去的人所能明了的。

1. **设备**

幼稚园的设备，最能引人注目，矮小的桌椅、灵巧的玩具、令人发噱的

---

① 此"地位"，系指高度。

图画，处处都如走进小人国。这许多设备，都含有教育价值。参观者如不明了，必须逐件问清楚。

2. 课程

有的幼稚园把课程排定，只要看课程表就可以知道；有的幼稚园采行设计法，各单元是师生共同拟定的，这要询问了教师，才能知道本星期做的是什么单元；有的幼稚园采取儿童活动经纬制，就是除出几种习惯与技能每天有练习外，其余都是儿童自由活动。在这种制度之下，只要教师能力好、指导得当，儿童的活动也会有组织、有系统的。这星期儿童活动集中于哪方面，也要询问教师。

与课程相联的是方法。关于这点，本次参观可以不必十分注意。但是在儿童自由活动、师生协作的设计或是由教师决定这三种方法中，究竟采取哪一种，应该观察清楚，作为下次工作的准备。

3. 儿童

幼稚园的儿童有时极可爱，有时号啕大哭，或弄得满身污泥，会使成人讨厌。本次参观，除观察他们的活动外，切勿参加他们的活动。学程教师可以预先与幼稚教师约定，开一个会，使儿童与参观者互相认识（不必一定是欢迎会）。这是做下次工作的准备。参观者还可以预先认定哪个孩子，我下次要和他做一个游戏或做其他的活动。不过，不要只选择穿得好看、长得好看的孩子，并且不必对孩子说明下次要和他玩。

本次参观只要注意上述三点，此外如教师的态度，儿童的年龄、身体、家庭，幼稚园的组织，每年的经费，本学期的计划，各种活动的进行，儿童玩具的来源，各项设备的标准，等等，不必唠叨地详问教师。因为这次参观的目标，是认识幼稚园的大概情形，没有时间可以详细调查。

练习题：

（1）参观回来写一篇详细的报告。

（2）拟一个下次参加幼稚生活动的计划。

（3）有空的时间，先和自己的子侄们或认识的小朋友谈一次话，或做一个游戏。

第二节　参加幼稚生的活动

参加幼稚生的活动，是一件极不容易的事，有三种原因：

（1）幼稚生的社交范围不广，与成人的接触更少，所以看到陌生人终有些害羞。

（2）幼稚生的习惯、言语、行动，与成人不很相同。

（3）成人因为日常与成人相处，所以一切态度、行动，都不适宜于对待六岁以下的孩子。

"困难虽多，只要做起来就会减少。"这是一句极有意思的格言。对待天真的幼稚生，只要具有真诚、慈爱的心肠，决不会有大不了的困难。这次加入活动，可以分为两种：一是个别活动；一是团体活动。加入哪种以前，先与学程教师和幼稚园教师商酌定当。下面举几个例子，并说明其要点。

（一）怎样参加个别活动

个别活动可以参加的，有草地活动、沙盘工作、积木工作、谈话、采集花草虫鱼、图画、写字、剪贴、泥工等。要加入哪种活动，不必等着教师的指示，可以找一个机会，中途插进去。"在儿童不知不觉之中加进去，儿童不会发觉你是成人。"这是一句总诀。略述数例如下。

1. 草地活动

儿童在草地上的活动，大概是游戏，如上秋千、拍球、翻筋斗、玩滑梯等。也有的是正在完成他的计划，如拾石子、追蝴蝶、拾柴烧东西等。加入游戏，比较来得容易。儿童上秋千不很能动荡，可以站在近旁观察，听到他呼援的声音，就可以去加入。加入球戏的机会也多，但掷球、踢球，切勿太高太远；并且不能时常占为己有，要常常让儿童得球。玩滑梯是儿童最爱做，也是最容易做的游戏（除非有的孩子看到就怕），成人就不容易去加入。

当无论加入哪种游戏的时候，嘴里不要狂叫。因为狂叫会压倒儿童的气势，减少游戏的兴趣。加入儿童的拾石子等工作，也不很难，可以直接加入，同时口里可以唱温柔的歌谣，如《小老鼠》《小白兔》等。你所得到的，可以送赠给他，间接助成他的计划。

2. 积木工作

玩积木已经有两种不相同的方法：一是教师规定时间、地点，指导儿童玩；一是只备大小不同的积木，堆放在一处，听儿童的自由，喜欢搭什么就搭什么。

成人加入儿童的活动，后者较易。最初要在近旁观察，看他们要搭些什么，有时可以帮助传递积木，但是不必去参加架搭。等到完全明白他要搭些什么，然后可以多帮助些工作，还可以贡献改良的意见，请小朋友采纳。

唱歌谣是帮助工作兴趣最好的兴奋剂，所以也要充分利用。当工作歇下来的时候，就可以问长问短，谈一段话。

3. 桌上活动

在房子里，儿童往往在桌上做看画、画图或剪贴等活动。想加入这种活动，要先与教师说明，借到相当工具，如剪刀、蜡笔等。

倘若是手工、图画，你竟可不顾儿童，坐在他们的近旁，动手来做。做成以后，给大家看，这时必会引起大家的注意，那么再来指导儿童继续做下去。倘若是看图，便得先拿到一本有图的书，看到儿童活动很多的图，如《老猪闹新年》《青蛙赛船》等，就说："呀！多好看呀！这……"有了一二个儿童闻声来看，你就讲图画里的故事。这个故事不必预先找着，可以因图随编。这时候，儿童就会依依不舍地和你做伴。

加入个别活动的方法很多，有两句话最重要：（1）不要请你的同学同去做。因为你有了同学，会忘记小朋友，儿童也会远远离开你。（2）不要怕失败。与儿童共同做事，就是熟悉的教师与母亲，也难保件件成功。失败以后再找机会，再来干。到了得到儿童做你的小朋友，那么你的工作才可称为告一段落。

（二）怎样参加团体活动

团体活动有唱歌、讲故事、吃点心、做团体游戏等可以参加。这些工作，都比较容易着手，但是不容易交到小朋友。成人加入儿童的团体活动的人数，要看儿童数的多少；大约儿童十人可以参加二人，二十人参加三人。照此比例，成人的气势还不致压倒儿童。

其次，参加者要事前与教师接洽妥当，当工作时，要听教师的指示，帮助教师，帮助儿童。

1. 唱歌

唱歌的式样很多，以表情唱歌最容易参加。参加者要预先学会唱与表情，并与教师约定怎样帮助儿童。倘若不是预先学会，临时是极不方便的。成人来做孩子的表情唱歌，免不了会怕难为情。倘若自己忖度既不会唱，又怕表情，这次暂时不必参加，可以另选一种活动。

2. 吃点心

参加吃点心没有什么困难之点，不过各园有各园的习惯。儿童坐的座位怎样，怎样分点心，怎样动手吃，吃完以后怎样，都应该请教师事前指示一次。

有几条是必须注意的，如吃的以前洗手，吃的时候细细的嚼，不吃别人吃过的东西，掉下地的东西要用开水洗后再吃，有食物在口里的时候不说话等，都是极普通的卫生条件，不必等教师指示。

吃点心的时候，你可以看机会来讲一个故事或唱一首歌。吃完以后，大都是静息，这是极容易引人发笑的事，参加者千万要镇定、认真，勿引起儿童的哄堂大笑。

3. 团体游戏

这比唱歌容易参加了，例如猫捉鼠、鹰捉鸡、寻藏、小燕寻窠等，都可以成人、孩子合做的。参加者虽然要一切认真，不过不要夺去孩子的机会；不但不应该处处占儿童的先，并且还要帮助和鼓励。

各种游戏大都有一位司令，参加者要注意司令的信号，并且指导儿童注意信号。游戏不必有结果，快活就是结果。在快活之中，可以认识儿童的个性，可以结交小朋友。

练习题：

（1）初次参加幼稚生活动，必有许多新奇的发现，把它详细记述出来。

（2）提出参加过的活动中的怀疑点，自己先用普通教育原理来推究；倘若还得不到解决，然后预备提出下次的讨论会。提出来的辞句与态度，要极婉转和平。

（3）经过这次的参观与参加，对于幼稚园的大概已经明白了吗？如不明白，可以提出几点，交给学程教师，作为下次讨论会的讨论题。

第三节　与幼稚教师开讨论会

经过两次的参观与参加，对于幼稚园的情形，可以认识一个大概；但是，对于幼稚园的疑问也必定加多。这许多疑问，有的是普遍的问题，学程教师可以回答；有的是某个幼稚园的特殊问题，非幼稚教师不能回答。所以必须有一次联席讨论会，然后可以解决疑问。

（一）开讨论会应该注意的各点

从前师范生与附属小学教师在联席讨论会上，常常发生龃龉，这件事不能偏责单方面。这次讨论会，可以说是开始研究的第一步，凡学生、学程教师、幼稚教师都要极真诚相待，然后三方面都可以得到好处。现在提出各方面应注意之点如下。

1. **关于学生方面的**

（1）可以把前两次遇到的疑问尽量提出，但要件件都是事实。

（2）每次事情的发生与改进，决非一言可了。学生对于幼稚园，只有两次的经验，一切见解难免偏于单方面。所以本次提出的问题，宜用"询问某件事是怎样""为什么是这样"等方式，少提出改进意见。

（3）同是一句话，用和婉的语调与用强硬的语调，在听者的感觉上大不相同。所以提出问题时，态度要和平，语气要婉转，意思要诚恳，切勿带攻讦、讥讽等神情。

2. **关于学程教师与幼稚教师方面的**

（1）把学生提出来的问题，一一详细答复；并且要知之为知之，不知去求知。

（2）只有两次经验的学生，有许多问题当然极浅近，但有时也偶有一得之见。教师处置任何问题，切不可有"老架子"的神气，因为这是使新进者难堪的举动。

（3）答复问题时，可以指定看某书或做某事，有时还可请学生共同来合作。初次学习的人很有锐气，比新打成的刀还要快。所以，师生合作是三方面都得益的。

（4）学程教师要把学生的问题预先看过，最好能事前与幼稚教师商议一次。一切问题，最好是分别回答。关于该幼稚园的问题，由幼稚教师回答，其余由学程教师回答。

（二）提问题的路径

1. 关于幼稚生的

本项问题必占最多数。例子如下：

（1）为什么初进幼稚园的孩子常常会哭？本学程开始的时候，与幼稚园开学的时期相差不远，所以会遇到这样情况。

（2）有许多幼稚生不愿参加到队伍里去，别人与他去同玩，他也不愿意，这是什么缘故？

（3）有的幼稚生正在玩得起劲，忽听到教师的信号，手里虽然抛弃，神情上还是依依不舍；有的幼稚生竟不顾到信号，甚至教师来催促还不抛手，这样情形如何处置？

2. 关于幼稚园的内容的

关于这类问题，只要在开会时教师择要报告一遍，便可以减少许多。下列各方面是应该注意的：

（1）幼稚园的组织，如教师几人、幼稚生几人、经费几多等问题。

（2）幼稚生来园、放学的时刻，每年应交的费用等问题。

（3）本幼稚园从创办到现在的历史，现任幼稚教师来园时期，以及本学期的计划。

（4）幼稚园与家庭的关系。本项问题，有时会与幼稚生的问题联带提出来的。

（5）幼稚园的设备。这项问题，大都是逐件提出来的，如挂画的位置、积木的用途等等。

3. **关于各种活动的**

本项问题，因每人参加儿童活动的不同而各异，所以性质最复杂。不过，本项问题都是本书以下各章的讨论中心，学生不妨尽量提出，教师可以依着当时实在情形回答。

（1）本周各种活动用什么来做中心？为什么呢？用什么材料？

（2）吃点心的时候，为什么要有许多琐碎的手续？还是规定的？还是儿童自由的？

（3）幼稚生玩东西，常常会见异思迁（这里应该举实在事情做证），应该禁止吗？

（4）幼稚生搭积木，到中途常常会用脚一踢，全部毁坏，以为快乐的，这是什么缘故？

（5）清洁检查时，幼稚生有因教师责备衣服、手脚不干净而哭的，应该怎样处置？

（6）有的幼稚生喜欢拿着一本图画书，拉住人讲故事。这时候，倘若因为没有看过这个故事，怎么应付呢？可以临时看吗？还是不必照着原著的讲呢？

（7）有许多事情是分班做的（举实例），这是什么缘故？是否每事都要分班做的？

（8）幼稚园上午与下午的活动应该有分别吗？根据什么来定？

练习题：

把会场里讨论的问题详细记下来，然后查本书的目录，来看各个问题解决的途径。倘若教师有指定参考的书籍，应该逐本去看，并做极简单明了的摘记。

第二章　幼稚教育的略史

近来轰动全球的幼稚教育，在一百五十年以前，还不过是几位哲学家的梦想。法国的卢梭（Rousseau），对于儿童教育可算是鼻祖；但是他理想的教育对象爱弥尔（Emile）① 在幼稚时代的教育，并没有具体的办法。瑞士的裴斯泰洛齐（Pestalozzi），是初等教育的首创人；但是他的小学生，也不是六岁以下的儿童。他很主张慈母的教育，他以为这期的儿童，应该在慈母的怀抱里用爱来教育。因为有了卢氏和裴氏的惊人主张，到了一八一六年，才有世界第一个幼稚园出世；② 到一九〇六年，用科学方法来研究的幼稚教育，也勃兴于南欧意大利；③ 到一九一二年左右，这粒新种子居然撒到中国来了；④ 从一九二五年以后，中国的幼稚教育渐为国人所重视，⑤ 因此被列入于学制，又被列入于师范学校的课程里去。本章就是说明这一百多年经过的小史。

---

① 爱弥尔：亦译爱弥儿，是卢梭创作的教育小说《爱弥儿》中的主人公。他的成长历程，反映了卢梭自然主义的教育思想。

② 此"第一个幼稚园"，系指英国空想社会主义者罗伯特·欧文所创设的"幼儿学校"。该校于1816年1月1日创设于苏格兰新拉纳克，收纳1～6岁幼儿施行学前教育。因此，它兼具托儿所和幼稚园两种功能，并非严格意义的幼稚园。真正意义的"第一个幼稚园"，由福禄培尔创设于1840年。

③ 此"勃兴"，系指蒙台梭利于1907年在罗马的圣罗伦斯区设立的第一所"儿童之家"。因此，前言"一九〇六年"并不准确。

④ 此处所言"一九一二年左右"，恐怕不确。若依定制，"这粒新种子"播下的时间，当为1904年1月13日。是日，《奏定蒙养院及家庭教育法章程》颁布。

⑤ 此"一九二五年以后"的幼稚教育新阶段，一则表征为，是年在南京召开的中华教育改进社第三届年会上，专设了幼稚教育组，并通过了发展幼稚教育的提案多件；二则表征为，南京鼓楼幼稚园正式设立，开始试验具有中国特色的幼儿教育理论和课程方案。

第一节 福禄培尔

（一）少年时代的生活

福禄培尔（Friedrich Wilhelm August Froebel）于一七八二年生在德国的一个小村子里，父亲是牧师，家里并不富有。母亲生了他九个月后就死了，他是在乳母手里长大的。到四岁的时候，后母来了，待他很不好，因此得不到家庭的好教育。幸而家住乡村，所以常常到田野里去玩。十岁时，舅父带他去了，又送他进小学。这所小学虽然不很好，但是比起冷酷的家庭，真不知道使他快活了多少。

十四岁的那年，父亲又逼他归家，在家又没有事，只好到森林管理场里去做学徒。后来得到场主的帮助，进耶拿（Jena）大学。这时候，他最喜欢自然科学和建筑学等。终于因为欠了学费，不得已退学。二十三岁的一年，在一所师范学校里任建筑师，认识了裴斯泰洛齐的信徒哥罗纳（Cruner）[①]。哥氏见他有教育的天才，劝他任教师的职务；他因为喜欢与儿童做伴，所以就在哥氏的学校里做教师。当他第一天与几十个儿童做伴的时候，他快乐极了，他的家信里曾经说："这时候的快乐，真是我平生所梦想不到，好比鱼游深渊、鸟翔天空。"

哥氏劝他亲去观摩裴氏的一切，因此他与裴氏同住了三星期，回来又任教师。这时候，他终身从事教育的心差不多决定了。这样有两年之久，他又到别处做家庭教师。后来觉得能力还不够，重到裴氏那里去，一面做学生，一面做教师。又过了两年，他对于裴氏的学说、技术研究很彻底，对于裴氏有极精到的批评，例如说："裴氏的热情与人格，都能令人钦佩；不过缺少具体的方法，所以难免失败。"

一八一一年以后，他又进柏林等大学研究自然科学，不过终究因为学费

---

① ［德］哥罗纳：通译格鲁纳，即戈特利布·安东·格鲁纳（Gottlieb Auton Gruner，1778—1844），德国教育家，参见前文第 18 页注①。

不充足、国内不安靖，不能安心研究。但是这样逆境，正可以培养出有极大贡献的人才来。

（二）怎样创设幼稚园

十九世纪初叶，正是拿破仑①扰乱欧洲的时代，福氏就于一八一三年投笔从戎。他虽然立不到什么战功，不过在沙场上认识了二位终身的朋友——密台陀夫与兰葛达尔（Middanderff and Langethal）。② 一八一四年退伍下来，一八一六年他办了一所学校，也可以说是世界上第一个幼稚园。不过还不叫 kindergarten，学生也只有五个儿童，房子也不过三间茅屋。

次年，战地的二个朋友来了，秋天又与 H. W. Hoffmeister③ 女士结婚，这实在是使他终身从事幼稚教育的大关键。他的夫人是富家女，因与福氏是同志，所以不顾家庭和社会的一切阻碍，毅然与福氏结婚，于是同心协力的干。到了一八二六年，有学生五十六人；同年，他的不朽的著作《人类的教育》（The Education of Man）④ 一书亦出版。不过政府认为是危险的著作，禁止出版；并且用种种恶劣的手段逼福氏解散学校，离开祖国。从此他流离四方，受尽当时一般顽固僧侣的欺侮。幸而有瑞士政府的优遇，得以安身。

然而到了一八三三年，他的夫人竟因贫穷而病于柏林，福氏也只得归国。从此，创设幼稚园的心愈坚决。一八三八年，他又办了一个学校，专收未达学龄的儿童。他想不出适当的名字，有一天与朋友散步，忽然想到 kindergarten 的字，不禁大喜。这个字是德文，现在通行世界，意义是儿童的花园；比儿童是花草，比教师是园丁，学校就是花园。园里的工作，除养护儿童的身体外，还要陶冶儿童的心〔性〕情。不幸，次年对于他的事业最有帮助的夫人死了。他虽然还是毫不灰心，到处去鼓吹，但是在事实上是极不顺利的。

---

① ［法］拿破仑：即拿破仑·波拿巴（法语 Napoléon Bonaparte，1769—1821），为法兰西第一共和国第一执政、法兰西第一帝国皇帝。执政期间多次对外扩张，大多欧洲国家曾臣服于他。

② 此"二位终身的朋友"，参见前文第 18 页注③。

③ 所载英文为人名，可译为霍夫迈斯特，为福禄培尔的第一任妻子。

④ 《人类的教育》：通译《人的教育》，参见前文第 18 页注⑤。

不久，世界上第一个得名的 kindergarten 也关门了。

当时福氏有一喜一忧的两件事：喜的就是，他认识了一位有学识的培劳夫人①，极力赞助他的工作；不但代他宣传学说，并且实际上帮助他办幼稚园、幼稚师范等。忧的是，德政府对他极不满意，指幼稚园是反乎自然的怪物，福氏是无神论的叛徒，于是下令禁止幼稚园。这个令到了福氏死后十年，因培劳夫人之疏通才得取消。

福氏死于一八五二年，恰恰七十岁。葬在德国叔惠奈村（scheveina）。不久，他的好友也渐渐死去。所以他的学说虽然有人替他宣传（如培劳夫人和他的后妻等），幼稚园事业在德国也兴旺起来；但是福氏学说的真义，也就渐渐消灭了。

福氏不但发明幼稚园的名字，并且有极深奥的学说、有趣的儿童恩物，以及许多好方法。这些，在本书以下各章里都有引到。

练习题：

(1) 到幼稚园里去找几种福禄培尔的恩物，研究他为什么要这样做？为什么他的恩物总是从整个分为部分，又可从部分合为整个？

(2) 造一张福氏的年表，与中国的年代对较。倘能转问历史教师，那时候中国最盛行什么学说，西洋的科学已经进步到什么程度，造一张表，那么更好。

(3) 参考唐毅译《近代教育家及其理想》的福禄培尔章（中华书局出版）。

第二节　蒙台梭利

福禄培尔晚年办幼稚师范，主张幼稚园教师应该是女子担任，但是他的理想当时不能完全实现。过了五十年，这个理想竟因一位女教育家而实现。

---

① 培劳夫人：亦译布洛夫人或布洛男爵夫人，生卒年未详，德籍。她于1849年结识福禄培尔，并深信其学说，于是加以大力宣传。当福氏去世后，她于1855年前往法国，前后居留了三年，发表宣传幼儿园的讲演百余场。正是经过她的不懈介绍，方获得法国政府的支持，使幼儿园在法国植根。在此期间，她将福禄培尔在1844年出版的《母亲的爱抚之歌》（今译《慈母曲及唱歌游戏集》或《母亲：游戏与儿歌》）重编、注释并出版了《福禄贝尔母游戏》一书，更是扩大了福禄培尔的影响。

她虽然不是福氏的信徒，但是幼稚教师请女子担任的一件事，确是因她的事业而被世人所公认。她是谁？是蒙台梭利，意大利首相墨索里尼[①]新近从美国欢迎回去的女教育家。（这是一九二九年的事，参看 National Society for the Study of Education[②]. 28th *year-book*[③] 17P.）

（一）求学时期的蒙氏

蒙台梭利（Dr Maria Montessori），一八七〇年生于意大利，无兄弟姊妹，父母极钟爱，因此全力培植幼女，得博士学位。那时候意大利国内混乱方休，风气未开，所以对于这位得罗马大学第一个女博士学位的她，很有人讥诮，但是她毫不介意。她初时习医，注意于精神病。大学毕业后，留校任精神病医生的助手，对于低能儿童特别注意。这件事，不但因她的职业而如是，也可以说她充满着对于孩子们的爱心而如是的。但是新兴的意大利学者很少，尤其对于低能儿的学问更少有精深的研究，于是她到法国去留学了。

法国有著名的低能儿学家伊达（Itard）[④]和石庚（Seguin）[⑤]师徒二人。伊达曾经从猎人处得到一个十二岁的"半兽人"。这个人是从小被父母抛弃，生长在野兽窟里，大约有十二年。一个猎人忽然捉到了，就来送给伊达。一个医生得到这样的奇人，当然欢喜极了，于是用种种方法来教育，结果发明低能〔儿〕可以教育的原则。他的学生石庚继续研究，更有发明。蒙氏听到石庚声名，就亲到巴黎跟着他学，并且把他的学问翻译成意大利文。回国以后，担任精神病医学校的校长。这所学校里，对于低能儿的教育特注重，她因此也就特别感到有兴味。虽然只有两年的时间，但是对于她自己，对于造就的师资，对于教育低能儿的方法的改进，成绩极好。社会上对于她的注意，

---

① 〔意〕墨索里尼：即贝尼托·墨索里尼（Benito A·A·Mussolini，1883—1945），意大利国家法西斯党党魁、时任内阁总理。

② 所载英文为社团名，可译为全美教育研究学会。

③ 所载英文为书名，可译为《年鉴》。

④ 伊达：通译伊塔德，即让·马克·加斯帕尔德·伊塔德（Jean Marc Gaspard Itard，1775—1838），法国治疗耳病的医生和教育聋童的专家，为特殊教育的最初倡导者，以对"野孩阿维龙"的长期教育实验而知名。著有《野孩子阿维龙的早期教育》。

⑤ 石庚：通译塞贡，法国特殊教育理论家，参见前文第20页注③。

也就在这两年里引起来的。

人们在工作兴趣最高的时候，往往会感觉到，有研究、深造的必要。蒙氏就是一个好例。当她担任该校校长时，她还是四出去求长进，最后一九〇〇年，更毅然辞去校长的职务，重入罗马大学继续研究。这时候，所研究的是哲学、心理学等科，更注意于儿童心理学。因为这许多学科，都是教育的基本学问；她既然立志献身于低能儿的教育，对于这些基本学问当然要深造，所以又过了七年的学生生活。一九〇六年，应友人泰莱姆（S. E. Talamo）①的邀请，计划一所贫儿学校。这所学校，专收六岁以下、三岁以上的儿童。校董是一般富人，对于她非常信任，她也就把七年研究的心得，拿出来试验。所以这所学校办得极有成效，贫儿的许多恶习惯，都能在短时期内改去。一年之后，她因为有别种试验计划，遂辞去。

（二）试验教育主张时期的蒙氏

一九〇七年，震动全球的儿童院（Casa dei Bambimi）出现了。收三岁以上、六岁以下的儿童，用她所发明的教育低能儿的方法来教育。当时不很有人注意，经过了一年，逐渐扩充到四所。她把院中儿童的生理状态、家庭背景以及日常遇到的情形，记载得极详细。不久，这区区的儿童院竟轰动全国，渐渐传到外国去。一九〇九年以后，各地去参观的人络绎不绝；并且有人长住学习，意大利的妇女们都称她是"意大利的母亲"，可想见她的影响了。

好事多磨，好人招嫉。她在一九一一年，又不得已离开儿童院了。她曾经到过美国，宣传她的学说，引起了许多人的注意。如克柏屈克（Kilpatrick）②等，都参加讨论。蒙氏现在还极康健，她的学说几乎全世界都在试验，只有意大利本国不很盛行。这是不足怪的，因为当地人必定会妒嫉当地的学者。一九二九年，意国首相墨索里尼（Mussolini）决议欢迎她回国，她就在密兰（Milan）③训练一百七十八位教师，共有半年。这些教师们修完她

---

① 泰莱姆：通译塔拉莫，生平事迹未详。
② 克柏屈克：通译克伯屈，美国教育家，参见前文第40页注①。
③ 密兰：通译米兰，意大利第二大城市，是世界时尚艺术的中心。

的学科，都必需服务于公立或私立学校的。

蒙氏著作最著名的，有 *Montessari Method*[①]，已有英文译本，是六岁以下孩子教育的方法。自从一九一一年以后，她很留心七岁以上的儿童教育。关于这期儿童教育的试验，她也写了二本报告。她现在还不过六十岁，或能继续有所发明。关于她的学说和方法，本书以下各章都想约略讨论。

练习题：

（1）蒙氏教学法在中国也盛极一时，向幼稚园教师找一二件蒙氏的教具来研究一番。

（2）参考唐毅的《近代教育家及其理想》的蒙氏章和张雪门的《蒙得梭利与其教育》，作一个简单的报告。

（3）再去参观别的幼稚园一次，留心所用的教具和方法，引用福氏的和蒙氏的有多少，其他的有多少，以备学习下节。

第三节　中国幼稚教育略史

我国幼稚教育的历史，可分为三期：民国纪元以前为一期；民国元年至十四年为一期；十五年以后为一期。分述如下：

（一）清季的幼稚教育

在科举时代，只有童子应试，[②] 没有谈到六岁以下的儿童应该受学校教育。自从光绪二十八年办新学的上谕颁布以后，学校渐兴。直到宣统三年，幼稚教育可说是从东洋输进中国来。这期可以分为两项说明：一是幼稚园的教育；一是幼稚师范教育。

---

① 所载英文为书名，可译为《蒙台梭利教学法》。
② 此"童子应试"，指科举时代少年所应考的"童子科"。唐制定10岁以下、宋制定15岁以下能通经者，可应此试，六七岁能登童子科者极少。通常及第者仅予以出身，具备进入中央官学的资格，极少实授官职。

关于幼稚园的，光绪二十九年张之洞《奏定学校章程》①其中一章是幼稚园的宗旨与办法。其中保育教导要旨最重要的一条为："保育教导儿童，专在发育其身体，渐启其心智，使之远于浇薄之恶习，习于善良之轨范。"幼稚园的课程，有游戏、歌谣、谈话、手技四项。每日保育的时刻，不得过四点钟。这时候幼稚园的数目极少，光绪二十九年武昌首创幼稚园，②三十年上海务本女塾吴怀疚③创办幼稚园，三十三年爱国女塾也办幼稚园。此后各地创办者甚多。到了光绪三十三年，全国幼稚生已经有四千八百九十三人了。

那时幼稚师范的一切，比起幼稚园来，更不如了。这因为礼教的束缚，"女子无才便是德"的谬见太深。所以光绪二十八年的章程里明明〔确〕说："此时情形，若设女学，流弊必多，断不相宜。"因此，保姆就令育婴堂里的乳妪、清节堂里的老妪充任。另将《列女传》《教女遗规》等书编为教科书，使乳妪们诵读。光绪三十三年，上海吴朱哲④从日本学习幼稚教育回国，创办保姆传习所，录取学生三十六人，这是国人私立幼稚师范的嚆矢。以后广东、北京都有保姆班的设立。到了宣统末年，全国女学生的数目已经有二三十万，学幼稚教育的人数也大增了。

那时有另一种教育，对于幼稚教育的影响很大，就是教会学校。我国自从允许外人在内地传教以后，于是凡教堂所到之地，教会学校也办起来。所

---

① 《奏定学校章程》：准确名称为《奏定蒙养院章程及家庭教育法章程》。该章程系《奏定学堂章程》之一（包括16份具体文件）。

② 此"首创幼稚园"，为1903年秋首设的"湖北幼稚园"，因园址在武昌阅马场，故也称武昌幼稚园。1904年依《奏定蒙养院章程及家庭教育法章程》规定，将该园附设于武昌模范小学堂，名称亦改为蒙养院，故此后也称该园为"武昌蒙养院"。

③ 吴怀疚：即吴馨（1873—1919），字畹九，号怀疚（怀久），安徽歙县人。1897年入南洋公学师范院，后立志振兴女学，于1902年在上海小南门花园弄自家创办"务本女塾"。1904年，在乔家浜附设"幼稚舍"，此为国人自办的第一所私立学前教育机构；1907年又附设"保姆传习所"，此为国人自办的最早的幼师培训机构之一。1910年任上海县视学。中华民国成立后，出任县民政长、县知事，继续致力于发展地方教育事业。

④ 吴朱哲：即朱哲（前冠夫姓），女，字秋贤，生卒年未详，江苏上海青浦人。幼承家父朱星敷之教，知书达理。后嫁同邑吴仲声。1902年夫君病逝，受聘执教于上海务本女学。1904年协助吴馨附设幼稚舍，并执教于其中。次年典卖嫁妆并得亲友资助，东渡日本专习幼稚教育。1907年归国后，继续执教于务本女学，主持附设保姆传习所，致力于培养蒙养院师资。后始终致力于学前教育。

以在光绪二十八年,他们已经有幼稚园六所。此后他们又在北京、长沙、杭州、福州、厦门等处办幼稚师范。所以宗教式的幼稚园,到了民国十五年还很多。

(二)民国元年至十四年

民国成立,全国教育制度一变,男女教育已达平等,幼稚教育也渐渐注重。民元教育法令,凡于女子师范得附设保姆科,师范附属小学、国民小学得附设蒙养园。民五在《国民学校令施行细则》里,把幼稚园的办法列为专章。虽然内容与前清所颁布的相仿佛(因为都是贩运日本的办法),也足见当时已注意到这点了。不过在学制系统上,始终没有列进去。到了民十一的新学制令里,[①] 幼稚园才得占一地位。至于全国究有幼稚园若干,幼稚生若干,那是无从查考;因为各种教育统计上,竟忽略这项材料。不过以上海一地来推测,觉得是逐年进步的。据陈鸿璧[②]的调查,民七上海有幼稚园十二所,民十五已增加到二十一所。

当时国人对于幼稚教育的态度还不很好,袁希涛[③]于民十一想筹办幼稚师范模范学院和模范幼稚园,提交全国中华教育改进社年会,不能通过。民十

---

① 此"新学制令",全称《学校系统改革令》,即"壬戌学制"。

② 陈鸿璧(1884—1966):女,原名碧珍,广东新会人。幼年随父旅居上海,毕业于上海中西女塾。后执教于育贤女学,任《神州日报》《大汉日报》编辑。1912年主持创设广东幼稚园,任园长。该校后增设小学、中学和女校,并以"广东中小学"名校,继续附设幼稚园。终身未婚,主理该校数十年,直至1953年退休。著有《幼稚恩物教授法》,撰有《幼稚教育之历史》等。

③ 袁希涛(1866—1930):又名鹤龄,字观澜,江苏宝山(今属上海市)人。光绪举人。早年任上海广方言馆汉文教习,1903年创办宝山县学堂,并赴日考察新教育,次年任宝山县学务公所总理,兼任上海龙门师范学堂监督,参与发起成立江苏学务总会。民国成立后,历任同济大学校长、教育部普通教育司司长、视学、次长并代理部务。1923年当选为江苏省教育会会长,后发起成立"江苏义务教育期成会",任会长。推行义务教育甚力。著有《义务教育商榷》《欧美各国教育考察记》等。

二重提，仍不能实行。① 民十三该社开年会于南京，并开全国教育展览会，幼稚教育成为独立一组。从此以后，国人对于幼稚教育渐渐注意。

幼稚师范自民四以后，各省逐渐兴办。教会设立的，北有燕京，南有景海（苏州）、弘道（杭州）、协和（福州）、怀德（厦门），中部有雅礼（长沙）等。公立的，如北京女子高等师范的保姆班、江苏一女师的幼稚师范，浙江、福建等省亦有同样的开办。不过因幼稚园数很少，所以人才供过于求，毕业生改任小学教师者很多。

（三）民十五以后的趋势

自从民国十四年南京东南大学陈鹤琴提倡幼稚教育以来，渐渐引起一般人的注意。上海《教育杂志》社竟出专号来鼓吹，南京鼓楼幼稚园出版《幼稚教育月刊》与丛书，发表他们研究的结果。

十六年国民政府定都南京，指为首都。在三月之内，首都幼稚园数，由四所而增至十九所；上海亦有同样的增加，其他各地也都闻风而起。所以一时物色幼稚教师，比聘请大学教授还难。这时候京、沪两处，各有幼稚教育

---

① 此案名为《筹设幼稚师范模范学院、模范幼稚园》，全文为："自欧战以还，我国教育家虽咸注重于幼稚教育，然每因经费困难、人才缺乏，以致不能实行，所以幼稚园实无完备者。考诸欧美各国，均以幼稚园为基本教育，逐年推行，几乎无处无之。故上年全国教育会联合会议决新学制，将幼稚园加入初等教育系统之内，以示注重。同人等有鉴于此，特邀集各同志筹设模范幼稚园，为教育之基础，创定幼稚师范科以造就应用之人才。惟是人才之薄弱，经济困难，进行需滞，拟求诸君子提携辅助，设法建议，指拨基金，俾得完成规模宏大之幼稚教育机关，千万后生实利赖之。敬候公决。"此"仍不能实行"，系指第三届年会幼稚教育组议决"保留"。是届年会议案组所给出的意见是："此案曾于去年年会提出，经初等教育组赞同。惟以关系经费，特移交筹画全国教育经费委员会讨论。本年本组接幼稚师范学院、模范幼稚园董事会筹备处来函，属仍提出，故特将案查出，重行排印。"（《新教育》第7卷第2、3期）

研究会的组织,主其事者是陈鹤琴、吴研因①、张宗麟等。京市每月开会两次,讨论幼稚园课程问题,并责令会员试验。

十六年冬,这个运动推到乡村里去,有徐世璧、王荆璞等到燕子矶去办乡村幼稚园。十七年,全国教育会议通过幼稚教育议案七件,其中如全国实验学校必须设立幼稚园,以及起草幼稚园课程等,都是极有影响的。十八年全国中小学课程起草完成,其中关于幼稚园课程列为专项。虽然难免抄袭的弊病,但是足见正在注意了。十九年全国教育会议,将幼稚园与小学并立,因此初等教育已经为国人正式承认有幼稚园与小学两段了。

幼稚园的数目既增,幼稚师范也必增加。例如以江苏而论,有南京女中、大夏大学、晓庄学校先后增设幼稚师范,徐州女中也有此议。十七年夏,中央大学与京市教育局令设幼稚教师养成班,此外如苏州的景海、上海的沪江大学,原有此科的也正谋发展。还有私立的如上海幼稚师范等,也竭力谋发展。其他各省如北平的孔德、厦门的集美等,都办有专科,并且都聘请专门人才研究指导。

今后中国幼稚教育的日兴,必可预卜。因为在社会需要方面,不但新式的富人达官感觉幼稚教育的重要;一般农村与工厂附近,尤其需要有幼稚园。在研究方面,近年来很有几位学者发疯地干这件事业,不但介绍世界学说,并且亲身试验。同时一般小学教师,也因为平时对于幼小儿童没有办法,所以也不期然而注意到幼稚教育。至于全国幼稚教育的总枢纽,至二十年止,几乎全在中华儿童教育社②(该社总事务所在上海,发起人为陈鹤琴、张宗

---

① 吴研因(1886—1975):原名辇嬴,江苏江阴人。1906 年毕业于上海龙门师范学校,历任江阴县立单级小学校长、江苏省立一师附小主任。后赴上海,任商务印书馆附设尚公小学校长,兼主养真幼稚园事,发起成立"上海幼稚教育联合会"。后历任上海商务印书馆教科书编辑、菲律宾华侨中学教导主任,教育部教育方案编制委员会委员、国民教育司司长、初等教育司司长、中学教育司司长等职,为基础教育专家。编有《新学制教科书》等,著有《基本教育》等。

② 中华儿童教育社:中国知名儿童教育学术研究团体,其前身为南京幼稚教育研究会(组)。1929 年 7 月,在杭州"西湖博览会"发起成立此会。陈鹤琴为主席,总社设南京,上海设总事务所。其宗旨为:"研究幼稚教育、小学教育、家庭教育,注重实际问题,供给具体教材。"社刊为《儿童教育》。自 1930 年始,先后在无锡、上海、南京、济南、武昌、庐山、北平召开多届年会。至 1937 年,全国有 60 余个分社,4000 余名社员。

麟、胡叔异①等，出版《儿童教育》月刊）。

练习题：

（一）你如在经费方面和时间方面都不发生重大恐慌，必须参观三个以上的幼稚园，找出他们所办的幼稚园已经走到哪个时期。

（二）关于本章的参考资料太多了，现在列举几种扼要的，选择几种去涉猎。

（1）关于前清与民国十五年以前的参考资料：

——张宗麟著《幼稚教育概论》第二章（中华书局出版）；

——《教育杂志》十九卷二号，舒新城著《中国幼稚教育小史》；

——又，陈鸿璧著《幼稚教育之历史》；

（2）关于民国十五年以后的参考资料：

——《幼稚教育月刊》第一卷（该杂志近已改名《儿童教育月刊》，由中华儿童教育社编辑）；

——《南京市教育月刊》第一卷，十七年著者主持南京市幼稚教育研究会时的详细记录与指导计划；

——《乡教丛讯》第二卷、第三卷，有乡村幼稚园办法和历史；

——全国教育会议第一次和第二次的议决案；

——《乡村教师》第一卷第十一期幼稚教育专号；

——《初等教育界》第一卷第四期，张宗麟著《中国师范教育的流毒》（厦门集美幼稚师范出版）。

---

① 胡叔异（1899—1972）：名昌才，字叔异，江苏昆山人。1918年考取南京高师教育科，毕业后任该校附小教职。后历任上海商务印书馆尚公小学校长、商务印书馆小学教科书编辑主任、苏州中学师范科主任、江苏省立第一师范附属小学校长、上海教育局第三科科长、暨南大学教育学教授等职。全面抗战期间，历任云南省立昆华实验小学校长、教育部儿童教育科科长。抗战胜利后，任上海新陆师范学校校长等职。终身从事儿童教育、小学教育研究。著有《论英美德日儿童教育》等。

第三章 幼稚园的儿童

幼稚园儿童的年龄，照我国最通行的而论，大都是四足岁到六足岁。有人称此期儿童为幼年期。从七岁起，是我国规定的学龄期；在四岁以前，应该请蒙养园（nursery school）负教育的责任。本章讨论下列各项问题：（1）幼稚生的生理状况是怎样的？（2）幼稚生的心理现象是怎样的？（3）幼稚生的整个人格究竟是怎样的？①

第一节 幼稚生的生理状况

从外形看起来，幼稚生与成人没有什么大不同。例如成人所有的五官四肢，幼稚生也有的；成人的起卧饮食，幼稚生也要的。所差的就是分量的不同，所以普通称成人为大人，称孩子为小人。但是我们再进一步观察，不但是大小之差，并且比例上、质量上也大不相同。例如幼稚生的头与全身的比例，比起成人来大得多了；幼稚生的四肢与全身的比例，比起成人来短得多了。吃东西的分量和质量大不相同，睡眠的时间也不相同。再进而观察骨骼、肌肉、牙齿、体重、神经系、脑细胞、循环器、消化器等，那么他的不同格外大了。

（一）幼稚生的外形

儿童在六岁以前，各部分的发达，都比六岁以后来得快。六岁儿童的身长，可以增长到初生时的二倍；到了十五岁，不过再增加六岁时的三分之一。

---

① 此"人格"问题，张宗麟在后文实际并未介绍或讨论，未知何故列此条目。

体重在六岁时，可以增加到初生时的六倍。

他们的躯部较长，四肢较短，骨骼富于磷质，所以容易弯曲。倘若营养不良、坐椅不称身、衣服太窄、负重过多或过于久立，都会养成畸形，如驼背、歪腿、左右不平均等等。

至于肌肉的重量，因为所含水分多，所以比较成人来得轻。大肌肉如背、臂、腿等，都能很快的发达；小肌肉如手指尖、眼睛等，却发达得很慢。所以要幼稚生去做精细的工作，是不很可能的。

我国对于幼稚儿童的身体，实地研究的报告还很少；外国的报告，又因人种的不同，不很能直接应用。现在根据 S. M. Shirokogoroff[①] 著的《中国人发育之研究》一书中所述五六岁儿童的身体发育现状，摘成一表作为参考（表3）。最好请幼稚教师们，自己能够随时随地去做这种工作。

表3 浙江省五六岁儿童身体发育表（表中数字以万国度量衡为标准）

项目	年岁	成绩			
		最大数	最小数	每年增加	平均
全身长度	5	1147	1101	—	1115.4
	6	1187	1127	44.3	1159.7
坐时高	5	613	592	—	603.4
	6	640	623	28.1	631.5
躯干	5	261	247	—	255.6
	6	287	250	8.4	264.0
头及颈	5	358	331	—	347.8
	6	373	353	19.7	367.5

---

① 所载英文为人名，通译施罗科哥罗夫（1889—1939），俄国人类学家。早年留学巴黎，归国历任沙俄皇家科学院人类学部研究员、远东大学教授，专研通古斯族、满族。"十月革命"后流亡中国，对满洲人的社会组织和中国人的体质等问题进行了深入研究。著有《北方通古斯的社会组织》等。

续表

项目	年岁	成绩			
		最大数	最小数	每年增加	平均
头长	5	172	161	—	170.8
	6	176	166	—	163.3
头个	5	149	139	—	145.4
	6	150	142	—	143.3
腿	5	559	513	—	533.6
	6	582	543	32.4	566.0
大腿	5	269	244	—	258.2
	6	282	268	17.8	276.0
小腿	5	290	268	—	275.4
	6	300	275	14.6	290.9
臂	5	548	471	—	507.9
	6	571	489	29.3	537.2
上臂	5	229	191	—	204.6
	6	247	193	17.1	221.7
下臂	5	186	140	—	161.4
	6	193	149	7.1	168.5
手	5	154	133	—	141.9
	6	158	144	5.1	147.0
全身重	5	21.43	17.47	—	18.87
	6	22.68	19.61	2.03	20.9

（二）幼稚生的内脏

内脏二字或者太含混。本段说明幼稚生的血液循环、食物消化以及废物排泄器三部分。

1. 血液循环

循环器主要部分是心脏、动脉管、静脉管、血脉、淋巴汁。幼稚生的心脏较成人小，脉管较成人大，所以幼稚生脉搏次数多于成人。血液中红血轮①较少，白血轮也较少，所以全身的营养与抵抗病菌的力都不很强，应该多过户外生活，增多养气②，减少与病菌接触的机会。

2. 食物消化

消化器第一步就是牙齿。幼稚生正是到了脱乳齿、换永久齿的时期。乳齿的数目只有二十粒，珐琅质等都比较薄弱，咀嚼能力不很强；胃汁、胆汁的分泌也不多，肠又是比较曲折少而蠕动迟缓，肠液也不多，所以消化器可说是极不良。同时，幼稚生时代各部分的新陈代谢极快，所以对于他的食物，要容易消化而滋养料多。

3. 排泄器

肺、肾、膀胱、汗腺、大肠都是排泄器。幼稚生因为胸腔小，所以肺也小，呼吸短促，剧烈运动很不相宜。肾部的力量极充足，惟膀胱的约束神经，有时会不受中枢神经的管束而致遗尿的。全身为着面积大于体积，所以散热的力量大。皮肤排泄力也不小，所以应该常常洗澡。

（三）幼稚生的神经系

幼稚生头部的大，是极显然的。脑量在五岁时，已发达到十分之九，到了十五岁才完全发达。脑髓细胞中最重要的锥状细胞，六岁时也发达了。这种细胞，到三十岁完成。这种种，与智力的关系不很多。神经系中的脊髓发达最早，婴儿的反射动作，完全是脊髓的功能。此后外界的刺激影响于大脑，大脑的皮质渐渐起了皱纹。这些皱纹，是与智力有极大的相关的。

司运动的是小脑，幼稚生的小脑已经与大脑联络得极好，一切动作虽不得完全灵敏自如，但是已经能受大脑的命令来做。延髓的作用也呈显出来，所以幼稚生也会做梦。

---

① 红血轮：红血球的旧称。后文的"白血轮"，即白血球。
② 养气：氧气的旧称。

从神经系说来，幼稚生对于各种布置以及教师的举动、言语，所受影响很大。因为这种种印象在他都是新的，会深深的印住的。

第二节　幼稚生的心理现象

在科学的心理学没有成功以前，教育学上引用心理学原则，常常会遇到错误。例如本能（instincts）究竟有否，到今日心理学家还没有给我们正确的答复。又如意识（consciousness）也正在争讼于有无之间。本能学说如不能圆满证明，教育学上许多兴趣等问题，根本就会摇动；至于意识问题不解决，那么一切注意和学习等将受重大影响。本节为着免除偏见起见，只就现象上所能见到或容易试验得出来的，略说如下。

（一）好动

幼稚生正在肌肉与骨骼发达时期，所以身体上各部常常活动的。倘若没有环境上的阻碍，他可以与小鸟同时起来，整天动个不息，直到他疲倦为止。

他看到一件以为新奇的东西，就拿来玩，也会拆开来看；看了以后就会丢去，再找另一件来玩。他能够爬山、上树，他也能跳下水塘去追捉青蛙，见到蜈蚣、蝴蝶，他也能用手去捉；不幸遇到苦痛，得了一次极不好的经验，才不敢再去尝试。他看到三轮车、秋千、滑梯，没有不会爬上去玩的；除非他已经受了成人极可怕的暗示与教训，才不敢动手。

总之，幼稚生倘若身体康健，又未曾受到成人的恐吓的影响，没有一个不好动的。这是一件极显著的心理现象。

（二）惧怕

人类生来是没有惧怕的，这件事已经有人证明（参看华真著的《行为主义的幼稚教育》）。但是到了幼稚生时期，确是有了许多惧怕的习惯。最普通的有：怕大声、雷电、昆虫、水、火、突变的事，还会怕无形的鬼怪，有时也会怕可亲爱的教师。这种惧怕，无论是先天具有或后天养成，不过在幼稚生时代也是会常常发现的心理现象。

（三）注意

注意的时间，在心理学试验室里的证明是极短极短的，这是无论何人几乎相同。不过有的人，对于某一件事已经养成了特种注意习惯。例如，我们读书可以维持到一小时，这是特种注意习惯。

幼稚生对于人生各种特殊注意习惯还未养成，所以注意的对象常常会迁移。这时看图画故事，忽然看到三轮车，就抛去图画故事书去驾三轮车。除非是教师对于儿童有特种训练，不然很难以维持他们的注意，也难以划一几十个幼稚生共同注意于某事物。这也是极显著的心理现象。

（四）记忆

人类的记忆功能究竟在哪一部分，到现在还不能完全回答。有的说在意识里，有的说在大脑的皱褶里。不过无论它在哪一部分，幼稚生会记忆是千真万确的。

我们成人有时会记起四五岁时代的事情来，这是一个证明。幼稚生能够认识教师、小朋友，这是记忆；教师今天说了一件事，明天他能回说得出来，也是记忆。至于记忆能力儿童时代比较成人时代来得强的学说，现在已经证明是不正确的。我们只知道幼稚生会记忆，不是有高强的记忆力。

（五）思想

幼稚生也会思想的。一堆积木搭不起来，他会再换一个方法来搭，这是思想的表现。有时候开一个瓶盖，他这样不能开，再换一个方法，这也是思想的表现。不过他的思想是简单的，还没有什么因果律，也不很会推理；一切结论，大都是直接的。怎样养成有正确的思想，这是幼稚园应该负的责任。不过，不要希望有极正确而深奥的推理与判断。

（六）习惯

习惯是心理现象之一。以上所举的五种现象，或者都可以说是习惯。习惯有肌肉内脏的习惯，还有观念思想的习惯。例如驾三轮车，是肌肉的习惯；

肚子饿了吃东西，是内脏的习惯；能够用思想或注意来造成经验，是观念思想的习惯。

幼稚生的习惯已经很多，并且一切习惯的获得也极快，因此有人以为是可塑性。虽然可塑性不是最正确的心理学的名辞，不过幼稚生能够获得习惯，并且能够很快的获得，这是实在的情形。

想象是否另是一种心理现象，或者也是习惯的一种。例如同是儿童，为什么经过相当教育的儿童，能够想到生翅膀的天使，平常的孩子为什么不会发生这样想象的？还有一种旁证：为什么西洋人的想象中的神鬼，与中国人的神鬼大不相同？这是因为，西洋人日常的生活与中国人的不同，因此构造出来的想象也就大不相同。

幼稚生也有这种心理现象——想象。他的想象，是凭着他的经验构造出来的。他为着常常吃圆的饼，可以想象到月是好吃的饼；又因为常常拍的皮球是圆的，可以想象月是他的皮球；听了一首月中奇景的故事，又看到鸟的飞翔，他也会构成生翅飞到月球里去游玩的想象。这种种，都是他的经验的构造物。至于怎样会开始想象的问题，也没有正确的回答。多数幼稚生的想象习惯，或者是这样开始的——成人们教孩子的。

此外还有许多心理现象，如模仿、好奇，占有、合群等，是否是习惯，也都正在争论之中。不过幼稚生既然有了种种心理现象，不但可一一给以名辞，并且都是教育者施教育的根据。同时，对于儿童心理学各种学说试验，都应该涉猎。从科学的心理学里发生出来的教育原则，比较凭空虚造的教育学说必定可靠。这是研究幼稚教育者应该开辟而建设的康庄大道。

练习题：

（一）找一个幼稚生或一班幼稚生做一次测量身体的高度与重量。

注意：这班幼稚生必须是你已经认识的，并且最好还要请他们的教师同做。

（二）观察一个幼稚生一件活动的始末，详细记录下来。倘能顾到他的心理现象，那么更好，不过千万不要牵强附会来解释。

（三）倘若有时间，再仔细看下列三书。但是有一句紧要的约言，就是不看则已，既然看了，必须三本完全看，不能少看一本。看了以后做一个比较。

(1) 华真著:《行为主义的幼稚教育》,黎明书局出版;

(2) 陈鹤琴著:《儿童心理之研究》,商务印书馆出版;

(3) 陈大齐著:《儿童心理学》,商务印书馆出版。

第四章 幼稚园的设备与布置

跑进幼稚园里去，总比跑进任何学校来得快活。虽然是活泼的孩子们足以使人快乐，但是其中灿烂的布置、小巧的设备，也都有极大的力量。本章讨论下列各问题：（1）幼稚园的布置应该怎样？（2）布置对于幼稚生的影响怎样？（3）怎样置办设备？（4）幼稚园要些什么设备？

第一节 幼稚园的布置

布置普通住室环境，只要达到雅洁的标准；但是布置幼稚园，还要含有特种教育意味。所以不但要有艺术的意味，并且要有教育的功能。许多幼稚园的布置，为着欺骗董事或视学员，弄得五花八门，其实对于儿童是没有良好影响的。幼稚园的布置，似乎有许多特殊点。例如同是挂一张画，在幼稚园里不但要审查画的内容、画的大小，并且要注意到挂的四周，要注意到挂的高低。

（一）几种艺术的要素

我们不希望给儿童一种安适的环境，不希望养成现代中国国民讲究享福，但是希望儿童能够静心的工作。所以我们布置幼稚园的环境，在艺术的条件之下，还要顾到我们的大目的。

1. **调和**

这两个字，可以说从房子到儿童身体。例如幼稚生是很矮小的，住在一间中国宫殿式的大厅里，这就是不调和。所以我们遇到高的房子，要做空中布置；尤其是中国式的房子，没有天花板的。

倘若是不很高的房子，又有洁白的天花板，那就不必有空中布置。大的房子，要用布幔或屏风隔起来。屏风的高低，至多五尺到六尺；每扇的阔度，又要与高度相称。分隔以后，各地布置不同的东西。空中布置不能太低，最低也要比教师身高高出二三寸；用的材料，以合时季为原则。

壁上装饰，除少数世界名画外，应该多布置儿童成绩。挂儿童成绩，应该在壁上先钉木条子，高低以儿童不用大力即能看到为度。欣赏图要用镜框装起来。黑板的大小与位置，也是布置的重要点。黑板可以做长条黑壁，漆在墙上；最高点不得超过七呎六吋，最低点以儿童不必俯首涂写为度。黑漆要不发反光，而能使粉笔字每次都很清楚，又容易拭去为合宜。

调和原则中，以色彩调和最关紧要。例如大红不能配大绿；又如春天倘若布置明色，就要少用暗色；秋天用略暗的色彩，这在空中布置上最为重要。其他如壁画，也要很相配；甚至一张椅子、一张桌子的色彩，也要与四周的布置能调和。

窗帘的色彩也极有关系，例如这间房子光线太强，就得用暗色；反之，就得多用白色或别种浅色。墙的色彩，以淡黄或白色为佳；不然下段用淡青，上段用淡黄色亦佳，勿用红、绿、褐各色。这不但是美观问题，于儿童视觉神经大有关系。器具的色彩，以用半明色为佳，例如黄色中必须带有褐色，才不太暗，也不太显。

其他小品的点缀，于调和上亦极有关系。例如直且大的窗洞，又阔又高的窗沿，倘能使儿童种些花木，不但儿童每天可以去浇水养护，即于全室的生气，也可以增加不少。此外一切用具的排列，必须整齐，这也足以显出调和的精神来。

2. 变化

这是与调和有连带关系的，不调和的变化，会乱七八糟的。所谓变化，就是要免去单调的弊病。所以在不妨碍调和原则的时候，必须有变化。变化的第一义，是依时节而变化。春用光明的象征，秋取成熟的意义，夏季布置寒色，冬季多用暖色。一室中随时变换物件颜色，不但是美观，并且还能够变化到住在里面的人的心里上去。所以幼稚园的布置，至少一年要变化四次。

又如一日之中，上午东方日光照耀，当然要放下东窗的窗帘，同时畅〔敞〕开西、南、北三方的窗帘，吸〔摄〕取这三方窗外的景色；到了下午，可以开东窗，放下西方的帘子。这样一放一收，对于室内光线与陈列，也可以得到些变化。

布置画片镜框，不必全室大小一律、高低一律、行列整齐；可以错落张挂，大小尤可不拘。只要是前后能够呼应，能够调和得起来，不使人讨厌，都会使儿童满足的。

变化不但要不妨碍调合，并且要合乎教育原理。例如本星期的工作单元趋重在青蛙，那么平畴绿野，自然美的变化最有意思；倘若无端加入许多工厂的点缀，那就不很相宜。又如某张图画，我们希望儿童多多注意的，那么我们就得在它的四周弄得极单纯，不用什么复杂的背景。所以有时极单纯，有时极繁华，都要以儿童能否得到实际好处为转移。所谓变化，在教育上也可以说是活用。

（二）怎样陈列设备

有的教师能够运用设备，只有极少的设备，能使全园儿童快乐、满足；有的教师对于设备不但不能活用，并且不能陈列，所以儿童得不到优良设备的好处。陈列法至少有两种：一是设计的；二是分类的。

1. 设计的陈列法

当某项设计已经决定要做之后，教师与儿童共同计划，要用些什么材料、多少玩具、几处场所，然后来计算本园已有多少，不足的怎样添置、怎样改制。此法比较简便，有下列诸点要注意：

（1）要师生共同计划、共同工作，切勿只有教师工作、儿童享受。

（2）教师要先把儿童分组，然后分头进行；倘每组有一个教师做指导，那就更佳。

（3）设计是可以随时改变，也可以中途告段落，所以不宜拘泥。

（4）在不是必需改换整个环境布置的时候，不必全部更换。例如空中布置等，每学期至多变换两次。木马、滑梯，全年都用得到。

（5）儿童对于某种玩具如已发生厌倦，就可以收起来。

2. 分类陈列法

此法在房子间数、儿童数、教师数各方面都较多的幼稚园里，可以试行。

把一切玩具设备分为七类，每类陈列一处，或二类陈列一处，每处都有负专责的教师，儿童可以随时出去活动。下列七类是比较重要的。

（1）手工处。又可分为七小区：做泥工的、做纸工的、做轻便木工的、关于小宝宝的、纺织缝纫的、订书的、印字的。

（2）图画处。又可分为三小区：水彩、墨、笔等；蜡笔、粉笔、铅笔等；看画的。

（3）积木处。室外室内都有，可分四小区：大号、中号的积木；小号积木、彩色积木等；排纸版、排金属圈等；细竿积木如 tinker toys[①]、营造积木等。

（4）识字处。暂不分小区，把各种读法用具陈列在很矮的书架上。

（5）自然标本处。这处大都是教师与儿童共同采集来的标本。这些标本，又大都要先在公共场所陈列过，然后收藏起来。倘若东西不多，不必分小区；东西渐多，小区也可以增多。例如最初不过采集器具与自然图书两小区，后来可以渐渐增加昆虫、贝壳、矿石、果子等小区。

（6）音乐、故事、集会处。这三种活动，非但有密切关系，并且把所有设备放在一处，可以增加便利。不过本区教师对于调节儿童活动，确要有些技能。不然跑来十几个儿童，几个要唱歌，几个要听故事，还有的要表演，那就会纷乱不堪。

（7）游戏处。游戏的设备最多，玩的地方也各各不同。车子、木马、皮球、滑梯、秋千等类，必须在室外玩；珠子、小宝宝等，可以在室内玩。不过我们总希望，儿童到室外去玩。所以每天幼稚园开门的时候，把各种游戏用具尽量的放到户外去；到了放学的时候，凡是可以拿进屋子的，师生共同把玩具搬进屋子，放在一定的地方。

（三）两个极紧要的条件

1. 教师的指导

"只要布置环境，儿童自己会去做的。"这是教育上一句极不完全的话。在幼稚园里有了良好的环境，必须有良好的指导。

---

① 所载英文为玩具名，可译为补锅匠玩具。

关于这件事，著者曾经做过一个小小的试验。有一次忽然想到，我们常常辛辛苦苦布置了环境，儿童究竟得到多少好处的问题，于是以壁上的图画来做试验。那时候壁上有画框十一张，已经挂了两星期，对儿童没有做过任何指导。选了十个幼稚生来测验，结果有百分之九十九不知道挂的是什么。后来用了故事、表演等方法指导以后，再去测验，结果有百分之八十以上是知道了（参看《教育杂志》十八卷八号拙著《儿童的观察能力及其教育的功效》一文）。所以教师对于设备的最大责任，是"我要使这许多设备，能够与儿童发生关系"。

2. 儿童自己管理设备

把东西乱抛，是一件极不良的习惯。幼稚园的玩具，倘若有人用过，必须原人照样放好。幼稚生最容易在幼稚园养成许多不良习惯，因为有工人、值日生、教师替他做事，收拾用过的东西。还有，有的幼稚生会毁坏公共布置的，这也是不好的习惯。所以，幼稚教师应当以身作则的做下面的两句话："用过的东西，必须照原样放好；做过工作以后，必把地方收拾干净。"

第二节 幼稚园怎样置办设备

本节讨论幼稚园应该怎样设备，用什么方法去置办等问题。

（一）置办幼稚园设备的标准

自然界是幼稚园最好的教室，也就是幼稚园一个大设备；玩具店、耍货铺里的东西，不是件件无用，也很有许多可以采取的。在这样丰富的事物里面，做教师的如果漫无限制，或是遇到机会就给儿童，那是做不到的。勤力的教师，必定要感到劳而无功的痛苦，正如成人们读书不知选择，到头来会发生"生也有涯而知也无涯"之感的。所以必需有相当的标准，然后依照着这个标准去采办，那么方才不至于浪费。近代最值得注意的设备标准，约略如下。

1. 儿童化

儿童与成人在身体上是不同的，在心理上也是不同的；成人以为可爱的，儿童竟以为这是不值一看的。嵌镶宝石的龙座，在儿童看起来，远不及可以自己搬动的小凳子、小椅子。所以幼稚园的设备，不在乎价值的贵贱，只在乎合乎儿童的需要与否。

2. 坚固耐用

希望儿童对于玩具能珍藏宝玩，在事实上是做不到的，并且也不应该的。但是儿童无意打破了一件玩具，虽然成人极力安慰他，他还是极伤心的。还有从经济上说来，买一件玩具，用了不久就不能玩，那也未免太费。所以为实用起见，为儿童起见，为节省经费起见，都应该置备坚固耐用的东西。

3. 合乎卫生

有很多东西很坚固，儿童也很爱它，但是不合乎卫生。例如皮毛制的玩具、不能洗涤的小宝宝、容易腐败的标本、高矮不合乎儿童身体的桌椅等，都不应该置办的。所谓合乎卫生条件，除普通卫生条件以外，尤须合乎儿童卫生。例如便桶，除清洁外，尤须合乎儿童能自己去清洁的条件。

4. 艺术意味

儿童艺术与成人艺术略略有些不同。幼稚生玩具上所着的色彩、所画的图画，都要以能够引起儿童欣赏为原则。

5. 本地风光

本地出品，儿童接触得多，熟悉了，当然很爱的。并且除了在幼稚园玩耍以外，在社会上、家庭里可以常常遇得到，可以免去幼稚园与家庭隔膜的弊病。还有，本地出品在价值上必可较廉，所以本地的土货比洋货好。有时候以为非购买别处出品不可的，当地教师们应当竭力从速设法仿制。

6. 安全

有许多危险性的玩具，例如有锋棱的洋铁刀剑，要落色的、容易吞下肚子里去、容易爆发的和种种引火燃烧品等，在幼稚园都是不应该置办的。

7. 多变化

固定的东西，只可以看看，至多只可以手摸摸，或者只可以做一二种玩法的，都不是最好的儿童用品。例如固定在地板上的桌椅、瓷器的假山、木偶、洋铁的轮船、汽车、蜡制的小宝宝等，虽然花了很多的钱，但是远不如极简单的桌椅，几块木匠舍弃的竹头、木头，一个皮球来得有意义。

（二）用什么方法置办设备

有了设备的标准，置备东西起来不至于有大误了。但是置办的方法倘若不好，也往往会弄不对的。大约有下列几种条件，是必须遵守的。

1. 计算经费

规定全园预算的时候，就应该顾到这层。初办的幼稚园，第一次的购置费，倘若不是因为特别情形，不必定得太多。在必须置备的东西以外，能够以后陆续添配，乃是最好的方法。因为儿童很喜欢看到新东西进门的。

2. 规划必需品

有了相当的经费预算，就可以在此范围以内来计划应该买些什么。这步工作比较要困难些，因为一时难以知道，这所幼稚园里的儿童需要些什么。所以这个计划可以分做几步：第一步，计划购置普通幼稚园的必需品，如小椅子、小桌子（原图12、原图13）、小黑板、积木等；第二步，可以在两月

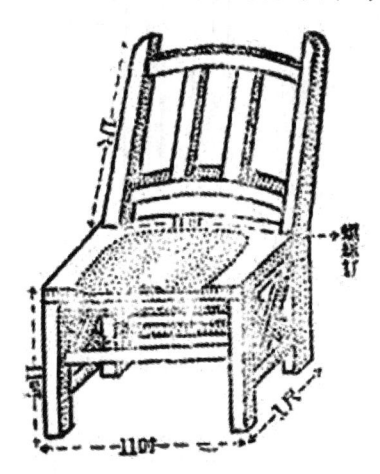

说明：(1) 名称：幼稚园椅子。(2) 功用：作业、会食及休息等用。(3) 制造：用质地坚固之木料制。在椅面上不见钉痕，其色为淡黄，椅背向后稍斜，背心向内稍凹，以便依靠；椅面向后稍斜，并有凹凸，使坐时身体舒服；椅面、脚干均去棱角，不致触痛。(4) 大小：椅面坐型处：宽1尺，椅面厚6分，脚方1吋2分，余详图中。(5) 价目：每张约一元五角。

原图12　幼稚园坐椅图

或半年以后来置办；第三步以后，可以随时考察儿童的需要和他处试验所得的结果来置办。到了经费还有余裕的时候，可以自己来做试验。

3. **考察物名式样**

这步工作，在中国非常难做。我曾经碰到许多幼稚教师要想置些东西，因为得不到参考，有的就不敢做，有的随便做了些。其实，我们很可以在日常用具里去找式样，在许多书局发行的目录上，可以得到些物名；各种关于幼稚教育的刊物上登载得更多，不过缺乏有系统的指示罢了。只要留心，东鳞西爪，倒也很可以找到些材料。得了物名，当然要看式样；看到式样，必须运用过，方才可以去购置。倘若能够先拿来试验一下，那么更加好了。

4. **探听购买处**

有许多东西，知道它是必需品，也知道最好是某种，但是不晓得购买处。例如串的珠子，中国料珠比外国的木头珠子好，价钱又极便宜，有许多幼稚教师却不知道买处。其实，在旧式的中国杂货店里买得到，到规模宏大的洋货商店里去反而买不到。幼稚园所用的材料，要购买的很多，所以这一层是很重要的。

5. **请当地匠人试做**

有许多东西，不必到别处去买的；只要知道式样大小，可以用当地的材料，请当地的匠人来做的。例如积木，非但可以照样来做，并且可以改变式样做的。

说明：（1）名称：幼稚园桌子。（2）功用：作业、会食及休息用。（3）制造：用质地坚固之木料制成，在桌面上不见钉痕，其色为淡黄。（4）大小：桌面厚1吋，横板宽3吋，厚7/8吋，桌脚方1又2分之一吋，余详图中。（5）价目：每张约三元。

原图13　幼稚园桌子图

关于本项的理由，在本节前段的五项"本地风光"内说过了。

除上述五项外，还有几点，教师应该要注意的。

6. 多买原料品和工具

与其多买现成的东西，不如多买原料品和工具。教师自己做的东西，对之格外有感情；倘若儿童也能够参加，那是格外好了。例如壁上、房子里的装饰品，不必去买许多东西来的；只要教师和学生同做许多手工，画许多图画，也就非常有意味了。

7. 利用废物

竹头、木屑，破袜、旧布，放到幼稚园里，都变成极好的材料。例如破袜子、旧手巾，可以做小宝宝的；废弃的杂志、报纸，可以做剪贴材料的；碎纸、麦秆，可以做室内装饰品；木匠做过的碎木片，可以做积木用的。利用废物，可以增进许多设备，并且都可以成为很好的材料。

第三节　幼稚园应该置办些什么设备

本节共列表二，一详一略。在实际用的时候，可以因情形增减，切勿拘泥。

第一表　比较完备的一个幼稚园的设备

1. 普通设备

（1）普通用具：（a）校牌一块，国旗、党旗大小各一方；（b）园旗，长方形的一方，三角形的（可以拿在手里的）一方；（c）旗杆一根，竖在游戏场里；（d）小桌子十六张、小椅子四十张；（e）小凳子二十条、小书架五架；（f）洗面架一架、小面盆三个；（g）便桶椅，男孩用二个，女孩用二个；（h）清洁用具，如扫帚、畚箕、抹布、喷壶，约每四人合用一套，拖地帚二把。

（2）饮食用具：（a）茶壶两把，茶杯四十件；（b）小盆子四十件、大盆子十件，各种式样；（c）小碗四十件、小缸二只；（d）水壶一把、大小锅子各一件；（e）灶一具、火油炉子一具；（f）锅铲、锅盖全套，其他厨房用具。

（3）教师用具：（a）床、桌椅；（b）参考书架二架、办事柜一口；（c）其他办事用具，小黑板三块。

2. 儿童玩具和材料

（1）营造的材料：（a）大号积木、中号积木、小号积木；（b）福氏恩物

(放大)全套，蒙氏恩物全套；（c）五彩小方木二盒（计百块）；（d）排色板二盒、六面图一套（有交通、动物等等）、插木板二块；（e）木杆玩具二副。

（2）手工材料：（a）关于木工的：工作凳二，小锤十，小锯五；老虎钳一，钳砧一，墨尺一；小钉、胶木、砂纸、木片及木条等。（b）关于纸工的：剪刀，大约两人合用一把；色纸，条纹纸，厚纸，图画纸，纸的小宝宝、纸的轮廓；针线、打洞器、裁纸器；浆糊、浆糊刷子、旧杂志、牛皮纸的簿子。（c）关于缝纫工的：软布、粗线、大眼针、剪刀、刺刀；小宝宝的印图，有种种形状，猫、狗、鸡、小宝宝等都有。印有正反二个图，缝成一个袋，装了棉花，就可以成为玩具。（d）塑像用具：沙盘，室外一个，室内一个；沙盘用具，如小铲、小耙及一切小碗、废罐都可以放进去；黏土、黏土盆、颜色油漆等，黏土板或漆布、模形器；贝壳；套衣或用围襟。（e）关于串织的：珠子，山东料珠极合用，木珠；织带机、粗线、打绳用具。

（3）图画材料：（a）蜡笔（与手指同样大小为佳）、颜料；（b）铅笔、图画纸、新闻纸、颜色粉笔；（c）毛笔、涂鸦轮廓图两种（挖空的和实体的）；（d）提篮、图画板、写生架、小凳；（e）水碗、墨砚。

（4）游戏材料：（a）皮球，有色的一，陈嘉庚出品大、中、小皮球各三个；（b）摇马二具、滑梯一、双木滑梯一、秋千二、椅子秋千一、浪船一、荡绳二、跷跷板一、梯子二（可以搬动和不可以搬动的各一）；（c）双兔六、小汽车六、三轮车一、雪车二、手推车：大号、中号各二，小推车六、黄包车一、单柄拉车一；（d）小鸭、小鹅五，细圈一，投珠器一；（e）弓箭（约四人合用一具）、木刀同上、竹剑同上、木枪同上、小手枪同上；（f）独木桥（用十吋、八吋、四吋三种各一具），绳梯一，木棍长短不一（约四人合用一根）；（g）水枪、肥皂泡用具、豆袋、跳绳的软绳子、地鸽子。

（5）表演用的：（a）小宝宝两个，布做的鸭、猫、熊等五个。（b）小宝宝用具：床、被、衣服、袜子和小家具一套，木制的小碗、小碟等等一套，小屏风一架（约五扇），小车子（专为小宝宝坐的）三辆，小船，蜡制的走兽飞禽，铁制的人物。（c）小商店的用具、小工厂的用具、假面具、手杖、纸衣服。

（6）音乐用品：（a）琴，钢琴一架，留声机或发音极正确的风琴一架，唱片、国乐片及节奏用片都要，至少备二十张；（b）中国乐器，如小鼓、小锣、小钹、小钟、小磬、小笛、木鱼、摇鼓、拍板等。

（7）读法材料：缀法盘三架、缀法牌五百块、缀法板三架、小圆球五百个、木戳子二百个、铅字三号、二号的一千个、印刷机（小的）二副、轮廓图五十套、歌谣讲义一百套、填图用纸五十套。

（8）识数材料：（a）陀螺盘一架、骰子（大号）八粒；（b）数目牌三副，图画识数片、动物故事、儿童游戏各一套；（c）旋球盘二副、得赏盘一具；（d）滚珠盘五架、绳圈二套、豆袋。

（9）常识材料（附旅行用具）：（a）捕虫网一架、展翅板一套；（b）药瓶一个、小花园一处；（c）盆花、小菜圃一处、小锄、小耙、小锹各五套、灌花壶约五人合用一件、菜筐两只、蚕匾二张；（d）金鱼缸一、鱼缸一、兔笼一；（e）鸡埘一、狗一头、芙蓉鸟一、其他家禽家畜；（f）秤一、斗、升各一、尺、英尺各一；（g）旅行用藤篮一件、热水壶一个、采集剪刀一把；（h）摄影机一件、望远镜一、凹凸镜各一、三棱镜一；（i）电铃一、磁铁一、日历一、时钟一、中国伟人像一套、世界伟人像一套、各国孩子图一套、卫生挂图一套；（j）动植物标本数十种，要拣得有地方性的。教师倘能自己动手做，那是更妙了。贝壳、石子，由儿童自己去搜集来。

此外，还应有教师参考书与儿童用书，本表从略。

第二表　比较简单的一个幼稚园的设备

1. 普通设备

（1）校牌一块，国旗、党旗、园旗各一方，二人合用小桌子十张；（2）小椅子四十张、小书架二架；（3）小面盆二个、洗面架一架；（4）便桶二个，清洁用具如扫帚、畚箕、抹布等，大约每五人合用一套；（5）茶壶一把、茶杯四十只；（6）小盆子十只、水壶一把、小锅子一个、锅铲等全套；（7）炉子一个，其他厨房用具；（8）床、椅、书桌、书架；（9）其他文具，小黑板两块。

2. 儿童玩具和材料

（1）摇马一、双兔二、秋千一。（2）小车子三、滑梯一、中号积木一副、小号积木一副。（3）剪刀二十把、皮球二、山东料珠五百粒。（4）小宝宝，用旧手巾等做的四个。（5）木剑、竹刀、跷跷板一，小鸭（拉的）一，水枪（教师自己可做）三。（6）沙箱，室外的一；沙箱用具，小铲、耙、耙等全套。（7）小乐器：小锣、小鼓、小钹等全套。（8）小农具：小锄、小耙、小灌花壶等。（9）蜡笔，不拘何种，但须粗如手指的方合用。（10）铅笔、毛笔、颜料数种，新闻纸、小簿子。（11）琴，在现代的幼稚园里，琴是唯一的音乐用具，似乎非备不可，但是价值实在太贵了。买了次等货，音又不准确，于儿童是害多利少，所以只可列为酌办。倘教师能吹口琴，既便宜又便利，倒很合用。（12）留声机，功用比琴大，可以教节奏、跳舞、唱歌，价亦不小，酌量购办。（13）家禽家畜（酌量饲养）；小菜圃、小花园（酌量开辟数处）。

此外还有教师用书、儿童用书，本表亦从略。

练习题：

（1）参考一两本艺术书，重拟一个布置幼稚园的计划，倘能实地去做一次更佳。

（2）用本章所说的设备标准，批评你参观过的幼稚园的设备三件。

（3）与幼稚园教师或于幼稚园有经验的人谈一次话，批评本章第三节所开的两张表。

（4）新办幼稚园一所，有开办费三百元，应该怎样置办设备？置办些什么？

（5）参考陈鹤琴、张宗麟合著《幼稚教育丛刊·设备》。

第五章　玩具

玩具的意义有两种：一种是将儿童所用的工具都包括进去；一种是只有玩意儿的用具。本章所指玩具二字，偏于第一种，也可以说与从前人所说的恩物（gifts）相同。

第一节　福禄培尔的恩物

福氏是幼稚园的始祖，确有相当贡献；不过因为当时玄学太盛，福氏也就难免有神秘的色彩。他发明了许多恩物，虽然有几种在时代上已经成了过去的陈物，不过我们学幼稚教育的不得不知道，全部共二十种，从第一种到第十种，有人叫它是游戏的恩物；从第十一种到第二十种，叫作业的恩物。

第一种恩物是六个色球。球的直径是六吋半，用赤、青、黄、橙、绿、紫的绒绳织成球套，中间盛棉花，一端有一条短线。其目的，在使儿童分辨颜色、数目和方向。

第二种恩物是木头的球。圆柱形、正方形，直径和高度都是一吋半。其目的，在使儿童认识三体的名称、形式、性质等（原图 14）。

第三种恩物是八块小积木。每块只有一吋立方，八块合起来是二吋的立方。这就是福氏整个化零星、零星化整个的哲学思想，据说可以养成创造观念（原图 15）。

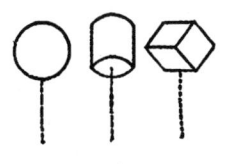

原图 14　第二种恩物 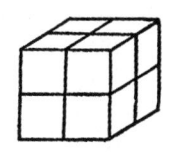　　　　原图 15　第三种恩物

第四种恩物，是长二吋、宽一吋、厚半吋的积木，共有八块，合起来成二寸〔吋〕的立方体（原图16）。

第五种恩物，是三十九块小积木，合起来是三吋的立方体。其中有一吋的小立方体二十一块，大三角体六块（从另三个每边一吋立方体，用对角线分成），小三角体十二块（用另三个每边一吋的立方体，将一个分成四个小三角体）（原图17）。

原图16　第四种恩物 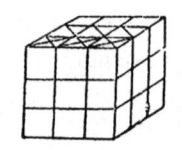　　　原图17　第五种恩物

第六种恩物，是三十六块积木，合起来也是三吋的立方体。其中有十八块小长方体（长二吋、厚半吋、宽一吋），十二块四角体（厚半吋，平方一吋），六块方柱体（宽厚各半吋，长二吋）（原图18）。

第七种恩物，是薄板做成的色板，与中国的七巧板相仿佛，不过颜色是根据第一种恩物的（原图19）。

原图18　第六种恩物 　　　原图19　第七种恩物

第八种恩物是木箸，分五组。最长的是五吋，最短的是一吋，每组约十二枚。是排各种平面形用的（原图20）。

第九种恩物是铜环，分全环、半环、四分之一环、八分之一环。各环大小不一，大的直径二吋，小的一吋。数目，全环二十四个，半环加倍，以后均加倍。用法与第八种同（原图21）。

原图20　第八种恩物 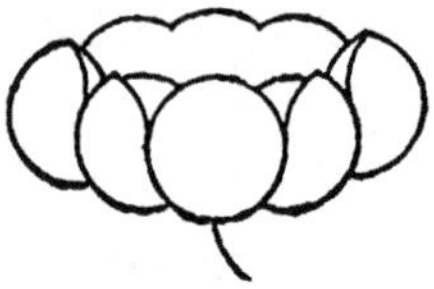　　　原图21　第九种恩物

第十种恩物是颜色的细木杆与有小孔的木板。木板是五吋的平方块，上有直行小孔，每行约十五孔至二十孔。细木杆有六种颜色，长约七分，每种五十枚（原图22）。

第十一种恩物是刺纸。用针刺小孔于纸面，表示种种物体。用具是长针、刺架、颜色纸等。

第十二种恩物是绣纸。用硬纸刺小孔成各种物形，然后用彩线缝联。

第十三种恩物是画点。这与前种相同，不过小孔换为小点，用铅笔来画形。

第十四种恩物是剪纸。用具是圆头剪刀和六吋的色纸。

第十五种恩物是贴纸。将前种剪成的物形贴在另一张纸上。

第十六种恩物是编纸。就是寻常手工科里的编纸细工。

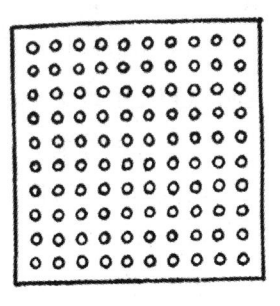

原图22　第十种恩物

第十七种恩物是配纸形。先用纸条摺成各种几何形，然后再来摺成相同的形物来配。

第十八种恩物是摺纸。与前种同，不过形状可以自由摺。

第十九种恩物是豆细工。水浸的豌豆，用细竹条穿成各种物形。

第二十种恩物是黏土细工，用黏土捏成各种物形。

第二节　蒙台梭利的恩物

蒙氏恩物的排列，与福氏相似。不过蒙氏是医生，对于训练儿童感觉极为注意。现在把她发明的恩物分类说明。

第一类属于触觉的

（1）三种圆柱体嵌入物。高和圆径都不同的；高同圆径不同的；高不同圆径同的。每十个圆柱体有台木一块，每圆柱上有小柄，玩时可以用布扎眼，将圆柱体拿出来放在桌上，然后再摸台木上孔的大小深浅，而放进相等的圆柱体去。

（2）几何形嵌板。这种恩物与前种相似，不过属于平面的性质来得多，玩法也与前种相同。

（3）粗滑的长木板。有两种：一种是半贴砂纸，半贴光滑纸的；另一种是砂纸和光滑纸交互贴成的。

（4）各种等级的粗滑纸片和十种粗滑不等的布片。

第二类属于重量觉的

（1）各种木板，大小式样一样，而重量不一样的，分二十四克、十八克、十二克三类。

（2）这或者可以说是温冷觉的，就是蒙氏常常用肥皂冷水给孩子洗手，擦干以后，将手指移到温水里，过了几秒钟再放到热水里去。

第三类属于视觉的

（1）各种立体几何形，如三角形、球体、圆柱体等。

（2）颜色丝卷板两箱，共六十四种。

（3）各种几何形纸，共分三类画法：一是影画；二是粗线轮廓画；三是细线轮廓画。

第四类属于听觉的

（1）发声盒子六种。其中盛谷实、亚麻仁、砂、粗砂、砂砾、石子。

（2）小铃十三个，每个都系有音度的名称。

此外还有音乐教具六种，也属此类。

第五类属于识字识数的

（1）训练执笔的肌肉的。用金属几何形十种，嵌在木板上，一行一行地排着；又用颜色铅笔一盒，白纸一大叠。

（2）训练认识并模写字母的。用砂纸剪成字母，贴在硬纸板上；声母是黑字白底，韵母是白字黑底。

（3）训练排字及读法的。用厚纸做成字母，分箱放着，可以供排字用。

（4）训练识数的。小木箱两只，每只分五小格，每格写明数字，连有与数字相等的小木杆数。

以上蒙氏与福氏的恩物，一切玩法都有规定。因为他们不仅供儿童玩耍，并且要养成儿童的思想能力，以及许多哲学观念。

第三节　应该置备怎样的玩具

玩具，大家以为是小孩子随便玩玩的东西，几乎不值得引起世人的注意。但是引用到幼稚园里来的玩具，大都含有特种意味。如福氏的恩物，是他的整个的哲学观念的表现；蒙氏的恩物，是代表她的心理学上的主张。近来有许多学者受着心理学上本能学说的影响，于是取舍玩具的标准，常常去乞灵于本能。不过，本能学说的本身还不稳固，我们似乎不应引作玩具的原理。下面所举两种玩具的标准，也不过只能作置备玩具时的参考。

（一）第一个标准

（1）利用日常用品做的。如萝卜、豆子、麦秆等，都可以做玩具。

（2）利用废物做的。如旧袜子、破铁罐、墨水瓶、旧报纸等都可利用。

（3）仿制日常用具。如小黄包车、小汽车、摇马等（原图23、原图24、原图25）。

说明：（1）名称：黄包车。（2）功用：模仿社会上实际活动，可以做实际坐车、叫车、拉车诸动作。（3）用法：与实际车夫拉车同。（4）制造：车轮用铁制，其轴必须上等钢铁，不然易断。图中（甲）（乙）等处，各加些相当图案的雕刻与油漆，较为美观。（5）大小：车底约二呎六吋，两旁夹板约一呎二吋，车轮之长为二呎又五又二分之一吋，轮之半径为九又二分之一吋，脚九吋，靠手板之长约一呎三又二分之一吋，轮心直径约三吋；全体木板之厚约四分之三吋。余详图中。

原图23　黄包车

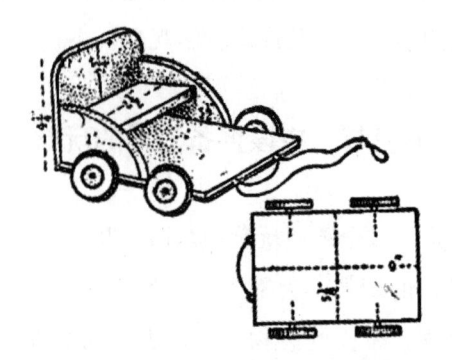

说明：(1) 名称：小汽车。(2) 功用：该车具有汽车之形，可以载物、坐小宝宝。(3) 用法：放物于车上，用绳拉之而行。(4) 大小：大小种类甚多。图中乃适中之件，坐板长三吋半，阔二吋半，轮径一又二分之一吋，余详图中。(5) 制造：有绳可拉，全部木制，钉轮轴可用洋钉代之，另详图中。

原图 24　汽车

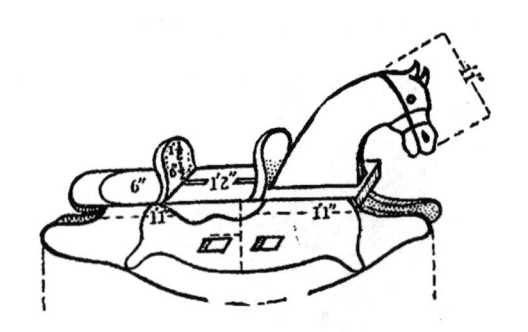

说明：(1) 名称：摇马。(2) 功用：儿童好动，此马之功用，即在可以模仿骑真马之动作，凡二岁以上之儿童皆可玩。(3) 用法：两手扶着扶手，两脚踏蹬上，背靠后面靠背，前后摇动。因重心域甚大，所以不论前后左右摇动，不致倾跌。(4) 制造：全部木制，各部颜色相配，如马身白色，鞍与缰为棕色，蹄为黑色。(5) 大小：扶手高八吋、宽六吋半、厚四分之三吋，握手处较厚，坐板厚一吋，靠背加高一吋，马腹半圆板厚四分之三吋，余详图中。(6) 价目：五元半。

原图 25　摇马

（4）是整个的原料。原料可以由儿童再做成东西，因此儿童可以表达他的思想。如大小积木（原图26）、沙泥、石子、木板等。

说明：(1) 名称：第一种积木（大号积木）。(2) 功用：可以在地上搭成各种形状。(3) 制造：用轻重适中的木料制成，不必着任何颜色，全数在一百五十块以上（大小各种）。(4) 大小：最大的长三呎、宽三吋、厚一吋又八分之一，次之长二呎、宽一吋；又次长半呎，宽厚一律。

原图26　大积木

（5）是自然界现成的材料。自然界的草木、贝壳、石子，都是极好的玩具。

（6）要多方可以玩的。如运动台只有一个台，有多种玩法，并且有许多人同时可以玩耍。

（7）要多活动的。静坐着玩的玩具，原也可以有的；但在身体健康方面，终不及户外活动来得好。幼稚园当以保健身体为最要，故宜备跷跷板、秋千、滑梯（原图27）等。

说明：(1) 名称：滑梯。(2) 功用：儿童可以爬，可以滑溜下来。(3) 制造：板要整块的，两边也要整条的木条，这两部分要上等木料。梯子每隔不能太大，以儿童的体阔为度，隔条都要向里倾斜些；平台上扶手用铁条，要钉得极牢靠。(4) 大小：平台高9呎，下档宽6呎4吋，上档宽6呎，板部中宽1呎。(5) 价目：每具约十五元。附注：此系最矮小的，倘若加高，可以高至一丈以上；且可以不用滑板，只用两条木杆。

原图27　滑梯

（8）要合于当地社会。关于这条标准辩论最多。不过无论如何，幼稚园的玩具倘若是当地社会所难得看到的，那么幼稚生除在园玩耍外，就难得享受的机会。

（二）第二个标准

这是陈鹤琴先生评定玩具优劣的标准：

1. **优等的玩具**

（1）可以引起儿童发生爱情的，如小宝宝、活的动物等；

（2）质料坚固不易损坏的，如木类、橡皮类等；

（3）可以刺激儿童想象力和发展儿童创造力的，如积木、沙泥等；

（4）儿童自己玩弄而能拆开的，如机械、弓箭等；

（5）能适应儿童的能力、发展儿童的智力和发生兴趣的，如纸鸢、地铃等；

（6）能洗濯而颜色不退，形状也不丑陋，足以发舒儿童美感的，如松香做的玩具等；

（7）有变化而活动的，如皮球等。

2. **劣等的玩具**

（1）要发生危险的，如铅刀、摇铃等；

（2）不合卫生的，如毛猴、毛鸡等；

（3）不能引起儿童发生兴趣和爱情的，如泥人、泥狮子等；

（4）声音嘈杂，没有悦耳的音节的，如泥老虎、响鼓盒等；

（5）只能使儿童旁观呆看，而不能使儿童发展创造力的，如小火车、小电车等；

（6）质料薄弱不能洗濯的，如纸人、泥人等；

（7）无变化而不能活动的，如军舰、五色球等。

练习题：

（1）批评福氏恩物最大的优点是什么？最大的缺点是什么？

（2）批评蒙氏恩物，说出它的特点，并说出是否可以利用的理由来。

（3）幼稚园为什么必需有玩具？

（4）置备玩具应依怎样的标准？

（5）到市上去一次，观察几件玩具，评评它的教育价值。

（6）利用废物做成一件玩具。

（7）参考张宗麟著《幼稚教育概论》第八章（中华书局出版）。

第六章 课程

在幼稚园里看不到课程表,因此有人以为,幼稚园没有课程。其实,幼稚园既然是一种教育机关,当然也有课程,并且有特殊的课程。本章讨论下列几个问题:(1)厘订课程的普通原则;(2)幼稚园课程的特点;(3)怎样组织幼稚园的课程;(4)中国现行的幼稚园课程;(5)幼稚生究竟应该学些什么。

第一节 怎样厘订幼稚园的课程

(一)人类的两种经验

"生活便是教育,整个的社会便是学校"这两句话,是厘订一切学校课程的总纲领。但是生活的意义是什么?应该怎样组织,才可以成为最有效的教育?儿童的社会是怎样?教师对于儿童所要学习的,应该负些什么责任?这许多问题,是厘订课程者必会感觉到的。

人类自从胚胎,便有生活;堕地以后环境骤然扩大,生活也大变。但是为着生理的限制,非到了相当年龄,几乎不能与环境发生多大关系。人与环境发生的关系,便是经验。经验有两种:一是自然经验。这种经验随着环境的变迁而获得,如衣、食、住、行等自然变化是;在生活上虽然占着重要的地位,但是这些经验是堆积而来的,不过是动物性的生长的历程。二是人为的经验。这种经验是从有组织、有步骤而获得的,如各种专门技能的学习是。

人类生活,本是逐日的生长。要是单凭自然经验,于人类的进化是大有妨碍的。所以有人批评自然经验有三种缺点:(1)获得的东西是断片的,不是整个的，因此弄得一切都会呈出紊乱的情况；不能有组织，也难成一个系统。（2）获得的方法是临时的，所以极不经济；有时老是在平面上打转，没有进步。（3）所遇到的环境，单纯的居多，复杂的必占少数；但是这些复杂环境，却正是生死关头，并且是人类进化的要素。

（二）厘订幼稚园课程的特点

自然经验既然有许多缺点，所以订学校课程时，还得参酌人为经验，使学习者对于学习的效率更大，对于整个生活的贡献更多。因此，学校课程的来源便有二：（1）学习者本身。他的需要，他的旧经验，以及他的目前生活与将来生活的全部。（2）学习者与社会的关系。无论任何学习者，都是社会的一分子，必与社会有关系；而这个社会又有他的进化，又有与各方面的关系。有了这两个来源，于是厘订课程者，更用科学方法预定相当课程，作为学习者在这个学习期中应当过的生活纲要。不过，这里有一点要特别注意，就是这个纲要，不是固定不变的，还要看学习者当时的生活情形而活用。

幼稚园课程的来源，当然也是这两个。不过，幼稚园为着幼稚生的生理与心理的发达都没有成熟，所以厘订课程时，还要注意下列四点：

（1）多注意于动的工作。幼稚生各部分筋肉、骨骼正待发达，必须有充分的动的机会。还有，在动的时期内，可以训练许多感觉，从感官上得来的知识，比较任何方面得来的知识来得真切。

（2）多与自然界接触。幼稚生对于自然界，都能发生极浓厚的兴趣。这因为，他们对于物与人是不会分得极清楚的；他们往往把一切虫、鱼、花、鸟，都作自己的生活看待。所以我们对于幼稚生，不但要引他们到自然界里去；还要注意到，不必十分客观的研究。因为客观研究，不是研究者生命的直接表现。

（3）多注意个别的活动。幼稚生正在"自我表现"最充分的时代。他对于群体，似乎没有多大关系。他的游戏、他的工作，都是单纯的为着满足个己的需要。有时他也有伴侣，但是范围是极小的。我们订课程时，虽然不要忘了社会；但是幼稚生的社会，对于大的社会关系不多，那么我们也不必十分强求。但求现在能适应小社会，将来自然可以适应大社会。

（4）多注重于儿童直接经验。上面说过，自然经验有许多缺点，厘订学校课程时，宜参酌人为经验。但是幼稚园却有特殊情形，为着幼稚生各种能力的尚未充分发达，为着要想他们对于环境、对于日常生活能够多方认识明了，那么自然经验必须多多采用。我们不希望，幼稚生成就一个模型的人；他们对于有系统、有组织的学识，实在还不能领会，也不需要领会。所以对于许多人为的经验，不必十分多用。在学习上多注重于儿童直接经验，虽然是不很经济的学习；但是为使儿童自己丰富经验起见，也就是效率极高的学习。

第二节 幼稚园课程应该怎样编制

根据上节讨论的原则来编制幼稚园的课程，所用的方法应该注意到下列几点：

（1）幼稚园的课程，不能用科目制来编制的，因为科目制会失去生活的意义。

（2）幼稚教师对于本园的课程，要有一个统盘计划，然后再来观察自然界的变化、人事界的发生事项，再来决定应该有些什么。

（3）每一个单元长短不拘，但是要段落分明。

（4）教师的责任，是拟订大纲、预备材料、指导进行；不是强迫儿童做，也不是整个替儿童做完备，只要儿童去享受。

（一）怎样拟订一年的课程纲要

我国跨寒、温、热三带，各地气候、物产以及社会情形很不相同。例如在一月、二月，辽宁、北平正是冰天雪地，在上海也还是霜气横空；但是在厦门、广州，正是桃李盛开。本节举三个一年间幼稚园课程大纲的例子：一是北平的例子（表4），根据张雪门拟的；二是江浙的（表5），根据陈鹤琴与著者拟的；三是南方的（表6），根据著者与厦门初等教育社同志拟订的《小学低年〔级〕的常识科纲要》。

1. 中国北方的课程大纲

表4 中国北方的课程大纲

九月至十一月	(1) 入园的指导；(2) 中秋；(3) 偶人的家庭；(4) 秋日的园地；(5) 秋分；(6) 秋日的市场；(7) 秋日的昆虫；(8) 秋日的鸟类；(9) 重阳；(10) 双十节；(11) 稻的收成；(12) 果树的收成；(13) 棉；(14) 煤；(15) 火；(16) 感谢节。
十二月至二月	(1) 冬天的植物；(2) 动物怎样过冬；(3) 冬至；(4) 偶人的家庭；(5) 冬日的衣服；(6) 冬日的自然现象；(7) 冬日的乡村；(8) 云南起义纪念日；(9) 新年的气象；(10) 祭灶节；(11) 父母怎样预备过年；(12) 立春。
三月至五月	(1) 苏醒的时光；(2) 花朝；(3) 春分；(4) 春天的植物；(5) 春天的昆虫；(6) 春天的小鸟；(7) 清明；(8) 蚕；(9) 茶；(10) 金鱼；(11) 鸡雏和小鸭；(12) 蛙；(13) 春日的游玩；(14) 偶人的家庭。
六月至八月	(1) 端午；(2) 夏至；(3) 美丽的夜；(4) 水；(5) 夏日的农村；(6) 夏日的自然现象；(7) 夏日的植物；(8) 夏日的昆虫；(9) 偶人的家庭；(10) 夏日的市场；(11) 偶人的卫生。

2. 中国中部的课程大纲

表5 中国中部的课程大纲

活动月份	节期	气候	动物	植物（花草）	农事	儿童玩具	风俗	儿童卫生
一	元旦	冰雪、西北风	金鱼、鸽子	芽、腊梅	葱、韭、胡萝卜等	新年锣鼓	新年礼	冻疮、伤风
二	立春、旧历新年	冰雪融化、东风	猫、鼠、狗	水仙、葱、大蒜	菜、麦地除草	迎灯、放爆竹	迎春	伤食、曝日之害

续表

活动月份	节期	气候	动物	植物（花草）	农事	儿童玩具	风俗	儿童卫生
三	孙中山先生逝世纪念、黄花岗烈士纪念、百花节（阴历二月十二日）	植树节、春分	燕子、蜜蜂	梅花、嫩叶、兰	孵小鸡	放纸鸢	赛会	喉症
四	清明节	春雨	蝴蝶、蚕	桃花、笋、桑	种瓜、做豆腐、豆花	斗草	扫墓	牛痘
五	国耻、岳飞诞辰	换季	蛙、黄莺	蔷薇、野生植物	收麦、布谷、养蚕	草地跳跃、翻筋斗	竞渡	灭蚊蝇
六	立夏、端午	黄梅雨	萤火虫、牵牛虫	石榴、牡丹	插秧、除草（耘）	寻贝壳	送礼（?）	洗澡
七	暑伏	雷雨、虹、大热	蝉、蚱蜢	荷花、牵牛花	收瓜	寻藏（寻瓜游戏）	丧葬（?）	受暑
八	立秋、林则徐禁烟	流星、凉风、露	蟋蟀、纺织娘	茑罗松、凤仙、鸡冠	种荞麦、收稻	车子	乞巧	受凉、疟疾
九	中秋、孔子诞辰	明月、大潮、秋风	蜗牛、蚌	菱、桂花	收山芋、玉蜀黍、棉花	滚铁环、旅行	赏月、观潮	痢疾

续表

活动月份	节期	气候	动物	植物（花草）	农事	儿童玩具	风俗	儿童卫生
十	国庆、重阳节	换季	蟹、虾	菊花	种豆、麦，拔萝卜等	旅行、踢毽、赛果子	登高	眼疾
十一	孙中山先生诞辰	露、霜	皮虫、鹰、鸭	红叶、野果	耕田、收白菜、做各种腌腊货	赛果子、跳绳	做寿（?）、结婚（?）	感冒
十二	蔡锷恢复中华共和、大除夕	西北风、冬至	羊、牛、麻雀	月季、干草	修理农具、修茅屋	踢球、拍球	腊八	龟裂、冻疮

3. 闽南小学低年级常识中心问题大纲

表6 闽南小学低年级常识中心问题大纲

类别 问题 月份	卫生	社会	自然
一月	寒假的休养法	（1）集美村的风俗；（2）国圣井①；（3）延平故垒②。	（1）冬笋；（2）高丽菜；（3）水仙花。

---

① 国圣井：又名国姓井，位于厦门延平公园内的古井。相传这口井是郑成功驻兵鼓浪屿时，因要解决众兵士饮水吃饭问题而开凿的。该井水质清澈、水量丰沛。因郑成功有"国姓爷"之称，故称国姓井或国圣井。其实，厦门国姓井有多口，只是鼓浪屿之井相对知名。

② 延平故垒：也称集美寨，位于厦门集美镇东南侧海边上，系民族英雄郑成功雄踞厦门时所兴建。

续表

月份\类别问题	卫生	社会	自然
二月	（1）教室的整洁；（2）教学用品的整洁。	（1）集美村的迷信；（2）为何要送泥菩萨；（3）时间表怎样用的；（4）选举级长；（5）教室常规。	（1）香蕉；（2）蚵仔（即牡蛎）；（3）梅花。
三月	（1）学校四周的整洁；（2）家庭四周的整洁。	（1）参观本校全部校舍；（2）本校校史；（3）总理逝世纪念；（4）七十二烈士殉国纪念。	（1）柚柑；（2）白带鱼；（3）韭菜；（4）芹菜；（5）蛙；（6）橡皮。
四月	（1）身体各部的卫生；（2）种痘。	（1）高崎的古迹①；（2）厦门市的新设施；（3）太古栈与招商局的概况；（4）怎样到南洋去。	（1）黄麦；（2）播田、插秧；（3）种豆；（4）新蕃薯；（5）蔷薇花；（6）安溪茶。
五月	（1）食的卫生；（2）灭除蚊蝇、老鼠等的设计。	（1）船出大担口的海洋；（2）台湾的今昔；（3）香港究竟是谁的；（4）新加坡筑了军港。	（1）杨梅；（2）甘蔗；（3）红虾；（4）章鱼；（5）相思花。
六月	（1）沐浴的利益；（2）睡眠的卫生。	（1）南洋的范围；（2）南洋的物产；（3）南洋人民的生活；（4）菲律宾的独立运动；（5）总理广州的蒙难。	（1）蛏；（2）鲨；（3）鲟；（4）桃李果实；（5）葡萄。

---

① 高崎的古迹：亦称高崎寨遗址，位于厦门市湖里区高崎村东面濒海的山阜上，为郑成功驻军之处。

续表

月份 \ 类别问题	卫生	社会	自然
七月	暑假时的休养法。	(1) 计划暑假期的工作；(2) 闽南物产的调查。	(1) 玉兰花；(2) 西瓜；(3) 荷花；(4) 蝉。
八月	(1) 教室里大扫除的设计；(2) 健康的研究。	(1) 暑期内的生活报告；(2) 本地人民生活；(3) 本地人民的出路；(4) 南洋究竟是谁的；(5) 南洋华侨有多少。	(1) 龙眼果；(2) 荔枝；(3) 旺梨。
九月	(1) 水沟、道路的扫除；(2) 公共场所的卫生法。	(1) 南洋华侨的职业；(2) 南洋华侨的团体；(3) 各强国待遇华侨怎样；(4) 华侨和祖国。	(1) 柿子红；(2) 柚子肥；(3) 秋桂花。
十月	(1) 卧室、书房、客厅的整理和布置；(2) 厨房、园庭、厕所、马厩、鸡棚等的清洁。	(1) 游花园的设计；(2) 参观汽车、汽船、电灯厂等的讲述研究；(3) 武昌起义的讲述研究；(4) 中国南洋侨胞对于革命的贡献。	菊花大会。
十一月	(1) 气候变换及穿衣服；(2) 住房光线、空气、温度等的研究。	(1) 总理诞辰纪念的讲述研究；(2) 我国的政体；(3) 华侨的政策。	(1) 割禾；(2) 鲨鱼；(3) 煎蟹。
十二月	(1) 饮水清洁问题；(2) 三餐前后的卫生。	(1) 云南起义的讲述研究；(2) 寒假生活的计划。	(1) 白菜；(2) 红柑。

（二）幼稚生一天的活动

理想中的幼稚园，幼稚生应该整天生活在幼稚园里。但是在现代中国社会制度之下，需要这种性质的幼稚园的地方不多。目前所有的幼稚园，大都是每天早晨九时到园，十一时半回家；下午一时到园，四时回家。甚至有许多地方，正在那里行半日制。其实，幼稚生每天在园时间应该多少，以及应该何时到园、何时回家，都应该看当地情形。例如城市中可以迟到早回，乡村里就得早到迟回或早到早回。如南京乡村中，从四五月至十月，午餐是在十时左右吃的，幼稚生就非早回家不可。又如在北方，冬日必须迟到，夏日可以早到。

幼稚生每天在园时间既然有限，所以所做的工作也是有限的。现在录中国中部某幼稚园春天的日课表一张作为例子（表7）。

表7 某幼稚园日课表

时间	分数	课程	内容
？～9时		完全是儿童自己的工作	如户外游戏、室内积木、看图、讲故事等。
9时～9时20分	20	谈话	请安、报告、值日生工作、填日记牌、检查清洁。
9时20分～9时50分	30	工作	剪贴、图画、泥工、木工、积木、缝纫及其他。
9时50分～10时10分	20	整理	工作后的收拾，整理成绩、批评作品。
10时10分～10时20分	10	常识	自然、社会、其他。
10时20分～10时30分	10	户外活动	木马、跷跷板、滑梯、秋千、运动会等。
10时30分～10时40分	10	整洁	进小间、洗手。

续表

时间	分数	课程	内容
10 时 40 分～10 时 50 分	10	静息	轻轻进课堂，闭眼伏在桌上休息。
10 时 50 分～11 时	10	点心	各种茶点。
11 时～11 时 10 分	10	故事、歌谣	教师或儿童讲述。
11 时 10 分～11 时 20 分	10	音乐	听音练习、唱歌、节奏、玩乐器、欣赏名家音乐。
?～2 时			让小朋友熟睡，睡醒时可以自己去找工作做。
2 时～2 时 30 分	30	静息	用极轻微幽雅音乐来使儿童静息。
2 时 30 分～2 时 40 分	10	数数	数数目、算法练习等。
2 时 40 分～3 时	20	游戏	大都是团体游戏。
3 时～3 时 30 分	30	读法	认字、读故事、其他。
3 时 30 分～3 时 40 分	10	户外活动	游戏或做农事等。
3 时 40 分～4 时	20	日记	个人日记、写字等。
4 时～?		整理	把整个课室和游戏场整理清楚，然后回家。

第三节　幼稚生究竟应该学些什么

幼稚生究竟应该学些什么？在毕业的时候究竟应该获得多少习惯与技能？到现在还没有一个准确的标准。历来研究者亦偏于一部分，如华真（John B. Watson）的情绪研究，蒙台梭利的感官学说，桑代克（E. L. Thorndike）

为着心理试验而有个性研究，霍尔（G. Stand Hall）[①]的儿童记录。比较算完美的是洛耦（Roger）[②]与安特拉斯（Ruth Andrus）[③]的试验（二氏著作载在美国哥伦比亚大学 Teachers College Bulletin[④]）。二氏确是发见许多准确的儿童习惯和技能。

我国也曾有人注意这点。民国十四年，著者曾与陈鹤琴先生合拟标准一个，在南京、上海城乡各幼稚园试验。经过几次的修改，还觉得不十分精确。现在附录在后，作为办幼稚园的参考。倘拘泥于此，以为是玉律，那也会发生弊病的。

（一）幼稚生应有的习惯和技能表

第一表 卫生习惯

（1）不吃手指；（2）不是吃的东西，不放进嘴里去；（3）落在地上的东西，必须洗濯后再吃；（4）不用手指挖耳朵；（5）不用手指挖眼；（6）常修指甲；（7）每天手脸洗得干净；（8）每天至少刷牙二次；（9）吃东西的前后都洗手；（10）大小便以后洗手；（11）不流口涎；（12）不拖鼻涕；（13）常带手帕；（14）打喷嚏或咳嗽时，用手巾掩着嘴巴、鼻子；（15）慢慢的吃东西；（16）不沿路大小便；（17）坐的时候胸膛挺直，头也端正；（18）内外的衣服都很干净；（19）不吃生水；（20）运动出汗以后，不即刻脱衣乘凉；（21）不带食物到幼稚园里来；（22）不多吃糖果；（23）不随地吐痰；（24）嘴里有食物的时候不说笑；（25）到外边去，知道穿衣戴帽；（26）知道远避患传染病的人；（27）会拍苍蝇、蚊子；（28）果壳不抛在地上；（29）起卧有一定的时间；（30）每天大便一次；（31）不用手抓饭菜吃；（32）早晨刷牙、

---

① ［美］霍尔：即斯坦利·霍尔（1844—1924），美国心理学家。早年研习生理学和物理学，又获文学硕士学位，并任教多年。后转攻心理学，获哈佛大学心理学博士学位。又赴德入莱比锡大学，师从冯特。后回国任约翰·霍普金斯大学教授，主持创建了美国第一个正式的心理学实验室，创办了《美国心理学》《发生心理学》杂志，出任克拉克大学首任校长，当选美国心理学会第一任主席。著有《青春期》等。

② ［美］洛耦：通译腊格，美国教育家，参见前文第114页注①。

③ ［美］安特拉斯：通译露丝·安德鲁，美国教育工作者，其他生平事迹未详。

④ 所载英文为杂志名，可译为《教育学院简报》。

洗面以前，不吃东西。

第二表　做人的习惯（甲）——个人的

（1）乐于到幼稚园来；（2）听见铃声就去上课；（3）不容易哭；（4）喜欢唱歌；（5）喜欢听音乐；（6）不容易发脾气；（7）起坐轻快；（8）开关门户轻快；（9）走路轻快；（10）用过的东西放好，并且放得很整齐；（11）说话不怕羞，又能说得清楚；（12）衣服等物能够放在一定地方；（13）不说谎；（14）能够独自找快乐；（15）离开座位，桌椅放好；（16）爱惜玩具和纸笔等；（17）爱护园里的花草、动物；（18）拾起地上的纸屑等件，放到纸篓里去；（19）能够预测极简单的结果，如放碗在桌边，知道要落地打碎等；（20）知道自己做的事情的好歹；（21）不怕雷；（22）不怕猫、狗、鸡、鸭；（23）不怕昆虫，如蚕、蝶之类；（24）一切事情能够自始至终地做得到一个段落方才罢手；（25）不狂叫乱跑；（26）做错的事，直捷爽快的承认；（27）不乱涂墙壁、地板、桌椅；（28）认识自己的东西；（29）认识自己家的住址和家长的名字。

第三表　做人的习惯（乙）——社会性的

（1）行礼时见国旗、党旗及总理遗像，能致敬礼；（2）每天第一次见到熟人能招呼；（3）爱爸爸、妈妈，听爸爸、妈妈的话，帮助做家事；（4）爱教师，听教师的话，帮助教师做事；（5）爱哥哥、弟弟、姐姐、妹妹，有东西和他们同玩、同吃；（6）爱小朋友，有东西同玩、同吃；（7）知道亲戚，会相当称呼；（8）不和人相骂相打；（9）至少有一个极要好的朋友；（10）对新来的小朋友，不欺侮，又能帮助他；（11）不独占玩具；（12）进出门户不争先；（13）做事、游戏都依照次序，不争先；（14）对贫苦的孩子没有轻视的态度；（15）会说"早""好""谢谢""再会"等话；（16）做值日生很尽职；（17）能赞赏他人之美，不嫉妒；（18）走路靠左〔右〕边走；（19）知道最常用的手势的意义，如点头、招手等；（20）知道同学的姓名；（21）知道老师的姓名；（22）能模仿别人可爱的动作；（23）不讥笑人；（24）能同小朋友合做一件事；（25）对不幸的儿童能表示同情；（26）对客人有礼貌；（27）不虐待佣人；（28）能慷慨拿出自己的东西和小朋友同玩；（29）不抢东西玩，不抢东西吃；（30）不得别人允许，不拿他的东西；（31）人家说话，不去中途插嘴；（32）到公园里去，不损坏任何花草、物件。

第四表 生活的技能

（1）会自己吃饭；（2）会自己喝茶；（3）会戴帽子；（4）会穿脱衣服；（5）会穿脱鞋子、裤子；（6）会洗手；（7）会洗脸；（8）会刷牙；（9）会擤〔擤〕鼻涕；（10）会自理大小便；（11）会快步跑；（12）会上下阶梯，互换左右脚；（13）会关门窗；（14）会拿碟、碗、杯，不打破；（15）会端流动物，不泼翻；（16）会上下船、车；（17）能辨别盐、糖、米、麦、豆、水、油等；（18）会搬椅子、凳子；（19）会洗澡；（20）会洗碗、碟；（21）会扫地；（22）会抹桌；（23）会拾石子；（24）会拔草。

第五表 游戏运动的技能

（1）会拍球；（2）会打秋千；（3）会上下滑梯；（4）会架〔驾〕三轮车；（5）会溜雪车；（6）会玩跷跷板；（7）会走独木桥；（8）会掷球、接球；（9）会滚铁环；（10）会爬梯子；（11）会爬绳梯；（12）会摇木马；（13）会拉小黄包车；（14）会推小手车；（15）会玩小双兔；（16）会做竞赛游戏五种（如掷石、传花、占座位等）；（17）会做最普通的团体游戏五种（如猫捉老鼠、捉迷藏、种瓜、三公子、老鹰捉雏等等）；（18）会跳绳；（19）会舞木剑、竹刀；（20）会射箭；（21）会掷石子；（22）会遵守简单的游戏规则。

第六表 表达思想的技能

（1）会说日常方言；（2）会讲简单的故事；（3）会叙述简单的事情；（4）会认识日常字二百到三百；（5）会背诵歌谣三十首；（6）会唱歌二十首；（7）会写自己的姓名；（8）会读一二句的故事；（9）会听故事，明了大意；（10）会依琴声击拍；（11）会独自唱歌娱乐；（12）会画简单自由画；（13）会涂色；（14）会画有意识的故事画；（15）会剪贴；（16）会剪贴成有意义的故事；（17）会搭积木成有意义的东西，如屋、车等；（18）会替玩偶组织家庭；（19）会抚爱玩偶；（20）会替小宝宝穿脱衣服，睡倒床上；（21）会表演简单故事；（22）会写日记。

第七表 日用的常识

（1）辨别红、黄、青、白、黑、紫等常用的颜色；（2）辨别明暗的色彩；（3）辨别冷暖的缘由；（4）识别植物二十种；（5）识别动物二十种；（6）识别动物的雌雄；（7）知道花、种子、果实的用途；（8）会数一至一百；（9）会做十以内的加减；（10）知道日、月、时间；（11）辨别东、南、西、北的方向；（12）知道尺、寸、升、斗；（13）知道钱币（大洋、角子、铜元）的价值；（14）能买玩具；（15）知道水的三种变态；（16）会养护蚕；（17）知道青蛙、蝴蝶、蛾等的变态；（18）知道国庆纪念、国耻纪念等日子；（19）知道当地的地名；（20）知道当地名胜三处；（21）明了身体各部的组织与用途；（22）会种豆子等，又会掘番薯、萝卜等；（23）知道开会的仪式；（24）会保护二盆花，不使干死。

附录：教育部颁发《幼稚园课程暂行标准》（民国十八年八月）

第一，幼稚教育总目标

（1）增进幼稚儿童应有的快乐和幸福；（2）培养人生基本的优良习惯（包括身体、行为等各方面的习惯）；（3）协助家庭教养幼稚儿童，并谋家庭教育的改进。

第二，课程范围

（一）音乐

（1）目标：（a）满足唱歌的欲望；（b）启发并增进欣赏音乐的机能（包括口唱和乐器的两种）；（c）发达节奏的感觉，并训练节奏的动作；（d）发展亲爱、协同等的情感；（e）引起对于事物（如猫、狗、耕田、洗衣之类）的兴趣。

（2）内容大要：（a）以下各种歌词的听唱表情：关于家庭生活的；关于纪念和庆祝的；关于时令和节日的；关于自然现象的；关于习见的动植物的；关于日常工作的；关于爱国的；关于社交的；关于表演用的。（b）节奏的听和演作。（c）通常音乐（小锣、小鼓、小木鱼等都可应用）的欣赏和演作（如听音起、坐、立、行等）。（d）歌的试行创作。

（3）最低限度：（a）唱歌的声音清晰，拍子大致无误；（b）对于简单的律动（如快、慢、高、低等）都有辨别和反应的能力；（c）明了四首以上歌词的音义，并能表情；（d）有独唱两首歌词的能力。

（二）故事和儿歌

(1) 目标：(a) 引起对于文学的兴趣；(b) 发展想象；(c) 启发思想；(d) 练习说话，增进发表能力；(e) 发展对于故事的创作能力，培养快乐、高尚和爱等的情感。

(2) 内容大要：(a) 以下各种故事的欣赏演习（如口述、表演、发表、创作等），神仙故事、民间传说、物语、历史故事、笑话、寓言。(b) 各种故事画片的阅览。(c) 各种有趣味而不恶劣的儿童歌谣、谜语的欣赏、吟唱和表情。

(3) 最低限度：(a) 能述说四则最简单的故事，而意思很明了；(b) 能创作一则最简单的故事，而有明显的内容。

（三）游戏

(1) 目标：(a) 顺应爱好游戏的自然性向，而与以适当的游戏活动；(b) 发展粗大筋肉的连合作用，并训练感觉和躯肢的敏活反应；(c) 训练互助协作等社会性。

(2) 内容大要：下列各种游戏的练习：(a) 计数游戏（如抛掷皮球等，可兼习计数）；(b) 故事表演和唱歌表情的游戏；(c) 节奏的（例如听音而作鸟飞、兽走等的游戏）和舞蹈的游戏；(d) 感觉游戏（如闭目摸索、听音找人等练习触觉、视觉等的游戏）；(e) 应用简单用具（如秋千、滑梯等）的游戏；(f) 模拟游戏（如小兵操、猫捉老鼠等的模拟动作）；(g) 我国各地方固有的各种良好的游戏。

(3) 最低限度：(a) 能参加群儿的集合，成行成圈而觉协调；(b) 能使用园中所设备的三种以上游戏器具；(c) 知道游戏的简要规则。

（四）社会和自然

(1) 目标：(a) 引起对于自然环境和人民活动的观察，并培养其兴趣；(b) 增进利用自然、满足生活、组织团体等最初步的经验；(c) 引起对于人和社会、自然关系的认识；(d) 培养爱护自然物和卫生、乐群等好的习惯。

(2) 内容大要：(a) 关于衣、食、住、行等生活需要，卫生方法，以及家庭、邻里、商铺、邮局、救火组织、公园、交通机关等社会组织的观察研究；(b) 日常礼仪的演习；(c) 纪念日和节日（如元旦、国庆、总理忌辰诞辰、五九、五卅以及其他节令）的研究举行；（d）身体各部的认识和简易卫生规律（如不吃担上的糖果、不吃杂食、食前必洗手、食后必洗脸、不随地便溺、不随地吐痰、不吃手、不用手挖耳揉眼、早睡早起、爱清洁等）的实践；（e）健康和清洁的查察；（f）党旗、国旗、总理遗像等的认识；（g）习见鸟、兽、鱼、虫、花草、树木和日、月、雨、雪、阴、晴、风、云等自然现象的认识研究；（h）月、日、星期、日子和阴晴雨雪等逐日天象的填记；（i）附近或本园内动植物的观察、采集，并饲养或培植；（j）集会的演习（以培养公正、仁爱、和平的态度精神为主）。

（3）最低限度：（a）认识自己日常生活所用的主要衣、食、住、行各项物品；（b）略知家庭、邻里、商铺、工场、农田以及地方公共机关的信用；（c）知道四肢五官的机能、作用；（d）认识家禽，家畜和五种以上植物并太阳、风、雨的作用；（e）认识总理遗像和党旗、国旗；（f）对于师长、家长有相当的礼貌；（g）有爱好清洁的习惯。

（五）工作

（1）目标：（a）满足对于工作的自然需要。（b）培养操作习惯，增进工作技能，并锻炼感觉能力；发育粗大的基本动作，以为后日精神动作发育的基础；使身心上各种动作，常常有表演的机会。（c）训练关于群体的活动力。例如自信、自重、坚忍、专心、勤奋、互助、热心服务等的精神，自动的能力，领袖才和服从领袖的精神，批评能力和接受批评的度量，不浪费时间和材料的习惯，遵守秩序的习惯。（d）发展智力：锻炼思想，培养发表、创造、建设的能力，发展欣赏能力。

（2）内容大要：由儿童各随所好，实做以下范围内的任何工作：（a）沙箱装排。在沙盘、沙箱等中，利用各种玩具、物品，堆装观察研究过的许多立体的东西，如村舍、城市、山景、园舍、江河、动物场、植物园或其他模型等。（b）恩物装置。用大小积木装置成房屋和其他建筑物等。（c）画图。自由单色画或彩色画。彩色画可用各种现成图物，使儿童自己设色，或用自己所制的图物施以彩色。（d）剪贴。用剪刀剪各种图形，或用纸摺各种物件（如桌椅之类），或将剪的、摺的、撕的图形，用浆糊粘在纸上，或用纸条织成各种花纹。（e）泥工。用泥做成模型，如桃李、杯盘、糕饼等类，并研究泥的性质等。（f）缝纫。缝纫的动机，大概由玩弄玩偶而来，和装饰玩偶房屋，或为玩偶做小衣服、小被、小窗帘等。这种工作，应由年龄稍大的担任；年龄较小的儿童，可用硬纸刺孔成为苹果、萝卜或猫、狗之类，让他们用颜色线穿编。（g）木工。用简单木工器具，如锥、锯之类，并能计划做成几种简单的玩具模型（如床、桌、椅、秋千架等），而且知道做的方法和顺序（例如做一只桌，知道四脚应一样长，桌面和脚的比例应相当，四脚应钉在桌面之下等）。（h）织工。能用最粗的梭织线带等。（i）园艺。种菜、种豆、种普通花卉等。

（附注：以上各种工作，最好都有。但可视环境的情形而选择，并可视儿童的需要而增设其他工作。）

（3）最低限度：（a）能独做简单的工作而不求助于人；（b）能爱惜工具和材料；（c）能整理工具、材料、作品和安置工具、材料、作品的地方；（d）能保持地上的清洁；（e）能不弄脏身体和衣服；（f）能用铅笔或蜡笔；（g）能用剪刀；（h）能选择颜色；（i）能排列图形；（j）能种活一两种蔬菜或花卉。

（六）静息

（1）目标：（a）直接的：满足精神康健；（b）间接的：增进精神活动的效率。

（2）内容：（a）静默。仿照蒙台梭利的办法，举行定时的静默。听到某种声音符号后（或振铃，或用某种音调的声音），都须端坐，教师指导值日儿童取静牌（灰色黑字牌）竖在黑板边上，同时观察有无不静默的儿童。等到大家静了，然后叫大家闭起眼睛来。这时：或合掌把头垂下，支颐休息；或隐几而卧，或就桌而睡。教师退处一隅，两三分钟后，再作一种声音符号，使大家仰起头来。声音符号行了一个月之后，也可以变换。有时可加入游戏的意味，时间可逐渐加长。例如教师于一室人静后，退到一室去，隔二三分钟后，以和悦的声音叫一个儿童的姓名。被叫的儿童，便飞也似的跑到她的怀里；然后再叫一个儿童的姓名，一一如法跑去，直到人走完了为止。这种游戏，或者可称为"飞燕归巢"，事前可向儿童说明。静息功课，在蒙氏儿童院中，每天不止一次。如定一天一次，以在十时左右（吃小点者可在十时后）为最相宜。(b) 静卧。凡行全日制的，最好为各个儿童备卧具，午饭后退休静卧。凡小儿童，应睡二小时以上；年龄较大的，睡一小时半。醒时不当扰及他人（按：英国新式幼稚园对于此点极为注重）。

（七）餐点

（1）目标：(a) 适应需要。儿童食量小，所以进食时间的距离须短。自早餐至午刻，有五时之久，中间一定需要少许饼饵之类充饥。(b) 练习饮食时所应有的礼节。(c) 养成饮食应有的清洁习惯。

（2）内容：每日上午十时左右，每儿食适当的食品（山芋、饼干之类）和饮开水一杯（经费宽裕者，可用牛奶代水，或吃水果少许）。

第三 教育方法要点

（一）以上所列各种活动（音乐、游戏、故事、社会和自然、工作等），于实际施行时，应该打成一片，无所谓科目。打成一片的方法，应该以一种需要的材料（应时的如三月植树节、十月国庆、秋天红叶、冬天白雪等；在环境内发现的，如替玩偶做生日、公葬某种已死的益鸟、开母姊会等），做一日或两三日内作业的中心；一切活动，都不离乎这个中心的范围。

（二）幼稚儿童每天在园的时间，全日约六小时。在都市有特殊情形的幼稚园，可用半日制，每日上午约三小时。中间除定时餐点、静息，和全日制的中午停止作业进午餐和定时静卧外，各种活动不要呆板的分节规定（如每时应教何种功课）。但是教师应该胸有成竹，在繁重作业之后，引导儿童作轻便的活动；在桌间作业之后，引导儿童作户外的运动……并可相机在某种活动之后，间以几分钟的休息，以调节儿童的身心。

（三）各种作业，可由儿童各从所好，自由活动。但是团体作业，每日也应有一次，由教师用暗示法，吸引儿童共同操作。当团体作业时，如有少数儿童不愿参加，不必强迫。

（四）故事、游戏、音乐、社会和自然，大部分都可由教师引导，施以团体作业。工作则大部分应该由儿童个别活动，由教师个别指导。——此等活动，可将全部作业分为若干项目（例如图画、剪贴、积木……），由儿童分组合作，分工活动。但须注意二事：

（1）分组。以两三人为一组合作一事，为最有效。

（2）分工。儿童往往未做完这事，又去做那事，或半途而废。教师应该训练他们，使他们有责任心。训练的方法，或用表记录，能做完成的，予以奖的符号，否则予以戒〔诫〕的符号；或对做完成的表示好感，对未完成的表示冷淡……

（五）教师应该充分的预备，以免临时困难。预备的事项，应该随儿童活动的趋向而定。例如在国庆纪念的活动之前，教师对于儿童在国庆纪念的活动中，预料应有若干问题和事实发生，就应该向这一方面搜集材料，准备技能，以便应付。

（六）教师所提出的引导儿童活动的材料和指导儿童活动的方法，以及一切进行，都须体察儿童的心理，切合儿童的经验。

（七）幼稚教育所用的材料，不是空话，而是日常可见、可接触，至少可想象的实物、实事。幼稚教育所用的场所，不限于室内，而须以户外的自然界、家庭、村、市、工商业……为最好的活动之地。

（八）幼稚园的设计教学，须注意下列各点：

（1）从儿童自由活动中，发现设计的题材（例如一个儿童在沙箱中栽种白菜，教师发现后，便可集合许多儿童设计种菜）。这是设计教学中一个很好的机会，应该利用。

（2）在设计中应有的一切活动，应该早就体察儿童的能力，把儿童不能做或做不成功的部分省去，以免儿童不能做而废止，或因中途失败而懊丧。

（3）设计的材料，以易达目的、易得结果的为最好。在一个设计中，又须分为许多小段落；每一小段落，有一小目的，可得一小结果。那么儿童照着做去，得达目的，得有结果，也自然发生兴趣而自肯努力了。——万一整个的设计做到中途，而多数儿童的兴趣已转移了，那么教师也可把这个设计放下，便从事于多数儿童兴趣所在的设计；等相当的时机到来，再行设法继续。

（九）教师是儿童活动中的把舵者，要使儿童跟着他的趋向而进行。在未达目的前，不要改变宗旨。所发的暗示，也当一贯而不杂乱；在儿童有了反应而未到完成时，不可再有另一种的暗示。

（十）教师是最后裁判者，儿童的问题，应由儿童自己去解决。到儿童的确不能解决时，教师才可从旁启发、引导。

（十一）教师应利用奖励，以鼓励儿童对于某种作业的兴趣。幼儿的奖励，以言语和玩具的赠予为最有效，标帜符号等的奖励次之。奖励所应注意的：

（1）奖励不可常用，常用则滥而失效。

（2）在群众中优胜，固然当奖；个人前后比较而突然有进步的，也应该奖励。

（十二）有几种技能，应该用练习的方法使儿童纯熟。练习必须顾到的条件如下：

（1）时间应该短，以保持儿童对于练习的兴趣和注意。

（2）次数的分配，应该合于分布练习的原则（开始时，每天在一定的短时间内连续练习，熟后乃间歇练习，纯熟后才停止）。

（3）练习所用的材料，须估计其有无真正价值；不必练习的，不要枉费工夫。

（4）练习的方法，须考察其是否最优良；误用了方法（例如不用实物而练习抽象符号），也一定劳而无功。

（5）练习时，不但要注意所表显的成绩，并且要注意儿童所用的方法是否合宜。不合的，一定要随时矫正。

（十三）园中的事物，凡儿童能做的，如扫地、揩桌子、拔草、分工管理园具等，应充分地由儿童去做。

（十四）每半年举行"体格检查"一次，每月举行"体高、体重检查"一次，每日举行"健康并清洁检查"一次（法详小学体育、自然等科课程标准）。儿童身体上的缺陷和各种疾病，教师应该设法补救。——教师不但应有母亲和师长的智能，并须具有看护的身手、治病的常识。

（十五）教师对于儿童的身体、性情、好尚，以及家庭、环境……都应注意。最好备一本小册子，将观察所得的记录起来，以为研究和施教的资料。

（十六）教师应该常常到儿童家庭去，或请家长到园中来……尽力联络感情，宣传幼稚教育和家庭教育的方法。

（十七）幼稚园除利用户外的自然和社会外，依下列标准设备一切：

（1）要合乎我国的民族性。我国的民族性是诚朴坚忍，和欧美、日本不同的。幼稚园的设备，不必过于华美，而须注意坚固；不必多取洋式和舶来品，而须尽量中国化。

（2）要合乎社会情形。我国地方辽阔，都市、乡村、南方、北土、富饶地、贫瘠区……社会情形，各各不同。幼稚园的设备，应该多取当地常见的物品，而不和社会的实际情形分离。

（3）要适应儿童的需要。要体察儿童的生理状况、心理状态、生活情形，随其需要而设备：量不宜太简陋，期够用；质应便于儿童，以求适用。

（4）要不背教育的意义。积极方面要：可以发展儿童创造力和激引儿童想象力的；可由儿童自己使用，并自己装置或拆开的；可以引起儿童兴趣和美感的；可以引起儿童的情爱的；可以发展儿童智力的；有益于儿童身体的。消极方面要：有碍卫生的不取；要发生危险的不取；儿童不感兴趣的不取；非儿童所能应用的不取；有损美观的不取。

（5）要利用废物、天然物和日用品。废物如废书、旧报、破布、无用的玻璃片、玻璃瓶、布片、破碗片，天然物如果核、树叶、花瓣、种子、蛤壳、贝壳、鸟羽、石子……日用品如肥皂、洋烛……都可利用了做成教育用品、装饰品和作业材料等。这不但省钱，并可启发儿童的创造心。

练习题：

（一）根据本章所说原则，拟一张你的家乡的幼稚园课程大纲。

（二）根据生活即教育的原则，批评本章所引的日课表。

（三）批评本章所引的幼稚生习惯技能表，并说出应该增减的各条来。

（四）参考下列五〔六〕书，但看了一本，必须全看，然后来下假定的判断。

(1)《中国教育改造》，陶知行著（亚东书局出版）；

(2)《民本主义与教育》，邹恩润译（商务印书馆出版）；

(3)《儿童教育》第一卷，《鼓楼幼稚园课程试验报告》，张宗麟著；

(4)《课程》，陈鹤琴、张宗麟合著，《幼稚教育丛刊》；

(5)《幼稚园课程编制》，张雪门著（商务印书馆出版）；

(6)《幼稚园课程的研究》，唐毅译（中华书局出版）。

第七章　自然与社会

近年来幼稚园课程中最通行的是中心制，或称单元。所谓中心或单元，大多数是采取自然与社会的材料。在实际上，儿童所接触和幼稚教师所能给予儿童的知识，也大多数是这两种。本章讨论下列各问题：（1）幼稚生常常遇到的事物是什么？（2）教师怎样帮助儿童与遇到的事物发生关系？（3）教师怎样处置儿童发出来的问题？（4）近来中国幼稚园对于这两种常识的态度怎样？

本章包括范围极广，其中卫生和做人的习惯，本书都另立专章讨论。

第一节　幼稚生常常会遇到的事物

一个幼稚生的年龄、知识、能力等，在成人看起来，可说是很小很小；但是要想统计他的经验，可说是一件很不容易的事。况且儿童经验的多少，与他的环境大有关系，城市儿童与乡村儿童大不相同。本节所举各条，可说是最普通的事物；至于有特殊环境的儿童经验，都不计及。例如浙江绍兴西乡儿童对于做老酒，福建闽侯城内儿童对于漆器，以及南京城内儿童对于衙门、官吏等，都因为特别环境，所以有特别经验。

（一）幼稚生最容易获得经验的地方

幼稚生为着体力的限制，足迹所到，并不广远。但是他的攫取经验的能力很大，所以他不但获得迅速，并且分量也很多。下列许多地方，是他最容易得到经验的。

（1）家庭。如家人的关系、房室、陈设、用具等。

(2) 邻近的社会。如村名、邻居朋友、公园、田地、学校等。

(3) 重要的节期。如新年、中秋、端午、清明，重阳、国庆等。

(4) 邻近的事业。如食物店、衣服店、杂货店、医院、邮局、戏院、工厂、木器店、泥水作等。

(5) 常用的交通。如马路，各种车、船、轿，以及空中看见的飞机、汽球。

(6) 自然界。如各种动物、植物、自然现象等。

(7) 生活用品。如面、饭、衣服、碗、茶等。

以上所举，不过是一个大纲，每个大纲中包括许多事物。举例如下：

1. 自然界

(1) 幼稚生最容易遇到的自然物：猫、狗、羊、马、驴、鼠、猴子、兔、鸡、鸭、鹅、燕、麻雀、雁、黄莺、鹰、乌鸦、鸽、喜鹊、蛙、金鱼、鲫鱼、鲤鱼、蟹、虾、鳝、蚌、蚶、螺蛳、蝴蝶、蜜蜂、蚕蛾、蟋蟀、蚯蚓、甲壳虫、萤、蚱蜢、蝉、纺织娘、蜘蛛、蜻蜓、蜗牛、蛇、蜈蚣、蝎、蝇、蚊、蚤、臭虫，是属于动物的。

又有米、麦、桑、玉蜀黍、青菜、菠菜、苋菜、萝卜、番薯、豆、南瓜、葫芦、茄、棉花、桃、李、梅、枇杷、樱桃、茶、竹、笋、石榴、苹果、梨、香蕉、荷花、甘蔗、桔子、百合、柿、葡萄、各种花、杉、松、枫、羊齿草、薛苔、藻等，是属于植物的。

又有铁、煤、煤油、盐、水、火、石子、泥土、沙、铜、铅、锡、银、金等，是属于无生物的。

(2) 幼稚生常常觉得到的自然现象：如风、雨、日、月、月蚀、星、流星、雪、冰、雾、露、霜、云、雷声、电光、虹、潮汐、瀑布、大冷、大热、潮湿、干燥等等。

2. 生活用品

这类也不少，衣食住行都要包括在内。如衣有内衣、外衣、裤、裙、背心、马褂、长袍；还有中国衣、日本衣、西洋衣，还有工人衣、农夫衣以及缙绅的衣。食物之中，儿童并不十分注意到原料品，但如各种点心、饭食、糖、盐之类，是注意到的。其他日用品如剪刀、尺、菜刀、碗、碟、筷、钟表、铃、纸、笔、帆船、轮船、兵舰、汽车、火车、电车等，亦会感觉到的。

第二节 怎样帮助儿童去和自然与社会发生关系

（一）儿童自己会去找的

灿烂的自然界、又香又美的花、可口的果子，以及会飞、会唱的鸟和虫，没有一件不能引起儿童的注意的。所以我们对于儿童第一步要做到的，就是不要直接或间接阻止儿童到自然界里去。

我们当然不会相信，儿童时代的生活与人类野蛮时代的生活相仿佛的学说。但是我们知道，儿童的身体会动的，儿童是不怕任何东西的，除非成人用种种方法去恐吓他。有了这两种趋势，儿童与自然界当然会发生关系。至于社会呢，家庭里的父母姊妹、邻居的兄弟，当然是他的朋友；还有为着新年穿新衣、吃糖果，当然天天在盼望新年到来，就常常会问母亲、哥哥，什么时候是新年了。

所以儿童完全离去教师，对于自然界与日常生活，至少也有三种原因是要去搜寻的：一是环境上种种刺激的引诱。儿童在各种感官上感受到刺激，当然要发生反应，或者可以说当然会发生相当注意。二是他的生理上的冲动。因为在生长期内，手足、身体常常好动，动了以后倘若不是感到深刻的不快，也就会逐次地自动去尝试。三是他的经验。儿童对于日常生活，很有许多是由旧经验促进新经验，或者从别个儿童的经验促进他去找新经验的。上段所引的新年的例子，就是以他的旧经验促进他去找新经验的。

（二）教师要用相当方法帮助儿童

教育是使人类进步更迅速的一种事业。儿童无教师，虽然也可以进步；但比较上究属要迟缓，并且要叠经试行错误，很不经济。例如飞虫是儿童所爱的，倘若有了捕虫网，那么比起徒手捕捉不要经济得多吗？况且有许多事，儿童自己不大会注意到的。例如自然现象中的霜、露等，儿童很难注意到。所以做教师的，必需帮助儿童去找寻。下列几种方法，是很值得注意的。

1. **置办设备，丰富环境**

要想与自然界多发生关系，必须有相当设备，本书设备章内曾列举说明，为着特别要注意起见，下面数项再来提出一下：

（1）昆虫捕捉器。应置备捕虫网、药瓶、展翅板、平针、洋樟脑、蟋蟀罩等。

（2）农作用具。应有手锄、四〔齿〕锄、水桶、镰刀、竹箩、泥铲等。

（3）小菜圃一方。大约四十个儿童，可以种一亩菜地。

（4）花畦、花盆。种灌木和草花，倘能用种子在盆内种，亦极佳。

（5）小动物院。如鸽子、兔子、鸡等，还可以在室内养笼鸟、缸鱼、叫虫等。

（6）标本模型。得不到实物时，可以用标本模型，但以教师与儿童共同动手做的为佳。非不得已时，决不可花钱去买。

对于自然界，要丰富设备；对于日常用具，更应多多设备。所以，幼稚园可以置办得像家庭一般，并且应该比家庭更丰富。例如炊具等，可以如家庭；而小乐器等，应该比家庭更多。

2. **游戏般的来做**

儿童是个科学家。但是他不是有意要做的，不过和游戏一样看待。他看待猫、狗是朋友，看待玫瑰花好像就是小姑娘；看到父母招待客人，他以为自己也是个客人，有时也会要求父母来招待他的。至于喂囡囡食物，做衣服给囡囡穿，给他们结婚等，没有一件不以为是游戏，决不是有意来做的。因为儿童做这些事情的动机，不过好玩两个字。从这一点，我们很可以找到有力的根据，来决定我们应该用的方法。

（1）游戏式的旅行去。旅行去，到自然界里去，这已渐渐成为幼稚园的习惯。不过在幼稚生对于这些事，并不如教师那样认真，在他们是一种游戏。所以我们带着孩子出外旅行时，规约要少；在没有多大危险的地方，应该多让儿童自由。在田野里，他们可以找到极美的花、虫、果子。自己找到的，总比教师给他的要好得多。

有时教师必须指导时，也可以用游戏的方法。例如要指导儿童辨别玫瑰花与野蔷薇的气味，可以来做"瞎子嗅花"的游戏。做法：令儿童闭目，教师拿花给儿童嗅（注意，不可给儿童嗅花心），同时唱着："小朋友，什么花儿来啦？"儿童嗅了以后，可以回答："老师，玫瑰花儿来啦！"

又如寻找石子，可以约定，谁能找得好玩的石子最多，我们回去开个石子展览会。这样约定，他们对于石子真会注意到极细微的花纹。搜集邮票是许多青年人的嗜好，我们也可引起儿童来搜集。一来可以注意爸爸、妈妈每次收到的信，还可以因此到邮政局里去，又可以因此来教地理常识。倘若因此而引起写信等，那么范围就更广了。

不过有极少数事情，教师要特别留心的。因为现代社会组织，还没有以儿童为中心。以成人做中心的社会，对于儿童极不相宜。例如大都市马路上，儿童几乎不能涉足；还有许多商店的陈设，也不是矮小儿童所能欣赏的；至于工厂机器的危险，也没有特别可以保险的设置。所以，教师对于这种种地方要特别留心。

到朋友家去做客，也要相当留心。在未去之前，要物色相当的朋友家庭，并且先行声明，儿童的礼貌是不很周到的。去的时候，又可以临时相机来做几出游戏。研究家庭，是事后的谈话，不是当时可以强做的。例如"小朋友要格外小心，要留心观察"等话，也以少说为妙。虽然朋友的家里不能如在大自然里的可以自由，但是也应当极力减少桎梏，应当使儿童感觉到，这是快乐的做客人。

（2）游戏式的表演。表演本是游戏的一种。不过，以增加儿童常识为目的的表演，往往会流于太认真、太严肃的，所以特地提出来讨论。这种表演，大都因着设计而来的。幼稚园的设计，不必拘泥于步骤，也不必拘泥于能否做完预定的计划。所以许多设计，只要一次表演就可完了。表演的方式很多，最重要的目的，在乎经过手脚的动作，做到物的人化，他人的自己化。现在举几种方式如下：

——化装表演。儿童化装成各种人物，依照预定剧本，或用话，或不用话（哑剧）来表演。

——自由组织的表演。发生一件事后，由儿童自己去表演出来，如组织小宝宝家庭等。

——傀儡戏或提线戏。与市上所演的方法相仿佛，这是借着物的化装来表演一切动作的。

表演是为着儿童自身的学习，为着儿童自身的快乐，所以一切为着成人欢娱的表演，非必要时，应该完全省去。

3. 应该养成的态度

给儿童几多知识，是有限的，有时也许儿童不会承受的；所以最要紧的，是养成儿童喜欢寻找的态度。下面三种态度，是必须有的。

（1）发问。幼稚生问句很多，只要教师允许他问，他可以每见一事一物都发问。为着能发问，所以一切好像都是他自己发动去要的。教师对于儿童发问，先要鼓励他发问，这是什么、为什么是这样等等，都可以由教师先去问儿童。儿童得了问句以后，虽然不会回答，但是过了几多时，他也能发问了。教师对于儿童所发的问题，要乐于承受，并且抱着"知之为知之，不知去求知"的真诚去回答儿童。有时不但回答，还可以更深一层的追问儿童，更深一层的共同去探寻问题的答案。

（2）欣赏。对于自然界或人事界可以憎恶，也可以欣赏；会欣赏，才会有探讨的趣味。所以我们是希望，养成儿童对于一切事物都有欣赏的态度。制作标本为着欣赏，决不是任意的残杀生物。种植花木、饲养动物也是为着欣赏，不是为一时的好恶随便种植，随意矫揉物性，更不可随便毁去，必须欣赏到有一个结果。欣赏是"爱"的表现。培养爱的情绪是不可拘于形式的，只有教师以身作则，教师在行动上须是快活的、同情于万事万物的。又在谈话、故事之中，也时时以欣赏为目的。"暗示儿童去欣赏，不是强迫儿童去欣赏。"这是培养儿童欣赏态度的总诀。

（3）研究。儿童看到花就扯碎，拿到蝴蝶就会摘去头，甚至会掷碗、碟等。有人以为这是儿童研究的本能，这也未免太牵强附会。但是我们可以因儿童这种动作，去培养研究的态度，那是千真万确的。花到底为什么会香的？蝴蝶到底为什么能采花蜜的？为什么豆子种了以后会长大起来的？甚至为什么人家替我们做事以后，我们必须道谢的？这种种都是值得研究的问题，也就是儿童可以从事的很好的工作。

发问是研究的第一步手续，在前段已经说过。有了口的动作，再加上手的动作，求出个究竟来，这是培养科学家的发端。研究的态度，是求真理的态度，所以有时候免不了杀害。例如解剖生物，初看起来似乎残忍，不过为着研究而解剖，解剖之后而能求得相当答案，这也可以说是欣赏。

关于培养以上三种态度的方法，有人主张采取奖励法，但是终究不很妥当。例如搜集贝壳，这是海滨幼稚园常做的工作，倘若用奖励法来鼓励儿童多多搜集，一时固然可以得极多量的成绩；但是儿童对于奖励目的的达到以后，是否能够继续研究，是否能够欣赏贝壳，都是不能确有把握的。所以与其多用奖励法来兴奋儿童，不如多给儿童发问的机会、欣赏的机会和研究的机会，使儿童能够不必需要本题以外的报酬，而能发问、欣赏、研究，这样才是正当的态度。

第三节　几个设计的例子

我国幼稚园所采取的中心活动，大都是自然与社会；所用的方法，大都采取设计法。设计法虽然不是最完美的方法，不过只要不是教师强迫来做的，又能够多让儿童有自由活动的余地，同时还能随处可以告段落。那么，这种设计法也就和理想的生活法很相像。

（一）家庭生活的设计

儿童进了幼稚园，他们找到了娃娃、娃娃床、娃娃桌子、碗筷、火炉、畚箕、洗盆、洗板、烫板、熨斗、搅乳器和大积木，他们先玩娃娃，把它作为婴儿；他们将自己分成几组，玩管家的游戏。

在第三天，一个小女儿说道："我们的家里，四面应该有墙的。"他们就取了大积木造家屋了。

家屋造好了，一个小女儿说道："这张床里没有余地给我的娃娃了。我要给它再做一张床。"于是她做了一张大积木的床。

一个幼儿请问这个小女儿说道："光光，让我做男子好吗？"

还有两个男儿也要做男子，他们同别的三个小女儿住在那间屋里。那些小男儿要铺床，看护婴儿。有一个脱去了婴儿的衣服，给它睡了。

一个小女儿反对了。因为"不是父亲给婴儿睡的，是母亲做的"。

小女儿后来洗婴儿的衣服去了。当她们去烫衣服的时候，小的男儿们也要烫。

又有一个小女儿说道："男子不烫衣服的，这是女子做的。"

一个男儿答道："我的父亲是烫衣服的。"

后来和教师讨论家庭的分工，决定了什么是父亲、什么是母亲的工作。他们断定，女儿应该在家里煮饭和洗烫婴儿的衣服，男儿应该做那些父亲做的事体。

一个小女儿，当她下去煮饭的时候，对她的男人说："到镇上去买点东西给我，让我好煮饭。"

这人回答道："喂，我们还没有店铺子。好了，我晓得，我造一个店铺子，做卖杂货的。"

他就开始造一个大积木堆成的杂货铺子，并且亲到真的杂货铺子去看怎样造架子的。

店铺造好了，儿童们便随手用纸剪了些糖果，用泥也塑了些。起初他们仿佛想，一个杂货铺子除糖果外，不卖别的东西。后来再到杂货铺去了一趟，看他们究竟卖些什么。这次回来，才随手做了罐头食物、蔬菜、粉袋，一起都放在店里出售。女儿来买，带了回家，那时男儿不容女儿胜过了他们，也用大积木做了送货车子，分配杂货到买主家中。

一个幼儿假装是一个成人，用大积木造了铁轨，在上面推着玩物火车。他说："我在铁路上做工。"后来，他也更用大积木造出铁路旁的店铺。

那些玩具动物便暗示他们，造家用的马房和谷仓了。在发达这个设计的时候，他们说了关于家庭生活的故事——"*Peter Rabbit*"① 那个故事，复习

---

① 所载英文为书名，可译为《彼得兔的故事》，作者是英国女作家毕翠克丝·波特。

了，还加着"The Three Bears"① "Black Sambo"② "The Ginger Bread Boy"③ 三个。

关于家庭活动的歌也唱了。一个小女儿问道："我能够唱什么歌使婴儿睡觉呢？"催眠歌便教了她和别的儿童。后来他们玩娃娃和洗烫衣服的时候，再教了"我们的婴儿"和"洗衣烫衣"歌。

（此例摘录自董任坚译的《初期儿童教育》）

（二）农村生活的设计

1. 研究的目的

经过这次研究，儿童可以得到许多满足人类社会需要的基本经验。从这些经验里，可以希望儿童得到：（1）简单而清楚的基本合作观念。例如如何生产与供给社会的物质需要。（2）欣赏的智能，如何满足人类的需要。例如牛乳，儿童可以知道牛乳场的情形，送乳人的勤劳；又可以知道蔬菜、果品怎样生长，怎样收获与保藏等等；并且在供给食物一件事里，可以发生有社会性合作的感情。

2. 农村研究——食物的生产

（1）关于农村的。

经验——旅行到农村。

（a）观察花园与田野：生长的植物：吃根的，如萝卜、马铃薯等；吃地茎的，如洋葱、百合等；吃叶的，如青菜、菠菜等；吃茎的，如甘蔗等；吃果实的，如番茄、瓜等；吃种子的，如麦子、玉蜀黍、豌豆、蚕豆等。菜蔬的收获：注意它的各种经过情形与方法。

关于植物与蔬菜的参考书十种（从略）。

---

① 所载英文为书名，可译为《三只熊》，又名《金凤花姑娘和三只熊》或《金凤花姑娘》，作者为英国作家、诗人罗伯特·骚塞。

② 所载英文为书名，可译为《小黑人桑波》或《小黑三宝》，作者是英国作家海伦·班尼曼。

③ 所载英文为书名，可译为《姜面包男孩》或《姜饼男孩》，作者是美国作家理查德·埃基尔斯基。

儿童参考书十二种（从略）。

（b）观察果园与果子：秋季成熟的，苹果、葡萄、梨、秋桃；收获果子的方法，并研究为什么要这样做法。

（c）观察田里收获的工作：上仓的工作，割玉蜀黍、晒干、磨下粒子、上仓；其他在秋季可以看到的，收干草、收番薯、收谷类、秋耕等。

关于食物生产的故事书十一种（从略）。

（d）观察家畜：牛犊、马、绵羊、山羊、猪、驴子等；牧场、牛乳场、马厩等；马槽、水槽以及在仓里的料豆、草堆；各种牲畜的保护法；各种牲畜的功用。

关于牲畜故事的参考书三十一种。其中关于牛的七种，驴子的二种，马的六种，山羊的五种，猪的五种，绵羊的六种（从略）。

教师用的家畜参考书七种（从略）。

（e）观察家禽：小鸡。鸡蛋、鸡埘、鸡窠，小鸡的行动以及食物的安排；火鸡。奇异的形状、鸣声；鹅、鸭。住所、习性等；各种家禽的食物。种类、喂法；家禽的保护法与功用。

关于家禽故事的参考书十八种（从略）。

（2）关于市场的。

经验——旅行到市场，最好的是小菜场、农产品的市场，或参观村店。

（3）关于保藏的。

（a）用食窖来保藏的：吃根的食物（表见上）。活动：在沙箱里贮藏。沙箱要放在阴暗的地点，窖要挖得与在自然界相仿；地下茎的，如百合，可以晒干；在地上的蔬果，如苹果、梨等，可以用有蜡质的纸包起来，以防风干与虫吃，要放在冷处；种子的食物。必须晒干，然后贮藏，如豆类要去荚，玉蜀黍等去心，向日葵留籽等。

（b）用调制法保藏的：如葡萄、樱桃、番茄等。

活动——榨汁、加糖、装罐、做菜、做点心、送礼。

（4）关于牛乳场的。

经验——旅行到牛乳场。

观察消毒、装瓶以及分送，在学校里做牛乳酪。

参考书共十八种（从略）。

（5）关于面包房的。

经验——旅行到农村。

观察麦与玉蜀黍的生长，旅行到面粉厂，观察麦与玉蜀黍的磨成粉，再观察面包房的面包。活动——做玉蜀黍的面包。

（6）关于烹调的。

经验——在学校点心课里，可以学习食物的制造等。

活动——预备点心课的食物——在校内可以做乳酪、煮食物。

参考书一种（从略）。

给儿童参考的东西，除上列各种以外，还有下列各类：（1）关于农村的诗歌：牛的二十种，绵羊的九种，猪的三种，家禽的二十种，食物与植物的三十七种，咏农场的二十三种（从略）；（2）关于农村的图画书二十九种，此外关于音乐也有数种（从略）。

3. 构造设计

在沙盘里、桌子上、地板上或在草地上，都可以做的：

（1）小农场可以在沙盘里搭造，小箱子等可以做牛房、谷仓，蜡制玩物可以做家禽、家畜，手工泥可以做农产物。

（2）市场、牛乳场、面包房，可以与前项活动同做，并且可以分成小组来训练合作精神。

（3）用黏土或厚纸等做动物玩具。

（4）做纸鸢：用韧木、韧纸做纸鸢。

4. 创造活动

从许多故事、诗歌等书里，可以摘出几个来表演。表演的时候要极认真。用色笔画图，用黏土、软粉捏形，以及摺纸、糊纸等，都可以做发表意象的活动。最好是要有一个田园，每个儿童都得一方。

（此例摘录自《儿童教育》第三卷第五期张宗麟著的《文纳特卡制中的社会科与团体活动》）

练习题：

（1）跑到自然界里去一次，经过十五分钟后，把所观察到的事物一一记录出来，看能记录得几件。

（2）为着你常常去参观那个幼稚园，你这时候应该做一二件标本，或搜集些可用的材料去送给他们。

（3）倘若有一个机会，陪着幼稚生去旅行，你可以得到很多经验，一一记录下来。

（4）《初期儿童教育》里有一个"儿童乐境"的设计，极有教育价值，可以参看。

（5）参看张宗麟著"幼稚教育丛书"自然、社会两册（商务印书馆出版）。

第八章 卫生

幼稚园的卫生范围很广，详细讨论非专册不可。并且是极专门的学问，不但寻常略有医药卫生常识者所不能谈；就是优良的儿科医生，也不能贸然独力担任。因为幼稚生的卫生，包括生理卫生、心理卫生、教育方法，旁及社会、经济、家庭父母教育，所以本篇决无能力讨论精密详细的问题。

为着幼稚生的卫生问题太专门的缘故，所以本章讨论的范围，只能举其重要者：(1) 幼稚生应有的卫生习惯、态度和卫生常识；(2) 幼稚生应有的心理卫生的训练；(3) 幼稚园应有的卫生设备；(4) 现代通行卫生教育法的讨论；(5) 实施学校卫生的困难。

第一节 幼稚生应有的卫生习惯、态度与常识

（一）幼稚生应有的卫生习惯

本节的大略情形，在本书第六章第三节已列表说明。本节复就食物、清洁以及身体各部分条列举，并略加增删。

1. 关于食物的

(1) 认定自己的碗、筷、茶杯，不用别人的，也不把自己的给别人用。

(2) 吃的食物，不从别人的碗里拿来吃，也不把自己碗里的给别人。

(3) 掉下地的食物，不是有壳的，不再吃。

(4) 吃东西以前必定洗手。

(5) 生的食物，必用冷开水洗过然后吃。

(6) 食物不给苍蝇或其他昆虫、禽兽接近。

（7）吃的时候，每口分量要少，又须经过细细的咀嚼，并且不用汤或茶来送下。

（8）与别人共食，当口里有食物时，不谈话；咀嚼、呷汤没有声音，汤汁等不使狼藉。

（9）少吃糖食与酸类的食物。关于儿童食物，另有详细食单——西洋食单分析得极清楚，可惜中国难以移用。如中华卫生教育协会所分析的食单，如菠菜、鸡蛋、肉类等含有成分如何，实际上可以应用。又如卫生部联村医院所订《儿童卫生信条》，有"我每天必食青菜、豆腐、萝卜"等，也极有用。

2. 关于清洁问题的

（1）手脸。吃东西之前，大小便之后，或有污泥的时候，能把手洗净；指甲常修短，但勿用牙齿咬短；不用公共的手巾和手帕；每天早晨洗脸，能把耳后、颈上也洗干净，并且擦干。

（2）口齿。每天至少刷牙两次，并且刷得正当；不流口涎，不留食物屑在口边。

（3）鼻子。有了鼻涕就哼〔擤〕出，并且哼〔擤〕得正当；鼻涕不用手指拿，也不用衣袖揩，必用手帕揩；当手帕拿出来时，不随便乱摇；喷嚏、咳嗽，必用手帕遮住口鼻。

（4）眼睛。不用手指擦眼睛；不在日光下看图画、字句等。

（5）头发。头发要剪得像刘海式，以便常洗；梳子顶好是不公用，不然要刷得极干净。

（6）大小便。每天大便至少一次，最好在早餐后；需要大小便就去，自己能做，并且不以此为好玩的事；大小便后必洗手。

3. 关于衣服的

（1）能知道暖了脱衣服，冷了穿衣服。

（2）出了汗，不立刻脱衣服。

（3）帽子是冷天或烈日之下用的，不是寻常用品。

（4）鞋子是常穿的，不能随便赤脚走。

（5）袜子不在冷天，不是必需品，并且脚膝总是露出的。

（6）如房子里有火炉，那么进屋之后就得脱去外衣，出门必穿外衣。

（7）遭了雨湿的衣服，能知道脱去。

（8）知道衣服太紧是有害的。

（9）每星期至少洗澡一次，同时换内衣。

（洗澡习惯，在北方是极注意的。在江浙等省，因家庭设备关系，冷天就不洗澡。）

4. **关于呼吸与休息**

（1）喜欢在户外活动。

（2）喜欢开着窗子睡觉。

（3）知道六十八度是最好的温度。①

（4）知道新鲜的空气，是闭着口从清洁的鼻腔进去的；又有良好的姿势，才能到肺部的。

（5）每晚愿意去睡觉，愿意睡在暗的而开着窗子的房里。

（6）每晚能睡到十一小时。

（7）睡的时候，不用被盖住脸。

（8）在幼稚园休息的时间，能听话去休息。

5. **其他**

（1）靠左〔右〕边走路，依着次序走。

（2）穿过马路，必须看警察的记〔信〕号，并且要看左右的人，还能知道白线的意义。

（3）街上不得随便玩耍，因为汽车等太危险。

（4）不玩弄火柴、灯火等。

（5）扶梯上不放东西。

（6）不是吃的东西，不随便放进口里去尝，尤其是野果子。

（7）刀剪之类，能够用得极适宜。

---

① 此"六十八"，是指华氏温标，是由德国人华伦海特于1724年制定的温标，符号 °F，其定义为在标准大气压下，冰的熔点为 32°F，水的沸点为 212°F，中间有 180 等分，每一等分为华氏 1 度。它与现今通用的摄氏温标（℃）不同，68 华氏度等于 20 摄氏度。

(8) 不怕医生敷药，并且能听医生的劝告。

(9) 皮肤擦破了，能不使污物进去。

(10) 不戏弄兽类，如猫、狗等。

(11) 不走近有警告的地方或薄的冰上。

(12) 游戏的时候，能听教师的话，不会做恶作剧的事。

第二节 幼稚生的心理卫生

心理卫生与社会关系，比较生理卫生格外重要。一个人随地吐出一口痰，或者会传染疾病于人。但是一个自私自利的人，就往往不注意这些事，会直接给人难堪。生理卫生的习惯养成容易，改过也容易；心理卫生的习惯养成容易，改过极不容易。例如不会用手帕咳嗽的，只要供给手帕，指示几次就可以成功。又如喜欢咬指甲，是不好的习惯，只要有一二次的指正，就会改过。但是惧怕，是心理卫生最不好的习惯，只要有一次的暗示，就永远不能去掉。

华真（Watson）为着这件事，曾写了一部 *Psychological Care of Infant and Children*（中文译本有数种，其一名《行为主义的幼稚教育》，黎明书局出版）。佛劳逸特（Freud）[①] 的心理分析学，就是着眼在潜伏于意识之下的心理卫生习惯。从这二例看来，可知心理卫生重要的一斑。幼稚生已经带了许多心理习惯来的，所以幼稚园里关于此项训练，也应当建设和破坏并进。下列是与社会关系最重要的几条心理卫生习惯。

(1) 快活。这是要养成的习惯，与小朋友玩的时候，快活不厌，看到了客人常常充满了愉快，现出笑容。

(2) 惧怕。这是后天养成的习惯，决不是与生俱来的本能。这个习惯是害多利少。普通孩子怕黑暗、怕雷、怕昆虫、怕猫狗等，都是父母养成功的。惧怕的养成极快，结果极离奇。往往因暗示怕甲，于是对于与甲稍稍相类似的，都发生同样的惧怕。所以非有极重大危险，如传染病等，决不可阻止儿

---

① 佛劳逸特：通译弗洛伊德，奥地利心理学家，参见前文第6页注①。

童的行动；并且对于任何可怕的事，不应暗示孩子惊惶。

（3）帮助人。这是爱的一种表现，是要养成的。如帮助病人，帮助弱小的伴侣，肯把自己的玩具、书、物与小朋友同用等。

（4）发脾气。这是免不了有的情绪，在身体不康健的儿童，时常会发脾气，不快活。不过，教师要鼓励孩子，发了脾气立刻会恢复，并且不记宿怨，减少发脾气的次数；对于别人的批评，肯虚心的接受，做事失败不哭，又去重做等。

（5）礼貌。这是极小的事，但是关系于社交极大。例如"谢谢你""不客气""某某早""再会"等，不是口头禅吗？先敲门，后进去，不随便插入别人的讲话等，不是小节吗？但是没有这些小节，就会遭人讨厌。

（6）正义和诚实。这不是口头的格言，是行为上的训练。例如在游戏的时候，正是训练这个习惯的好机会。

此外还有一件事，一部分是生理卫生，一部分是心理卫生。当孩子问教师说："我的妈妈养了一个小弟弟，先生，小弟弟从哪里来的？"这时候，教师不应该有羞答答的表示，更不应说许多诳话，应当老老实实的告诉他。性的知识是应该公开的，不应守秘密的。因此我在此顺便进一句忠告，幼稚教师应当有性的常识与性的卫生习惯。

第三节　幼稚园应有的卫生设备

幼稚园一切设备，除该物的专有用度外，都要合乎卫生条件。所以从广义说来，一切设备都是卫生设备。本节列举几件特殊物件，以及应当注意之点。

（一）清洁室

就是洗手、大便、小便的房子，应备的物件如下：

（1）这间房子要有充足的阳光与流通的空气，最好一边通空地，一边通课室，通课室的门要紧密。

（2）如有儿童四十人，至少要有便桶二个。便桶用瓷质，外用椅圈。

（3）洗手盆至少二个，盆用瓷质；另做小架，并备肥皂数方。

（4）排水管装在洗手架的附近。

（5）每人有专备的手巾，每星期用肥皂煮洗一次。

（6）如有寄宿儿童，还要备浴室。

（二）饮食器具

（1）每人有专备的茶杯、筷子、碟子、汤匙。

（2）茶壶不能使儿童用口去呷。

（3）点心可以放在公共盆子里，公共盆子的数目不定。

（三）医药用品

（1）药物：药制棉花、纱布、绷带、碘酒、凡士林、硼酸水、蓖麻子油、甘油、枸橼酸铜、软膏、玉树油、如意油、十滴水等。此外如金鸡纳霜、阿斯匹灵等药，在乡村中应备若干。

（2）其他：磅秤、记录表、量尺、洗涤用具等。

（四）其他应注意之点

（1）窗子要多，总面积应占地板四分之一，窗沿要低。

（2）光线要从左手进来，天窗不适宜。

（3）温度大约保持华氏六十八度，并要有相当的湿度。

（4）桌椅应备几种，以便适合于身材高矮不同的儿童；倘经济能力做得到，小椅子比小凳子为适宜。

（5）扫帚、抹布应多备，以便五岁左右儿童共同来扫地、抹桌。

（6）大镜子一面，放在通路上，以便儿童照自己的身体。

（7）痰盂不要备，因幼稚生没有什么痰。鼻涕应用手帕拭。

（五）教师用的参考书物（以下书物限于中文的）

（1）《行为主义的幼稚教育》，华真原著，黎明书局；

（2）《学校卫生概要》，李廷安，商务印书馆；

(3)《看护病人要诀》，胡宣明，商务印书馆；

(4)"医药小丛书"，商务印书馆（不必全买，选买有关系的数册）；

(5)中华卫生教育会出版的书籍、挂图，可以买一套。

以上所列五大项，实在是极粗率之论；并且不附经济标准，尤觉不完满。这些东西，在经济不富裕的乡村里或工厂附近的幼稚园里，或者仍然做不到；不过卫生用具，不必在一时办完全，陆续添办也可以。

第四节　幼稚园里最通行的几种卫生教育的方法

幼稚园卫生教育，最重要在乎养成许多好习惯。怎样可以养成呢？通常有两种方法：一是利用现成的事实；一是利用外物。

（一）利用现成的事实

这是最重要的一种方法，在不知不觉中养成的习惯，也就能处处会用得出来。机会极多，举例如下。

（1）吃点心。这是幼稚园特有的机会，这里有许多习惯可以养成。如各人用自己的杯盆，未吃的时候先洗手，吃的时候的礼貌等。在吃的时候，还可以讲些卫生故事，如食物落地不可吃等。

（2）休息。每天必有一二次的短时间休息，这是一种习惯。在休息的时候，保守极静默的空气，教师有时还可以奏极幽静的音乐或唱儿歌。休息过后，还可以请儿童极老实的报告怎样休息。

（3）大小便。大约在上午十时左右，孩子们必有小便一次。大小便的卫生、便后的洗手等，都在这时可以养成。

（4）室内温度。这就是使儿童知道，开窗怎样调节室内温度、应该保持怎样的温度、窗子和空气流通的关系等等。

（5）光线。儿童常常喜欢拿着书到太阳光下或屋角暗处去看，这是极不适宜的。应该养成在一定的地点、位置看书；并且可以使他们知道，看书的时候光线应从左前方来的常识。

（6）风暴。这是心理卫生的训练。例如打雷、闪电的时候，教师切勿惧怕，应该指导儿童雷电的常识。遇到蛇等，也是这样。

（7）意外之事。例如看到街上汽车碾死人、河里淹死了人、火烧等事实，这时候可以指导，这些事怎样可以避免，我们应当怎样帮助被灾者等等。

（8）病人。儿童队里，免不了有人生病，这时候，应该把病人的病状宣布；并且说到，是否应去探访、怎样预防、病中应当怎样听医生的话，等等。

（二）利用外物

此法虽不及前法来得自然，也可以补助前法之不足，通常用的有四种。

（1）例话。这是卫生检查的性质，大都每学期举行二次或三次，或者在每天朝会时作一极简单的询问。有时候教师问，学生自己查；有时候，可以由年长的学生领着头来做。所查的条件如下：手、脸、颈子、耳、鼻、指甲都洗净吗？牙齿刷过吗？头发梳洗过吗？衣服、鞋子都干净吗？带手帕吗？早上大便过了吗，等等。

（2）记录。把每天检查后的成绩记录下来。先要有这个记录的标准，然后须用极明显的符号表示出来，下面是一个例子（表8）。

表8　看我多清洁

日期 姓名									
	☆ 17	☆ 16							
		☆ 13　15							
	6	11							
	☆ 15	10							

用法：将下列清洁调查表（表9）的分数转记到这张表来，这张表是张贴在壁上的。上边是方格，方格里贴的星。超等是金星，上等是银星，中等是黄星，末等是黑星。下页

是塔，塔上插小旗，旗上写儿童的姓名，依着上表得来的等级而插上去（原图28）。

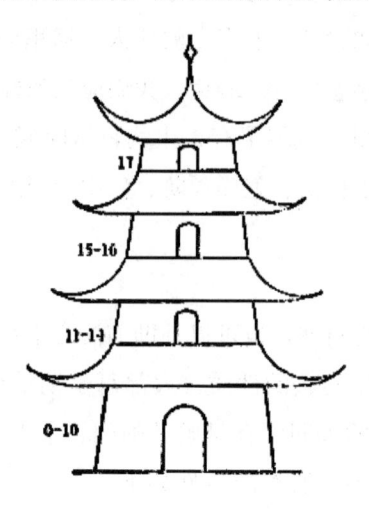

原图28　旗塔

表9　清洁调查表

姓名：　　　　　　性别：　　　　　　年龄：

事项＼日期	刷牙	洗脸	洗澡（皮肤）	手帕有否（清洁否）	衣服（内外衣）	鼻	指甲	头发	总结
	3	3	3	2	2	2	1	1	17
1									
2									
3									
4									
5									
6									
7									
……	……	……	……	……	……	……	……	……	……
30									

用法：全表共八项，每项的分数有多有少。记法如刷牙，刷了不干净一分，刷得干净、方法又正当三分。又如手帕，带来一分，清洁的手帕二分。在总结上得十七分的列入超等，十五六分上等，十一至十四分中等，十分以下末等。

（三）图形

幼稚生于文字还不熟悉，图画却已能看，所以有时还可以用图形来做标识。下面是两个脸孔，可以张挂在极注目的地方，用故事来解释给幼稚生听。同时，可以查看谁是像快活的，谁是像烦恼的。碰到孩子发脾气，可以用镜子和图形来对照孩子的脸，孩子也会哑然失笑。（原图 29、原图 30）

原图 29　快活先生　　　　原图 30　烦恼先生

用图的地方很多，如注意牙齿，可以画了一个大脸，长了牙齿，这个牙齿还可逐日增加。按时大便与起床、睡觉，可以画了钟上的时间来表示。

（四）其他

卫生习惯或可单独训练，卫生常识却很难单独训练，所以必须与其他工作联起来。例如手工、图画、音乐、故事、文字、发表游戏等，都可以联络；或者把那几种作为工具，卫生常识作为内容实质。如何联系或如何设计，请参看拙著《幼稚教育丛书·课程》一书（南京鼓楼幼稚园出版）。

最后讨论卫生周是否需要。卫生周在近年来似乎是极时髦了。最初用意，是引起全体师生的注意，从此继续不断地注意全校卫生（或全市卫生）。但是，我们近来看到的卫生周，有大扫除、洗涤、检查身体等，过了卫生周就不继续，甚至地也不扫。这样举行卫生周，当然可以不必。至于幼稚园的卫生，在乎积久的习惯与浸染，不在乎一时的兴奋。所以，卫生周在幼稚园实在没有这需要。至于预防传染病、种牛痘、检查体格等，是常有的举动，也不必喊出特别的名称来。

练习题：

（1）凭着你的常识，来增减本章第一节列举的几张表。

（2）再看第三章练习题三所说的三本儿童心理参考书，来批评本章第二节。

（3）找到一个机会，帮着幼稚教师检查儿童清洁一次。

（4）画几张（或买几张）儿童卫生的图，送给你常去的幼稚园，并请教师来试验一下。

第九章 故事

故事在幼稚园的活动里，占着很重要的地位，每天讲两次故事是常有的事。本章除讨论怎样讲故事的方法外，并且略举些故事材料的例子。

第一节 幼稚园为什么常常讲故事

"因为小孩子喜欢听故事，所以幼稚园常常讲故事。"这是一句最确切的答复。把这句话分析起来，就知道故事含有教育价值，功用很大。现在把各家阐发故事价值的学说归纳如下。

（一）使儿童愉快

一提到愉快，就会联想到兴趣学说。我们无论兴趣学说争论得如何，但是有了真的兴趣，可以增加做事、学习等效率，那是谁都承认的。儿童听了故事以后，会发生读书的要求，会模仿故事里的人物行动；有时还会改善自己的习惯，这都是故事能够引起真的兴趣的表现，也就是儿童有了愉快以后发生的效力。

（二）学习语言

寻常谈话是学习语言的大来源。但是有许多语言，不是寻常谈话所碰得着的。故事里各种人物很多，各种动作很多，各种说话的机会也很多，形形色色，当时儿童只觉得听得有趣，哪知在无意之中就学得了许多语言。

（三）增进知识

要想幼稚生变成大学生、中学生那样静坐听讲教科书，那是做不到的。人生的各种常识，无论自然界里的花草虫鸟、社会上的喜庆丧吊，以及国家大事，学校、家庭琐务，除日常实地做以外，只有用故事来和儿童谈话，才可以使他们领略些许；并且故事本身，也应当用这些常识，才可以增加许多有趣味的材料。

（四）涵养性情

故事里形形色色的人物很多，喜怒哀乐的表情又很多，儿童听了以后，无形中得到许多陶冶。有一个孩子，在幼稚园里还肯做事，回到家里不肯动手帮助母亲做事。母亲来问幼稚教师，这位幼稚教师请她回去讲一个《猴子做糕》的故事给孩子听。过了几天，她又来了，要教师多多供给故事材料，因为她的第一次试验已经成功了。

嗜好的好坏与性情大有关系。幼稚生的嗜好是"吃"，许多父母们只知道给儿女吃，弄得儿童生积食病。爱听故事也是嗜好之一，如故事中的歌舞、自然界的东西或人物动作的描写，都能培养儿童良好的嗜好的。

猴子做糕

小猴子有三位朋友：一位是白鸡；一位是黑狗；一位是花猫。

一天小猴子找到了一大把麦子，要想去种在田里。小猴子对白鸡说："白鸡，我们来耕田。"白鸡说："我不愿意。"小猴子对黑狗说："黑狗，我们来耕田。"黑狗说："我不愿意。"小猴子对花猫说："花猫，我们来耕田。"花猫说："我不愿意。"小猴子只好自己耕田去。

田耕完了，小猴子对白鸡说："白鸡，我们来种麦。"白鸡说："我不愿意。"小猴子对黑狗说："黑狗，我们来种麦。"黑狗说："我不愿意。"小猴子对花猫说："花猫，我们来种麦。"花猫说："我不愿意。"小猴子只好自己种麦去。

过了三个月，麦子成熟了，小猴子对白鸡说："我们来割麦。"白鸡说："我不愿意。"小猴子对黑狗说："我们来割麦。"黑狗说："我不愿意。"小猴子对花猫说："我们来割麦。"花猫说："我不愿意。"小猴子只好自己割麦去。

小猴子割了许多麦子，对白鸡说："我们来做糕。"白鸡说："我不愿意。"小猴子对黑狗说："我们来做糕。"黑狗说："我不愿意。"小猴子对花猫说："我们来做糕。"花猫说："我不愿意。"小猴子只好自己动手来做糕。

糕蒸熟了，气味很香。白鸡嗅到糕的香味，跑来对小猴子说："我们有糕吃了。请你分糕给我吃。"小猴子说："不做工的没得吃。我不愿意给你糕吃。"白鸡只好饿着肚子走了。黑狗嗅到糕的香味，跑来对小猴子说："我们有糕吃了，请你分糕给我吃。"小猴子说："不做工的没得吃，我不愿意给你糕吃。"黑狗只好饿着肚子走了。花猫嗅到糕的香味，跑来对小猴子说："我们有糕吃了，请你分糕给我吃。"小猴子说："不做工的没得吃，我不愿意给你糕吃。"花猫只好饿着肚子走了。

小猴子坐在小椅子上，吃他自己做的糕，吃得真快活。

第二节　故事的组织和种类

（一）故事的组织

故事不是文章，好的故事是艺术。艺术作品本没有呆板的组织，但是把许多故事分析起来，也可以得到一个比较的可靠的公式如下：开场白→正本→转机→结案。

儿童故事的开场白，大都是极简单的。我国所谓"开门见山"的体裁，西洋儿童故事有一类是 once upon a time（有一次），是何等简单。

正本是全个故事的主体，当然极注重。儿童故事的正本，往往用重复的句子、重复的意思、重复的动作、重复的描写。这不是加重语气，而是增重儿童的注意。在成人听起来，就会觉得讨厌的。

转机是快到结案的一个波折。经过了这个波折，一言断案，就可结束。

无论什么做〔故〕事，结案大都相仿的，就是简明。不过儿童故事的结案，要带些余音袅袅，但不可有道德的训话。

（二）故事的种类

儿童故事的种类很多，不过有许多是不能在幼稚园里用的。下列几类，只是举其大概。

1. 物语——也可以说是科学故事

这类故事最有价值，论数量也最多，往往给鸟兽虫鱼人格化起来，在叙述中宣达科学原理。

2. 奇特的故事

有许多故事是想得到，而实际上还未实现的。如《镜花缘》[①] 里多九公的故事，还有许多冒险故事也属这一类。与此类极相似的，是神话和怪诞的故事。那些故事，在幼稚园里是完全不要的。

3. 历史故事

历史故事的地位，并没有像前两种的重要。因为幼稚生对于叙述事实的了解力还不很发达，对于崇拜英雄的观念也并不深刻。倘若要引用这类故事，在组织与描写方面，非经过特别改作不可。

4. 有音韵的故事

这不是故事的材料，而是组织里的变化。这类故事的材料，大都是前三类，或者是无意义的韵句；但并不是整篇是韵句，而是中途插入几句的韵句。这些韵句可以唱，也可以表演，非常有趣。例如《老虎敲门》的故事就是这类，可惜这类故事不很多见。

老虎敲门

在一座高山里，有一只老虎。一天，这只老虎肚子饿了，想出去找些东西吃吃。它就三脚两跳跳下山来。

老虎跳到村子里，看到一间小房子，就走近去听听，听到里面有小

[①] 《镜花缘》：清代李汝珍创作的长篇纪游小说。"多九公"是故事的主人公，他乘船到海外游历，在女儿国、君子国、无肠国等国经历了诸多奇闻异事，故事神幻诙谐，深受儿童喜爱。

孩子，它就敲着门唱道："小孩子乖乖，把门儿开开，快些儿开开，我要进来。"小孩子听到有人敲门，在门缝里望了一望，知道是老虎敲门，它也回答唱道："不开不开不能开，母亲不回来，谁也不能开。"

老虎听到小孩子的唱歌，知道小孩子不肯开门，回头就走。走到一个小山洞口，又去听听，听到里面有小白兔，它就唱道："小白兔乖乖，把门儿开开，快些儿开开，我要进来。"小白兔听到有人敲门，在门缝里望了一望，知道是老虎敲门，它也回答道："不开不开不能开，母亲不回来，谁也不能开。"

老虎听到小白兔的唱歌，知道小白兔不肯开门，回头就走。走到一个地洞口，又去听听，听到里面有小螃蟹，它就唱道："小螃蟹乖乖，把门儿开开，快些儿开开，我要进来。"小螃蟹听到有人敲门，以为母亲回了，赶紧爬到门口，唱着："就开就开我就开。"它急急把门开开了，老虎就用力一扑，把小螃蟹捉住了。"可怜小螃蟹，从此不回来。"

5. 笑话

要说得儿童哈哈大笑，是一件极不容易的事。成人的笑话，大多数是由字音转变、事迹出乎常态这两种元素构成。这两种元素，都不能引起儿童哈哈大笑。因此幼稚园里虽然有笑话一体，但为数实在不多。例如《兔子偷瓜》，比较算是著名的笑话。至于能引起儿童笑的主要元素，是手势上大小的对比和动作的奇突。其他如须在意义上寻味的材料不宜用。

兔子偷瓜

从前有一个农夫，种了许多西瓜，瓜长得又多又大、又香又甜。

一天，有一只小白兔跑到瓜田里，看到许多瓜，采了一个就吃。吃了一个，又采一个；采了一个，又吃一个，吃得非常高兴。农夫到田里，望见小白兔正在那里偷瓜吃，就轻轻地走过去。走到那里，用力一扑，扑了一个空，小白兔倒逃走了。

农夫大怒，说："我一定要捉住他。"就回到家里烧了一大锅糯米饭，拿出来把它搓得很韧很黏，做成一个看瓜人。那看瓜人的头，是糯米饭做的，手是糯米饭做的，脚是糯米饭做的，身体也是糯米饭做的，一身都是很韧很黏的糯米饭。农夫把它放在田里。

过了几天，小白兔偷偷地又来了，一见看瓜人就逃。逃了几十步，回头一看，那人并没有动。小白兔就偷偷地回转几步，那人仍旧不动。小白兔再走近些，仔细一看，大声笑道："哈哈，原来不是他！"小白兔就大胆地走上前去，对那看瓜人说："先生，你早！"看瓜人不回答。小白兔又高声说道："先生，你早！"看瓜人还是不回答。

小白兔大怒，说："你为什么不睬我？"看瓜人还是不响。小白兔气极了，提起右手一拳打过去，哪知道糯米饭是很黏的，拳头给它黏住了。小白兔拔不出拳头，骂道："你不放吗？我又要打了。"看瓜人还是不响。小白兔提起左手又是一拳打过去，左手也被黏住了。小白兔急得大叫说："你真的不放吗？我要踢了。"看瓜人仍旧不响。小白兔提起右腿一脚踢过去，脚也黏住了。小白兔急得不得了，就用左脚乱踢，左脚也被黏住了。又用嘴去咬，头也被黏住了。小白兔再也不能动了。

农夫走到田里，看见小白兔黏住了，就哈哈大笑说："今天你被我捉住了，你还要偷我的瓜吗？"小白兔一声也不响。农夫慢慢地把小白兔的手、脚、头分开，刚刚想抱着到家里去，哪知小白兔一下挣扎，脱身就逃、逃、逃、逃！一直逃到家里。坐定以后，望着门外想，这个看瓜人究竟是什么东西，想了几天，还是想不出来，他也就不敢再去偷瓜。

第三节　幼稚生爱听什么故事

幼稚生都爱听故事的，只要故事的本身来得好，讲的人又讲得好，他们就没有一个不爱听这故事。本节讨论选择故事的标准，分为两部分讨论：一是关于材料的；二是关于结构、词句的。

（一）选择材料故事的标准

幼稚园故事的材料，可以说几乎与成人故事完全不同。成人故事的历史叙述、道德寓言、巧言俏语，都不能引为幼稚园的故事。暂拟标准如下。

1. 富于动作的

幼稚生整天是在活动中，当然也喜欢别人动。在幼稚生看来，故事中人物，就是他的朋友，他喜欢朋友个个都像他一样活泼的。

故事大多数有一个主人翁或两个主人翁。倘若只有一个主人翁，那么他的动作的历程，就是整篇的故事；倘若有两个主人翁，那么这两位主人翁必是互相对比，或者演出种种相同的动作来。还有许多故事，只有一个主人翁，他并没有什么动作，但是陪客很多，也很有趣。

例如《小猪过桥》一个故事，为着小猪不肯过桥，于是老婆婆去请狗、棒、火、水、牛、绳子、老鼠、猫等来帮忙。每请一件，有一件的动作，到后来还有一个总结的动作，几乎全篇都是动作——许多动作联起来，就是一个很好的故事。

小猪过桥

老婆婆养着一只小猪。一天老婆婆要小猪过桥，小猪不愿意。

老婆婆看见花狗，请花狗咬小猪，赶小猪过桥，花狗不愿意。老婆婆看见棍子，请棍子打花狗，棍子不愿意。老婆婆看见火，请火烧棍子，火不愿意。老婆婆看见水，请水浇火，水不愿意。老婆婆看见牛，请牛喝水，牛不愿意。老婆婆看见绳子，请绳子牵牛，绳子不愿意。老婆婆看见老鼠，请老鼠咬绳子，老鼠不愿意。老婆婆看见猫，请猫捉老鼠。

猫要先吃鱼，老婆婆把鱼给猫吃了，猫就去捉老鼠；老鼠怕猫捉，就去咬绳子；绳子怕老鼠咬，就去牵牛；牛怕绳子牵，就去喝水；水怕牛喝，就去浇火；火怕水浇，就去烧棍子；棍子怕火烧，就去打花狗；花狗怕棍子打，就去咬小猪；小猪怕花狗咬，就跑过桥。

老婆婆看见小猪过了桥，就哈哈大笑。

2. 在儿童经验内的

关于这点，是编故事最难的一点。因为幼稚生的经验最少，并且有许多经验，都是属于感觉的。有时虽有想象，不过是从极简单的经验里组织出来的。例如给小囡囡吃奶，是一种想象动作，这是从他看到母亲给小弟弟吃奶的经验里转变来的。

好的故事，也是这样利用儿童的经验的。例如《三只熊》，是一个极有名的幼稚园故事。它利用儿童经验，也不过"吃饭""坐椅子""睡觉"三种。因此，我们倘若要对儿童谈许多科学知识，也非从他们的已有经验里转变出来不可。不然言者谆谆，听者不但不懂，并且会感到极不快活的。

三只熊

从前在树林里有三只熊，一只大熊，一只中熊，一只小熊。他们同住在一间小小的房子里。房子里面有一张桌子，桌子上面有三只碗，一只大碗、一只中碗、一只小碗。大碗是大熊吃饭用的，中碗是中熊吃饭用的，小碗是小熊吃饭用的。还有三张椅子，一张大椅子、一张中椅子、一张小椅子；大椅子是大熊坐的，中椅子是中熊坐的，小椅子是小熊坐的。另外，在后面房间里还有三张床，一张大床、一张中床、一张小床；大床是大熊睡的，中床是中熊睡的，小床是小熊睡的。

有一天，大熊、中熊、小熊在家里烧粥吃。粥烧好了，大熊拿他的大碗盛了一碗，中熊拿他的中碗盛了一碗，又给小熊用他的小碗盛了一碗。大熊去尝尝他的粥，大声叫道："太热，太热！"中熊也去尝尝他的粥，高声叫道："真热，真热！"小熊说道："那么我们出去玩一玩再来吃罢。"

树林旁边有一家人家，家里有一位美丽的小姑娘，名字叫做阿美。这天阿美对母亲说："今天天气很好，我要出去玩玩。"母亲说："好的，你出去玩玩罢。"阿美走进树林，远远地看见一所小房子，跑到门口，在门缝里一看，见到里面桌上有三碗粥。

阿美就轻轻地走进去，尝尝大碗里的粥，觉得很热；尝尝中碗里的粥，还是很热；尝尝小碗里的粥，觉得正好，她就一口气把粥吃个精光。

阿美又看到三张椅子，一张大的、一张中的、一张小的。她就爬到大椅子上面坐坐，觉得太高太硬；爬到中椅子上面去坐坐，还是太高太硬；爬到小椅子上面去坐坐，觉得不大不小，恰巧正好。但是坐得太重，拍的一声，把它坐破了。

阿美走到后面，又看见一张大床、一张中床、一张小床。她就爬到大床上面去睡睡，觉得太高太大；爬到中床上面去睡睡，还是太高太大；爬到小床上去睡睡，觉得很舒展，就呼呼地睡熟了。

大熊、中熊、小熊玩了一会回到家里，大熊看看他的粥，大声叫道："我的粥有人吃过了。"中熊看看他的粥，高声叫道："我的粥有人吃过了。"小熊一看他的碗空了，就尖声哭着说："我的粥被人吃完了！"

大熊、中熊、小熊又去看看他们的三张椅子，大熊说："我的椅子有人坐过了。"中熊说；"我的椅子有人坐过了。"小熊一看他的椅子破了，又尖声哭起来说："我的椅子被人坐破了！"

大熊、中熊、小熊就急急跑到后面去看看三张床。大熊说："我的床有人睡过了。"中熊说；"我的床有人睡过了。"小熊一看阿美睡在他的床上，就尖声喊着："一位小姑娘，一位小姑娘！"大熊、中熊就三脚两跳跳到小熊床边来看。

阿美被他们闹醒了，睁开眼来一看，看到三只熊，吓得翻身一跳，跳出窗子，头也不回，一直跑到家里。

3. **富于本地风光**

本地的事，儿童大都比较熟悉。例如居水乡的儿童，对于驶船、泅水和水产动植物比较要熟悉；山村的，就以山岭、野兽、打猎等算是寻常的事了。并且每处地方，大都各有本地故事，如《呆女婿》[①]《徐文长》[②] 等。虽然不是幼稚生最喜欢听的故事，为着是本地的人的行动、语言，有时也会倾耳领略。

关于选择材料的标准，还有消极方面的，如静止风景的描写、男女爱情的叙述、处世道德的告诫，以及出奇斗胜的侦探故事等等，都不是幼稚园里顶好的故事材料。

（二）选择故事结构词句的标谁

本章第二节已经略述故事的组织的大概情形，如开门见山、结案简明、多重复性的词句、动作，以及有音韵的词句、能发笑的动作等等。此外还有

[①] 《呆女婿》：又称"傻姑爷故事"，流行甚广的民间故事。呆女婿为男主人公，因不懂世事、办事机械却又自作聪明，因而做出种种意外的滑稽可笑的事情。

[②] 《徐文长》：系指江浙民间流传的有关徐文长的趣闻轶事。徐文长，名徐渭（1512—1593），初字文清，后改字文长，号青藤老人，浙江山阴（今绍兴）人。早年中秀才，后屡应乡试不第。擅诗文，工书画，且有戏曲名作传世，为江浙名士。然恃才傲物，性近颠狂；其形迹，被当地人编排出诸多令人捧腹的故事。

几条极重要的,说明如下。

1. 全篇一贯

全篇有一个主人翁,事迹有一个中心点,从头到尾有次序的排列,不是随便胡扯;有时也可以加些插科打诨,但须都是醒目发笑的,不是拉得尾大不掉的。总之,幼稚园的故事也是艺术,凡是艺术总是调和的,不是零乱的。至于临时杂凑的故事,有时也会使儿童一时兴奋,不过儿童终究会问:"老师,你讲的是什么?"

2. 突然变化

好的剧本往往有几个突变,令人莫测,才会发生赞叹。好的儿童故事,至少有一个突变,才能使儿童狂叫欢跳。例如《猴子抢戴帽子》的故事,当帽贩子没有办法的时候,掷帽于地,猴子也都掷下来了。这样一个突变,听的儿童个个都会称快。儿童故事突变的所在,大都是加于"转变"处。这样一变,就可以全篇结束,大家都感到很快活。

猴子抢戴帽子

从前有一个帽贩子,从城里买了许多美丽的帽子,有红的、有绿的、有花的,都很好看。帽贩子挑了这许多好看的帽子到乡下去卖,叫着:"卖帽子呀,卖帽子呀!"

帽贩子走得很吃力了,看见有一座树林子,便坐下来休息休息,过了一刻就睡熟了。树上有一个小猴子,看见地上睡着一个人,头上戴着很美丽的帽子,旁边还有一担很美丽的帽子。小猴子从树上跳下来,拿了一顶红的帽子戴在头上,又看看帽贩子,快活极了,一跳一跳,跑回家去了。

小猴子戴着红的帽子,到家里招了许多猴子来,看看帽贩子还没有醒,就一只猴子戴着一顶帽子到树上去玩了。帽贩子一觉醒来,抖抖衣服,想挑着担子走。他一看担子空了,叫道:"呀!我的帽子哪里去了?"东找西找都找不着,抬起头来一看,看见树上许多小猴子戴着红的、绿的、花的帽子正在跳舞。

帽贩子急得用手招着说:"小猴子,快些把帽子还我。"小猴子看到帽贩子招手、动口,他们也招招手,口里叫着:"吱,吱,吱。"帽贩子急得拍手大叫："小猴子，快些把帽子还我！"小猴子也拍手大叫："吱，吱，吱。"帽贩子急得跺脚拍手，大叫："小猴子，快些把帽子还我！"小猴子也在树上跺脚拍手，大叫："吱，吱，吱。"

帽贩子气极了，脱下自己的帽子来，用力摔在地上，叫道："你们这班坏猴子，这顶帽子也拿去吧！"小猴子都脱下头上的帽子，用力向地上摔，叫道："吱，吱，吱。"帽贩子看到帽子都落地了，赶快拾了帽子放进担子，挑着走了。

3. 词句要简短明白

幼稚园故事词句的美，在乎简短灵巧。文法的结构是极简单的，句子是短巧的，意义是整个显露出来的。不但教师可以讲，儿童可以听，并且一切语句，也就是儿童的语句，所以儿童也能讲。

4. 语气、句子要合于各人的身份

幼稚园故事里，往往有猫、狗、老鼠等做主人，那么这些动物的语句，就得像它们所说的。例如用麻雀的话来代替老鼠，就觉太荒诞；用小孩子的话来代替老翁，也太不近人情。还有一层要注意的，就是故事中人物，有的是主人翁，有的是陪客，各人的语句就大有斟酌，说话的多少，语气的轻重，在故事中出面的次数，都有很大的关系。

关于词句方面，还有一句总结的话，就是要"儿童化"。这三个字虽然不免空泛，但是一个故事儿童是否听得懂、说得出，关系于此的很大。怎样是"儿童化"呢？就是所用的"字""辞"和句子的结构，都是儿童所常用的；还有句子的意义都很明显，在儿童经验范围内的，更无深奥的意义含在里面。

第四节　怎样对幼稚生讲故事

同是一个极好的故事，同是对这班儿童讲，只要教师是两人，就会有两样的效果出来。怎样对儿童讲故事呢？这是技能，也是艺术。所谓能讲是技能，讲得好是艺术。本节讨论属于技能方面多，亦略及艺术。

（一）怎样预备讲故事

故事材料选定以后，至少要有下列三个条件，才可以开始讲。

1. 彻底了解

所谓彻底了解，不但是从头到尾懂得或记得；对于故事里面人物的动作、语言、情境，以及主人翁是谁、陪客是谁，都历历在目前。然后闭起眼睛来，统盘来回想一遍，好像这个故事在眼睛前面表演，这样才算是彻底了解。

2. 精神同化

彻底了解，还有故事与我之分；到了精神同化，那么我就是故事里人物之一。不但是故事中的一员，并且是要合于听众口味的演员。所以一切动作、语言，不但不会讷讷不自然，并且能随机应变。到了这时，教师已经忘记是教师，而是小狗、小猫。能够做到这步，才配讲故事，才会收到讲故事的效果。

3. 常常练习

"拳不离手，曲不离口"，这是成功要诀。讲故事的人，也要常常讲。要想达到熟练故事，已经〔那就〕非常常练习不可；要想神乎其技，就要平时目所见、耳所闻都是儿童，都是你讲故事的对象。遇有可讲的机会，更不可错过。但是最初几次，儿童不会欢迎的，人家也会笑你是痴呆的，这是第一重难关。不战胜它，就永远不能学讲故事。

（二）要有怎样环境

这虽然不是最重要的条件，但是确有很大的帮助，要点如下。

1. 什么时候可以讲故事

对儿童讲故事，不必拘于时间，也不必拘于地点；只要有了相当的情境，教师随时随地都可以讲。例如看见好的图画，看到相当的动物，以及吃点心的先后，都是极相宜的时间。

2. 顶相宜的座位是怎样的

儿童爱听的故事，因年龄大小而不同。

还有人数太多，教师的注意力便难以顾得周全，这也应该注意。

最后有一点要注意，就是儿童的座位应该坐成弧形，教师可以坐在离中心点不远而近于儿童的一面（原图31）。

这三点，在理论上是如此，在实际上倘若也这样刻板做起来，必会遭失败的。例如排座位一事，在未讲以前，必须儿童这样排、那样排，那么稍稍不留心，就弄得哭的哭、叫的叫，何等扫兴！所以我们只要一个大致不错就对了。

原图31　儿童听故事的座位图

3. 要些什么用品

讲故事有了别的用品，可以助兴不少。用品的多少，因故事的情节而增减，但是总以少用为妙，多了就把儿童听故事的注意移到观赏用品上去。

图画是极好的用品。不过我们用什么图画呢？还是一个故事用一张图呢？还是用分段图呢？还有，这些图是否要教师自己动手画呢？因为要买现成图画，本国是很少很少，外国货又太贵。教师倘若能够选到好的图画，就用图画；不然，千万不要有"非有图画不能讲故事"的习惯。

4. 教师要穿什么服装呢

教师的服装也是环境之一。幼稚教师的衣服，切忌光彩夺目；御戴珠宝、金饰，也非所宜。因为幼稚生的目光，往往注视在教师身上；所以为着少吸引听众注意起见，教师在讲故事的时候，应穿素淡浅色的服装，并且应该不带有强烈的香味。

（三）要有怎样的语言与姿势

以上所讨论的，都是间接的；语言与姿势，才是直接与听众发生关系的。

1. 出场的神情

讲故事就是说书。说书老手一出场来，炯炯的目光轮视听众，似笑非笑的脸庞，对于大众表示欢迎。只要他在台前一站，不论多少听众都能肃静。既然获得听众的注意，那么当然可以操纵自如了。

2. 清晰的声音

口齿清晰是一种最容易做得到而最重要的条件。讲故事的要字字清楚，如珠子落玉盘。声音的高低大小，也要恰恰给儿童听得到；太高会使听众烦厌，太低会使听众睡眠。至于圆舌头、翁鼻子、口吃、缺齿不关风，以及怕羞的声音，都是不应该有的。

3. 字句文雅，段落分明

不用古奥的字句，同时也不要用粗俗的字句，因为讲故事是学习语言的一道。其次是传神的段落，有时一句一停，有时非一小段不能停。例如《三只小猫》的故事，就应该讲到："有一只大黑猫，有一天生了三只小猫，大的叫花猫，中的叫黄猫，小的叫白猫。"才可以一停。

4. 变化语调

时钟的摆声，清晰无比，但是没有变化，不能引人注意，只能催眠。所以语调贵有变化。快慢的不同，长短的变换，在高极的当儿，忽然来了一声极低微的声音；低微之后，又忽然来了一扬。还有病人的呻吟与军官的口令，当然不一样。这是神化，不是一时可以学到；但是久而久之，自然会达到这一步。

5. 形容毕肖

戏台上的小丑，为什么会使人人笑呢？因为他的声音、动作，无处不模仿别人，并且模仿得惟妙惟肖。例如要说长短，就用两手装手势；要说苦辣，就在脸上来表情；要骑马了，就右脚一跨，右手一扬，左手一拉，装出骑马的样子来。更有许多插科打诨的玩意儿，如正言正色讲的时候，忽然来了一声鸡叫、狗叫，就会引得哄堂大笑。要做到这一层，最要紧的是不怕羞，做了几次自然会老练，自然会随机应变。

6. 调息

这是最末的一条，也是初做教师最重要的一条。初做教师或初次登演说台的人，大声直呼，说不了一刻，就声嘶力竭，难以继续。还有许多教师，初次上台所说的话，断断续续，不很联贯。这两种现象，都是不知道调息的缘故。

惯弄管乐器的人，对于调息非常注意，他一面用口吹，一面鼻子很自然的呼息。初做教师的，要练习调息：先要把声音放得低，语调缓，又在应当分段处，可以略一停顿，作为呼息的时间。如此练习久了，自然能够口里讲话，鼻子呼吸，不会有不接气的现象。

练习题：

（1）选一个合乎标准的故事，经过必须预备的手续，到幼稚园里去讲一次。倘若失败了，千万不要灰心。

（2）选择中国旧小说三部，如《西游记》《镜花缘》《水浒》，摘出三段来编幼稚园用的故事三个。

（3）选择儿童最爱听的故事一个，对儿童讲一次，然后一字不错的写出来。

（4）对照你所爱的故事与幼稚生所爱的故事的异同诸点（请勿用心理学来勉强解释）。

第十章 游戏

"儿童的生活，除睡觉外，整个是游戏。"这是最合理的教育学说。本章所讨论的范围，并不如是广大，只就普通所谓游戏者讨论。

第一节 儿童游戏的重要元素

"儿童游戏是否必需教师严格的教导？"这是最近数十年来争论得极厉害的一点。福禄培尔派（注意，不是福禄培尔本人）极主张，有形式训练的儿童游戏；于是不但游戏的用具有规定，游戏的方法有规定；并且儿童的一动一止，亦有严格的方式。但是这种规定，只是在玄学上有相当根据；在儿童心理学上，已经几乎认为是有害的桎梏。我们倘若承认儿童是儿童，不是宇宙的缩形物，那么对于幼稚园或小学低年级的游戏，必须适合下列两种原则。

（一）儿童的自然趋势

什么是儿童在游戏上的自然趋势？现在来举一个例。从前幼稚园的游戏，做些传色球、排色板、跑圆圈等游戏。虽然当时儿童做得很起劲，但是在家里、在课后，从来看不到儿童玩幼稚园课内的游戏。近来，幼稚园有时也采取儿童在课外玩的游戏，儿童们不但当时喜欢玩，并且可以继续的玩下去。从这两个例子看来，游戏对于儿童能否发生影响，就是在乎是否顺着儿童的自然趋势。

"儿童是否有本能"这句话，至今尚不敢贸然决定。但是儿童因为身体的逐渐长大，各种腺体的逐渐发达，于是全身好活动，这是游戏的自然趋势之一。

其次是外围环境的刺激了。例如成人们的工作举动，在儿童的目光中，都不过是游戏。所以儿童常常模仿成人的行为，如结婚、出丧等事。又有年龄较大的儿童，常常会带着幼小的儿童去游戏，于是这些游戏几乎成为传袭性的游戏。例如各地方的游戏，大都是这样传下来的。其他如天时的变迁，也会影响于儿童游戏的，如玩雪、滑冰、游泳等类。

此外还有经过组织的儿童游戏，也会变成自然趋势。例如表演，就比前两种趋势复杂得多。表演是必须有许多基本的动作，又有了相当领悟的观念，然后把这些动作，依着这次所得的观念，有组织的复演出来，使这些观念格外深刻而明了，同时又能获得相当的愉快。儿童都喜欢模仿别人的表演，又喜欢听了一件事，就来表演出来，这也是极重要的自然趋势。

（二）丰富的环境

游戏是儿童的自然趋势，所以幼稚园里不必有什么规定的游戏，只要供给许多原料、玩具和相当的刺激与提醒就得了。

怎样置备玩具，本书另有专章讨论。玩具的玩法，除教师指导几种方式以外，应该让儿童自己发明玩的方法。有许多事，在成人以为无足注意，在儿童以为值得玩耍，于是可借现成的玩具，来发表他要发表的观念。

游戏的学得是整个的，不必先学基本动作，然后进而学习整个的游戏。教师指导儿童游戏，不必用论理组织的目光；倘能献身到儿童队伍里去，使儿童得到更丰富的环境，比发令指挥更有兴趣。

游戏队的组合，也是极紧要的条件之一。这个组合，有时可以随儿童自由组合；但是倘能得教师的鼓励与暗示，获得相当的伴侣，对于种种游戏，就更能持久，也更能有成效。

有人以为，因着游戏可以训练道德，可以增加儿童常识。这些都是游戏的副产品，能够获得固然也好，不然就不应该妨碍为着游戏而游戏的正目的。所以，教师供给儿童丰富的游戏环境时，不必再有种种无谓的顾虑。

第二节　幼稚生最喜欢玩的游戏

幼稚生最喜欢玩的游戏，约有百出。本节用分类方式举例说明。

（一）竞赛游戏

竞赛，是无论儿童与成人游戏中最重要的原则。这类游戏的结果，胜负显然。有的胜负的责任归团体，有的归个人。幼稚园里最常玩的"抢椅子"，就是这类游戏。

例：抢椅子

全体儿童各拿小椅子（最好用椅子）一把，排成一行（或一圈）。椅子方向要一正一反（倘若排成一圈，就不必一正一反）。教师先将椅子抽出一把，然后开始弹进行曲，儿童全体拍手绕着椅子走。如琴声忽停，各人急抢一空椅子坐下。这时，其中必有一人得不到椅子，就请他拿着一把椅子退出。教师再弹琴依法游戏，结果椅子逐次减少，看谁抢得最后一椅，全体拍手贺他。

（二）追逐游戏

追逐也是胜负游戏的一种，不过大都是少数人的追逐，团体作壁上观。

例：猫捉老鼠

全体儿童公举一人做猫，一人做老鼠，其余儿童联手成一圈；老鼠躲在圈里，猫站在圈外做猫叫，忽然看见老鼠出圈，猫就去捕捉。老鼠可以绕着圈跑，在紧急时，也可以逃进圈里去，到被猫捉住为止。也有老鼠进圈三次就算终局的。

（三）寻找游戏

有寻物、寻人两种，幼稚生都极喜欢玩，各举例如下：

例一：寻小狗

这是少数人的游戏。二个人到屋外去，三人或四人在屋内躲藏，一人传达消息。躲的人倘若躲妥了,传达人就向外说:"小狗不见了,快来找。"屋外的二人就进来寻找。倘若找了许久找不着,可以请小狗叫一声,然后再寻声去找,找着为止。

例二:寻藏

这是寻物游戏,儿童与成人都喜欢玩的。一人到屋外,另一人把屋内的某物藏起来,然后全体拍掌。屋外人听到拍掌声就可进屋,问明要寻找什么,然后四处寻找。倘若找到相近处,掌声要加重,找到藏物算是终局。

(四)瞎子游戏

这是感觉游戏的一种,可以二人同玩,也可以一人独玩,同时观众必定异常兴奋。现在举一个两人玩的例子:

例:瞎子寻瞎子

二个儿童都用干净手帕包起眼睛来,一人手里拿一个铃(或叫子),另一人去找他。这个人可以先叫一声:"朋友,你在哪里?"拿铃的可以摇铃作回答,那么那人就可以寻声来找了。

(五)猜中游戏

这类游戏有时可以训练感觉,有时又可以训练思考。现在举一个关于感觉的游戏的例子:

例:谁敲门

全体儿童随意静坐在一处,公推一个儿童做主人,坐在全体的前面椅子上,将眼睛紧闭,静听,头不得转动,其余儿童随意转〔举〕手。教师请任一儿童做小客人,轻轻走到主人的背后,用手在椅背上作敲门声。主人问:"是谁敲门?"客人答:"是我。"主人当立刻猜出客人是谁。如猜不出或猜错,客人可再敲门,主人再问。如三次猜不中,另换客人与主人。

（六）故事游戏

这类游戏，很近似故事表演，但是重在游戏。

例：老虎敲门

一个儿童做小孩子，一个做小白兔，一个做小螃蟹，一个做老虎。小孩子、小白兔、小螃蟹各坐在小椅子上玩。老虎先到小孩子的椅背上敲着唱："小孩子乖乖，把门儿开开，快些儿开开，我要进来。"小孩子答道："不开，不开，不能开！母亲不回来，谁也不能开。"老虎到小白兔的地方照样做，小白兔也照小孩子的回答。老虎又到小螃蟹的地方去照样做，小螃蟹说："就开，就开，我就开。"说完，把小椅子拿开，让老虎进来，老虎就抱住小螃蟹走。小孩子、小白兔同唱："可怜小螃蟹，从此不回来。"

（七）唱歌游戏

唱歌表情是最有意味的玩意儿，但是幼稚生与小学生还不同，所以许多歌舞是不能做的，许多表情操也太枯燥。下面一类是幼稚园里常常做的，也很有意味。

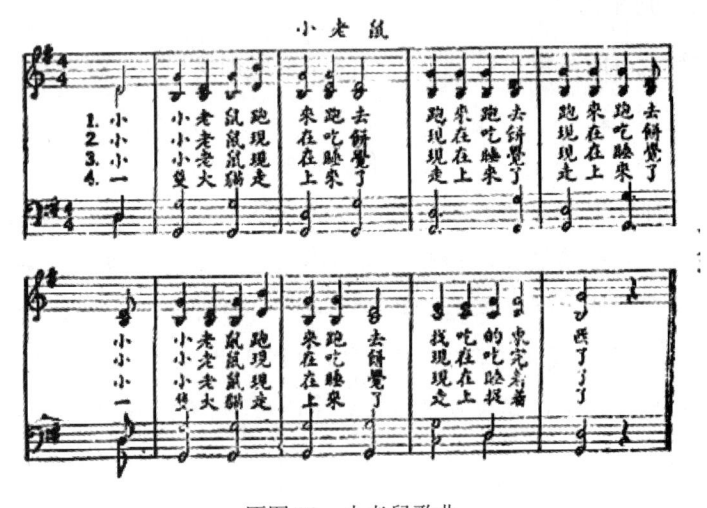

原图 32　小老鼠歌曲

例：小老鼠

依照上面一首歌（原图32），第一阕是七八个儿童做小老鼠，在地上爬成一小圈。第二阕吃饼，第三阕睡觉，唱的声音要很低。第四阕"一只大猫走上来了"，大猫也在地上爬；唱到最末一句"走上来了"，小老鼠可以随处乱爬；唱到"捉着了"，大猫可以随意捉一个；若捉不到，就唱"现在捉不到"。

（八）表达思想的游戏

没有一种游戏不要用思考的。不过，有许多游戏的思考范围是有限制的。这种游戏，只须供给相当玩具，有时候应用的用具，也都由儿童自己去找。例如玩积木，倘若是合理的积木，教师只要把积木供给儿童，儿童随时可以搭出许多有意义的物件。教师至多暗示儿童起一个头，或共同搭玩，决不可勉强儿童搭玩，更不可有一定的方式强儿童依样画葫芦。又如儿童玩结婚与组织小家庭等活动，也是一种游戏，完全是儿童自动的发表思想，不受任何支配与限制。

（九）工作成绩比赛的游戏

一切工作都应该有游戏的精神，那么结果一定会格外好。有许多工作不但不以工作结果为目标，并且完全是游戏的方式。不过，教师可以在这里加许多教育意味进去。

例：斗草

这是通行于浙、闽、粤一带的儿童野外游戏，有的人叫"吃官司"。过了清明，车前草长得很大，并且有了花梗，儿童就去找最粗最韧的花梗，和他的朋友钩着花梗，互相用力一拉，看哪个花梗断了，就算输了一次。

（十）反应试验的游戏

从反应的快慢里，可以诊断出人的智愚。有的反应试验，已经变为幼稚园的游戏了，这是一件极有意味的事情。

例：洗手洗脚

儿童环坐成圈，教师发令，儿童跟着做。要做得快，做得对。教师说洗手，两手作洗手的样子；说洗脚，两手在膝上摩，作洗脚的样子。教师一边说，一边做，儿童要很快的照样做，做错了就退出。

（十一）科学游戏

幼稚生不能有极正经的科学试验，但是有许多游戏，实在含有很高深的科学意味。不过，不能对儿童说这是合于科学的某某原则、某某定律罢了。例如吹肥皂泡、放纸鸢、玩不倒翁、排色版等都是。

（十二）模仿游戏

这类游戏很多，所占的地位也极重要，玩法也有简单的，也有极复杂的。例如竹马、射箭、放弹等，都是很简单的；又如玩囡囡等，就比较要复杂了。

（十三）手部游戏

这类游戏也很普遍，例如手指游戏，可以翻出许多花样，照着灯光又有许多花样。倘若两人对玩，又有打麦游戏（就是拍手掌）等。加上极微小的材料，就有结线绷等。

第三节　怎样带着儿童做游戏

只要教师肯和儿童玩，没有一个儿童不爱教师的；只要教师爱儿童，没有一个儿童不愿意和教师做游戏的。这是带着儿童做游戏的总诀。下面十四条原则，是有经验的教师所说的，试行起来也很方便。

（1）教师也是游戏分子之一，要站在儿童队伍里共同玩；自己要忘记是成人，要自己还以为是六七岁的孩子。

（2）教师是全群儿童的中心，也可以说是小领袖，处处要能够用暗示的方法矫正儿童的动作，鼓励儿童的兴趣，并且能不失发号司〔施〕令的势力。

（3）游戏是活泼灵巧的活动，所以教师的动作要敏捷，态度要和蔼，然后才能顾到全体儿童，才能带着儿童玩得起劲。

（4）选择游戏，教师不必操全权；并且许多好的游戏，也不尽在书本上的。当地的儿童游戏，稍稍经过组织，往往会成功最好的游戏。

（5）倘若教师选定一种游戏要想儿童来玩，那么解释的时候，最好要用故事或亲密的谈话来引一个头，不要直接指示儿童来玩。

（6）倘若是一种初次玩的游戏，最好暗示活泼敏捷的儿童为教师先做；看到全体跃跃欲试，然后普遍到全体去。

（7）游戏是人人爱的，也是人人可以得到好处的，所以必须全体儿童有均等参与的机会。

（8）游戏不在乎新鲜与陈旧，只要合着儿童的爱好，就是天天玩也是可以的；并且在同一时候，儿童要求多玩几次，只要不妨儿童的健康，也应该允许。

（9）当儿童玩得顶快活的时候，尽管让儿童发泄感情，如拍手、嬉笑、欢呼等。

（10）胆小幽静或年纪幼小的儿童，教师要格外注意。时时用柔和的态度、赞誉的口气鼓励他玩。但是不要勉强他，尤其要防着其他的小朋友嘲笑他。

（11）游戏的规则，要全体儿童与教师共同遵守的；但是在幼稚园里，不必十分严重处罚。不过对于利己的儿童要特别注意，犯了规则就应该使他退出，以免妨碍其他儿童。

（12）游戏应该随地随时做的，所以不必规定在某时上游戏课；更不应该在上课时，只做一种或一次就敷衍了事。

（13）儿童自己玩得正有兴趣时，非有万不得已的事，教师千万勿要去叫他做事，或干涉他的玩。

（14）游戏的地点宜多在户外，并且动的游戏要多做。

练习题：

（1）搜集你家乡所有的儿童游戏三种，把怎样玩的方法详细写出来，并且找一个机会，到幼稚园里去试验试验。

（2）据你的观察所得，幼稚生最喜欢玩哪一种游戏。

（3）你再去和幼稚生做两次游戏，然后来反省一下，应该怎样带着幼稚生玩的。

（4）你能玩多少种儿童游戏？把名称尽量写出来，有机会时，与同班朋友来做着玩。

第十一章　律动与音乐

律动（rhythm，有人译为节奏）的名称，不如音乐来得普遍；其实在艺术史上，音乐不过是律动的一种。但是近来谈到律动与节奏，便联想到舞蹈与节拍，反而把音乐忽略过去。例如我国教育部颁布的幼稚园课程，用音乐来做标题，把节奏说明在条文中。这种种解说，都只是专门学者的分辨。在幼稚园里，舞蹈、节拍、音乐常常是混在一块儿演奏的。本章讨论范围，也只限于孩子们的律动与音乐。

第一节　孩子们的音乐与律动

（一）节奏反应是外部刺激引起的

这是极有意味的事实，无论哪一种人，都有他的讴歌、跳舞。非洲的黑人、美洲的红人①、中国的苗瑶，都有他们的音乐和跳舞。强说他们懂得高深的乐理，了解艺术的意义，谁也不会相信的。这是什么缘故呢？同例，小孩子在初会说话、初会支配手脚行动的时候，就会有音韵的呼唤、合乎节拍的举动。我们虽然不能强指他是极高妙的艺术，但是他们不是乱喊与乱动，这也是谁都承认的。这又是什么缘故呢？

据传说，风琴的发明是这样的，有一位音乐家旅行到山中，听见一种极悦耳的声音，寻声找去，在山谷里发现一张蛙皮，蒙在一个小穴上；风吹动

---

① 红人：通称印地安人，是对除因纽特人外的所有的美洲原住民的统称，并非单指某一个民族或种族。

这张蛙皮，就发出这个声音来，他回到家里就发明风琴。还有一件音乐上极有名的轶事，大音乐家贝多芬（Beethaven）① 的《月光曲》，就是为着他在月夜遇见一位瞎了眼的女孩子奏钢琴，发生极深刻的感触，便作成《月光曲》。从这两件轶事上看起来，都可以证明自然界的一切，就是引起律动的总根源。

孩子们自发的律动，也是受着外部刺激而来的，例子很多。他们看了鸟儿飞，便张开两臂学起飞来；看到马儿跑，就提起双脚学马跑；听到蛙声，使弯着舌头"阁阁"的叫。还有树枝的摇曳、船只的荡漾、檐前的雨滴、溪流的水声，只要刺激了孩子，便都会使他们发出节拍和讴歌来的。与儿童做伴的人们，常常会觉察到，儿童有自然流露出来的歌声和有规律的舞动。

心理学对于律动行为的解释，以为是感情（feeling）与情绪（emotion）的物理的表达，从各种外部刺激的有规则颤动所引起的。这里就是说，律动的发动是两方面的：一是外界的情况；一是个人当时的心境。所以不但在同一境况里，不能有二人发生同样的节奏反应；并且在同一境况内，只要不同时刻，个人发生的节奏反应也会不同的。这是一条极重要的根据，所以要得到儿童的真的律动，决非教师规定印板式的各种练习所能奏效；不如让儿童顺着自然来的刺激去反应，那么他的情感可以得到正当的出路。

（二）母歌及其他

各地都有儿歌，这种儿歌都有极巧妙的音韵，唱起来都很顺口。论它的意义，有的竟会一点意义都没有；但是孩子们唱着很快活，有时还可以配着手脚的动作。例如《打麦歌》："一箩麦，两箩麦，三箩开手打荞麦。劈劈拍，劈劈拍。"唱的时候，是两个孩子用手掌交互对拍的。这些儿歌，通常称为母歌（mother songs）。母歌是哪里来的？现在流行的方式，当然由母亲或是祖母传述，或由小朋友互相学习的。若问在最初是怎样发生的？实在没有确切的答复。不过从别方面旁证起来，这类儿歌或许是儿童自发的一种律动。

---

① 贝多芬：即路德维希·凡·贝多芬（Ludwig van Beethoven，1770—1827），出生于波恩，维也纳古典乐派代表人物之一。一生创作题材广泛，重要作品包括 9 部交响曲、1 部歌剧、32 首钢琴奏鸣曲、5 首钢琴协奏曲、多首管弦乐序曲及小提琴、大提琴奏鸣曲等。因其对古典音乐的重大贡献，被后世尊称为"乐圣"。

再看跳舞，儿童们不是经过教师训练后才会跳舞的；他们只要戴起面具，穿起花衣，就会自己做出种种跳舞来。从这种自由创作的跳舞里，我们可以推想母歌的来历。

有一次，一个四岁半的男孩子在草地上寻找蚱蜢，忽然回头对教师说："这里有两根草，中间坐着一条小虫。"这是一句极好的文学描写。好的文学，也是律动的一种；甚至好的游戏，好的图书、手工，都是律动。这种律动，儿童都会因着偶然的触动，而表达出极有意味的成绩来。这些表达，虽然不是与生俱来的本能，却也不是强迫训练所能成就的。在成人们，有时以为不足重轻，甚至加上"儿戏"两字的侮辱；哪知在儿童，正是他们生命之根的流露。从这条路上找去，可以得到真的儿童的音乐与律动的材料。

第二节 欣赏音乐与律动

音乐与律动，都站在艺术的最高峰。艺术的奏演，不是人人可能。世上音乐天才极少，而音乐低能极多。在幼稚园，我们更不希望养成许多音乐人才出来。因为一来设备不够，二来人才不够，缺乏相当会演奏、会教导的教师（倘能二者俱备，不妨有专门训练）。但是应当养成欣赏的态度，使儿童不但对于乐器能粗浅的欣赏，并且能闻声起舞，更能对于自然界起律动的共鸣。

（一）欣赏些什么

要培养儿童对于音乐的欣赏，必须教师能欣赏，且有欣赏的热情。所以在欣赏之初，实在是儿童欣赏教师的态度。以下各物，都是培养儿童的欣赏力所必需的。

1. 留声机

幼稚教师对于音乐，虽然比普通小学教师稍稍能够奏演；但是要想能够达到高妙的一层，很不容易做到。因为音乐的修养，比任何学问来得难，更有天才的限制。例如长于洋琴弹奏的人，不一定长于喉头的清唱。留声机可以聚世界音乐家于一堂，只要发音机器能够不杂噪音，留声机片的音节，可以与原奏唱者丝毫无差。

2. 电影

许多跳舞与节拍,也不是教师所完全做得到。电影可以传形,可以把动作完全传真出来。不过近来国内为儿童所摄的影片极少,爱情片等大都不应该给儿童看。

3. 乐器

各种乐器的演奏,不必奏出什么曲调;最初步只是欣赏音色,并且可以与故事、歌谣等相伴而作。例如讲一个《卖乐器的老人》的故事,就可以使儿童潜听默察各种乐器的音色。

卖乐器的老人

"卖箫啦!卖小锣呀!卖……"一个老人背着许多好玩的乐器在街上叫卖。有时嘴里吹起箫来,手里拉起胡琴来,引得满街的孩子都跟着他跑。卖乐器的老人叫了半天,没有一个买主。他想,这样下去不是卖不掉吗?

正在想的时候,有一个小孩子对老人说,"你的小锣给我打,好吗?"老人回头一看,看见有许多小朋友,就欢喜起来了。他就说:"我的小锣可以给你打,我的小鼓可以给他敲,……还有我来喊口号。"他说完以后,就来问小朋友:"小朋友,我们来组织一个小音乐队,好吗?"小朋友们大家都说:"好呀,好呀!"老人就把小锣、小鼓、小钹、三角叉、小击板、小号、小笛、小箫、小磬……分给小朋友们。大家拿到以后,老人喊着口号,先排起队来,吹小号的一对领队,以后就是敲小鼓的、打小锣的、拍小钹的、碰三角叉的、击小击板的、吹小笛、小箫的……依次排起来。老人喊着"一、二、三、四",大家都看着他的手,听着他的口号,一齐奏起来。从街头走到街尾,引得路上人都来看了。

这样的小音乐队真是少有,所以大家都很奇怪,这位老人也就不想到要卖乐器了。哪知道路上的人看到这样有趣的事,都愿意买些乐器回去,和他的小弟弟、小妹妹也去组织一个小音乐队。

4. 音阶的欣赏

此事较难,有的人已能唱歌,也能弹单音的短调,但是不能辨别音阶。例如 D 与 G 相差几度,寻常人是分辨不出来的。这就是没有音乐的耳,也可以说是音聋。音聋不能欣赏音乐，也好像盲目不能欣赏图画。不过音乐的耳朵可以培养的，在幼稚园里可以用游戏来培养。

5. 伴音的欣赏

单音不很好听，有了和声的伴奏就很悦耳。要想沉浸于美的音乐，就必须能够欣赏有和声的伴音。在同一刹那中能够分辨得出几个音，并且辨别出是否和谐，这层可说是欣赏中最难的一段。幼稚园里可以有这样希望，但不必强迫每个儿童都做到。

6. 节拍的欣赏

节拍的欣赏，可以说是欣赏音乐中的一种动作的表示。如拿着节拍板的依声击拍，或用双手轻敲浅拍，或用别种乐器来配和，更可起立而舞。这是欣赏乐曲、歌辞的共鸣的表达，幼稚生可以做得到的。

（二）还有两种重要的欣赏

上段所述，是欣赏他人的音乐与有相当乐器的音乐。除此以外，还要欣赏自然界的律动与欣赏自己的工作。

1. 欣赏自然

能欣赏自然，便随处可以得到极好的音乐与律动。春鸟的弄舌、秋虫的鸣声，以及风声、雨声，都可以当作欣赏材料。又如仰看白雪的飞舞、流星的疾掣，俯察河中的游鱼、海上的风帆，也都是极好的律动。能够养成儿童欣赏到这样，那么他们爱艺术的情绪，已经培养得很好，学习艺术已经有很大的可能性。

2. 欣赏自己

农夫的田歌，樵夫的山歌，都是从欣赏自己的工作而发出来的。人们倘若觉得快乐时，都会发出一种自己欣赏的讴歌。幼稚生对于自己的工作，往往不会欣赏，所以一切凌乱、粗暴的举动，常常可以见到。倘若在工作时，教师能够浅唱低吟，儿童就跟着来附和，那么这个工作场，实在可说是世界上最快乐、最雍和、最纯洁的田园，我们宁可废去一切唱歌练习的时间，却必须希望，教师能够随时随地能自由自在唱着和谐的歌曲。

第三节 幼稚教师应注意的各点

（一）怎样选择材料

幼稚教师应该要个个会唱歌，又会奏演初步的歌曲与律动。音乐不但有民族之分，实在有老幼、青年之分，所以幼稚教师选择歌曲时，至少应注意下列各条。

1. **歌词**

歌词最要紧是儿童能懂得。所谓"懂得"，一是词句的懂得，不用古文，而是儿童的口语；二是意义的懂得，所引的事实是儿童经验范围以内的，少有道德严训的语气，也无荒诞的思想。至于深刻的描写，也不是本期儿童所能了解。

2. **曲调**

中国曲调本为五声加上二变，成为七声，即宫、商、角、变徵、徵、羽、变宫（F、G、A、B、C、D、E），但是通行者仍是五音，这是应注意的一点。人类的声域是有限的，五六岁的儿童，只有 E 到 C 六个音，这又是应注意的一点。教师选择曲调时，虽然不能完全不超出这个范围，但是总以少超出为佳。

3. **曲调与歌词的配合**

中国音乐截然分为两个时期，就是古乐的沦亡与学校音乐的兴起。学校音乐，大都取自西洋、日本。曲调是外国的，歌词是中国新配的，所以常常会不很相配。例如入声字不能配 C、E、G 等是极明显的；又如谈话、读书，最忌是读破句，曲调也是如此。还有一字的可以延长与否，都与全曲的意味有关。但是中国歌配外国谱，都免不了这些弊病。更有那曲风，各有各的特点，决不能张冠李戴，弄出笑话。所以幼稚园的配曲问题，倘能识曲，那么可以尝试；不然强配曲调，必会弄出笑话来。

4. **民间歌谣与世界名曲**

民间歌谣有的有曲调，如《孟姜女》《十杯酒》《插秧歌》《凤阳歌》等；

有的只有词而无曲的。儿歌大都只有词而无曲。教师可以采取这些歌谣，只要审查它的内容不是过于抽象与荒诞的，就可以采用，不必去强配西洋曲调。至于世界名曲，如高深的交响曲等，当然难以欣赏，只可选择稍稍合于儿童口味的片子。这种片子，在留声机铺子里出售的，已经很多很多了。

5. **有动作的**

演与奏最好是联在一块儿，那么印象可以格外深刻。所以律动与音乐，有的编入故事，有的编为游戏，有的跳舞与唱歌联合。幼稚园里纯粹唱歌或弄单种乐器，决不及与别种相联的来得有意思，这是选择材料的时候一个极重要的标准。

（二）怎样教儿童演奏

1. **为着愉快而演奏**

幼稚园里无论唱歌、跳舞、弄乐器，只有一个目的，就是为着愉快。因此，教师只应该引着儿童向这条路上跑，教师充满着愉快的精神，充满着爱的心，那么儿童也就像天使般活泼而愉快了。教师须切记：一切艺术的演奏，决不是用训练小戏子一般的方法所可收效的。

2. **注意卫生**

例如唱的时候坐的姿势，跳舞的时候是否应该多唱，支配每次演奏的时间、选择地点，以及儿童衣服的宽紧、唱的声音的高低、环境的静闹，都与儿童的身体与精神有极大的关系。不过太注意于这些，有时也会减杀艺术的兴趣。所以还须在极自然中注意这些，不必斤斤较量。

3. **教师带着唱**

为着乐器与人的音色的不同，为着幼稚园所需要的是艺术的空气，所以幼稚园要少用乐器，多用口唱。教师熟习了二三十首好的儿童歌，在极自然的状态中，用极温柔的声音，浅唱低吟，儿童也就会依声附和。这时候，便是教师开始教音乐的好机会。

其次是视唱与记忆唱，在幼稚园里似乎都不是最需要的。所以在口授的时候，不必用音乐书或别种符号。

4. 低音的唱

教师带着儿童唱，对于儿童唱歌的影响很大。所以，教师的声音与态度，千万要和平、温柔，千万勿像时下小学上唱歌课，一个教师尽力按着风琴，大声叫着快唱、快唱，于是儿童就伸着头放声直叫。这样不但没有艺术的意味，并且把儿童的声带叫坏了，断送他一生唱歌的机会。

5. 表情与配用乐器

一面唱歌，一面节拍，在节拍之中才能领会得乐趣。还有许多表情动作，也是音乐最重要的一部分，如跑马、斗鸡以及抚养小宝宝等都是。配用乐器，可以采用小木鱼、小磬、小钹、小鼓、小锣、三角叉、响铃、皮鼓、串铃等。有时不配其他歌曲，就用这些乐器敲打起来，也自有其风趣。表情动作，有时也需要用具，如面具、短棍等，但不很需要华丽的跳舞衣与珠饰。

练习题：

（1）音乐与律动，几乎没有一个幼稚园没有，这是什么缘故？

（2）根据本章讨论的各条，来批评幼稚园或小学的唱歌、跳舞。

（3）搜集家乡曲调（多少不拘），玩味它的曲风；倘若以为可以试用于幼稚园的，那么来配歌词。配歌词的原则怎样？请复看一遍。

（4）欣赏音乐要经过怎样的训练？希望幼稚生做到哪一步？

第十二章　工作

本章讨论图画、手工两科。因为幼稚生对于这两科是分不清楚的,所以暂定这个名称。例如剪贴,所包含的内容就是图画与手工都有。但是与游戏的性质,比较有些分别,所以采取教育部规定的名称——工作。

第一节　工作的性质与种类

工作的范围很广,凡一切使用相当工具、材料和技能,以表达个人的思想、达到相当目的的活动,都可以包括在内。在另一种解释上,工作不免带有几许强制的性质,但是它也有本身可以得到的快乐。所以幼稚园对于这个活动的注意,也就不在别的活动之下。

（一）工作活动的性质

工作活动的范围虽然很广,不过它是不能独立存在的。我们突然对儿童说:"我们上工作科了。"这未免有些勉强。因为工作活动,只是其它活动的工具科,不过因着这个活动达到别一种活动的目的罢了。举例如下。

1. **为着欣赏自然而来的**

例如秋天的红叶、雨后的彩虹、春天的蝴蝶、夏天的蛙、秋天的蝉、冬天的冰雪,都是自然界极好的欣赏材料。要想这些欣赏格外圆满,格外与儿童发生关系,就非经过工作活动不可。

2. **为着实际问题而来的**

例如布置课室、新年送礼、替小宝宝做衣服、请客欢宴,这种种都非经过工作活动不能达到目的。

3. 为着表演故事而来的

例如儿童听了一个《猴子抢戴帽子》的故事,他们要表演起来,就得预备帽子、担子、猴子装等等,都非经过工作活动不可。

有了目的去工作,比起徒求一时的快乐来得要有功效。所以给幼稚生拿着有色蜡笔任意乱涂,不如和他讨论我们如何把这些图画来装饰小房子的墙壁。这是本科最重要的一点。

其次是欣赏,工作活动不但是成效的追求,并且也能使情绪满足。所以"欣赏"是一个极重要的目的。不过,本科活动的欣赏有两方面:一是欣赏自己的成绩或本团体的成绩;二是欣赏名人的作品。在幼稚园里,应该注重于前一种的欣赏,但也不可忽略欣赏名人作品。

(二)工作活动的种类

工作活动的注意,福禄培尔可算是鼻祖。他的二十种恩物,除第一种和第二种专为游戏而设以外,其余十八种,没有一种不是为着工作而设的(请读者重温本书第五章第一节,可以找出他的用意)。这十八种恩物,有的是构造用的,有的是组织图形用的,有的是画图,有的是刺绣、缝纫,而纸工、泥工、豆工等,也都应有尽有。我们到现在,虽然常常嫌他的恩物太小、太细致、太机械;但是他的用意是极对的,并且为后人指出许多新路。所以本科活动种类,可以用福氏恩物来做初步的标准。

每种活动中,又有许多辅助的方法,倘若把它们分为独立的活动,也很可以独立。例如蜡笔画是本科的一种活动,其中又可以分为着色、涂鸦、轮廓、剪贴、印影、塑图等。所以本科活动的种类,如果条分缕析起来实在太繁,我们只要知道一个大概就够了。好在乎〔于〕幼稚园里实际活动时,不必拘泥于名称。

第二节 工作的进行

（一）怎样开始工作

工作科的开头，决不是教师拿着工具或模型等，就可以指挥着儿童来做的。它既是别种活动的工具科，所以本科开头，也就在别种活动的进程中。例如儿童听了故事，想把故事画出来，那么这个故事就是工作的开始。又如新得到某种工作用具，教师拿出来给儿童看，儿童就想动手来做；这样似乎是为着工作而开头了，其实新的工作用具的刺激，才是它的开头。

既然引起了儿童要做的情绪，那么就要决定用什么材料，独人进行还是合组进行？还是先分组做去，将来再可以合起来？这些事情的支配，教师不必操全权。材料是放在材料室里的，只要暗示儿童自动的去使用，教师只要注意他所拿的有没有大错。例如儿童要想做面具，但是他拿了黏土，那就错了。教师问明他要做的是什么，然后说明黏土不适宜于做面具，做面具的材料是色纸或厚纸，再用浆糊、剪刀、彩色笔等等，并且再鼓励他去做。

其次是巡视有没有儿童坐着不做事的。倘若其余儿童都去做事了，只有一二个还坐着发呆，那么教师就得问他要做什么，可以带他去看其他同学的工作，带他到放材料的地方去看要用些什么材料。有了几次刺激，儿童也会想去做工了。

（二）怎样指导工作

1. 校正动作的姿势

动作的姿势，是工作的基本。例如画时拿蜡笔，儿童往往拿错的。笔拿得不正确，画起图来非但不便利，并且容易错误。有许多儿童喜欢用左手拿剪刀、笔、小刀等，这也不很便利。因为社会上通行的是右手，一切工具的构造，往往便于右手使用；倘若养成了左手习惯，于工作上必感到不方便。其他如坐的姿势、头的姿势、身体的趋向度数，教师都要留心校正。不然，养成了不正确的习惯，将来要改正，至少要费二倍以上的功夫。

2. 指导合理的路径

学习是要根据心理原则的，不能依照论理方式的。所以我们指导儿童学画，不是从直线、方形开始，而是让儿童喜欢画什么就画什么开始。但是完全没有教师指导，让儿童乱画，也画不出什么东西来的。有时候他想画而画不出，有时画了完全画错，这些地方，实在需要指导。例如画远景，儿童不知道远的是小，近的是大，但是经过教师指导，儿童就会知道的。还有比例关系，也常常需要指导。例如替小宝宝做衣服，倘若是一个很大的小宝宝，做了一件很小的衣服；或者做了一件衣服袖子太小、腰围很大，都是不适用的。那么不必等到儿童尝试错误的发现，教师就应该有相当的指导。

让儿童做去，有时会在同一平面上打转。例如某儿童喜欢画一个极简单的人形，天天在那里画，虽然对于这个人形会渐渐有进步（或者也会毫无进步），但是他的兴趣实在太单调。这时候，也需要教师的指导，去开拓他的眼界。方法是给他欣赏各种画，看同伴的画，以及图画与别的工作联起来等等。

3. 鼓励成功的批评

当儿童做得快活的时候，必会拿着工作来给教师看。教师可以对他说："做得很好，快成功了。"儿童有时自己觉得做不成了，会抛去工作的。教师当他未抛之前，也可以用"快可以成功了"，或用催促的语气去提醒他，"你的东西快成功了吗？还少什么呢……"等语。这都是似批评、似催促的鼓励话，于儿童工作的效率上很有帮助。

其次是儿童工作做成以后，应当有批评。这个批评，可以请儿童自己来批评，教师做批评者的批评员。批评幼稚生工作的好坏，应当注重个人先后的进步；至于与全班的比较，宁可少用。这样，做得好的人固然天天进步，得着快活；做得不好的人，多少也有些进步，也知道努力，不至于灰心。

空谈的奖励，有时也会失效的，所以应当要有享受。例如儿童缝成了一条手帕，那么可以拿来实用。用积木搭成了一条火车路，可以大家来走走。这样的享受，做工作的能得到，不做工的也得到享受；前者固然快乐，后者也以为快乐而跃跃欲试的去做了。

用教师本身地位的眼光来批评儿童工作成绩，很难遇到看得上眼的，有许多真是不成样子。那么教师应当怎样呢？应当用和蔼的态度，问明他做的是什么，然后指正他应该怎样做的方法；这次成绩错误在什么地方，只要怎样改正，就能成为很好的成绩等等。

最后，关于批评方面，有一件极重要的事，教师要切记：不要只喜欢工作好的儿童，对于不很会做的儿童就完全不顾。因为批评，不论在工作进行期中，或工作告成以后，都是促成或促进努力的方法，不是教师黜陟之权威。

第三节　在工作时期中应该注意的琐事

工作活动最不容易指导，最不容易维持儿童秩序；稍不留神，教师就成为儿童的打扫夫，并且容易养成儿童种种不良的习惯。所以下列诸项虽属小事，但是切须留意。

（1）养成儿童有把工具放还原处的习惯。一切工具，我们当然要养成儿童自己会去拿来使用的习惯。但是只知拿出来，不知归还原处，后人用起来就感觉极不方便，就会减少别人工作的兴趣；而且工具的保管，也就大感困难。

（2）养成儿童一件事不做完（或告一段落）不做第二件的习惯。在自动学习的制度里，最容易养成儿童见异思迁的恶习惯，还会养成儿童贪多、霸占工具的不良态度。这两种现象，于事于人都极不好。所以，教师必须从开始就注意，养成儿童能集中注意于一件事的习惯，既不见异思迁，也不贪多，更不畏难而退。

（3）工作完了，地方收拾干净。工作做完，不但工具归原位，并且要把地上的纸屑、废料收拾干净。

（4）一切事都不粗卤。工作时。最容易发生狂叫乱喊，以及把工具互相击撞的声音。有许多教师，会用极低微的歌声，来转移一切粗卤的举动与嘈杂的声音。这件事最大的关系，在乎教师能否以身作则。

（5）肯和他人合作，知道自己工作的责任。幼稚生不很能够有意的与他人合作一件事。有时候在无意之中，能够合作一件事。例如搭大号积木，或者几个孩子能够共同来搭。但是，也不能用命令式来使儿童们合作。不过有时候共同做一个设计，共同来预备多少东西，各人分头做去。这样的合作，比较能够做得到。这时候，只要注意养成儿童肯负责去做的精神。

（6）分开地域。既然不规定全体儿童共同做一件事，那么在同一地域，做许多不同样的工作，并且有的正在游戏，有的正在看图，在许多嘈杂的声浪里，儿童必不能集中注意。所以幼稚园的房子，最好是分成小间。如系大厅，须用布幕隔起来，可以临时挂上去，也可以临时放下来。并且有许多活动，如游戏、看图、讲故事等，如在晴天，可以到庭院里去做。那么在屋里，只有做手工与画图的儿童，比较可以幽静了。

（7）缩短时间。倘若幼稚园活动还采取时间制，那么工作课的时间，不得超过半小时。倘若已经废除时间制，那么可以用间接的方法，来鼓励儿童做得时间短。例如甲、乙二人同画一张图，二人的好坏差不多；但是甲比乙快，那么甲的成绩就比乙好。

（8）保留成绩。这件事，要教师与儿童共同负责的。工作活动中，图画成绩最容易保留，其次是纸工等；而积木，只可保留到欣赏之后拆去为度。教师在可能范围内，必须把可以保留的儿童成绩保留起来，或送还儿童，或做自己研究的资料。至于完全交给幼稚生保留，在事实上是做不到的，教师不必去尝试，免得因失败而灰心。

最后我提出"培养欣赏的情绪"一句话，来作本章结论。人生一切工作的成绩，都应该含有艺术意味，才有〔人〕生的真价值，这是我们应该培养儿童欣赏自己工作成绩的真意义。美的图画、手工等作品，能够把人生在笔画、刀斧之中显露出来，确实能够培养美的情绪。但是欣赏也要有相当修养，我们在指导儿童工作之外，实在应当时时给他们观摩世界有名的作品，培养能欣赏而爱欣赏的情绪，这样才是艺术教育的真目的。

练习题：

（1）工作活动应该包括些什么？它的性质与自然相同吗？

（2）儿童是快活的劳动者，那么我们应该怎样指导儿童工作？

（3）批评的原则是怎样的？

（4）矫正姿势为什么是最重要的指导？

（5）工作时期中应该注意的琐事特别多，能逐条说出他的理由来吗？

（6）欣赏工作作品与欣赏音乐有什么异同？

第十三章　读法

只要我们不以读书、识字做幼稚园的主要科，那么幼稚园有了读法，实在毫无可以反对的理由。本章讨论下列诸问题：（1）幼稚园为什么要有读法？（2）幼稚园读法应注意哪几点？（3）要用些什么材料？（4）实例。

第一节　幼稚园为什么要有读法

（一）读法的范围

读法不只限于识字，照《小学课程标准》的规定，还有写字、作文、谈话三项。幼稚园的读法范围格外广，因为有许多图画、工作等，也都是读法的一部分。

读法有"表达"和"吸收"二方面。表达的活动很多很多，如图画、谈话都是儿童时代最重要的发表工作。用"字形的符号"的表达，在儿童时代原不很重要；不过，这仅仅是由音的符号转到形的符号的差别。我们只要不当他是神秘的，也就是一回极平常的事。

"吸收"是幼稚生最需要的工作。因为他有许多东西，还是最初次见到的。他动手去玩弄是吸收工作，他用口去尝试是吸收工作；推而至于成人对他说这是什么，他也点点头说这是什么，也是吸收。那么他在画报上偶然看到"小老鼠"的形状，又看到"小老鼠"的三个字，也是吸收。为着读法范围这样广，所以幼稚园应有读法的理由也就有根据。

（二）幼稚园应有读法的理由

从儿童心理学和教育学上说起来，幼稚园应该增加读法的理由很多。下列几种是最重要的。

1. **读法和语言差不了多少**

没有一个孩子不喜欢听歌谣、唱歌谣的，也没有一个儿童不愿意学话的。学话和听话，都是听觉和发音器官的动作。读法加上了一个视觉作用，在这里似乎要加难了。其实，在实际上讲了猫的故事以后，给他看一个"猫"字，一张猫的图画，小孩子非但对于这个故事的兴趣格外好，并且对于这个故事的情节记得格外牢，对于这个故事的印象格外深。

2. **读法与图画、手工，都是属于表达自己意见的**

儿童喜欢看图，喜欢涂鸦，喜欢东做西扯，这是他表达自己意见的活动。"字"不是一件神秘东西，是可以当作图画的；写字也不可当作极神妙的事情看，也可以当作涂鸦看。无论图画、手工、读法，都是儿童表达自己意见的方式，都可以做的。

3. **读法是游戏方式的一种**

大家承认游戏是儿童所爱的，也承认儿童做得来的，哪知道读法也是游戏。最近许多种教读法的方法，都是游戏；非但是静坐的游戏，并且是活动的游戏（参看本章第三节）。

4. **读法不是符号的熟记**

强记符号，不但儿童所不愿，就是成人也不高兴罢。强迫儿童读"赵钱孙李"固然难，强迫儿童读"人手刀尺"又何尝容易呢？所以幼稚园的读法，既然是为着儿童需要而加的，那么就应该适应儿童需要而教。好在社会和家庭，对于幼稚生识字的要求并不十分苛求，所以我们应该顾到，读法不是符号的熟记。

第二节 幼稚园读法活动应注意的几点

（一）幼稚园可以有的读法机会

"初步的阅读，不是儿童的责罚，乃是去仙境的大道。"这句话的真实与否，完全在于材料与方法的好坏。幼稚园的读法，不是硬用书本；而是找到适当的机会，来得到另一种的快乐。这种机会实在很多很多，举例如下。

1. **实物的符号**

在很多地方可以标字的，如儿童自己的用具、采集来的动植物、公共的玩具、重要的公共用具，都可以因着儿童的要求而写上名称。这并不是希望儿童熟记，而是给他们有认识的机会。

2. **设计过程的一段**

幼稚园虽然不很能用设计法，但是偶而用一极短的设计活动，也极有趣。在这个过程中，必能得到读法的机会。

3. **儿歌的认识**

儿歌是三四岁儿童最爱的东西。这些儿歌，有时可以摘出一两首来写给儿童看，这也是认识的机会，不是强读的手段。

4. **图画等的认别**

看图的能力，可以在很早很早养成。图中的字，也就和图画有同样性质的符号。这是一个极好的机会。

5. **几分钟的练习**

在早上有几分钟的特别练习，也并不算得强读，只要教师是出于自然与和蔼的态度。

（二）几条紧要的原则

一切事的起头最要留心，不然对于这件事就会发生厌恶。这一着，恐怕是幼稚园教师对于读法最困难之点。因为不慎之于始，往往会使儿童厌恶读法。所以，最要注意下列几个条件。

1. 正确的态度

时下小学的读文，只是唱字，不是读书。所谓读书，要能把这段书中的意义都读出来；至少也要如说话般，能使人听得懂。至于读诗或有韵作品，那就格外要有玩味的神情。

2. 快乐的内容

读法材料应该就是儿童经验。儿童经验是有意义的，并且是快乐的意义。因此，我们不但不应该教儿童经验以外的材料，即使是经验以内的材料，也还要扩大起来；即使是独立的单位，我们也要使他与整个的经验发生关系，这才能引导儿童到快乐的路上去。

3. 游戏的态度

读法不是工作，而是游戏，与原则二联合用起来更有意义。因为阅读的欲望，不会随便引起来的，必须培养出来的。用游戏来培养各种欲望，是一个极妙的总诀。有了好材料，还要有好方法，游戏是好方法的总根源。

4. 变化的技能

这也是教师应注意的一点。游戏的精髓，在乎有变化，能够用敏锐的眼光来观察儿童的情境，能够活用自己预定的方法，来做许多伸缩。

5. 注意儿童个性

儿童对于阅读，大有迟速之分；并且同一儿童，因为身体的关系，又有迟速之分，教师必需注意到。不然，用了同一的材料来教全体儿童，阅读迅速的不满足，学习迟钝的赶不上，这都会养成儿童对于阅读不正当的态度——不是轻视，便是讨厌。

6. 改进设备

关于本原则，下节还可详说。不过有几件设备，可以先讨论。

（1）黑板、挂图。这两种设备，幼稚园大都是备齐的。它的功用，可以使单调的、枯燥的材料变为有趣的。不过，它们的本身就要改进，就是黑板要小而轻便（不能用黑板布），黑白分明，双面可用。最好另在墙上做一大块黑壁。挂图要简单、清楚，图形是表示动作的，不是静止的。除黑板、挂图以外，还要有纸条、卡片、小幅插图等等，作为随时应用的工具。

（2）利用废物。如旧纸盒、小木块，甚至木炭等，都可以利用的。旧报纸的剪贴，更属重要。废物的利用，大都要出于儿童亲手来做，所以与手工最有关系。

7. **多用整篇，少用单字、单句**

这是学习心理学上最紧要的原则。单字的记忆，与记诵无意义的字母同样的困难。至于教整篇的故事，教师千万勿希望儿童逐字都认得、都了解。幼稚生的读法，是要因意义而识字，不是因字形而了解意义。

（三）关于材料应该注意的几点

本着上述的七条原则，对于搜集读法材料，可以获得许多帮助。幼稚园一切材料，都很丰富，读法也不是例外。一切教科书都有些勉强的地方，在幼稚园里流弊尤多。所以不采用教科书，这是下述各条的先决问题。

1. **要有文学意味**

虽然是一两句的短语，句子也要是美丽的，意义也要有含蓄的。

2. **可以发展儿童想象的**

神话物语，在幼稚园里很受欢迎。讲过故事以后继之以读法，是极优良的材料。

3. **应时的**

下雪就教雪，下雨可教雨；北方多教北方的东西，南方多教南方的东西。

4. **多用有韵的材料**

有韵的句子，读起来既顺口，又悦耳。读法的重要目的，就是快乐。有韵的语句，当作识字也可以，当作歌谣唱也可以，其他散文就不及了。

5. **字句反复的机会要多**

反复是不容易的。反复不是重复，乃是有意义的复习。在散文体的故事里，要注重此点。

6. **插入近于国语的方言**

这是方言歌谣的一格，插入正式材料里去，可以使读者发笑。

7. **每次生字不能太多**

8. **每次的分量不拘多少**

不过，最要紧是把一件事情说得完全，至少要把一段事情说得完全。

9. **不要太偏重日用字**

最要紧的是儿童口吻，所以如"咩咩""喵喵""吱吱"等，在相当时期内，必须尽量采入。

10. **可以学动物的声音，可以学外方人的趣话**

但是，千万不要把语文分离，不要用文言文来教幼稚生。这一点，无论如何要和社会争的，不能再来顺社会的好尚的。

（四）关于形式应注意的几点

幼稚园读法材料，往往是幼稚园自己印刷的。所以在形式方面，教师也要自己留心；不是像小学教科书，形式的权操在书局，只要书局里注意就是了。

1. **字体方面**

（1）不用宋体字，要用楷书；

（2）不用铅印，要用石印或锌版印；

（3）字体大小，约在头号字、二号字之间；

（4）有时可以插用象形的篆字。

2. **纸**

（1）最好用布，其次用八十磅图画纸，其次用新闻纸，不要用洋矾纸或竹纸。

（2）纸的大小，约长七寸又二分之一，阔约五寸又四分之一。如系新闻纸，须对折，那么阔要加倍。

3. **行**

（1）每个完全句子完了的时候，必须换行。如系诗歌，那么依着原来的行分行。

（2）每行要有参差的高低。

（3）行与行之间离得宽些。

4. **字**

（1）生字不必标明这是生字，也不必另提出来的。

（2）字的笔画，不必标明顺序。

（3）用过的字，有一个统计。

5. 图

（1）图可以与字句分做两张的，也可以合在一张的。

（2）不必有颜色。

（3）只要轮廓图。

（4）要动作图，不只是静止的人物图。

（5）动作图要有连续性的。

此外有一点须注意的，就是这一张一张的散页，要设法使儿童保存起来，不要散失。

第三节　方法举例

根据上节所说的理由，幼稚园所用读法的方法、材料和工具，都要适应儿童的需要，使儿童得到相当快乐，使儿童不感到读书是痛苦的。下列几种方法，就是根据这个原则而来的。

第一法：方块字

1. 用品

（1）骨牌。与麻雀牌同样，骨上雕刻字。字的颜色要有系统组织的，例如人旁用绿色、口旁用红色、土旁用棕色等等。

（2）厚纸方块。比普通市上书坊出售的方块字大些，用厚纸（马粪纸）做。倘能用颜色写更好。

无论骨牌或厚纸方块，每字至少要备两个；倘每字有四个，就可以配成两副。每副大约五十块，其中名字①多，动字次之；至于形容字等，可以因每副的需要配合。

2. 方法

最常用的，有三种玩法。

（1）凑对字。每桌至多六人为限，将骨牌或厚纸方块（以下简称牌）背面向上，凑成长条，放在桌的中间。公举一人做领袖，开始拿牌，每次二张；

---

① 名字：名词的旧称。后文的"动字"即动词，"形容字"即形容词。

领袖拿六张（共三次），其余五人各拿五张。将牌公开地放在自己面前，领袖先将自己不要的拿一张在手里（例如"猫"字），对着大众说："'猫'字谁要？"如其中一人手里已经有了"猫"字，就说："我要'猫'字。"领袖就给他。受到"猫"字的人，检点自己有不要之字，拿出一张来（例如"狗"字），也对着大众说："'狗'字谁要？"倘若没有人要，就放在中间，那么坐在他的右旁的孩子，向桌的中间拿进一张牌来。倘若这张牌恰恰可以凑成对的，就留下，不然就照前样放出去。下面的人都照样的做去。到了某人凑成三对，就算赢了一次，记在黑板上或纸上。

（2）成句子。人数和牌的摆法同前，也举出一个领袖来。领袖拿一张牌，翻开在桌上说："这是'猫'字。"坐在右旁的人，依次拿一张，也翻开在桌上说："这是'叫'字。""猫叫"是句子，他就将这两字拿归自己了。他又去翻一张，照样地做下去。结果牌拿完了，看谁的句子来得多。

倘若儿童字认得多，句子也能联得长了，那么甲儿手中的句子，例如"狗跑"。乙儿恰恰拿到"小"字，就可以将甲儿"狗跑"两字拿来，成了"小狗跑"。丙儿忽又拿到"来"字，丙儿又可将乙儿的"小狗跑"拿来，成了"小狗跑来"。丁儿又拿到"了"字，那么又可成一句"小狗跑来了"。如此拿来拿去，更加有趣。

（3）竞赛。儿童渐渐地坐下来了，教师手里拿着一堆字块，对儿童们说："小朋友，我们来做一个比赛，看哪个小朋友得字最多。小朋友，注意，这是什么字？"说着，就拿出一张字块来给他们看。教师留意哪个小朋友说得最快的，就把这张送给这位小朋友。教师手里的字块完了，请一个一个小朋友把手里的字复念给大众听，又把他手里的字块数一遍。教师就把这些字，记在另一张表上（表10）。

表10 小朋友，你认识了多少字

日期＼姓名	秀英	英明									
17/5	我										
17/5	红										

续表

姓名\日期	秀英	英明									
17/5	花										

3. **讨论**

此法最大的缺点，是近于赌博；但是最优的一点，也是近于赌博。我们知道，赌博是可恨的，也是可怕的。但是静心一想，仔细分析，赌博所以被人轻视，就是因为有金钱关系。把金钱关系去掉，所有赌博器具，大都是优良的游戏用具。反转来说，世界上一切正当游戏，没有一件不可以作赌具的。跑马、打弹不是很好的游戏吗？现在是极厉害的赌具了。用此法怕养成好赌的观念，那是过虑。

厚纸块字，不及骨牌来得有趣；但是骨牌，不及厚纸来得便宜，来得便于携带。厚纸块字倘若能够在一角有些表意画，那就更好了。没有骨牌的地方，或者因为避免社会的怀疑起见，可以用小方木块，如军棋的棋子等。

第二法：游戏歌谣法

1. **材料**

合于幼稚生可以表演的歌谣。

2. **方法**

可以分做许多步骤。

（1）引起儿童做游戏的动机，或引起儿童好唱歌谣的动机。

（2）在游戏的中间，教儿童歌谣的辞句。教师只要独自唱着，不希望儿童唱，儿童自然会跟着唱的。倘若是先教歌谣的，那么这一步就是儿童来做游戏，一面做游戏，一面唱着歌。例如《猫捉老鼠》的歌谣，先做猫捉老鼠的游戏，次唱歌辞（或先唱歌辞，次做游戏都可以）。

你做老鼠我做猫，猫吃老鼠本领好。

喵，喵，喵！猫来了，猫来了。

老鼠逃不逃？老鼠逃不逃？

（3）教师向儿童说："我们想把刚才所做的游戏表示出来，你想用什么方法？"儿童必东猜西猜，到后来决定先用图画，后用字句。

这张图画，教师要预先预备好的，并且要一张是已经着了色的。教师就给他们看一张着好颜色的图，一面又分给儿童轮廓图，教儿童着起色来。

以上三步，最好分两三天做，分上下半天做也可以。

（4）把印成的歌辞分给儿童。这时候，当然不可直率地分发，最好要先引起儿童非得这张文字不可的动机。这时候的歌谣，儿童已经念熟了，所以得到手里，他们都能依字的读下去。有时候，儿童实在不认得这个字，但是他能依着已经读熟的歌谣读下去。

（5）教师抽出几个生字，写在黑板上来共同学习。这一步，才是读法的本身。但是到了这一步，儿童对于这首歌谣已经很熟悉了，所以教起来就不感觉多大困难了。

3. **讨论**

此法优点，可以把各种活动联成一串，可以做一个中心活动来编歌谣；也可以先有了歌谣，然后引起儿童的动机来逐步的做。我国近来歌谣材料一天多一天了，但是杂七杂八，不是都可以用的。关于儿童歌谣的采取，要注意下列几点：

（1）有动作的，可以表演的；

（2）合于当地儿童经验的；

（3）字句多重复，字义极浅显的；

（4）句子简短而有音韵的，至少要有韵脚。

此法有时候可以省去游戏，用故事来代替。教师讲了故事以后，就和儿童来唱歌谣。于是教师在玩的时候也唱，在吃点心的时候也唱，唱得儿童都跟着唱。那么，教师提议把这首歌谣写出来，或者预先写在黑板上，暗示儿童去读。

第三法：故事法

1. **材料**

轮廓图、蜡笔、剪刀、浆糊等。

2. **方法**

这个方法联络故事、看图、涂色、剪图、贴图诸部活动，可以说是读法，也可以说不是读法。方法分繁简两种。

（1）简单的方法。初入幼稚园的儿童，还不很能涂色，也不很能用剪，字也认不了多少，应该用此法。

——教师或儿童讲了一出故事；

——教师把故事里最重要的一件东西，画成轮廓画，用油印印出来；

——复习那出故事，问儿童那个故事的内容；

——给儿童看已经涂有颜色的图；

——儿童要求涂色了，分给油印的轮廓图；

——儿童把图涂色完了，用剪刀剪下来；

——教师再分给儿童一张油印，上面写着这件东西的动作或名称，教儿童把剪下来的东西贴上去；

——复习油印上的字句；

——用这张图复习故事，又复习字句。

（2）稍稍复杂的方法。这个方法，将要毕业的幼稚生或一年级生可以做的，举例说明如下：

——教师说了一出《拔萝卜》的故事：

大家用力拔

有一天，一个小姑娘同小花猫玩皮球，小老鼠在地上吃花生，小老太婆坐在桌子旁边做生活。忽然小老头子开门进来了，手里拿着一盘萝卜的种子，对小老太婆说："我要去种萝卜了。"说完了话，他就拿了铲子走到田里，掘了一个小洞，种了一粒萝卜籽。

一天一天的过去了，小小的绿叶从地上钻出来了。不多时，地下的萝卜长得很大了。小老头子看见了非常欢喜，就去拔它，一拔、两拔、三拔，拔不起来。

小老太婆看见了，就匆匆地跑出来，拉住小老头子，小老头子拉住大萝卜，嗨呵，嗨呵用力拔，还是拔不起来。

小姑娘看见了，就三脚两跳跑出来，拉住小老太婆，小老太婆拉住小老头子，小老头子拉住大萝卜，大家用力拔，嗨呵，嗨呵，还是拔不起来。

小花猫看见了，就飞也似的跳出来，拉住小姑娘，小姑娘拉住小老太婆，小老太婆拉住小老头子，小老头子拉住大萝卜，一齐用力拔，大家嗨呵，嗨呵，拼命地拔，总是拔不起来。

小老鼠看见了，就从小洞里窜出来，拉住小花猫的尾巴，小花猫拉住小姑娘，小姑娘拉住小老太婆，小老太婆拉住小老头子，小老头子拉住大萝卜，他们一齐用力拔，嗨呵，嗨呵，一拔、两拔、三拔，喔！拔出来了。

因为拔得太重〔用力〕了，一齐都跌倒在地上。大家连忙爬起来，嗨呵，嗨呵，把大萝卜扛了回去。扛到家里，煮了一锅萝卜汤，小老头子吃了一碗，小姑娘吃了一碗，小花猫、小老鼠都吃了一碗，讲故事的人、听故事的人，大家也吃了一碗。

——教师把小老头子、小老太婆、小姑娘、小花猫、小老鼠、大萝卜、房子等画成图（最好画得不相连贯），用油印刷成（原图33）。又画一张图，房子和其中各个人物，如大萝卜、小老头子、小老太婆、小姑娘、小花猫、小老鼠、草屋，都用字来表明，图的上端写"大家用力拔"一句（原图34）。

原图33　拔萝卜的诸要素　　　　原图34　拔萝卜生字图

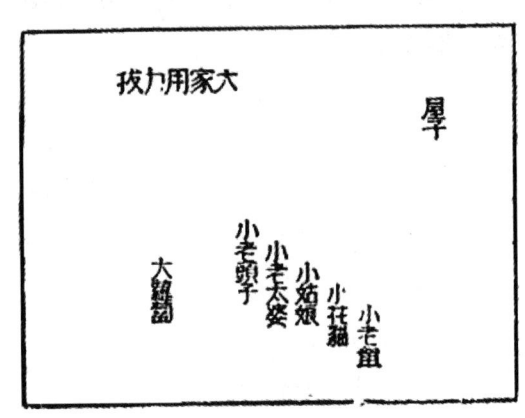

——复习那出故事,问故事的内容。

——教师问:"现在我们用什么方法来画出来?"儿童当然有难色。"我现在给你们看一张图好吗?"说着给儿童看如附原图 34 的油印品,儿童找不出图来,必定着急。那么教师说:"我们想法来补成。"于是拿出原图 33 的油印品来给他们看一次。说:"这张图,请你们要把它弄得好看些。"儿童知道涂色的。于是就分油印的轮廓图给儿童着好了色,这节就告一段落。

——"前次你们所涂的图,我们想把它连贯起来,好吗?"儿童有回答:"好的。"教师就请一个儿童分发剪子,于是一个一个的都剪下来了。

——教师一件一件地拿起来问儿童说:"这是什么?""这是大萝卜。"……"请你们贴在相当的地位,大萝卜贴在大萝卜的地位……"说着,给他们看一张贴好的图。

——分发附原图 33 的油印,儿童就能逐件地贴了。这时候,教师的目光要顾到四周,进行个别的指导。

——复习附原图 33 各个字句。

——评判优劣。

——轮流的来认读。中间可以插入故事一段。

3. **讨论**

我们知道,学习经过的历程愈长,儿童的印象愈深。这个方法的历程很长,所以很合教育原理。不过故事、图画、剪贴……都是静坐的工作,倘若加一段表演进去,效果格外来得好。

类似这个方法的很多,平常一切图画、手工、故事,都可以照样来教读法。不过我们希望,最好是用于团体的。至于方法的手续,可以随时变化。

儿童画成图画或做手工,就讨论出一两句句子来,教师就把句子写在黑板上,来教儿童读。倘能当天把这些句子用油印印出来,发给儿童,积得久了,就可以当作读本。

第四法:拼句子

1. **用具**

缀法盘,式样看原图 35。

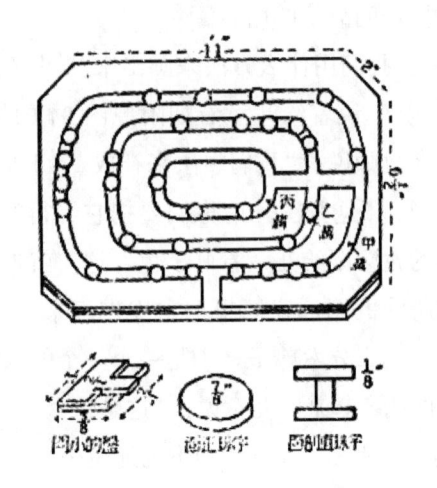

说明：(1) 名称。幼稚园缀法盘。(2) 功用。为读法教具之一。他的功用，可以复习，可以教句子。(3) 用法。图中有沟三圈，有字珠三十颗，字珠可以在沟内自由通转。用时，先将字珠均放在外边的两圈，留中间一圈的空地，教师任意说一语，如"一只猫捉老鼠"，儿童即开始找字，依次放在中间圈内。此为分组竞赛，谁寻得快，即谁为胜。每组至多三人，其中必须一人识字较多。(4) 制造。全部木制，有门可以出入，字珠盘中存沟；其大小，与字珠之沟相称。(5) 大小。详图中。

原图 35 缀法盘式样

2. 方法

这个方法，含有竞赛的意味，所以至少要有两个人以上，方才可以玩得有趣；并且儿童至少要已经认识了许多字，方才有做的资格。做的方法，是很简单的。

(1) 盘中字珠计三十多枚，就写三十多个字。其中名字、动字、形容字……都要完备。不过，都要在儿童经验范围以内的。

(2) 字珠都移在甲沟里。

(3) 每个儿童各有一具，或两个儿童合用一具。

(4) 教师就盘中所有的字，随便说一句短句子，儿童赶紧就逐字去找字珠。找到一字，就移到"丙"沟里去。

(5) 看哪个儿童先拼成句子，并且每个字都放得端端正正的，就算得胜。

放不完全的儿童,教师帮助他来放。每次必须希望,每个儿童都能放成,并且全体来读一遍。

3. **讨论**

这是作文的过渡方法。在认字已多,能够读书,还不能随意写字的儿童,用这个缀法盘,非常能适应儿童的需要。

字珠上的字,可以随时改换的。每次换字,不要全体都换,最好每天换一二个。这一二个字,即使是生字,也可以渐渐认得起来的。

幼稚园教读法的方法很多很多。以上四种方法,不过是举例说明罢了。读者如须应用,切不可拘泥于成法,可以随时变换去试验的。

练习题：

(1) 幼稚园教读法与私塾教读书有什么不同？举例说明。

(2) 近来市上渐渐有幼稚园用的读本,请买一套来,批评它的优点与劣点。

(3) 本章所举方法的实例,至少要去试行一种,然后提出改良的意见来。

(4) 你能想出一种新的方法来吗？想出以后,赶快到幼稚园里去试行,试行得以为可以做的,然后详详细细叙述出来,贡献给全国同志。

第十四章 教师

幼稚园的教师,与其他教师相同;幼稚园为什么需要教师,也与其他学校需要教师相同。所以,本章关于许多讨论教师的普通话,都从略。以下分幼稚教师的职务、修养、幼稚师范,以及今后幼稚园教师应有的觉悟数项来讨论。

第一节 幼稚教师的职务

无论哪种学校的教师,都有三方面的职务,幼稚教师决不例外,就是对儿童的职务、对社会的职务和处理行政。现在分述如下。

(一)幼稚教师怎样到儿童队伍里去

幼稚教师对于儿童所负的责任,比任何学校教师来得大。因为儿童在幼稚生时代,生活能力还没有充分获得,而身体的发达又极快,稍不留心,就会发生不幸的事,所以他的责任,有养护与指导两种。

1. 关于养护的

养护的意义,是顺着儿童固有的生活力,避去有害的事情,使他们日渐生长。所以,养护最要的条件是卫生。一切用具、食品,最低限度要没有毒害;其次是对于寒暖的注意,饥渴的供给饮食,疲倦的休息。不但要随时注意,并且要视作最重要的功课。

"活泼好动"是儿童身体上自然的要求,对于儿童的身体只会有益,不会有害。教师对于儿童的好动,应当鼓励;应当使儿童多动,不应幽闭儿童,静得如木头一般。不过有许多危险的活动,应当预先告知。例如不会泅水,决不应该让儿童跳进河水里去；又如儿童都很爱捉生物，但是有几种有毒的生物，如蜈蚣、毒蛇、胡蜂等，就得教师留心了。

心理的养护，也是教师的责任。关于这点，教师当以身作则。在目前的中国，最需要的不是服从，而是凡事追求真理；不是畏缩小心，而是冒险精神。所以，不但要养护得有健全的身体，还要养护得有健全的心理。

2. 关于指导的

儿童有万般需要，教师决不是万能，所以教师往往会感到能力不足。这是好现象，因为感到不足，才肯向前学习。指导有一个要点，就是宁可让儿童自己找，教师帮助儿童满足需要，不要强拉儿童跟着教师做。

养成几种好习惯，是指导中最重要的一项。例如卫生习惯、整齐习惯等，都是要带些训练的意味。至于做人礼貌、处事方法等，都不是形式训练所能收效的。教师一面以身作则，一面遇到有相当机会再去指导。

技能的指导，也是教师重要职务之一。生活技能，如穿衣、说话、跑路、吃东西等，都可以在实际生活上加工指导，不必另制模型来学习。至于许多游戏、表达思想等技能，也不必有多少基本训练。不过教师要具备这些本领，那就随时可以指导儿童了。

知识不是传授的，而是自己找得的。所以指导儿童获得知识，不是整块知识的传授，而是指导怎样获得知识的方法。不过幼稚生的获得知识，完全在工作中、游戏中得来。那么指导幼稚生的工作、游戏，也就是指导怎样获得知识。

（二）幼稚教师是社会活动中的一员

照现状说，幼稚教师大多数是女子，是较有常识常能的女子。现在中国妇女运动虽然渐渐有力量起来，但是大多数妇女都还静睡着，并且为着工作的奇忙、生活的压迫，对于孩子都弄得有心无力。帮助这许多母亲，就是幼稚教师职务的一部分。

干社会活动，要有相当本领，要有相当能力。下面列举大纲：

（1）能说话、能讲演，这是第一个条件。所谓说话，口齿要清楚，语句要老练，态度更要温和。

（2）会算账、会组织合作社。这是替社会解决经济困难的一种方法，不只限于妇女运动，而是整个的社会活动。

（3）会写、看民众文字，如信件、文帖、契据等的写和看。虽然于社会没有什么根本贡献，但是能够为社会解决临时困难，这项也极重要。

（4）懂得当地风俗，又能医小病。这是到社会里去的法门，做不到这项，就无从进社会去。

（5）此外还有许多态度，也要有相当修养的，如能吃苦、肯做事、能打抱不平等。

（三）关于处理行政的

幼稚园大都属于小学，所以行政事务比较简单。大都只有购买用具用品、保管玩具与工具、整洁园舍、画图表等，是必需做的。会计与管理工人，已经不是每个幼稚教师都要做的事。至于对付官厅，如公文往来，以及酬酢周旋，幼稚教师可以不必问闻。

第二节　幼稚教师应该怎样修养

上节略述幼稚教师的职务。不过教师职业的内容，比较来得繁复。他的责任，不但要恪尽厥职，并且要会变化，会求进步。倘若教师都是循例做去，毫无变化，不但学校无生气，并且有许多事，如干社会活动等，也决不会有成功的可能。

（一）幼稚教师生活的现状

近来为着世界经济起了大变化，生活的紧迫一天厉害一天，教师本来是最清苦的职业，到此更加不得了。于是，有下列许多现象发生。

1. **以教师为过渡桥的**

女子大都在出嫁以后，家事牵累，不能外出工作。所以有许多做幼稚教师的，不过是嫁的期待，决不会想到这是职业，这是终身从事的职业。

2. **不得已而做教师的**

生活如是紧迫,物质报酬如是微薄的教师,不是有决心的,必难安心。所以许多教师,不过以此作良好机会的期待。

这两种教师,对于儿童往往是讨厌的。为着讨厌儿童,就不能使儿童满意;儿童感到不满意,就闹得更凶;为着儿童闹得凶,教师也愈加凶狠,愈加讨厌儿童。结果,于技术上、学识上,更加不愿意去进修。于是材料缺乏,应付无方,在上课时勉强敷衍,时间一到,赶快就跑。有一种懦弱的教师,不会这样干的,于是放纵儿童,弄得全园混乱不堪。

3. **成见太深**

还有一种教师,为着成见太深,所以他虽然有终身的志愿,但是师说传授的观念极深,所以也会弄得儿童没有生气,每天不过做些生吞活剥的机械工作。儿童学不会,他就痛责儿童愚蠢。到后来,自己也就心灰起来。这种教师实在可惜,倘能求进,决不至如此。

以上三种教师,都是因为缺乏相当修养的缘故。本节就来讨论幼稚教师应该怎样修养。

(二)关于人生观的修养

人们除非生而残废,为生理上所限制,难以改善。不然,倘有坚决的人生观,即孱弱的身体,亦能变为强壮。本段所述的体格、性情,完全要先有正确的人生观才能做到。

1. **属于身体的**

筋肉强健,皮肤红润,姿势优美,精力充足,容貌清秀,声音清妙,气宇庄严而和蔼,几乎人人见到能受感动的。

2. **属于性情的**

论性情,就会提到四种气质:多血质、胆汁质、神经质、粘液质。教师决非只有一种气质的人所能胜任愉快的,所以必须兼有乐观、慷慨、细致、和平四种之优点,没有粗暴、急躁、懦怯、凝滞的四种缺点。此外,更须充满着爱的心、爱的态度、爱的动作。对于儿童固然无处无事不爱,待人处事也是充满了爱的合作表示。有人说:"教师是爱的事业。"教师自己能够存着爱的心，那么对于一切事情、一切儿童，以及一切成人、社会，都觉得可爱，都肯努力地向前做去了。

3. **属于社会的**

用爱来处世，当然随遇而安。不过对于自身在社会上的地位，也要有相当觉悟，然后于人生观的修养可以更加坚定。教师在社会中，是职业的一种，与其他职业相同；决不是清高，也不是居于四民之首。教师是劳工，是快乐工作的劳工。儿童的成绩，就是教师劳工的成绩。不过，这种成绩是继续不断的长进的，不能当货品出卖的；只可以供作教师自己的欣赏，为社会造下无形的产业。至于薪水是劳力的代价，与劳工的工资同，决不是只作薪炭之用，也不是束脩相敬之意。教师倘若有此社会意识的觉悟，那么许多尊师崇道等误解与无谓的气愤，都可平息。只要肯下决心，就可快活工作于这种职业。

（三）关于学识和技能上的修养

教师不但要有坚定的人生观、健全的人格，并且要有相当的学识和技能。幼稚教师最重要的一段修养时期，当然是求学时代。在校时修养的方法，不外听讲、看书、请益于师友、与师友讨论问题、实地观察、实地到幼稚园里去做。这几件修养方法，几乎没有一个师范学校不是如此。到了做教师，那就一天到晚诸事奇忙，几乎无暇看书，找师友请益讨论的机会也减少许多。

至于利用假期补习，一来中国各地暑期学校很少顾到幼稚教育；二来幼稚教师进暑校的经费与时间，也会发生困难。这样看来，幼稚教师修养时期，几乎只有求学的几年，无怪乎做了几年教师以后，兴趣索然；虽不受环境淘汰，而自身亦不愿继续。其实，照着现行师范制度，读书与求实际学问分做两途，师范生得益固然不多，即使制度变更，就在做实际工作中求学，那三两年的时光，也究嫌太短。所以在师范生时代，除听讲、讨论、实地做以外，还要养成随时能进修的能力，随处肯进修的态度。这两件，好比修养上的钥匙，得到手以后，便能进步不息，实在是教师莫大的修养功夫。

教师除在校时修养得进修的能力与态度外，对于其他学识，也得有相当修养。幼稚教师最需要的，是找新材料。要找新材料，第一要有选择的能力，对于有关系的各科，都要有相当根柢；对于儿童的好尚，尤须整个明了。例如搜集故事，故事的本身是文学，然而科学常识、世界大势，以及各派对于初期儿童心理的解释，都要有相当修养。不然，许多神怪故事、"王子发财"的故事，以及完全不合幼稚生的故事，只凭文学眼光去衡量，便不容易鉴别出来。

其次是技能的修养。有了好材料，没有好方法，与儿童也不会发生关系。关于技能的修养，在校时除非真能到幼稚园里去，还可以学得几许外，不然都是纸上谈兵。技能的修养有三方面：

（1）是间接的学科。这许多学科的原理，可以作为技能的根据，如心理学、生理学、社会学等。

（2）是直接的练习。就是实地在幼稚园里学习，如参观、实习等。

（3）是个人的领悟。这是"能予人以规矩，不能予人以巧"的"巧"字。这个巧字，非学者自己潜心领悟，教师永远没有方法可以传授的；换句话说，也是没有一处地方可以学得到的。"熟能生巧"，技能熟练，固然可以产生些巧妙，但是只有机械式的熟练，依旧不会有进步，也永远不会有新的巧妙发生。所以教师对于各种技能，还要会活用，还要能处处留心，时时能变换新方法，这个"巧"字，才可以做到几分。

第三节　幼稚师范

幼稚师范是培养幼稚教师的专门教育机关。我国从前办教育的人，并没有注意到它，所以到现在，全国幼稚教师大多数还是教会学校的毕业生。

自民国十八年全国教育会议议决各省筹设幼稚师范以后，年来各省所办的幼稚师范已渐渐增多。在北方，有北平孔德幼稚师范、女师大保姆科，近又有香山幼稚师范；在中部，江苏有南京女中幼稚师范、大夏幼稚师范、上海幼稚师范；在南部，有集美幼稚师范、福州幼稚师范。这都是国人自己创办，且都是稍有历史，也稍有成绩的。

至于外人所办的，北平有燕京，江浙有景海、弘道、沪江，福建有协和、育德，此外在湖南、广州，亦均设有幼稚师范，且毕业生服务于各省的很多。

这是目前中国幼稚师范教育的概况。

幼稚师范现分初级、高级两种。初级的，合于初中程度，在校时期为三年，入学时以高级小学毕业为标准；高级的，合于高中程度，入学时以初中毕业为标准，在校时期为二年。至于大学设有幼稚师范科的，还没有听到。这是目前我国幼稚师范的制度。

幼稚师范课程的内容，因为近来正在试行期中，所以各校略有出入。兹举一例如下（表11）。

表11　某高中程度的幼稚师范学校课程表

学科名＼学期及每周授课时数＼学年别	第一学年		第二学年	
	第一学期	第二学期	第一学期	第二学期
国文	4	4		
国语	1	1		
党义及社会科学	3	3		
自然科学	3	3		
儿童学	3			
幼稚教育及幼稚园观察	3	6		
儿童游戏	2	2	2	
儿童卫生			2	
儿童文学			3	
儿童故事				3
乡村社会			2	
幼稚园课程和设备			3	
新教育法				2
教育测验及统计				3
小学教育				3
教学实习			2	3

续表

学期及每周授课时数 \ 学年别 \ 学科名	第一学年		第二学年	
	第一学期	第二学期	第一学期	第二学期
看护及医药常识				2
家事			3	
烹饪				2
歌、乐及节奏表演	2	2	2	2
形艺	2	2	2	
工艺	2	2	2	
园艺				2
体育	1	1	1	1
总计	26	26	24	23

该课程表系高中程度用，缺点很多，最大之弊，即实地工作太少，课室与书本工作太多。结果每人到毕业时，与儿童接触之机会极少，一切方法等都难习得。因为与儿童接触机会少，所以许多儿童文学、儿童游戏等学程，不是纸上谈兵或教师欺骗，便是学生学得不真切。

现在再举一例，系初中程度的（表12）。

表12 某初中程度的幼稚师范学校课程表

学分及每周授课时数 \ 学年别 \ 科目		第一学年预科				第二学年本科				第三学年本科			
		上		下		上		下		上		下	
		每周授课时数	学分	每周授课时数	学分	每周授课时数	学分	每周授课时数	学分	每周授课时数	学分	每周授课时数	学分
国文	读文	6	6	6	6	3	3	3	3	2	2	2	2
	作文	2	4	2	4	2	4	2	4	1	2	1	2
	国音	2	2										

续表

科目		第一学年预科				第二学年本科				第三学年本科			
		上		下		上		下		上		下	
		每周授课时数	学分	每周授课时数	学分	每周授课时数	学分	每周授课时数	学分	每周授课时数	学分	每周授课时数	学分
教育	儿童学	2	2										
	教育心理			2	2	2	2						
	教育原理			2	2	2	2						
	教育史									3	3	3	3
	幼稚教育概论	2	2	2	2								
	测验概要									2	2	2	2
	教育统计									2	2		
	幼稚教材					2	2	2	2				
	设计教学法							4	4				
	幼稚课程					2	2	2	2				
	家庭教育					1	1	1	1				
	幼稚园组织									1	1	1	1
	学校管理法											2	2
社会	党义	2	2	2	2	1	1	1	1	1	1	1	1
	社会学									2	2	2	2
自然	应用科学	4	4	4	4								
	生物学					2	2	2	2				
艺术	音乐	6	6	6	6	3	3	3	3	2	2	2	2
	图画	2	2	2	2	2	2	2	2	2	2	2	2
	手工					2	2	2	2	1	1		
体育	舞蹈	2	2	2	2	1	1	1	1	1	1		
	运动	4	4	4	4	2	2	2	2	1	1	1	1

续表

科目		第一学年预科 上 每周授课时数	第一学年预科 上 学分	第一学年预科 下 每周授课时数	第一学年预科 下 学分	第二学年本科 上 每周授课时数	第二学年本科 上 学分	第二学年本科 下 每周授课时数	第二学年本科 下 学分	第三学年本科 上 每周授课时数	第三学年本科 上 学分	第三学年本科 下 每周授课时数	第三学年本科 下 学分
实习	实习					6	6	6	6	2	2	2	2
	实际问题讨论					1	1	1	1	1	1	1	1
	总计	34	36	34	36	34	36	34	36	34	35	32	33
选修科	数学	4	4	4	4	4	4	4	4	4	4	4	4
	理化	4	4	4	4	4	4	4	4	4	4	4	4
	史地	4	4	4	4	4	4	4	4	4	4	4	4
	英语	4	4	4	4	4	4	4	4	4	4	4	4

附注：（1）学分数系指每学期而言。（2）选修科二、三年级学生，均得任选一科至二科。每科不到十人者，不开班。又，各科选习，以一学年为限，不得任意变更。

该表缺点在于，基本学科训练少。因为小学毕业生对于各种基本能力，实在不充分，所以在幼稚师范时代，应该多多补充。至于该表的特长，就是实地练习的时间多，对于儿童所得的知识必定很真切。学者可以从这两表揣摩，得一张比较美满的课程表。

幼稚师范须附设幼稚园，此事也极重要。幼稚园的多少，当与师范生的数目成比例。倘同时有师范生四十人要实习，至少要有幼稚生二百人，不然便不够分配。这个幼稚园的教师，就是实习的指导员，一切分配工作、指导进行，以及怎样解决儿童问题，都归她负责。倘若幼稚师范附近招收不到如许幼稚生，可以特约本区幼稚园作为实习场所。

幼稚师范生不但要在幼稚园实习，还当到小学低年级去实习。因为小学低年级，必须与幼稚园沟通。在中国现代社会状况之下，幼稚园必须稍稍采取小学办法。近来有人主张，幼稚师范应当附带训练小学低年级教师，这也是值得注意的一个问题。从儿童心理与社会需要上说起来，实在是有此必要。

此外还有待遇问题，此事与师范教育独立与否大有关系。为提倡幼稚教育起见，对于幼稚师范生应当完全免费。不过此事当视全校经费，不能一概而论。

招生问题。我国学校招生现状，规定高中男女同学，初中男女分校。幼稚师范完全是女生，幼稚教师以女子为比较相宜，这是谁也承认的。不过男子中如有性情相近、志愿研究的，也应当有培养的机会，所以合乎高中程度的幼稚师范，应当男女兼收。

练习题：

（1）幼稚师范有两项重大职务，照中国幼稚园现状看起来，是偏重在哪一种的？

（2）幼稚教师对于人生观的修养，有几点是最为重要？

（3）幼稚教师在求学时代，除学习功课以外，最要紧是养成什么能力与态度？

（4）根据本书全部的讨论，以及你实地得到的经验，先来分析幼稚教师的职业，然后来假定幼稚教师应有的技能与学识，再来拟一张初级幼稚师范的课程表。

（5）读完本书以后，你来下一番自省功夫，对于幼稚教育的兴趣怎样？估量你的一切，可以做一个好幼稚教师吗？

幼稚园的演变史

（1935 年 7 月 20 日）

【题解】 本书于 1935 年 10 月由商务印书馆初版。本书采录，依据初版原本。本书脱稿时间，依据本书《自序》所言，为"二十四年七月二十日"，即 1935 年 7 月 20 日。本书为"幼稚教育丛书"之一，署名为"张宗麟编、宗亮寰校"。

本书校订者宗亮寰（1895—1968），字道镜，江苏宜兴人。1917 年毕业于苏州第一师范学校，留校担任附小美术教师。后被上海商务印书馆聘为编译所的教科书编辑。1943 年 3 月，与同事们合伙创办了"基本书局"，主要刊印儿童读物和教学用书。中华人民共和国成立后，担任上海少年儿童出版社编辑部出版科科长。为《小学形象艺术课程纲要》起草委员会委员，并为该纲要起草人。编有《小学形象艺术教科书》《小学党义教科书》等，撰有《劳美教育的创造性》《改进小学美术教学的管见》等。

有关幼稚教育史的研究，前此发表的重要论文，有李贻燕撰写的《幼稚教育史》，分五部分连载于《京师学务公报》第 1 卷第 6 期至第 2 卷第 6 期（1925 年 11 月至 1926 年 6 月），全文约 2.3 万字，分序论、幼稚教育家及幼稚园之成立、幼稚园之发达及现状、幼稚园之种类、幼稚园保育之事项、保育时间、幼稚园儿童数及编制法、幼稚园应注意之传染病和幼稚园之导论 9 节，其中第二节各幼稚教育家的内容便占全文 80％以上。全文不仅未涉及中国的幼教事业及相关法规和人物，而且体例也与历史编年或分类无涉，因而本文只是徒托"史"之名，并无"史"之实。

其后，舒新城在《教育杂志》第19卷第2期发表《中国幼稚教育小史》，其时在1927年2月。该文分清代、民国时代和结论三部分，介绍了中国近代幼稚教育的创立和发展，全文六千余字，显然失之过简。在《教育杂志》同期发表者，还有陈鸿璧所撰《幼稚教育之历史》。该文分人文进化与教育、幼稚教育、第一期教育之始祖、第二期教育之探源、第三期教育——幼稚园之发祥、幼稚教育研究会、保师养成所、吾国幼稚教育之进程九部分，全文九千余字，尤以对上海市幼教机构的统计最具价值，他则零散而未及详论。

正因为中国当时在幼稚教育史方面的研究尚在起步阶段，所以沈百英在1930年筹编"幼稚教育丛书"之时，便特约张宗麟撰写此书，用以弥补这方面的不足。只是由于张宗麟个人的原因，致使此书的出版迁延数年，未能获得独占鳌头的地位。

也是在1935年7月，世界书局出版邵鸣九编撰的《幼稚教育史大纲》。该书标明为幼稚师范生的教学用书，全书约2.5万字，共分如后8章：（1）什么是幼稚教育史；（2）幼稚教育史的内容是什么；（3）西洋幼稚教育的沿革；（4）中国幼稚教育的变迁；（5）最近各国幼稚园教育的状况；（6）现代幼稚园的趋势；（7）现代幼稚园的设施；（8）怎样研究幼稚教育史。该书虽内容简略，然而线索了然、眉目清晰，已略具教育史书的意味。

张宗麟所撰本书，以"问题"为出发点，以"分类编年"方式述论。其局限在于"述"之缺乏系统或条理，而优长则在于"论"之独到与深刻。相较于邵鸣九编撰的《幼稚教育史大纲》，本书明显以史论见长。

原版时，各章以一、二、三……标号。收入本书时，编者依本卷体例，统一变更为第一章、第二章、第三章……特此说明。

自 序

民国十九年春天，沈百英先生主编"幼稚教育丛书"，要我写《幼稚园的自然》《幼稚园的社会》《幼稚教育史》三册。这年秋冬两季，我住在上海，为着环境的安排，① 使我特别空闲，所以写成了两册；一册是《幼稚园的自然》，一册是《幼稚园的社会》，只有第三册的史略不敢着笔。

缴卷的两册，到了"一·二八"纪念②以后，百英先生写信来说："商务被毁，《幼稚园的自然》殉难，《幼稚园的社会》也成为焦尾琴③。"接着，馆方又来一张约写《幼稚园的演变史》的约书，百英先生又要我补写《幼稚园的自然》一稿。因为这几年来本身过着游脚僧的生活，不但没有敢写这本史略，甚至一本"自然"也没有补起来。

去年路过上海，知道这本"自然"，已由老友雷仲简（震清）先生本着他的经验写成了，这是一件极可喜的事。那么留下的一本史略若再不写，不免要引起百英先生的误会。所以在民国二十四年六月底预定下半年生活计划时，便把这件事计划进去，一面把三年来几位师友供给我的史料都重翻出来，准备在七月里先做完这件事。

恰巧湖北全省小学教师讲习会要我讲幼稚教育，并且指导幼稚教育组的讨论会，我就把这本稿子作为讲稿了。我自信这本小册子没有什么新材料，只不过把许多旧材料加以整理；它的贡献也没有什么，至多只可以贡献给幼

---

① 此"环境"，系指1930年4月晓庄学校被当局封闭后，张宗麟受命处理善后工作，直至8月底燕子矶幼稚园停办后，才离开南京，蛰居上海，得闲致力于笔耕。此时的环境，实为生活教育运动的低潮期，同时个人也面临人生道路重新选择的关口。

② "一·二八"纪念：通称"一·二八"事变或"一·二八"淞沪抗战，系指1932年1月28日午夜，日军突袭上海，中日爆发激战。其间，商务印书馆和东方图书馆被炸，诸多手稿和图书被焚。

③ 焦尾琴：中国古代四大名琴之一，相传为东汉蔡邕所拥有。因其料梧桐木系由火中抢出，故琴成后琴尾仍留有焦痕。后人以此借喻火中抢救出的珍贵之物。

稚教师与小学校长一些新的方向。

有一次，我为着中国是否需要办托儿所的问题，在《生活教育》半月刊上发表了一段意见。① 意思是在今日中国社会状况之下，托儿所不必提倡；若为研究与实验起见，那是极需要的。后来张雪门先生给我信时提到此事，他说："现在时势已成，提倡与不提倡都没有多大影响。"这几年来，很有人提倡办乡村幼稚园，主张缓办城市幼稚园。结果，城市幼稚园发达很快，乡村幼稚园几乎只不过在风景区做点缀。从种种事实上说来，那么这本小册子的效力如何，也就极渺茫了。不过有此一举，对于老友沈百英先生的误会可以免去了。不知道百英先生看完此篇会哑然发笑吗？

短短四万字的稿子，供给材料的师友倒很多。陈鹤琴、陶行知两师，北平的张雪门先生，武昌的程一渔②先生，孙铭勋③、戴自俺④两弟，都供给很多材料，我都很感激，敬此道谢。妻子王荆璞君每次看到百英先生给我信后，必定接着催我快写快写，好像她受了他的特别委托。现在化了二十天工夫，把这本小册子整理完了，她也不会来催我了。我当然也得谢谢她的催促。

张宗麟，二十四年七月二十日，离武昌教育学院的一天

---

① 此"意见"，见诸《托儿所》一文，该文见载于《生活教育》半月刊第1卷第8期（1934年6月1日）。

② 程一渔：生卒年籍贯未详。早年毕业于武昌高等师范学校，1928年任教于武昌私立群化中学，1934年任教于湖北省立女师，为中华儿童教育社社员。

③ 孙铭勋（1907—1960）：贵州平坝人。早年就读于贵阳师范学校，1928年春，与同学戴自俺共同考入晓庄师范，为第三期生，肄习幼稚教育，在晓庄幼稚园实习，参与设立"蟠桃学园"，并主持创设了迈皋桥幼稚园。晓庄被封后，受命办理新安小学，并创设新安幼稚园；又在陶行知指导下，在上海创设劳工幼儿团。后历任贵州平坝县立中学校长、重庆育才学校校长、西南文教部研究员、西南师院儿童文学副教授等职。编著有《晓庄幼稚教育》《晓庄批判》《幼稚教育》《乡村教育经验谈》等。

④ 戴自俺（1909—1994）：原名治安，贵州长顺人。早年就读于贵阳师范学校，1928年春考入晓庄师范，肄习幼稚教育。在校协助办理晓庄幼稚园，创设迈皋桥幼稚园，后协助陶行知办理山海工学团和劳工幼儿团。历任河南百泉乡村师范、北平幼师、桂林幼师教师、教务主任，并致力于幼稚教育理论研究。1949年后，历任贵阳市政府教育科科长、北京教育部民族教育司教学指导处处长。著有《晓庄幼稚教育》《幼稚园生活进程》等，主编有川版《陶行知全集》。

第一章　在继续不断演变中的幼稚教育

幼稚教育从发生到现在，不过一百二十年（西历一八一六年德国福禄培尔办一所非正式的幼稚园，到今年恰恰一百二十年）。[①] 在这短短的过程中，经过了许多演变；并且它的发生，也是有来历的，也是从各方面演变来的。

宇宙间各种事物，没有一件东西，可以单独存在的；也没有一件事情，会没有因由而发生的。教育在社会上的地位，各人的估计不同：有的说它是经济、政治等的产物；有的说它是人类一切文化、一切生活的总根源。前者是唯物论者所主张，后者是新唯心论者所主张的。他们对于教育的估价虽然不同，但是他们承认，教育是继续不断的演变是同的。

倘若承认教育是经济、政治的产物，那么社会上的经济是逐渐发达的，政治也是转变不息的，它们的产物当然不会静止。它俩的演变，虽然不会丝丝入扣、不差一毫，但是大体不会相反的，这是一。倘若承认教育是人类生活总根源，那么人类生活是永远在推进中，真所谓"长江翻白浪，前浪涌后浪"。教育倘若是推进这些波浪的原动力，那么后一浪的力，当然不是前一浪的力；它的演变，也就与生活的浪同着推进。所以，我们无论从哪一方面说来，教育永远在不断的演变中。

教育的演变有二方面：一方面是本质的演变；一方面是形式的演变。教育上各种方法、材料，以及由普通教育变为特殊教育等等，都是形式的演变；教育本身目标与含义的演变，是本质的演变。本质的演变，当然会使形式跟着变。例如封建时代教育的意义与资本主义发达后的教育意义不同，它表现

[①] 此"一百二十年"，是以1816年为起始的。其实，福禄培尔在德国勃兰根堡创设世界上第一所学前教育机构的准确时间，是在1817年，而非"一八一六"。

的形式如材料、方法等也就大不相同。但是，教育形式的演变，不是完全跟着教育本质的演变来的。例如，因为科学的发达，使教育上各种方法与材料有突飞猛进的变迁，这决不是单靠教育本质演变而来的。

以上是一般教育演变的原则。幼稚教育的演变，当然也跳不出这个原则。

谈到幼稚教育，它本年〔来〕就是从普通教育演变来的。在古代，以为教育是童子们用的，决不会引用到六岁的儿童的。十八世纪的卢梭，虽然注意儿童的幸福，但并没有肯定地说，六岁以下的儿童应该受特种教育；况且卢梭一生没有实际干过教育事业，虽然写了《爱弥尔》那样好的教育小说，实际上连自己的儿子也没有教过。①

裴斯泰洛齐总算是教育实行家了，但是他对于六岁的孩子，也没有特别提出来；他也不过以为，凡是孩子都应该受教育罢了。甚至幼稚园的创造始祖福禄培尔，当初办儿童学校时，又何尝专致力于六岁以下的儿童呢！但是到了这个时候，普遍的注意儿童教育已经不够了，幼稚园的名称，也就因福氏散步中产生出来了。

倘若没有十八世纪的自由思想，决不会有卢梭的注意儿童自由的主张；倘若没有德国反康德②的主张，决不会有裴斯泰洛齐的儿童教育的理论与实施；倘若没有卢、裴两氏的开先锋，决不会有福氏的幼稚园的创设。在历史上，很明显的表现着演变的过程，决不是一个空想家从散步闲谈中会产生幼稚园的名称与方法的。

幼稚园的发生，是跟着整个社会的演变，以及哲学、教育等演变而来的。既然发生以后，它的滋长也就跟着整个社会的演变而演变着；当然啦，我们不要忘记从事幼稚园事业者的努力。

---

① 此"没有教过"，指卢梭和他的情侣戴莱丝总共生育了5个孩子（性别不详），但他们出生后未久，全都被送进了育婴堂，卢梭从未尽过作为父亲的抚养、教育责任。

② 康德：即伊曼努尔·康德（德文 Immanuel Kant，1724—1804），德国古典哲学创始人，是西方最具影响力的思想家之一。在《康德论教育》中，认为教育的根本作用，就是要对人的本性进行适当的控制；强调"道德自律"和"道德义务"的重要作用，认为自由是道德教育的最高目的，必要的"管束"和"训导"，是实现自由的必要保证。著有《纯粹理性批判》《道德形而上学原理》等。

这里，我来举一个比喻的例子：一件生物的得到生命，必定从父细胞与母细胞配合而变成的。既然得了生命，它的发育，一面靠着它自身固有的生命力，一面尤其需要外围的日光、空气及其他养分；甚至这许多养分，可以变更这件生物的一部分或全部分。所以少得日光的草与多得日光的草，在颜色与姿态上都不相同；深海底的鱼与浅海面的鱼，形态上与习性上都大不相同。幼稚园发生以后，也就受着它本身的与外围的影响，继续不断的演变着。

它的演变途径，都可以找出一条线索来的，它与社会的演变毫不冲突。我们虽然不愿意说，教育是一切政治、经济的工具；但是从幼稚园的演变上看来，至少我们可以承认，幼稚教育的演变，是受到政治、经济及其他哲学等思想演变而来的，它不会单独变的，不能单独变的。

第一个幼稚园产生到现在，不过短短的一百二十年。因为这一百二十年的世界变化得太快了，所以幼稚园的演变也非常迅速。我们可以找到下列几条演变的路。

一、从神秘的演变到科学的

当幼稚园初发生时，科学虽然已经有相当进步，如哥白尼①的地动说、牛顿②的万有引力说，都为当时一般人所公认；但是卢梭的自由主义引起世人不少的误会，在生物学上还牢守着亚里斯多德③的学说。所以对于人与宇宙的发生与生长，都没有十分明了。这时候，在哲学上神秘的色彩很浓，所谓以一

---

① 哥白尼：即尼古拉·哥白尼（波兰语 Mikołaj Kopernik，1473—1543），划时代的天文学家，针对罗马天主教廷的"地心说"，颠覆性地提出了"日心说"，并予以科学论证，且坚持不渝。著有《天体运行论》等。

② 牛顿：即艾萨克·牛顿（Isaac Newton，1643—1727），英国著名物理学家，所总结的万有引力和三大运动定律，奠定了此后三个世纪里物理世界的科学观点，并成为了现代工程学的基础，从而推动了科技革命。著有《自然哲学的数学原理》《光学》等。

③ 亚里斯多德：通译亚里士多德（Aristotle，前384—前322），古希腊哲学家、科学家。师承柏拉图，成为当世最博学的人物。曾在雅典创办"吕克昂的学园"，讲学之余，还撰写了多部著作。其研究领域，涵盖伦理学、政治学、物理学、生物学、逻辑学、教育学等，被誉为"百科全书式的哲学家"。著有《形而上学》《伦理学》等。

比万，以宇宙的一切比于个人的生长等神秘学说，弥漫了整个学术界。

这时候的幼稚教育，当然跳不出这个神秘的圈子。福氏各种恩物与教法的神秘，也确有当时的社会价值。不久以后，达尔文①的进化论发表了，巴斯笃（Pasteur）②更发见细菌，于是生物学、生理学、医学上有突飞猛进的变迁；对于儿童养护，遂由神秘的迷信而进于科学的养护。

到了最近，更因心理学的进步，如华真（Watson）的行为学说及德国的完形派心理学③等，都是从哲学而进于极精密的科学。于是，昔日认为不可知、不能知的儿童心理学，也可以用数字等表示出来了。所以今日幼稚园所用的材料与方法，都不如从前的神秘，都是整个的以儿童心理学上所指示的为依归了。这个演变——从神秘的变到科学的——是幼稚园本身变呢？还是科学的进步使它变呢？还是二者合着变呢？

二、从慈善性质的怜悯演变到权利性质的享受

从事教育者，对于教育的看法各有不同。欧洲武士教育、侍从教育（在希腊时代）的施教者，看教育是训练王家用才的工具。到了资本主义发达，

---

① 达尔文：即查尔斯·罗伯特·达尔文（Charles Robert Darwin，1809—1882），英国生物学家，进化论的奠基人。1831年毕业于剑桥大学后，随军舰环球旅行，研究各地的动植物，归国后创立进化论学说，成为伟大的生物学家。著有《物种起源》《人类的由来及性选择》等。

② 巴斯笃：通译巴斯德，即路易斯·巴斯德（Louis Pasteur，1822—1895），法国著名微生物学家、化学家。他创立了一整套独特的微生物学基本研究方法，广泛运用于医学、工业化学等领域，对人类战胜狂犬病、鸡霍乱、炭疽病、蚕病等流行病作出了重大贡献，被誉为"细菌学之父"。撰有《关于乳酸发酵的记录》等。

③ 完形派心理学：亦称格式塔心理学派，代表人物有苛勒、韦特海默、考夫卡等，20世纪初叶创立于欧洲。主要研究人类知觉与意识问题，认为整体先于部分而存在，并制约着部分的性质和意义，它反对对任何心理现象进行元素分析，既抨击心理分析学派偏重自省，也反对行为主义心理学派排斥心智历程的方法，从而推进了心理学的发展。

资本家开办工业技术学校,他们看待教育,是训练技术工人的工具。国家主义①发达以后,看待教育是政府训练人民的工具。德谟克拉西②者看待教育,是人民应该享受的权利。

这种种看法所看待的教育,都是一般教育,至少是小学以上的教育。因为小学以上的人,受训练以后才有用;也就是十岁左右的人民,才有受教育的权利。可是对于毫无能力的幼稚生,还没有被人注意。所以最初办幼稚园的人们,都是从慈善性质出发的。不要说福禄培尔是以教徒的资格,怜悯乡村贫苦儿童而办幼稚园;就是到了蒙得梭利在贫民区里办儿童院,也是一种慈善性质的工作。

但是自从发现幼稚生的一切行为可以影响到整个人生,更因第一次世界大战以后注重儿童的声浪高涨,于是昔日以为怜悯的布施,今日变为应享的权利了。一念之转,相差极多:昔日为成人们"行有余力"而顾念的工作,今日变为儿童本位的事业。于是在种种设施上,都从成人本位转变为儿童本位:成人对于儿童的一切工作是义务,儿童对于受教育是权利。幼稚教育的发达,根源于这个观念的转变很多。

三、从少数人的演变到多数人的

幼稚教育既然从慈善性质的怜悯演变到权利性质的享受,那么受幼稚教育的人数,当然由少数人变为多数人,甚至到了普遍的。

这里,我想必得补说一段话:幼稚园的发达,一方面固然为着一般人重视儿童,但是另有两个最大的主因:一个原因是,工人、农民及一切劳动者被人重视,甚至劳动者可以自己握政权,支配自己的生活;于是劳动者的子

---

① 国家主义:近代兴起的关于维护国家主权、国家利益与国家安全和国民的利益问题的一种政治学说。它将国家主权置于优先位置,认为国家是由国土、人民(民族)、文化和政府四个要素所组成,国家主权与国民权利不可分割,国民通过契约、法律授权政府管理国家事务。20世纪20年代后,中国国家主义教育思潮也曾兴盛一时。

② 德谟克拉西:为英语democracy的音译,亦称"德先生",意为民主,即人民享有参与国家事务和社会事务管理或对国事自由发表意见的权利。

女,昔日以为天生的低能的儿童,今日可以享受最新式的幼稚教育。另一个原因是,儿女私有制观念的日趋淡薄,甚至完全消灭,进而到了儿童公育、儿童国有等地步;于是昔日父母贵而富者得送入幼稚园,今日则同为儿童,可以受到同等的教育,可以受国家一切同等的待遇。尤其是毫无自身谋生活力的幼稚儿童,特别受国家的养与教。近来欧洲幼稚园的普遍化,就是根源于这两个原因的。

四、从个别的演变到团体的

这是幼稚园所用方法与材料的演变。例如积木,从前福氏积木与蒙氏恩物,都是个人玩的;现在的积木,都需要几个儿童共同合作方才能玩。在这里,确也经过了一个呆板的时期,例如小学的班级制侵入幼稚园后,幼稚园的许多方法也变为呆板。

但是不久,此情就转变了。因为班级制的团体是强迫而成的,不但不会发生集团的力量,甚至会发生许多弊病。幸而过了不久,呆板的班级制不但不能留存在幼稚园,反而幼稚园的团体活动,改变了小学低年级的上课形式。这个演变,当然要归功于儿童心理学的发明。至于一切团体活动的内容,当然跟着自然科学而进步,更跟着社会变迁而转变。

五、从宗教式的信徒演变为正当的职业训练

这是幼稚园教师的演变。最初因为幼稚教育不发达,不需要多量的教师;更因幼稚教育在社会上地位的冷落,自命高贵者不愿投身幼稚园去服务。所以,福氏虽然在晚年主张幼稚教师应该属于女性的;但是当时女子从他学幼稚教育的,除去他的先后两位夫人以外,只有极少数的信徒。

甚至到了最近的美国,除去几位幼稚教育信徒如披鲍特(Peabody)[①]等外,其余也就不过当做一种"过渡桥"(stepping-stone)。我们知道,信徒式

---

① 披鲍特:通译皮博迪,美国幼儿园的奠基者,参见前文第 25 页注①。

的干可以发生力量，但不容易扩大，更难以有大多数人来参加（尤其是幼稚教育一类无名无利、无生死安慰的工作）。所以一旦幼稚教育事业扩大了，需要幼稚教师的人数增加了，那么不得不把昔日招收信徒式的方法，转变为职业的训练了。养孩子要用科学方法，教孩子也要用科学方法。

　　幼稚教师固然要有慈母的爱心，尤其需要合乎科学的方法。慈母的爱，决不足以指导一群儿童搭成一所房子的，这里还需要科学的指导法。幼稚教师从信徒演变到职业人员，不但数量的〔能〕增加，同时也可以使幼稚园内容的〔更〕进步。

　　以上所说的五种演变，或者可以说得，包括幼稚园全部的演变。至于怎样演变的历程，我打算一件一件的说下去。不过以下所说的，不是依照上述的分类，略略带些有系统的历史性的叙述，但不是编年体裁或传记体裁的叙述。我总觉得，找出一件事的因果来，比只做事实的叙述要有意义些。

第二章　从普通学校变到幼稚园

幼稚园（kindergarten）这个名称，在一八三八年才发见的；① 它的办法，也在一八三八年以后才具体化的（福氏的《母游戏》，可算是幼稚园具体化的第一部著作）。但是，幼稚园理论的孕育，幼稚园雏型的试办，远在一八三八年以前。

一、福禄培尔的生平②

提起幼稚园，便会想到福禄培尔（Friedrich Wilhelm August Froebel）。因为他是发见幼稚园名称的第一人，他又是终身从事幼期儿童教育事业的人；他发表了关于幼稚园具体的办法，又著述了关于儿童教育最动人的巨著。我们倘若研究出他一生的事迹，以及他的思想的来源，也就可以稍稍明了幼稚园发生史了。以下一段，就略述福氏的身世，请诸位特别注意所提的年月与他的师友、眷属。

福氏是一七八二年（清乾隆四十七年）生于德国的一个森林旁的小村子里，父亲是牧师，家境很穷。母亲在他生后九个月死的。四岁，后母来了。后母的虐待前妻〔之〕子，是中外一辙的，所以福氏并没有得到多少家庭教育。但是，在旷野、森林里，倒受了不少自然的教育，同时又受到宗教的熏陶。这些印象，于他后来的一源学说不无影响。

---

① 此"一八三八年"不确。福禄培尔在德国勃兰根堡创设第一所学前教育机构的时间，为1837年；1840年6月28日，他将这所机构正式命名为"幼儿园"，故通常认定幼儿园的诞生时间为1840年。

② 此标题系由编者加拟。

十岁到舅父家去,才得进小学,喜欢宗教、算术等功课。过了四年,父亲又逼他回家。闲着在家,就到附近森林场里去当学徒。这时候,他的勤奋与爱好自然,当然更进了一步。果然,因为爱好学问,得着场主的赞助,进耶那大学①去求学。这时候,德国各大学充满了康德的哲学思想。他虽然不好哲学,喜欢研究自然科学,但是在一团唯心论氛围里,又怎样不受到熏陶呢?可惜维持不到三年,欠了九个星期的学费,被逼退学了。退学后,又回家闲住,第二年又遭了父丧。这样,他的境遇更苦了。幸而在大学里学了些技术上的本领,可以随时找到些工作维持生活。

二十三岁那一年,在一处担任建筑师,认识了一位师范学校的校长哥罗纳(Anton Grunner)②。哥氏是裴斯泰洛齐的信徒,这所师范学校,就是传授裴氏的教育学说的。哥氏发现福氏有教育天才,劝他改业教师,并且在自己的学校里给了他一个位置。福氏这时候快活极了,他曾经在家信里写着:"这时候的快乐,真是我生平所梦想不到的,好比鱼游深渊、鸟翔天空。"他一面做教师,一面也就从哥氏那里学到裴氏的教育不少。这时候,他曾经到裴氏所办的教育机关里去长期参观了三星期。回来以后,对于裴氏的主张更加钦佩。

一八〇八年(二十六岁)师从裴氏学习,除研究裴氏学说外,更致力于地文、博物、儿童游戏、音乐及母亲教育等学科。他对于裴氏的学说固然很信服,但是决不是迷信。他曾经批评裴氏说:"裴氏的人格与热情都令人钦佩,但缺少具体的办法,难免失败。"福氏既然批评裴氏是如此,所以他的恩物、游戏与幼稚园的办法,确有具体办法。

福氏随从裴氏两年,又转而任教师者二年,一八一二年又入柏林大学。在学虽然只有一年,但是受到一位研究矿学而有神秘宇宙论的教授威斯(Weiss)的影响不小。威斯以为,宇宙间一石一草,都是有意的关联着;更因而推到人生的一切,也与宇宙间的一草一石是有意的关联着,因为宇宙与人生可以互相印证的。这种学说,对于福氏日后的宇宙与人生一源的神秘说

---

① 耶那大学:通译耶拿大学,德国知名大学,参见前文第17页注②。
② 哥罗纳:通译格鲁纳,德国教育家,参见前文第18页注①。

很有影响。

十九世纪初叶，欧洲各国受拿破仑的蹂躏，德国首当其冲，几乎整个灭亡。到了一八一三年，德国大起义勇军；这次的义勇军，几乎全国壮年人都参加的。福氏虽然是一介书生，也投笔从戎去了。到了第二年，拿翁战败于滑铁卢，被联军放逐到孤岛上去，各国军备渐次解除，于是福氏也就解甲还乡，担任柏林大学博物馆的助手。

到了一八一六年，他在家乡办了一个学校，只有五个年龄不等的孩子。这所学校，或者可以说是世界上第一所幼稚园，但是还没有 kindergarten 的名称。第二年，战地的两位好友来了：一位叫兰葛达尔（Langental），一位叫密登陀夫（Middendorf），于是合力改良从前所办的学校。第三年（一八一八年），与 H. W. Hoffmelster 女士结婚。这两件事，都是使福氏创造幼稚园最大的关键。兰、密二氏固然是他的同志，霍女士虽系富家女，但是与福氏结婚是经过几次奋斗的，甚至与她的父亲有过争执的。她完全是钦佩福氏的人格、事业而毅然与福氏结婚的。所以他们四个人，协力同心地干，学校也一天一天地充实起来；福氏的学问，也一天一天地充实起来。

到了一八二六年，他的巨著《人的教育》也就告成了。但是德国政府认为，这样学校太奇怪了，这样的学说太侮辱当时的宗教了，于是逼令解散，福氏也就漂泊到瑞士去了。他在瑞士，始终没有放弃他的教育事业、他的孜孜不息的研究工作，继续搜集儿童游戏、音乐等材料；虽然还没成系统，但是数量已经不少。

贫穷与困苦常常会招引病魔的。福氏于一八三三年，因为夫人病重，又回到柏林来。一八三八年，① 在白兰铿堡②又办了一所学校，专收三岁到七岁的儿童，但是没有命名。有一天，他与朋友散步河旁，忽然想到"kindergarten"一字，就作为这所学校的校名，哪知这个德文"儿童的花园"一字，竟通行全球，永远的用下去了。

不幸，一八三八年他的夫人去世了。幸而他的两位终身男同志依然热烈

---

① 此"一八三八"，当为 1837 年。
② 白兰铿堡：通译勃兰根堡（Blankenberg），位于德国卡尔斯鲁厄。

地辅助他，不但办学校，并且办刊物，陆续发表历年搜集的诗歌、游戏，集成《母游戏》一书。这时候，又得到培劳男爵夫人（Baronass Berthe Von Marenboltz Butow）①的赞助，使许多名人都注意幼稚园。所以在一八四四年，全德已经有幼稚园十所，一八四九年还办幼稚园保姆养成所。

这时候，福氏已经竭力主张，幼稚园教师应该由母〔女〕子担任了。这年他已经六十七岁了，仍与一位当年的幼稚园教师结婚。哪知过了二年，德国政府突然下令停办全国的幼稚园。这件事，使福氏太难过了。虽然有培劳夫人等竭力疏通，终究没有效。一八五二年是福氏七十岁，德国举行全国儿童教师集会时，特请福氏出席讲演，受全场热烈的欢迎。但是这位白发儿童，终于这年的六月去世了。

福氏死后，他的信徒继续不断的提倡。到了一八六一年，德国政府取消了禁止令；一八七六年，承认幼稚园教育是初等教育的一段。同时在一八五四年，英国成立第一个幼稚园，其他各国也举行福氏学说讲演会。一八五五年幼稚园送〔进〕入北美，一八七六年幼稚园到了日本，一九〇三年（光绪二十九年）幼稚园传入中国，武昌第一所幼稚园也成立了。

至于南欧，意大利蒙得梭利的提倡儿童院，也多少受福氏几许影响。福氏所创造的幼稚园，为什么不见容于福氏在生之日，反而风行于死后？这里，当然首先要归功于一般信徒的继续努力；但是没有社会条件的配合，也不会到这样地步的。

福氏的身世既如上述，现在再来略说福氏对于幼稚教育的主张。为着便于说明起见，分条述说。

二、福禄培尔的学说②

福氏的哲学背景是一源哲学，他对于宇宙万物，都以一贯来解释，所以他的宇宙观是这样的：

---

① 培劳男爵夫人：亦译布洛男爵夫人，德国福禄培尔信徒，参见前文第224页注①。
② 原版仅有序号"（一）"，此标题系由编者加拟。

> 永存之律，存于万物而统治万物……此宰制万有之律，必须以普及的、奋发的、生动的、自觉的永存之一贯为基础……此一贯者，即神也。万物出于天道的一贯，其源亦起于天道的一贯；万物在天道中生活，在天道中存在，亦即生活于神之中，存在于神之中，及借神以生、借神以存……天道精要的开展，即万物之目的及生活。

福氏既然以一贯来解释宇宙万物，① 所以对于人类的生活，也就以一贯来解释。他说：

> 我已经知道人是一个全体，是一本的一贯，这是我终身不忘的。所以每一新生的孩子，不但是天道的精神借人的形式来表现，并且是人类精要的一分子。这个新生的孩子，又与人类的现在的、过去的、未来的发展有显明的关系；这样，又得教育他，使他与人类及种族之过去的、现在的、未来的发展调和。

这里，我们要注意到，福氏与卢梭的纯自然主义是不同的。他是注意教育的，并且已经注意到，教育可以使人向上生长，更可以因此培养个别的发展。所以他说：

> 我们对于人类的一切，不可当做已经完满的、固定的，应该当做他是进步不已的、向前发展的，在文化的历程中一级一级的向上进，以达到永远无穷的进步……儿童也是这样的。倘若仅仅模仿已死的人物而成为前代的影像的，决无发展的希望，也没有贡献于将来的世界……盖在各人之中，寓有人类的全体。这里不是说，人人都是一律，所以各人仍旧要实现及发表他的个别的特性。

福氏的一原一贯的学说，② 实在就可以"象征"二字来包括。他以宇宙象征人类，以人类象征个人，又〔以〕婴孩的一切象征人类的一切及宇宙的一切。福氏并不是心理学家，但是他从象征的根据上，找到许多不可思议的儿童心理的现象，因此确立了他对于幼稚教育许多原则。现在分述如下。

（1）他对于幼小孩子，主张给他有自由的，不能有限制的。他说：

---

① 在此句之前，原标有序号"（二）"，编者依据文意删去。
② 在此句之前，原标有序号"（三）"，编者作依文意删去。

天道的与自然的，人间的与天上的，有尽的与无尽的，都是在孩子一身上很调和、很一贯的表现出来。要达到这个地步，也有条件的。就是一面尽量开展他的精要，达到完满、纯一、普遍的境界；一面还要尽量实现他的个性与人格。所以对于儿童，千万不可加以限制，也不可给他过分的帮助。

他的让儿童自由，比之于卢梭的承认儿童生来是好的见解，总算有进步了。并且他的话，与近世研究儿童生理与心理的结果也差不多。近代基斯塔派①的儿童心理学，承认儿童对于一切是整个的、笼统的，有他自身发展的可能，不可妄加干涉。

（2）"游戏是儿童最纯洁、最精彩的活动，同时又是人类生活的表征。因为儿童的游戏，就是他未来生活的萌芽。倘若儿童能够自动地尽力去游戏到疲倦而后止的，那么他将来必可成为一个有决心的人，能够促进自身的福利，也肯为他人的福利而牺牲的。"他又说："幼稚时期的儿童，对于各种东西，都以为有生命的；能听、能说话，他以为一切东西都像他一样。这是儿童表现内在的到外界来，所以对于一切草木鸟兽都有同样的表示。"

（3）再看福氏的玩具（福氏称为恩物），也都是以"自然、人、神"三位一体的。从整个中证明部分，从部分去推论整个。同时他承认，一切感官上的接触，都可以安慰个己的灵魂，也就是感应着自然与神的一切。

兹将他的二十种恩物列举如下，仔细考察他的用意所在点：

第一种恩物，是六个色球。这是使儿童识得颜色，因而训练心灵。

第二种恩物，是木头的球、圆柱形、正方形，这是使儿童识得整个的三个形状。

第三种恩物，是八块小立方积木；第四种，是八块小长方积木；第五种，是三十九块小积木；第六种，是三十六块小积木。以上四种小积木，都能各自合成整块的积木。都是从整个识得零块，从零块识得整个的意义。

第七种是色板，第八种是长短木箸，第九种是全圆、半圆，四分、八分圆的铜环，这是在平面上识得零与整的意义。

---

① 基斯塔派：通译格式塔心理学派，亦名完形心理学派，参见前文第378页注③。

第十种是有小孔的木板与短木杆，第十一种是长针刺纸，第十二种是绣纸，第十三种是画点。这四种，是引入手工、图画的意义。

第十四种到第二十种，都是手工用具。

从二十种恩物里，可以看出福氏对于恩物的一贯意义：从简单到复杂，从简单的观摩到复杂的表达，更处处表现"整个"与"零星"的关系。

（4）福氏对于节奏、母歌、图画三者都极注意。他说：（"幼年时的节奏，对于将来的生活大有关系……倘若能够在幼年时教育节奏得宜，将来对于自然、文学、音乐等，都有良好的发展。"）又说：

> 成人们给儿童一张纸、一枝笔，他立刻可以画出许多东西；他可以指说这是马，那是老鼠。倘若教师画一张马给他，虽然这张马粗劣得像狗，但是儿童以为比真马还宝贵……这种种，都是他心灵中萌芽了许多外界的形形色色；并且在各种手法上，表达他的心灵中的嫩芽。

（5）福氏到晚年，极注意于妇女教育。他的注意妇女教育，仍旧是为着幼稚教育。他以为，家庭是教育儿童的主要地，母亲更是家庭教育中最主要的人物。其次是，幼稚教师也应该由妇女担任，这是从他注意儿童心灵的一念发生出来的。他以为，儿童必须超过幼稚时期，才可以由父亲教导他各种勇敢、冒险及搜寻自然的奥秘等工作。换句话说，福氏以为，幼稚教育纯系为着给母亲一种良好教育的示范，同时辅助家庭教育的不足。所以福氏常常说："国家命运操于政府或其他有权者之手，远不如操在母亲的手中。"但是他同时又主张，儿童三岁以后，必须把一部分照料的责任交给社会。这个社会，就是供给适当生活条件的幼稚园。

三、为什么会产生福禄培尔学说①

末了必须说明，有〔为〕什么会在十九世纪产生福氏学说与主张呢？这里可以分三点来说。

---

① 此标题系由编者加拟。

第一，欧洲的教育在十九世纪初叶，受着两大潮流的激荡：一种是斯密斯①自由竞争主义；一种是康德的私人的教育主张。这两种潮流激荡，而造成教育是私人事业，私人应该受教育、应该办教育、应该研究教育；教育的目的，也就是为着发展私人的能力、达到私人的目的。所以在团体中的活动，也不过为着达到私人活动目的的一格。福氏幼稚教育的主张，也就受了这种潮流的影响。看他个人就可以象征人类、象征宇宙等学说，就可以知道他的主张的来由，决不是突然发生出来的。

第二，福氏是裴斯泰洛齐的学生。裴氏的学说有两方面：一方面，是受了卢梭自然主义的影响，主张由内在发生的自由；一方面是受了经验论的影响，主张有外入的教育。这两方面，给裴氏两个大徒弟得了去。海尔巴特②就着重在第二方面，所以创造了许多教育方法，如五段教学法等；福禄培尔着重在第一方面，主张由内在发生的自由，施以辅助等教育。

第三，当时科学不发达，心理学完全操在玄学家的手中，所以海尔巴特的学习心理学，是从玄学来的；福氏的儿童心理，也是从玄学来的。在他的一贯说里，塑型成儿童是怎样一个人。虽然他的观察极精确，有很多地方与今日的基斯塔派的儿童心理学的发现相同。虽然他叙述儿童的行动很对（如儿童对于图画、玩具等的想象等），但是一经他的一贯说来解释，便入于幻想一路了。所以他的玩具（恩物），也有这样缺点；他的《母游戏》《母歌》比较好得多，因为参加一贯的玄学理论比较少得多的缘故。

第四，是福氏自身的经历影响他的学说。他从小是无母的，深感母亲教育的重要；同时又觉得，自然界的一切，比人为的更有意义。他又受先后两

---

① 斯密斯：通译亚当·斯密（Adam Smith，1723—1790），英国经济学家、经济学的主要创立者。早年毕业于牛津学院，后执教于爱丁堡大学、格拉斯哥大学，后出任格拉斯哥大学校长。1776年出版《国富论》，标志着古典自由主义经济学的正式诞生。另著有《道德情操论》等。

② 海尔巴特：通译赫尔巴特，即约翰·弗里德里希·赫尔巴特（德语 Johann Friedrich Herbart，1776—1841），德国哲学家、心理学家，科学教育学的奠基人。早年毕业于耶拿大学，任家庭教师，又师从裴斯泰洛齐，创办实验学校，并任格丁根大学哲学教授。创立四段教授法，后由门生发展为五段教授法。著有《普通教育学》《心理学应用于教育科学》等。

位夫人的鼓励与感动，对于母子〔亲〕的工作，以及幼稚教师应由母〔女〕子担任等主张更为坚强。

  一种学说与制度的成立，决不是偶然的。虽然幼稚园不为大政治家所重视，但是它的能够遍满世界、延续不断的发展下去，社会的环境以及个人的遭遇都有影响的。福氏与海尔巴特，同是裴氏的入门弟子，但二人主张不尽相同。福氏竟会把一般学校教育的形式，变成幼稚园教育，这件事决不是偶然的。我们站在今日的时代，批评福氏的学说与其发明，当然有许多可以指摘之点；但是回想到他的时代与环境，我们就会赞叹福氏的伟大。

第三章　从慈善事业变到幼稚园

福禄培尔晚年主张，幼稚教师应该由女子担任的。所以，他曾经主办过幼稚教师训练所，尽收女弟子；他的晚年主持的幼稚园，都聘请女教师。但是如此注意于女子从事幼稚教育，结果他除出一位培劳夫人的热心赞助，及他的后妻的努力为福氏死后宣传外，其他女同事、女弟子能够传他的衣钵的极少极少。这里，我们不能怪德国女子没有真心研究幼稚教育；我们只能说，在客观条件未充备以前，决不能产生特出的人才，也不能发现特出的事态。

福氏学说所以不若裴氏学说有人传述，不是福氏不及裴氏，而是福氏死后的德国，已经不很容许有自由学说的滋长。虽然福氏死后，他的学说与办法国家也来提倡了，社会也承受了；但是从此跑入古纸堆中，把他的自由学说凝固了，把他的活泼生气死熄了。倘若再没有人另辟新径，给幼稚园新生命，那么当年福氏创造的幼稚园，也好像耶稣创造的教堂，积久弊生，原意尽失。

这里有一件出人意料之外的事，就是幼稚园的新生命在南欧发见。并且这个新生命，与福氏晚年的希望相符合；"幼稚教师以女子担任最为相宜"的希望，也就从此实现了。这件事的发生，不是直接受福氏学说影响的，也不是由福氏后裔宣扬而来，甚至这件事的起初，与幼稚园几乎没有什么特殊关系；但是社会的客观条件决定了，它是幼稚园的新生命，它给幼稚园辟出新途径，这就是蒙得梭利的幼稚园的方法。

一、蒙得梭利的生平[①]

蒙得梭利（Dr. Maria Montesscri）一八七〇年生于意大利，这年恰恰是教皇被迫退位，宗教的势力日渐低落，个人自由的思想渐渐高升起来。家里虽不是大富翁，但还小康。因为父母只有她一个女儿，所以特别钟爱她，因此给她的教育也就特别丰富。这时候意大利女子受高等教育的风气未开，但她已能冲破一般人的成见，考进罗马大学，得罗马大学医学博士学位。这件事在意大利是开新纪录的，所以很有人讥笑她与她的父母。但是她们觉得，这是毫不足介意的。

她学的医学，是精神病的一科。她临床实习时，第一次见面的病人是低能儿，这件事对于她的印象极深；更加毕业后，她就在母校担任精神病的临床助手，对于低能儿的观察也更详细，也更引起她求解决的心志。这时候，她又看到法国低能儿学者石庚（Seguin）的名著《白痴及其低能儿诊断法》，她感觉到极有兴趣，逐节译成意大利文。因此她发生一种思想，诊治低能儿若用医学上的方法，不如用教育方法。这点根苗，就是她异日有贡献于幼稚园的转机。

法国低能儿学者石庚与他的老师伊达（Itard），曾经从猎人那里得到一个半兽人。这个人从小被父母抛弃，生长在野兽窟里。被猎人捉到时，大约有十二岁。这个半兽人，是伊、石二氏研究低能儿的好资料。他们认为，对于这个半兽人，若用医学方法，不很会有效果的，所以转而用教育方法，效果非常好。石庚又继续研究，对于低能儿的教育更有贡献。有这样经过的著述给蒙氏读到了，当然非常感动，当然会使她相信，教育的效力大于医药。

只见其书，还觉得不够，她又亲去法国巴黎，跟随石氏学习。回国以后，在罗马等处讲演用教育治疗低能儿病的方法等。这时意大利的教育总长白西里很器重蒙氏，聘她为国立精神病治疗学校的校长（一八九八年到一九〇〇年）。这所学校里低能儿童很多，氏就用她所相信的教育方法来教育这班低能

[①] 此标题系由编者加拟。

儿，埋头苦干，成绩极佳。全国对于蒙氏的认识，就在这两年里。

她因此更进一层，想到普通儿童教育问题。但是在她的经历里，对于普通教育毫无根底。于是，她重入罗马大学研究哲学、心理学等科，尤其注意儿童心理学的研究。在罗马大学一住七年，到了一九○六年，她的友人泰莱姆（S. E. Talamo）邀她去办一所儿童学校，这所学校完全是慈善性质。它在贫民窟里，儿童是工人或穷而无业者的子女。但是贫儿的父母，也就会特别信托子女于学校；蒙氏又刚刚在长时期研究之后，所以对于这班有许多不良习惯的贫儿，在一年内，把它〔他们〕的恶习惯尽行改去。

一九○七年她创办第一所儿童院（Casa Dei Bambimi），一九○八年儿童院扩充到四所。儿童院里专收三岁以上、六岁以下的儿童，她与助手们，把全体儿童的家庭状况、父母性质，以及婴儿期的生理状况，先有一个详细的调查，然后每月调查他的生理状况，如量身高、体重及全部身体；对于儿童家庭状况，尤能按时调查不息。这种方法，完全是科学的实验法，也就是幼稚园里第一次引用的方法。一九○九年，这四所儿童院，在政客们以为不足轻重的学校，竟能轰动全球，各地前往参观者络绎不绝，本国妇女界称蒙氏为"意大利的母亲"，各国派往长期学习者也很多，蒙氏对于幼稚教育的影响可谓不少。

但是好事多磨，本地所倡导的学说与事业，往往受本地人排挤与倾轧的。所以蒙氏在享受盛名之下，反而不能发展她的事业，且时时受到意外的攻讦。欧战发动（一九一四年），她终久被反对者被迫去国了。她曾经到过美国，到过西班牙。在美国住的时期很久，美国人士对于她也特别尊敬；不但大学里聘请她做教授，各大学研究儿童教育者群起研究她的学说，各著名的小学也都盛传她的方法。此外如英国、德国、西班牙各国，都极风行她的学说；在亚洲，她的学说到过日本、印度、中国。在幼稚园里，她的方法比福氏的更风行。

但是在意大利本国，对于她的学说好像远嫁的女儿，印象渐次模糊；甚至在一九二八年以前，到意大利去参观，竟找不到一所 Casa Dei Bambimi 了。直到一九二九年，意首相墨索里尼决议欢迎这位女教育家回国。她从去国到回来，已经十五年了，沧桑之感当然难免，但是她立刻与法西斯的政策是同趋一个步调了。她的教育法，已经定为意大利的国定教育法。这时，她正担任训练儿童师资的责任，这许多儿童教师毕业后，当然是在法西斯政府下服务。

二、蒙得梭利的学说①

我们对于蒙得梭利的著作，在一九一一年以前的，可以看到《蒙得梭利教育法》（Montessori Methods）。这本书，完全是六岁以下的儿童教育法，极详细完备，可说是蒙氏对于幼稚园最大的贡献。一九一一年以后，她注意于七岁以上的儿童教育，也有两本报告。这几本著作，都有英文译本。可惜在蒙氏回国以后，我们还没有看到她的具体的报告。所以她今日是否还保持当年的主张，在那里训练儿童教师，我们就不敢妄测了。所以下段我们研究她的学说时，也只能凭着她未回国以前的教育主张。

蒙氏的主张与其教育法，可以用下列各点来讨论。

（一）儿童本位的自由自动学说

蒙氏对于儿童，是从表同情而生爱，更因爱而主张儿童自由自动，更因主张儿童自由自动而达到儿童本位的目标。这是可以从她一生的经历中找出线索来。

最初她是研究医学的，为着怜悯精神发育不完全的儿童，于是加工夫研究低能儿童的救济办法。这时，偏偏找到的是石庚的低能儿教育法，不是生理学或医药上的补救法。从此，她的注意点着重在教育了。

当她三十岁重入罗马大学，到了三十六岁出校的七年中，她完全浸受了教育学上、哲学上自由的思想。那时候，她也学习心理学。这个心理学，是才能派心理学（faculty psychology），是相信一切的学习，可以在心灵上转移的；一切的感官训练，都含有丰富的思考训练的。因此，她既有当时民主思想的社会潮流来鼓舞，又在书本上获得如此万能的心理学，主张自由的哲学，

---

① 此标题系由编者加拟。

于是一切的条件决定,她在儿童学上主张自由自动,再不会重入教师为本位的老路子上去。以下摘录她对于儿童主张自由自动的话:

> 儿童自有儿童的一切办法,成人不应常常代理儿童做事。倘若这样做了,不是帮助儿童,而是侮辱儿童。因为教师或父母,若代儿童穿衣、喂食、睡觉,常人以为这是优待儿童,其实是当儿童为木偶,便是杀灭儿童的生机,剥夺儿童的自由……让我们等着吧。一切事必须让儿童自己来动手,我们只可分担儿童的苦乐,不能代替儿童做工作。他如有意来求我们的同情,我们应该报以愉快。倘若我们能够以我之心度儿童之心,那么我们决不愿意有人随便干涉我们的工作。我们的好朋友,是顺着我们的意来帮助我们的,并且他是可以信托的。儿童的天真尤胜于我们,所以我们推己的心,应该用到儿童身上去的……

蒙氏为什么要这样主张儿童自由自动呢?她至少有三种目的:

(1) 因为让儿童自由自动,可以使儿童自然发展、增进生活力,可以更速地向上长。

(2) 因为让儿童自由自动,可以充分地培养儿童的思考力。思考力培养充分了,那么就可以应付以后一切社会的变化。这是主张儿童本位者的根本思想。

(3) 因为让儿童自由自动,可以完全看出儿童的真相,借此研究儿童的心理,更因此可以研究、发明新的教育方法。

(二)在儿童自由自动原则下的儿童院的设施

儿童院是蒙氏实施她的教育主张的处所,所以一切设施都充满了儿童自由自动的空气。教师不是直接施教的,称教师为指导员。对于儿童的行动,只站在旁边指导,不加干涉,但也不使孩子有危险;倘儿童有所成就或有长进,教师必鼓励他继续努力,但不作糖果式的骗诱。儿童院内无教室,只有生活室,室内桌椅都极轻便,孩子一人可以搬移;最大的桌子,也是两个四岁的孩子可以搬动。玩具及其他用具,虽然放置有定处,但儿童都很容易取用的(蒙氏恩物下段再详述)。

对于指导儿童行为,有二条路线:一是生理的;又一是心理的。

凡儿童有发脾气及其他不良行为时，蒙氏必详细检查他的身体是否有病，如齿病、消化不良、睡眠不安、疲劳等。倘若检查得身体有病，那么先使他身体恢复健康，然后再用教育方法。这是根据生理学，又运用医学来诱导儿童的方法。

其次是心理的，兹举顺从一例如下。蒙氏虽主张儿童自由与自动，但是仍不忘顺从是美德。不过，她不主张绝对的顺从，更不主张从极幼小的时候开始就教他顺从。所以他于孩子的顺从，分为三个时期：第一期，儿童一切行动完全属于无意识时代，所以不能服从者，因为不知道顺从；好比聋子不能听声，不是他不愿意听，是不能听。第二期，儿童虽然已经知道顺从（例如受自然的谴责等，然后知道顺从是应该的），但是他内心充满了自我表现的意志，谁也不能侵犯他的自我表现，所以还是一个不能顺从。第三期，他的意识里也知道顺从是美德，并且自我的表现就是顺从，这时候的顺从，才是真的顺从。

所以，蒙氏在心理一方面指导儿童的行为，也有三点极值得注意：

（1）要竭力鼓励儿童自由与豪放，不但使他身体上有充分的发展舒泄；就是对于心理上，也得尽量发展与舒泄。

（2）当儿童专心注意玩一物或做一事时，千万勿横加干涉；就是有小小做错，也应该让他自己受到自然的谴责。

（3）指导儿童，当然也是极重要的事。但是我们只可以指导他一条路线，不必代他详为设计去做；同时，我们还得鼓励儿童自己矫正他的错误。

此外，儿童院对于练习身体发达的器械也充分预备，所以对于儿童的步行（发达下肢的设备）、说话（练习发音的设备）、穿着、搬运、种植等，都极注意。

（三）感官训练

这是蒙氏教育中最大的特点，也就是幼稚教育中最新奇的一种教育。现在先说明她发明的玩具，然后再略加说明她原来的用意。

（1）三种圆柱体嵌入物。每十个为一组，每组有三种不同的圆柱体，又有台木一块。这三种圆柱体，甲种是高和圆径都不同的，乙种是高同圆径不同的，丙种是高不同圆径同的。台木上有孔，每孔只能放进最适合的一块圆柱木。

（2）几何形嵌板。各种不同的形状，如三角形、圆形、多角形等，也是分组的；每组也有一块台木，台木上也有各种适合各种木头形状的孔。

（3）粗滑的木板。有两种：一种是半贴砂纸、半贴光滑纸的；另一种是砂纸与光滑纸交互贴成的。

（4）各种粗滑的纸片和布片。

（5）各种木板。大小式样同而重量不同的。

（6）温冷的水盆。

（7）各种立体的几何形。如三角柱、球、圆柱等。

（8）六十四种彩色丝卷板。

（9）三种几何形画的纸。一是影画；二是粗线轮廓画；三是细线轮廓画。

（10）空盒六种。各种盒内，各盛谷实、亚麻仁、砂、粗砂、砂砾、石子。

（11）小铃十三个。

（12）音乐用具六种。

（13）练习执笔的嵌木板、颜色铅笔、白纸。

（14）砂纸剪成的字母。

（15）原〔厚〕纸剪成的字母。

（16）练习识数的小木箱。

以上十六种恩物，"（1）"至"（4）"是训练触觉的，"（5）"是重量觉，"（6）"是温觉，"（7）"至"（9）"是视觉，"（10）"至"（12）"是听觉；只有"（13）"至"（16）"，不是专为训练感官用的，但是它对于教儿童识字、识数，仍从感官着手的。

蒙氏为什么这样注重感官训练呢？有人批评蒙氏，只知道低能儿加意训练感官，以为寻常儿童也要这样，未免太狭小。其实，这样批评蒙氏是不甚正当、公允的。我们知道，蒙氏所以注重感官训练，不是专为训练感官；她的目的是在增进儿童的经验，使儿童从感官入手，确定一个目的，能够考察、辨别、比较、判断；又能够自己找出自己的错误，引起他自己的更正。这种自己的更正，比教师指导他去更正更为有效。

从这样一个过程里，也就是从感官教育到观念教育。这种教育的根据，是从石庚氏来的，不是蒙氏杜撰的。至于以上各种恩物，若与福氏恩物比较，显然不同。蒙氏的恩物，与近世实验心理学的试验用具相仿佛，蒙氏不过做上选配的工夫。

三、蒙氏对于自由的真义[①]

蒙氏虽然主张自动，更相信儿童本位教育；但是她对于自由，曾有这样的言论："自由不是恣意妄为、乱动不规则。我们所以主张儿童应该有充分的自由，实在要想发展儿童的生命。"所以她对于自由，下了两条限制：一要顾到团体的利害；二要不粗鲁，又有优美而高尚的动作。所谓自由，就是要达到教育上生物的目的；所谓要有规律的自由，是要达到教育上社会的目的。

从这点看来，我们可以推知，蒙氏所以今日肯允许墨索里尼的邀请回到意国去，不是无因的。我们知道，蒙氏对于七岁以上的儿童的教育主张，并没有像六岁以下那么自由自动；那么青年人、壮年人要受有规律的训练，更加应该了。社会是天天变迁的，教育思潮也是天天变迁的，我们不能执着某一说，就随便批评某某是合理，某某是不合理。用时代的眼光去批评蒙氏的学说，或者比较来得公允。

总结蒙氏对于幼稚教育经过的途径如下：蒙氏从学习医学，而发生慈悲精神失常态的儿童，而想救济，而相信教育胜于医药，而研究教育的各方面，而从事贫儿教育，而创办儿童院，而实验她的主张。今且与墨索里尼合作，而为法西斯蒂训练教师了。

从上面几段看来，蒙得梭利一生的变迁，是否可以当作幼稚园极有趣的一段演变看呢？在社会、国家没有把人口统制政策实行以前，孩子们是父母的私有物。富人们有的是钱，可以用种种方法养护自己孩子，做到尽善尽美的境界。但是穷人们呢？穷人们对于孩子，简直是个大累，哪有余暇、余钱

[①] 原标序号为"（四）"，编者依据文意，升级改标为"三"。

来看护孩子呢？幼稚园事业发生于慈善性质的一个阶段里，这是必然的。

还有一层，在儿女私有制的社会里，富人们看待自己的儿女，如花如宝，对于教师好比雇工，怎样肯允许教师把他们的孩子做试验品呢？但是穷人对于教师，是特别看重的；对于子女只要有处受教，决不计较新法、老法。所以抱有试验志愿的教师，也只有到贫民窟里去办学校，才有放手做试验的机会；所以幼稚园的新生命，也只有在慈善性质的幼稚园里才产生得出来。

我们对于蒙氏的学说、主张，以及她一生的经过、创造的事业，我们都觉她的一切都是协调的，在整个幼稚园演变史中不算是突变。今后她的事业是否还有新的开展，那是要看她是否还能捉住时代变迁的核心。因为一个学者是否能继续发明，这是各人的天赋与努力问题，不是社会可以强迫一个学者可以发明。或者新兴的芽茁于合抱的枝，也未可知呢！

第四章　从敬节堂变到乡村幼稚园

　　本节完全叙述我国三十二年来幼稚教育的演变事略（从光绪二十九年即一九〇三年起，至民国二十四年即一九三五年止）。这三十二年中，最大的分段，可以分为三期：光绪二十九年至民国八年为第一期；九年至十六年为第二期；十六年以后为第三期。

　　我国自从英国人轰开了海业〔禁〕，又加以屡次受帝国主义的军事侵略，到了光绪中叶，大家都觉得有维新的必要。自从那时起，凡是有人说外国有什么东西好，我国就来模仿。但是模仿尽是模仿，而"中学为体，西学为用"的观念一直没有变去。原因是，没有把我国的真切的病根弄清楚，更不知应该下什么药，所以有许多地方，很发现许多笑柄。

　　幼稚教育，是军国大事中不列入的一件小事。但是这样小事情里，也曾弄出极可笑的资料来。到今日或者渐渐弄清了，但是又有些人以为，跑得太快了，还保守着古董不肯放。实际上，我国的社会是在进步的，保守的人以为没有进步，所以保守；锐进的人以为应照理想做去，结果过犹不及。保守者固然死气沉沉，无补于国家、社会；锐进者也太忽略了整个社会进步的迟缓，过于理想，躐等跳跃，未免于事实的补益不大。这段议论，大而至国家政治、社会经济，小而到我们的幼稚园，都是这样。

　　现在，我只想把幼稚教育演变的材料叙述一番，至于社会变迁的历程，只得从略。倘若以为必需要知道的，那么只好另外提出问题来讨论；或者可以有时间来提出参考资料，供大家的研究。

一、第一期

本期开始于光绪二十九年。我国办学校、废科举。远在同文馆①的创设（同治年间），但学制系统的确立，是光绪二十八年。这个学制系统里，②已有蒙学堂，儿童入学为六岁以上，所以仍属小学阶段。到了光绪二十九年，张之洞等修改学校章程，③这时候才把幼稚园放进去。

那时候叫蒙养院，规定儿童三岁至七岁为入蒙养院的时期。对于幼稚园的章则，虽然仍系抄袭日本，但抄袭得很对。兹摘录保育教导要旨如下：

第一节 保育教导要旨

（一）保育教导儿童，专在发育其身体、渐启其心智，使之远于浇薄之恶风，习于善良之轨范。

（二）保育教导儿童，当体察幼儿身体气力之所能为，心力知觉之所能及，断不可强授以难记难解之事，或使为疲乏过度之举。

（三）保育教导儿童，务留意儿童之性情及行止仪容，使趋端正。

（四）儿童性情极好模仿，务专示以善良之事物使则效之，孟母三迁即此意也。

第二节 蒙教〔养〕院保育之法，在就儿童最易通晓之事情、最所喜好之事物，渐次启发涵养之，与初等小学之授以学科者迥然有别。其保育教导之条目如下：

（一）游戏。游戏分为随意游戏及同人游戏两种。随意游戏者，使幼儿各自运动；同人游戏者，合众幼儿为诸种之运动，且使令唱歌谣以节

---

① 同文馆：指京师同文馆，而非广州同文馆及其他。该馆为中国近代仿照西方所创设的第一所新式学堂，创设时间为1862年（同治元年），地点在北京。该馆附属总理事务衙门，旨在培养译员；分设英文、法文、德文、俄文、日文五馆，后又增设天文、算学馆；教习多聘外人，美国传教士丁韪良总管校务近三十年。该馆后并入京师大学堂。

② 此"学制系统"，名为《钦定学堂章程》，亦称"壬寅学制"。

③ 此"学校章程"，名为《奏定学堂章程》，亦称"癸卯学制"。须得特别说明的是，该制颁布时间虽为"光绪二十九年"（1903年），然若以公历计，则应为1904年。因为农历的岁尾，实为公历下年的年初。

其进退。要在使其心情愉快活泼，身体健适安全，且养成儿童爱众乐群之气习。

（二）歌谣。歌谣俟幼儿在五六岁时渐有心喜歌唱之际，可使歌平和浅易之小诗，如古人短歌谣及五言绝句皆可；并可使幼儿之耳目、喉舌运用舒畅，以助其发育，且使性情和悦，为德性涵养之资。

（三）谈话。谈话须幼儿易解及有益处、有兴味之事实，或比喻之寓言，以期养成性情、兴致。与小儿对话时，且就常见之天然物及人工物等指点言之，并可启发其见物留心之思路。其所谈之话，儿童已通晓时，保姆当使儿童演述其要领。演说之际，务使声音高朗、语无滞塞，尤不许儿童将说话之次序淆乱错误。

（四）手技。手技授以盛长短大小各木片之匣，使儿童将此木片作房屋、门户等各种形状；又授以小竹签数茎及豆若干，使儿童作各种形状；又使纸作各种物体之形状；更进则使黏土作碗、壶等形；又使于蒙养院附近之庭院内，播草木、花卉之种于地，浸润以水与肥料，使观察其发生，以至开花结实等各形象。诸如此类，要在使引导幼儿手眼，使之习于有用之处，为心智、意兴开发之资。

第三节　保育教导幼儿之时刻，每一日不得过四点钟（合饮食之时刻在内）。此外余时，可听其自便；惟伤生之事，须随时防范。

以上三节，是幼稚园的办法，我们看了以后，觉得还有几分合理。

再看看养成师资的幼稚师范，真如隔世：

……保姆即就堂已有之乳媪，施以保育教导幼儿之事，由官将后用保育要旨条目，并将后开之官编女教科书、家庭教育书刊印多本，发给该堂，令其自相传习。乳媪既多，其中必有识字者，即令此识字之乳媪为堂内诸人讲授，……若堂内乳媪全无识字者，即专雇一老妇人入堂，按本讲授。凡本地拟充乳媪、保姆谋生之贫妇，愿入堂随众讲习者听。人数限三十人以内……

至于文中所提女教科书及家庭教育书的内容如下：

……应令各省学堂将《孝经》《四书》《烈〔列〕女传》《女诫》《女训》及《教女遗规》等书，择其最切要而最明显者，分别次序、深浅，明白解释，编成一书，并附以图；至多不得过两卷，每家散给一本。并选取外国家庭教育之书，择其平正简易，与中国妇道、妇职不相悖者（若日本下田歌子①所著《家政学》之类），广为译出刊布。其书卷帙甚少，亦宜家置一编。此外如初等小学课本及小学前两年之各种教科书，语甚浅显，地方官宜广为刊布。

法令的规定如是，在事实上还谈不到如是。因为光绪二十八年的《奏定学校章程》没有实行；② 二十九年的修正，也只行了一部分，幼稚园的一部就没有实行。例如二十九年武昌模范小学里办了一个蒙养院，③ 这所蒙养院，或者可以说中国最先的一个。同时，北京京师第一蒙养院也成立，④ 都是聘请日本保姆来主持的。但是，儿童是六岁到十岁的（修业期限五年）。⑤ 这样的蒙养院，显然是启蒙小学，不是幼稚园。

光绪二〔三〕十年，上海务本女塾附设幼稚舍成立；三十一年，上海城东女塾幼稚舍成立。务本女塾又于三十二年，派遣吴朱哲女士往日本保姆养

---

① 下田歌子（1854—1936），女，原名平尾鉐（shí），日本岐阜县人，知名教育家。1871年入宫做宫廷女侍，1881年创办桃夭女塾，从事女子教育。1886年出任华族女子学校学监，兼任家政课、修身课。1893年游学并考察英国教育，1899年开设实践女学校及女子工艺学校，担任两校校长，并接收中国女留学生。所著《家政学》，为其代表作，其中专章论述了家庭幼教。1902年后，该书先后有三个译本在中国面世。后任顺心女校、明德女校校长，出任日本"爱国妇人会"会长。

② 此"《奏定学校章程》"，当为《钦定学堂章程》。

③ 此"蒙养院"，在1903年9月开办时，名为"湖北幼稚园"。在1904年1月《奏定蒙养院章程及家庭教育法章程》颁布后，依章当附设于敬节堂或育婴堂，于是变通办法，在湖北幼稚园左近，设立武昌模范小学堂，将湖北幼稚园附设于其中，并改称"武昌模范小学堂附设蒙养院"，简称"武昌蒙养院"。由此可知，"武昌模范小学里办了一个蒙养院"所言不确。

④ 此"京师第一蒙养院"，创设于1907年8月11日，并非与湖北幼稚园的创立"同时"。该院位于北京西城西四牌楼，故亦称"西城蒙养院"，由前农工商部尚书振贝子捐资开办。院长为振贝子福晋，监督为章彦庵，监学为冯克嶷；保姆教习有日本的加藤、木村二女士，另有华人女教习3人。该院还附设有保姆讲习科和女子小学。

⑤ 此"六岁到十岁"不确。准确说来，当为"五岁至八岁"，详见《蒙养院之起点》（《直录教育杂志》第2卷第4期，1907年4月27日）和《设立蒙养院》（《四川学报》第5期，1907年5月）等文。显然，后文所言"显然是启蒙小学"的判断也有误。

成所学习；三十三年回国，创办保姆传习所于上海公共幼稚舍①，得学生三十六人。同时，北京京师第一蒙养院也办保姆传习班，广州也办保姆养成所。所以到了光绪三十三年，全国蒙养院幼儿数，已经有四千八百九十三人了。

前清末年所谓维新等事项，莫不模仿日本，幼稚园亦如是。所以不但章程的模仿，甚至保姆也请日本保姆；在国内提倡者，也是日本留学的保姆。但是在民间，竟有基督教徒因传教的关系，设立幼稚园已有六所，幼稚生也有一九四人。这是中国幼稚教育史中极大的关键，在第二期中再来详说。

民国成立，各项学制变更很多。但是关于幼稚园，除通令全国多设蒙养园外，几乎所变极少。到了民国五年改订《国民学校令施行细则》里，还没有把幼稚园列入学校系统。只有在该细则里第六章的前半，提及关于幼稚园的法规。现在摘录几条如下，我们来与前清的"蒙养院规程"对对看，究竟有多少是相同的，有多少是不同的：

（一）蒙养园以保育三周岁至入国民学校年龄之幼儿为目的。

（二）保育幼儿，务使其身心健全发达，得善良之习惯，以辅助家庭教育。幼儿之保育，须与其身心发达之度相副，不得授以难解事项，及令操过度之业务。幼儿之心情、容止宜常注意，使之端正；并示以善良之事例，令其则效。

（三）保育之项目，为游戏、谈话、手艺。

（四）保育之时数，由管理人或设立人定之，报经县知事之认可。

（五）蒙养园得置园长。

（六）蒙养园保育幼儿者，为保姆。保姆须女子，有国民学校正教员或助教员之资格，或经检定合格者充之。前项检定，由国民学校检定委员会行之。

（七）蒙养园长及保姆之任用、惩戒，依国民学校教员之例。区立蒙养园长及保姆之俸额及其他给与诸费，县知事依照国民学校教员之规定，参酌地方情形定之。

---

① 上海公共幼稚舍：亦称上海公立幼稚舍，前身即为私立务本女学。1907年改为县办、公立，故有此称谓。

（八）蒙养园之幼儿数，须在百人以下；但有特别情事者，得增至百六十人。

（九）保姆一人所保育之幼儿数，须在三十人以下。

（十）蒙养园应设备游戏园、保育室、游戏室及其他必要诸室。室以平屋为宜。恩物、绘画、游戏用具、乐器、黑板、桌椅、钟表、寒暑表、暖房器及其他必要器具，必须具备。

不过，民国初年有一件改革的事，与幼稚园教育极有关系的，就是女子教育的发达。所以，在女子师范里得附设保姆科，女子师范得附设蒙养园，等等。

德国福禄培尔因办幼稚园而训练女子做教师，我国因女子教育的渐兴，幼稚园沾了余光。这件事，当然值得我们的深味了。

民国初年，国内至不安靖，教育部在各部中，竟成为灾区。各省虽有提倡各种新教育者，然而在极沉寂的昏闷的环境中，决不会注意到最微末的幼稚园教育。至于私人的提倡、教会的进行，也不过如晨星寥落、略略点缀罢了。

二、第二期

"五四"运动是中国最近各种事业的一个大转机，尤其是文化方面影响更大，幼稚教育也受它的影响。从"五四"运动以后，新教育的声浪渐高，许多欧美留学生，都有几分真心为教育而努力；尤其是杜威、罗素接着来中国演讲，[①] 不独引起一般青年的兴奋情绪，即使一般平时只知道做官的教育人才，也渐受感动。因此引起小学的改进、中学的改进、学制的改革，全国教育人士的大集会等等，幼稚教育也就在这个波浪中推进。现在分述如下。

---

① 此"杜威"来中国演讲的时间，为 1919 年 5 月至 1921 年 7 月，为时两年有余，足迹遍及 11 省；此"罗素"来中国演讲的时间，为 1920 年 10 月至 1921 年 7 月，为时半年有余，访问过上海、南京、杭州、长沙、武汉、北京等地。

（一）教会所办的幼稚园及幼稚师范

基督教来我国传教，一面用医术，一面用教育。因为国内士大夫鄙视教义、鄙视教友，所以他们就向一般贫民方面去下工夫。医药对于贫民是最有效的宣传，其次当然是教育。

幼稚园对于贫民，也是有特别意义的。所以在光绪二十八年，全国已有教会设立的幼稚园六所，国人几乎完全不知道。但是因为国人不重视传教士，所以他们的工作也就不会发生大影响；况且清末与民初，国人迷信着模仿日本，对于欧美的文化不很注意，所以教会并不得势。

他们的努力是继续不断着，一日不辍，也没有一处轻易息手。"五四"运动起来了，反基督的空气起来了；但是欧美学问为国人所注意，昔日不为国人所重视的传教徒，只要有几分真本领的，也就被重视了。

我国过去的幼稚园，一味模仿日本，不但教师的技术太差，甚至日本已经行了二十年的老方法，也不能尽行模仿。当时基督教所主持的几所保姆班，如杭州的弘道、苏州的景海、北京的燕京、长沙的雅礼、福州的协和等毕业生，对于技能的训练都还能传习。她们所办的幼稚园，小巧玲珑，虽然宗教色彩太浓，但是处处给参观者愉快；而模仿福氏、蒙氏以及美国新方法，也还能做到几分。

所以在"五四"运动以后，我国幼稚园，由模仿日本式转而模仿欧美式，主持人便是昔日教会学校培植出来的。

（二）学制系统上的确定

在整个学制系统上，幼稚园的地位是忽有忽无、若有若无的。光绪二十八年的学制上，有蒙养院〔学堂〕，但入学年龄是六岁到十岁，这不是幼稚园，而是初级小学。光绪二十九年的学制上有蒙养院，入学年龄为三岁至六〔七〕岁，这是幼稚园了。但蒙养院附设在育婴堂内，算不得幼稚园。

民国元年的学制系统表上，不列幼稚园，好像幼稚园是化外之物。虽然在章则上有幼稚园的规定，但是终不引入正统，不无欠缺。到了民国十一年，新学制（当时称为"新学制"）颁布了，幼稚园归入正统了，并且补了一句：

"幼稚园收受六岁以下的儿童。"这点，新学制是一个大贡献。但是仅此具文，而教育部一般统计，都不另立幼稚园一项，所以在民国二十三年出版的《第一次中国教育年鉴》[①]上，还找不出关于幼稚园的统计数字。举凡全国幼稚教师数、儿童数、园数、经费等，都与国民学校等合并计算。

幼稚园不但为政府所不重视，甚至当时教育界名流，也当作它是不足重轻的东西。例如民十一中华教育改进社举行年会时，袁希涛氏曾提一案《筹设幼稚师范学院、模范幼稚园》，当时原则通过，办法保留。十二年该社又举行年会，袁氏重提此案，又重行保留。十三年以后，虽然每次都有同类提案，但是同样的保留起来。从这种种看来，当时一般教育界，对于幼稚教育的〔是〕漠视〔的〕。至于热心提倡、专门研究试验者，还是少数有心人。

（三）研究试验者的渐起

自从袁希涛氏提议筹设幼稚教育机关以后，虽然这个议案议而不决，决而又不见政府的采纳；但是在私人方面，确有这个趋势了。最引人注意的，是东南大学教务主任陈鹤琴所发起的鼓楼幼稚园。陈先生发起鼓楼幼稚园的动机，照他自己说的，有这样两点：

（一）远的动机：（1）性爱儿童，对儿童教育特别有兴趣。主张教儿童，要从小教起；研究教育，要从基本教育——幼稚教育——做起。（2）在东南大学教授，深感研究教育，非从儿童实地研究不可。

（二）近的动机：（1）当民国十二年，一鸣已实足三岁，正值进幼稚园年龄。（2）这时候继续研究儿童教育及儿童心理，正需要实验机关。

鼓楼幼稚园开办的时候，是借陈先生的家为园舍的。教师除取材于杭州弘道毕业生以外，还请美国女教友担任，小孩子有十二人。过了不久，东南大学教育科给予补助，并且派该科助教张宗麟为研究员。于是一面根据儿童心理学来做实验工作，一面搜集适合于国情的幼稚园用的材料，同时对于各

---

① 《第一次中国教育年鉴》：中国近代教育首次综合记载的文献，1934年5月由开明书店初版，主任编纂为周邦道。该书分上、下两册，取材上自清末兴学时，下及1931年度，分教育总述、教育法规、教育概况、教育统计和教育杂录五编。

国已有的幼稚园材料加以分析。这时候参加工作者，除陈鹤琴、张宗麟外，又有董任坚、王瑞娴①、甘梦丹②等。

到了十五年，国内渐有响应者，如《教育杂志》出版幼稚教育专号；而参观南京教育者，非到鼓楼幼稚园参观不可。这年，该园约东大教育科编印《幼稚教育》月刊一种。这种杂志，就是今日风行全国的《儿童教育》的前身。当时编辑同人，也就是今日中华儿童教育社的发起人。那时候，在政府方面虽然没有人注意，但是研究者已经发动了。鼓楼幼稚园对于我国幼稚教育的贡献，到今日也还有它的相当地位。

这期中，还有一人值得注意的，就是北京的张雪门先生。他因为爱好幼稚园教育，引起家庭问题；③更因这个问题，使他更加爱好幼稚教育。他的第一册的《幼稚园研究集》，就在民国十五年由北新书局出版了。这本书，引起不少人爱好幼稚教育的情绪不少。张先生近来仍继续努力，我国北方幼稚教育的发达，张先生的力量不小。

在这其中，南北两方共同注意于课程与设备两点。在课程方面，南京鼓楼幼稚园根据它的试验结果，编成一张长江流域全年适用的课程表。这张表，都是用中心活动为项目的，另编参考材料的目次。虽然是极初步的轮廓，但是有此一提〔举〕，国内呆板的课程风气为之一变。该园又试验得一表——《幼稚生工作与习惯的进度表》。这张表，就是十八年后教育部颁布的《幼稚园习惯标准表》的根据。该园又修改许多西洋的玩具，如摇马、积木等。同时，又因为该园环境关系，竭力主张放儿童到自然界里去，所以对于从前室

---

① 王瑞娴：又称董王瑞娴（董任坚夫人），生卒年未详，江苏上海人。早年毕业于上海中西女中，1914年由清华学校公费留美，在波士顿音乐院主修钢琴，获双硕士学位，为著名钢琴演奏家。曾担任国立上海音乐院钢琴组长，主授钢琴专业课；在上海创办儿童音乐院，致力于中国下一代的钢琴教育。历任大夏大学、东南大学、暨南大学、光华大学等校教职。1947年移居美国，任教于新英格兰音乐学院。编有《儿童年新歌曲》等。

② 甘梦丹：女，生卒年籍贯未详。早年留学美国，获硕士学位。时任东南大学附中音乐教师，后转任北京教职。撰有《一个理想的幼稚园》等。

③ 此"家庭问题"，系指张雪门因办理星荫幼稚园而与该园幼稚教师张琼英相恋，因而从原家庭出走；并不得不远走他乡北京，并且因此而办理孔德幼稚师范科和幼稚园、艺文幼稚园和北平幼稚师范学校。

内与桌上的呆板工作，改变了很多。至于在北京方面，也渐渐注意到课程的记录，所以在北方，也有一张比较适合于我国北地情形的课程表。

三、第三期

本期从十六年起，到现在还在进展中。最主要的事实，有幼稚园数量的增加，幼稚园运动到大众的队伍里去。

（一）幼稚园数量的增加

自从十六年以前各方提倡幼稚教育以后，各地行政当局及学术机关，对于幼稚教育都有些许印象，所以只要一有机会，便来提倡。这里有两种原因：一种是一般绅士们，渐渐愿意模仿西洋风气，以为送子女进幼稚园是有面子的事；一种是各地幼稚园的办法渐渐改进，略略可以差强人意。所以在十六年以前，幼稚园招生是一个极困难的问题；十六年以后，父母要送子女进幼稚园，好比代子女谋差。现在分述如下。

（1）幼稚园数量的增加。全国到今日有多少幼稚园，有多少幼稚生，还没有人能回答；所以十六年以前有多少幼稚园，十六年以后有多少幼稚园，这个比较也就没有回答。

但是，我们可以从几方面来旁证。在南京城里，十六年春季全城只有五所（其中国立一、省立二、私立一、西人私办一）；到了十六年秋，就增加到十九所（其中国立一、省〔立〕二、市立十三、私立二、公立一）。同时，上海、天津、北平方面，也有同样的增加。这点可以旁证者一。

在民国十六年以前，幼稚师范毕业生虽然不多，但是幼稚园更少；所以幼稚师范毕业生，大多数改任小学教师。哪知到了十六年秋季以后，不但幼稚师范毕业生全数回到幼稚园里来；甚至普通女师毕业生，也有许多改任幼稚园的事。所以到了十七年，南京市教育局为着没法解决幼稚园师资问题，于是与中央大学合办一班——幼稚教师养成班。这班毕业生不到结束，已经全数受了聘约。这点可以旁证的者〔有〕二：

〔其一〕民国十八〔七〕年全国教育会议，议决通令全国各省，凡实验小学必须设立幼稚园一所；更进而凡完全小学，必须设立幼稚园一所；甚至遇必要时，各县可以单独设立幼稚园。这个通令虽然不能完全实现，但是各省、县因此一令，遇有机会必定设立；而校长们为着发展事业起见，也就竭力设法创办一所幼稚园。在都会中，又因有大人先生们的愿意送子女进幼稚园，也就要创办幼稚园。所以在十八年以后，各地幼稚园数目的增多，确是意中事。可惜，我们得不到增加多少的确实数目。

〔其二〕幼稚教育研究会的兴起。幼稚教育研究会在十六年以前，完全没有听到过。十六年以后，就渐渐多起来了。十六年，南京市发起幼稚教育研究会，是全国最早的一个会；它的办法，也就是全国常常作为榜样的一个。这个会，最令人注意的有下列四点：

(1) 全市幼稚园教师都要加入。凡不是幼稚园教师，愿意加入者亦欢迎。(2) 每两周开会一次，讨论下两周课程大纲及过去两周所发生的困难问题。(3) 每次聚会，必有指导员出席，或请有专门技术者出席指示。如自然科的、社会科的，等等。(4) 每次聚会，由各个幼稚园轮流招待。

这样的会，上海也组织起来了；十七年夏，北平也组织成立；十九年，厦门、广州相继成立；二十三年秋，武昌、汉口也成立。虽各地的研究会不能长时期的继续（例如南京市自民国十七年冬起，已经只有一个名；北平的会，也开了不久便散去；武汉的会，也只维持了半年）。每个会，都有些"人在则兴、人去则废"的情况。但是各地经过这样研究会以后，不但教育界人士对于幼稚教育重视了不少，就是一般幼稚教师对于本身的工作，也增加了不少兴趣，于是提起研究的兴趣。

（二）一般人对于幼稚教育的注意

十七年第一次全国教育会议开幕时，关于幼稚教育的议决案有七件。十八年，全国中小学课程起草委员会成立，关于幼稚园课程列为专项，不与小学课程混在一块儿。十九年第二次全国教育会议开幕，幼稚园与小学并立了。从此以后，全国人士对于幼稚教育的态度一变，所以各大学里都添设了幼稚教育的课程，各处幼稚师范也都闻风兴起。如厦门集美幼稚师范、上海的私立幼稚师范、北平的香山慈幼院等，都是单独设立的。各地女子师范，附设幼稚师范科的更多。幼稚园被一般人的注意，也可想见了。

以上种种情形，可见中国幼稚教育的兴起，都是从都市发生的；幼稚生的来源，当然是比较富裕的家庭。这个现象，倘若专从儿童本位上说来，倒也没有什么说不过去；但是幼稚教育倘若长此向这条路上去发展，那么幼稚园将变为富贵孩子的乐园，幼稚教师也不过是有钱人的"干奶妈"，对于社会的意义太少。这种幼稚教育，必定渐归消灭。幸而国人对于社会的眼光渐渐转移，所以幼稚教育方面，也就发现了新大陆。下段略谈此中转变的历程。

（三）幼稚教育运动转向劳苦大众的队伍里去

世界上第一个幼稚园，是产生在穷乡的；世界上幼稚园的发达，也在贫民窟里的。但是社会是日日在变迁中的，本为贫儿来的幼稚园，反被富人用了。各国幼稚生的家庭状况，大都在中产以上。来我国不久的幼稚园，也就整个被都市富人们拿了去。

我们不是说，富人的孩子不必教；不过一般太太们每天茶来伸手、饭来开口的舒服着，省下打牌的时间，就很可以教自己的孩子了。同时，穷人的母亲们，每天不是进工厂做工，便是到田里去做活，她们的孩子谁去教他们呢？这些孩子，也是中华民族的小国民，难道可以让他们去自生自灭吗？幼稚园若是为着整个民族的教育之一，那么非转移方向，从都会转到乡村与工厂区去不可。

当民国十六年秋季，一般提倡幼稚教育者，正当轰轰烈烈在那里创办许多幼稚园，冷不防来了一位陶知行先生，发表一篇《幼稚园之新大陆》，把幼稚教育的主要功用提醒了，也给一般提倡幼稚教育者一个当头棒喝。现在节录两节如下：

> 最需要幼稚园的地方是什么？最欢迎幼稚园的地方是什么？幼稚园应当到而没有到的地方是什么地方？幼稚园还有什么新大陆可以发现？
>
> （1）女工区域是需要幼稚园的。女工上工厂做工，小孩子留在家里无人照应，最感痛苦。若带在身边，那么工厂的特殊、紧张的环境，便要阻碍儿童的发育。倘使工厂附近有相当幼稚园，必能增进儿童之幸福，

而减少为母者精神上之痛苦。同时，女工既不必心挂两头，手边无拖累，则做工效率自然也增加许多。所以为儿童教育计，为女工精神计，为工厂出产效率计，这种工厂附近必须开办幼稚园。这是幼稚园的第一个新大陆。我希望，幼稚园同志快来探获。

（2）农村也是需要幼稚园的。农忙的时候，农家妇女忙个不了，小孩子跟前跟后，真是麻烦。哥哥、姊姊也要帮忙操作，无暇陪伴弟弟、妹妹玩。所以农忙一到，乡村孩子就要缺乏孩子照料。倘使农村里有了幼稚园，就能给这些小孩子们一些相当的教育，并能给农民最切要帮助。幼稚园的同志们，可曾想到这个新大陆？我相信，如果诸君愿意下乡，采桑娘子必定是诚心诚意的欢迎诸君的……

自从这篇文字发表以后，燕子矶、晓庄接着就发现乡村幼稚园；晓庄还举办乡村幼稚师范学院，主持者为张宗麟、徐世璧、王荆璞等。二十二年，上海发现劳工幼儿团①，主持者为孙铭勋。二十四年，北平香山慈幼院的幼稚师范生，跑到乡村里去创办幼稚园，②主持者为戴自俺。这些都是事实。

但是提倡者的大声疾呼，在社会上的影响依然不大，这是什么缘故呢？这里，著者凭着十年来的经验，敢大胆地指出几个原因来。

（1）总原因是，国家（或说政府）没有注意到农村与工厂需要幼稚园。

（2）人民的观念没有转变。二十四年春天，著者在湖北，有一天，有一位教育学者的太太要我计划一所幼稚园，并且愿意在她的学院里造办一所幼稚园，一切愿与我合作。我第一句问："这所幼稚园收谁的孩子？"她说："收学院里教授们的孩子。"我又问："我打算收农家孩子，是否可得？"她说：

---

① 劳工幼儿团：全称劳工幼儿工学团，由陶行知指导门生孙铭勋、戴自俺创办。开办时间为1934年4月1日，地点位于沪西劳勃生路（现胶州路）工厂区，推选女工担任董事，专门招收纱厂女工子女入园受教；经费主要由上海女青年会资助，并且由该会征集志愿者兼任教师和保育员。保育和教育对象，包括托儿所、幼稚园和小学一、二年级的儿童。尽管该团仅维系一年，但它却是中国幼儿教育史上第一所专为工人子女办理的幼教设施。

② 此"创办幼稚园"，系指1935年夏，戴自俺率北平幼师师范生赴北平西郊核桃园，在该地创设乡村幼稚园。此地为北平幼师的乡村教育实验区，该实验区由张雪门兼任主任，戴自俺为副主任。

"农家孩子太脏,习惯又坏,传染病也多,我们不愿意他们进来。"这所幼稚园没有办成,主要的原因,是我主张贫富孩子同收,她们(教授与专家的太太们)不主张收贫家孩子,不愿意与穷人在一块儿,这也是一个主要原因。

(3)幼稚园收费太贵。有许多幼稚园的主持人,比较那位教育专家太太聪明得多;他们在表面上不拒绝贫家子,但是他们收费极贵,每学期学费十元;点心费三元、制服费三元、材料费二元、仆费一元、杂费一元,一个孩子就得二十元。二十元,在富人们不过一餐食费,不算什么一会〔回〕事;但是在穷人们,便万万不能希冀了。

(4)染着欧化的幼稚园。处处模仿欧美办法,幼稚园的布置件件欧化,幼稚生在园时刻,早晨九时到园(不准早到),午十一时放学;下午一时半到园,三时半放学。如此办法,穷人的儿女们又怎样还敢希望进幼稚园呢?这是在家里玩腻了,换个环境去玩玩的办法,决不是代替穷家妇女解决困难的办法。

(5)做幼稚教师的,因为在都会里可以享受极优厚的物质报酬,教到达人们的子女;不但有小天使可以玩,并且还有意外的遭遇可以获得,谁愿意到贫儿窟里去教臭孩子呢?所以在今日的社会制度之下,要想训练幼稚教师下乡去,在实际上是极困难的。我们可以改变我们训练幼稚师范生的方式,可以使她们到乡下去受训练,可以使她们到贫民区里去受训练;但是到了毕业,又怎样可以保住她们不踏进都会,去做富人们的干奶妈呢?关于这点,著者与张雪门、戴自俺诸先生,都感觉到大大儿的失望。我们今日只能这样说,在没有整个办法的今日,我们尽我们的责任,改变训练幼稚师范生的办法,不使她们居高楼大厦,只图人间物质的享受。同时,我们招收幼师学生时,也多多注意到贫寒出身的女子。

用个人的力量鼓吹幼稚园运动下乡去,到工厂区去,效果不会大的;但是没有少数人的鼓吹,农村与工厂区里的幼稚园,或者一个也不会有。"一"是极小的数目,但是比起"零"来,便是极大的进步。我们就这样希望着,我们就这样准备着,准备明日的幼稚园运动展开的日期到临,供给大批的幼稚教师下乡去,到工厂区去,真正的去帮助劳动的母亲们去。

附：中国三十年来从事幼稚教育者的事略

（一）吴朱哲女士 光绪三十三年由日本学幼稚教育回国，创办务本幼稚园及保姆训练班。上海一带民八以前的保姆，多半是她的弟子，是我国幼稚教育启蒙人物之一。

（二）陈鸿璧女士 主持上海广肇公学的幼稚园，二十年如一日。她虽然没有直接训练幼稚师范学生，但是跟她学的人很多。

（三）张美真女士 民国十年以后，主持江苏一女师幼稚师范的。她是美国留学生，但是训练学生，都用刻苦耐劳、为大众服务等话。近年来江浙一带的幼稚园教师，都是她的弟子；第一对下乡的幼稚教师徐世璧、王荆璞女士，也是她的学生，并且她们都时时刻刻念着张女士教育她们的话。

（四）陈鹤琴先生 他是留美学生，民国八年回国，是中国研究儿童心理学的前辈。在东南大学任教授时，为着要研究儿童心理，所以创办南京鼓楼幼稚园。十六年在南京教育局任事时，又创办市立幼稚园十四所。十八年任上海华人教育处长，又创办租界内幼稚园五所；发起中华儿童教育社，主编《幼稚教育》月刊，编辑《幼稚园课本》《幼稚园活页教材》等。东南十几省的幼稚教师，都与陈先生直接或间接有关系。

（五）张雪门先生 他是清季的优贡生，为着爱好幼稚教育，引起家庭问题，更因家庭问题而愈加爱好幼稚教育。自从民国六年起，他便在浙江宁波从事幼稚教育运动。后来北去津、京，一直从事幼稚园工作。到了十四年，入北京大学研究教育。十五年以后，主持孔德、香山等幼稚师范。著有《幼稚园研究集》《蒙得梭利及其教育法》《新幼稚教育》《幼稚园组织法》《幼稚园故事集》等书。张先生在北方多年，所以河北、平津、山西一带幼稚教师，多与他有关系。现在正打算在莫可奈何的环境中，努力去创办乡村幼稚园，并且训练一般有心的青年女子，到乡村里去工作。

（六）沈百英先生 他曾经主办上海尚公小学，在上海做过幼稚教育运动。后来任商务印书馆编辑，但是仍不忘幼稚教育，所以主编"幼稚教育丛书"。他自己著有《幼稚园故事》《幼稚园课本》《幼稚园的故事》

等书。

（七）戴自俺与孙铭勋先生　这两位先生都是晓庄的学生，都从著者学过幼稚教育。他们提倡劳苦大众的幼稚园，可说是全国无出其右者。现在戴先生在河北，带着一班青年幼稚师范生办乡村幼稚园。孙先生在上海、镇江一带，带着一群青年徒弟办劳工幼儿园。他们不但不靠这个工作过活，有时还将所得稿费来办幼稚园。著有《晓庄幼稚教育》《幼稚教育论文续集》《乡村幼稚教育经验谈》《自从开工〔以来〕》等书。

（八）徐世璧、王荆璞女士　她们是第一对下乡的幼稚教师，都是张美真女士的学生。她们主持过晓庄、燕子矶、厦门、洪林美等乡村幼稚园，同时就在幼稚园里训练艺友。所以每到一处，必有乡姑娘跟着她们。

（九）著者　鄙人最初是只知道爱与孩子们玩耍，所以研究幼稚教育。在十四年东南大学毕业后，就被学校当局聘为助教，派去南京鼓楼幼稚园做研究工作，做了三年。十六年受了社会变迁的猛烈刺激，于是脱去都市的西装，跑到乡村工作的队伍里去，加入晓庄，创办乡村幼稚师范院等。十九年又受到一次刺激，于是全国漫跑，跑到福建、两广、四川、湖北等省去；每到一处，必发起幼稚教育研究会，提倡办乡村幼稚园。所以东南十几省的幼稚教师，都知道我这个土老头儿。著有《幼稚教育概论》《幼稚教育》《幼稚园的社会》《幼稚教育论文集》《幼稚园的演变史》等书。近来仍旧做乡村工作，并注意提倡办劳苦大众的幼稚园。

以上共计十一位。除吴朱哲女士已不知道下落外，余均健在。我国幼稚教育，正跟着整个的社会在急剧演变中。幼稚教育的理想，虽然不能战胜整个社会的支配；但是在全国学者一致主张，向劳苦大众的大道上走去；无论如何，可以使幼稚园渐渐移向乡村与工厂区去。点缀品的幼稚园与干奶妈的幼稚教师，当然可以在这个演变中逐渐减少，至少可以渐渐把这种风气淡薄下去。

看十年后（民国三十四年）我国的整个社会变到怎样地步？再看十年后我国幼稚园运动演变到怎样地步？更看十年后从事我国幼稚教育改革运动者生死荣辱到怎样地步？

第五章　从少数人享乐的幼稚园变到多数人受训练的幼稚园

自从一八五二年福氏死后，幼稚园的办法便由他的后妻与门人尽力宣传，于是各国都受到这个影响。

在福氏没有发明幼稚园以前，欧美各国对于六岁以下的孩子，都以为只消得受家庭教育，不必受什么团体的教育。现在有了福氏的方法，知道六岁以下的孩子，不必由母亲自己来教。这件事，给一般母亲们很多的方便。当十九世纪末与二十世纪初叶，全世界充满了个人资本主义的空气，只图个人的享受，不管如何剥削。倘若得到一个可以享受的方法，不问它的来源是什么，只要拿得到手，就高居享受。

幼稚园的发明者福禄培尔，幼稚教育的继绍者蒙得梭利，又何尝愿意把他们所发明的方法，供一般资本家太太们享用的呢！但是任凭你发明的动机如何好，任凭你所用的方法如何好，任凭你发明时是如何在贫民窟里做试验，一旦方法的模型将成，便可以引作有钱人享受的工具，这是十八世纪到现在还在进展中的情况。自从前次欧洲大战以后，空气稍稍改变，有的国家完全以劳苦大众的福利为福利，有的国家采取国家资本主义的政策。这两种政策的方针虽然不同，但是消灭个人享受的一点，是完全相同的。

幼稚园的一切办法，不幸也跳进了这个圈套，但是也幸而又转变到原来的意义上去。本节就把这个过程略略说明。

一、美国

美国是美洲北部的合众国，美洲是开辟未久的一洲。美国更是成立不久的民主国，它的国内最初充满了欧洲流亡客，各国人都有，到了一七七六年才成为独立的国家。但是因为地域太大、人口太稀，更利用了机器的力量，在一百年的短短时期中，便成了天之骄子，是世界上一等富强的国家。最近三十年来，更有左右世界局面的趋势。虽然国内尽闹着失业人数的增多，物品的不易销售，黄金、白银的拥挤；但是世界各国，有哪一个不受它的任何政策的影响呢？

为着它的环境是这样，所以造成全国五方杂处的人民都爱好自由，勇于进取，不愿意国家的强力限制。自由、自治、自食其力的风气，在各种政治上、经济上都十足表现出来。所以在教育上也如是，美国教育行政的各自为政，中央政府没法使之统一，世界各国无出其右者。甚至教材、教法，也都是各省与各省不同，各校与各校不同。这种办法好的名称是德谟克拉西，进步可以更速，不好的名称是散漫。总之，是美国人整个习性的代表现象。

幼稚教育是一八五五年传到美国的。第一个幼稚园，是纽约办的福氏幼稚园，提倡最力者，为披鲍特（Elizabeth P. Peabody）女士。到了一八六七年，她又亲自到德国去学福氏幼稚园。回国后，又组织福氏教育研究会。所以美国人对于福氏幼稚教育，可谓盛极一时。这里有个缘故的，就是福氏主张还给儿童自由，很合美国人德谟克拉西的胃口；福氏又主张教师如北辰，众星环拱，也很合美国人选举自荐等胃口；更因美国人钱多，爱好新鲜，福氏的恩物小巧玲珑，他的教育法和爱可亲，很合有钱人招请保姆，看护公子、小姐的胃口。因此种种，福氏幼稚园在欧洲大陆反而不很时髦，甚至弄到变样，更弄到钻进极神秘的路上去。

但是在美国，不但不变样，更因此学说而有所改进，有所发明。最显著的，如积木的改进。积木是福氏所发明的，但是细小得只能在桌上独人玩。美人便给他改良，例如 Hill Blocks（黑氏积木）[①]，不但形式放大，可以在地上玩，可以多有变化；并且因积木的改良，可以改进许多指导儿童活动的方法。中心活动的工具问题，可以得到大部分的解决；合作精神的养成，可以因讲故事、听故事而转移到搭积木、造房子、组织小家庭等实际活动上去。

---

① 黑氏积木：通译希尔式积木、霍尔氏积木或海尔式积木，参见前文第112页注①。

如此改进，决不是偶然的。为什么海尔巴脱的方法虽有人提倡，终不能十分发达，反而为设计教学法等所拒斥？这里的缘故，当然还是美国国情的一切，与福氏学说相同处极多，所以一经提倡，便受永久的欢迎。

欧战起后，蒙得梭利到又〔了〕美国，美国教育界如克柏屈克等，也曾竭力研究；并且蒙氏的儿童之友的主张，也很合美人的胃口，所以蒙氏流亡美国多年，也就能安居做试验。但是这时候，美国正闹着心理学改革的风潮，所以蒙氏的才能派心理学，如何挡得住詹姆斯、桑戴克机能派心理学的批评？又怎样挡得住铁青纳①们内省派心理学的证说才能派学说的不足靠？尤其挡不住华真等行为主义派心理学的铁面攻讦。蒙氏在美国，虽受一般教育学者欢迎，但是心理学者都轻视蒙氏。尤其是蒙氏借用实验心理学的试验用具作为恩物，很给许多人批评。某种学说受人欢迎与否，大有幸与不幸，这里最大的根源，当然还是当地社会对于某种学说的受纳性如何而定。

现在，再略述美国幼稚教育实施的原则。美国最注重的，是自由、独立、创造三项。

（1）关于课程方面，完全采取儿童自由的方式。甚至昔日视为最有用的设计教学法，也不适用于幼稚园。一切活动，都是从一年四季的环境上产生儿童的行动；更因儿童的行动，而产生逐月逐周的课程。所以可以说没有课程，更没有教科书，也没有定型的知识与技能的授受。

（2）关于训练习惯方面，完全采取服务、合作的精神。所以对于儿童，几乎别的没有限制，只有不准自私自利的限制。团体的作业，不但定为毕业的标准，儿童也都能明了这层意思。同时，有一件事是极注意的，就是创造的精神。美国人爱好发明新事物的精神，在全国已经成为风气，所以幼稚园里一切工作，教师都不加干涉，都让儿童自己去创造。现成的事物减少到最少的限度，一切教具大都用原料品来代替。总之，所谓创造者，是在合作的状态之下去创造；所有保守秘方等风气、手工业时代独自进行的风气，都逐

---

① 铁青纳：即爱德华·布雷福德·铁钦纳（Edward Bradford Titchener，1867—1927），英籍美国心理学家。早年毕业于牛津大学，后赴德国师从威廉·冯特学习心理学，1892年到美国康奈尔大学教授心理学，1898年正式创立构造心理学学派，促进了科学心理学的独立和发展。著有《实验心理学》《思维过程心理学》等。

渐减少。共和国国民的风度，在美国是从幼稚园时代就注意训练开始的。

（3）幼稚园的教师有四种型：一种是幼稚生中心人物，福氏的幼稚教师是属于这类的；一种是儿童的指导者，蒙氏的幼稚教师属于这类的；一种是儿童的监护者，一般的幼稚教师都是这类；又一种是儿童的朋友，美国的幼稚教师属于这类的。这个不是教师单方面可以做到的，这是全国整个的方针之一。有美国的国情，有美国幼稚园的课程，有美国训练儿童的标准，然后会产生美国幼稚教师的型来。

他们希望儿童爱好自由，能创造，有合作精神，教师也就是儿童队伍里的一员，教师也就是与儿童共谋自由、创造、合作的一人。教师对于儿童，只负有安排环境、安排方法等责任，决不强迫的督促，也不勉强去指导儿童。至于教师技能的训练，也很严格的，不过与福氏、蒙氏等训练的内容不同。美国训练幼稚教师时，注意在儿童生理、心理（儿童养护）、环境的布置、音乐、图画、儿童游戏等；同时开始注意，养成尊重儿童的独立、自由的精神。

幼稚教师也专设有养成所，大多数是修完中学后的女子，再加以一年、二年或半年的训练。在训练期中，注重实习；毕业后大多数先做助教，经过一年至三年，然后做正教。美国幼稚教师完全是女子。在美国，女子做教师，都是处女的过渡办法，嫁了丈夫便不再做教师。那么所学的幼稚教育，只可以用到家庭里去教自己的孩子去。这点，在美国社会上引为极不幸的事。但是学者们认为不当，社会上认为这是千应该、万应该的。那么，也就只好听她们整批地培植出校来，过了几年，整批地回到家庭里去。

（4）儿童玩具是幼稚园里最重要的一件事，所以福氏与蒙氏都注重于恩物的制造与使用。美国幼稚园玩具的创制，也是与它的整个教育主张是一致的。所以积木的放大，不但不能在桌上玩，甚至不能一人、二人玩；必须有多数人，然后能够搭成一物，搭成以后也可以让多数人来玩。如搭成家屋，就真的可以让几个小孩子进去玩的，这是合于"合作"精神的。其他玩具，也大多数用原料品，不是做得现成的，这是合于创造的原则的。

美国是近代世界上代表的资本主义的国家。它的幼稚园的办法，很可以做一般国情相同的国家的代表。所以英国与日本，虽然在教育上都比较来得保守，但是幼稚时期的儿童教育，都有它们相同之点，就是方法与教材等力求新鲜，有时且不惜到奇异的一条路上去。凡招收学生，幼稚园设立的地点，都是偏重在中产以上的家庭。对于贫民窟的儿童，除了慈善性质的点缀外，并没有普遍设立的准备；并且许多办法，例如幼稚生在园的时刻等等，也只以父母有余闲可以教养的为依归，并没有替父母整天在工厂做工的孩子打算。这是整个国家政治、经济权掌握在哪一种人的手上的问题，决不能随便希望英、美、日、法等国突然的改变。我们除几种技术值得欣赏与模仿外，也不必不问国情，一概妄从。

二、英国的婴儿院与中国的育婴堂[①]

在英国，有一件事与幼稚教育有关，值得一说的就是婴儿院（nursery school）。[②] 这种教育机关，是何文[③]与麦克密伦（Grace Owen and Margaret McMillan）[④] 于一九一四年起提倡的，专收初生十八个月到四岁的孩子的。何氏等最初的用意，是在于普遍地为工厂里的女工们的孩子谋幸福；同时也就打算，因此可以研究用科学方法来养护婴孩的一切办法。

几十年来，何氏所提倡的婴儿院，第一个目的不易达到，第二个目的已经渐渐可以做到。因何氏等大声疾呼，于是医学界及研究食品的学者，都知道注意于婴儿的卫生等；又因此而引起一部分心理学家的注意，如美国的行为主义者华真，在研究心理学之余，尤其注重于婴儿的养护。虽然他是美国人，免不掉充满了美国人口吻的话；但是能够用国家的力量，应用最新发明

---

① 此标题系由编者加拟。

② 此"婴儿院"，通译保育学校，由麦克米伦姐妹1911年在英格兰创立，招收2～5岁平民家庭子女入学受教，兼有"日托中心"性质。1913年该校定制，1918年被纳入《费舍教育法》。此后，便形成"保育学校运动"，并传至北美及世界各地。

③ 何文：通译欧文，即罗伯特·欧文，英国空想社会主义者，参见前文第76页注①。

④ 麦克密伦：通译麦克米伦，即玛格丽特·麦克米伦（1860—1931），英国保育学校的创办者及保育学校运动的领袖。1908年与其姐雷切尔·麦克米伦共同在博乌开办"实验诊疗所"，1910年改称"德普福特学校治疗中心"，次年发展为"野营学校"，1913年定名为"野外保育学校"。其后，保育学校便如雨后春笋般在英国破土而出，1923年当选为"英国保育学校联盟"首任会长。著有《通过想象进行教育》。

的科学方法来养护儿童,这是谁也不会否认的。

可惜婴儿院的运动,又只能应用于父母们每月有百元以上收入的孩子。他们(父母们)虽然也是天天上工场、办公室去,婴儿院也是帮助这些忙着做工的父母照顾婴儿;但是对于劳工们、农夫们的婴儿,便没法去帮助了。这也是经济与政治的限制,决不是这种办法的不妥当。

至于我国育婴堂的性质,与何氏提倡的婴儿院性质完全不同。我国的育婴堂,最初是救济乱后无所依归的婴儿,后来渐渐流入于收纳私生子与妓院子女。这些孩子,在法律上是没有父母的,所以我国育婴堂的孩子,既不受父母的养育,也不受国家的保护,他们的生死存亡,只凭着主办人的良心。又因经费有限,说不上科学设备,甚至最低限度的养料也不易供给,所以死亡率,竟有高至百分之八十以上的。我国的育婴堂,千万勿与英国的婴儿院混为一谈。

至于婴儿院,在我们也已经有设立的,例如南京市妇女文化促进会第一托儿所,已于二十四年四月开办。这个托儿所,与何氏提倡的婴儿院很相像。不过,该托儿所因经费等关系,也只能收中产以上而父母们又忙着办公的孩子们。该所只就交费一项论,乳儿每月要二十一元;断乳后的孩子,每月也要十五元。如此费用,在今日我国经济状况之下,家长们不是月有二百元收入者,怎样能抚养二个孩子?但是托孩〔儿〕所运动,在我国刚刚萌芽,做一种研究试验的尝试,那是必需的;倘若要希望这样托儿所普遍,决不是几个提倡人所能做到的,必须整个我国已经具备需要托儿所的条件,那么才能普遍的设立托儿所。

三、苏俄[①]

站在美国对立地位的国家是苏俄。苏俄自从最近大革命以后,国内一切的设施,都与其他各国不同。世界各国最初都采取封锁政策,免得这股洪水横流全球。自从苏俄第一次五年计划完成以后,又引起全球的惊骇。这个奇

---

① 此标题序号原为"(二)"。

怪的国家，它的一切设施，使全球人士忽忧忽惊，不得安宁。它的国内的实行力，必定能够出人意料，这点我们总得承认的。

苏俄现行政策的得失，本书不能评述。不过，他们对于幼稚儿童教育各方面，我们可以约略一谈。

未谈苏俄的幼稚教育以前，有几条原则得先说明。它的国内是件件统制，人口、食料及其他原料品固然有统制，一切文化也有整个的统制。这是一。为着件件事要统制，所以儿童也是国有的，不是父母的私产。儿童既然是国有，所以不但教的责任，国家负完全责任；甚至养的责任，也是国家与父母共同负责。这是二。为着实施统制政策，关于人才的培养与支配，也都有整个的计划。所以国内做任何事的工作人员，全国都有统盘计划；对于任何的教育，国内也有统盘计划，决不是尝试的态度，也不允许个人自由试验。这是三。认清了这三种原则，苏俄的幼稚教育便有线索可寻。

苏俄小学教育，开始时期定在八岁。在未入小学时，还有两种教育：一种是三岁以下的托儿所；一种是三岁至八岁的幼稚园。

托儿所的发达，大都在工厂附近及集体农场的附近。因为前者（工厂）不但要注意于工人的安全与幸福，同时认为工人幼儿的养护，也是工厂必须做的一件工作；后者（集体农场）是国家尽量辅助、鼓励它发展的一种事业，凡加入集体农场的农家，国家就给他许多特殊的方便。在事业上，固然给他种种的辅助，如耕具、种子、肥料等供给，合作方法的指导等等；并且国家承认，加入集体农场的农民，应当与做重工业的工人同样看待。所以他们的子女，都有送入托儿所的权利。同时在政府方面，也就依照集体农场数的多寡设立托儿所。

照苏俄现有托儿所的数目，凡做国家规定工作的人民，都有送子女进托儿所的机会。除非人民是自由职业者，那么一切待遇都不能一体享受，他的子女也就得由父母多负教养的责任。托儿所在工厂附近，是长期开放的；在农村里，是有时间性的。在规定的时期里，把忙着做事的父母的孩子收集起来，一方面代父母养护他们；还有一方面，用苏俄上下一贯的教育方法，来训练幼小儿童的意识。凡是有害于儿童意识发展的故事、童话等，一概摒除。在工作方面，就养成他认识自己、反抗侵害者等态度。

幼稚园的设置，也是为着代替做工的父母解决困难的；同时也就打算，在幼儿时代教育一种苏俄特有的社会意识。所以，幼稚园与托儿所设立的所在地是并行的。他们认为，设立幼稚园的目的是："发达儿童的唯物世界观，创造活动的力量以及集体的习惯。"所以他们定幼稚园的目标如下：

（1）儿童积极参加于他自己生活的建造；

（2）注重于社会有用的劳动；

（3）确立对当代生活的密切关系；

（4）引导儿童对于自然研究及唯物的世界观的浓厚的爱好；

（5）利用说话和实际故事，使儿童得着具体的理解生活的现象。

为着要实现上面的目的与目标起见，所以必须有相当的设施。现在来说一说苏俄幼稚园的设施。

（1）每个幼稚园都有一个列宁纪念厅，挂着列宁的遗像；并且准备有橱柜等，给孩子们搜集纪念列宁的用品。

（2）最普通的幼稚园，一切布置都可省去，但是一张列宁像是绝对不能省的。有的幼稚园在开学之初，仅仅一张列宁像；其他布置，也就不〔得不〕让儿童自己去做了。

（3）儿童促〔从〕进幼稚园起，就和工厂里的母亲的工作联系起来。儿童常常这样唱着："我们不白吃工厂的面包，我们做件衣服作报答。"

（4）儿童与自然的接触是极注重的。他们在实验室里或在旅行中的工作，在形式上虽然是极幼稚，但是对于生产要素的观念的印入极深。所以许多工具如锯子、锤子、小锄、小斧等，是他们最主要的玩具。

（5）幼稚园里一切小的劳动，如餐后的洗涤食器、抹桌、擦地板等工作，都是幼稚生自己做的。

（6）凡不合于苏俄国情与主张的故事、童话，一概禁止在幼稚园里使用。

（7）一个幼稚园里，男女、智愚、刚柔的儿童都混在一起，同室起卧，同桌吃饭，同场玩耍，教师决不加干涉。除非两个人中的一个人疲倦了，那么就把不疲倦的一个离开，让已经疲倦的一个去睡觉。

（8）儿童一切的工作，都采取集团的，如读、写、算、游玩、做工等，都不应以个别行动来妨害儿童的集团组织。

（9）儿童自治从幼稚园就着手训练。先从做自己的工作起头，然后渐渐儿替年幼的小朋友做事，更推而替社会做事。

以上是苏俄幼稚园训练儿童的方法。至于教师的选择，除去对于幼稚儿童的生理、心理及教育法有相当修养外，还要是教育劳动者联盟的会员。这个联盟会，就是组织成苏俄整个劳动阶级的一部分。换句话说，苏俄幼稚园教师，必定是真切了解苏俄的一切，又能与全国的政策完全取一致行动的。不但教师如是，就是全国的学者，对于幼稚园需要的教材也尽量供给。所以幼稚园的故事，几乎都是实际生活的资料，一切迷信、享乐的材料，都渐次肃清，唱歌、读物等也都是这样。上下一致，决不以幼稚园是不足重轻而放松的。

"学校生活，必定要切合于实际生活与政治主张。""儿童的兴趣，是由儿童的环境里发生的；儿童在幼稚园，当然有认识现实生活与政治路线的必要。"这两句话，足以代表全苏俄对于幼稚园的儿童，决不容许对于国情有所怀疑。个性的发展，也必定要合乎全国一致的主张的，不能如其他国家可以自由自在的。

自从儿童被政治家认为是小国民、可以培植的小国民以后，对于已经获得小生命的儿童，一步也不放松的训练他成为现政治的小国民。苏俄对于幼稚园如此注意，更如此坚持他们的主张，这不过是一个例子。

其他如意大利的法西斯蒂主张，日本的尊敬天皇的主张，德国的大德意志的主张，法国的雄视全欧的主张，都是彻底的在他们任何教育上表现出来。不过，有的国家因为行政效率不像苏俄那样强，所以表现出来的成绩，也不像苏俄那样彻底、明显。但是决没有一个国家，不愿意他的教育与他的政治站在同一战线上的。

从现代世界上各国对于幼稚园的设施看来，所谓儿童本位教育，大有另加注释的必要了。幼稚园教育，根本就是实际生活与现政治中的一个阶段。也或者可以这样说："幼稚园教育，就是培植幼小人才的机关；这类人才，是充实与加强现社会组织及现政治设施的人物。"所以幼稚教育的普及与否，也就跟着这个国家相信幼稚教育对于他的政治等有多大贡献的〔为〕转移了。苏俄与意大利，是最相信幼稚教育有效力的，所以提倡幼稚教育（当然是他们的幼稚教育）、普及幼稚教育，也就最用力了。

第六章　从小学教育变到幼稚园教育，又从幼稚园教育变到小学教育

本节完全说明，幼稚园里的教学法与养护法的来源，更说到这些方法影响到小学；然后，再述说幼稚园与小学低年级的联络。

一、幼稚园教学法的来源①

幼稚园的方法，与近代小学的方法是同出一源的。这个源，是裴斯泰洛齐。裴氏在近代教育史上，可称继往开来的唯一人物。他的徒弟，都是主办新式小学的（所以别于当时的拉丁学校）。

到了海尔巴脱，采取裴氏学说一部分的精华，于是创议小学五段教学法②。不过，并没有十分完备，当初还不过是三〔四〕段，后来海氏的学生才补充完备。福禄培尔采取了裴氏学说的另一部分，办一种混合的儿童学校。当福氏初办小学时，又何尝如办幼稚园那样让儿童自由呢？他当时见到裴氏小学的自由无纪律，竟发出批评的论调来："裴氏热心有余，方法欠缺，难免失败。"所以福氏对于混合小学的课程，已经与裴氏小学略有不同，且相近于海氏。但是福氏一生的环境，给他爱好自由的助力太大了。幼年的接近自然

---

① 此标题系由编者加拟。
② 五段教学法：亦称五段教授法，系德国教育家赫尔巴特创立的课堂教学法。他所提出的方法，为"明了→联想→系统→方法"四段。其后，他的学生戚勒和莱因发展丰富为如后五段：预备→提示→联合→总结→应用。此五段教学法，与班级授课制一起，于晚清传入我国，对中小学教学发生广泛影响；"五四"以后，对其形式主义、机械主义的实质进行了猛烈抨击。

界,壮年的被迫而流离,更因先后几位女士的爱慕与鼓励,福氏幼稚园方法的成型,决不是偶然的。但是到了福氏晚年,幼稚园自由自在的风气还没完全树立,不过比起小学里的方法已经自由得多了。

至于蒙得梭利的方法,更与小学不能分。蒙氏最初是办混合的低能儿童院,后来专致力于幼稚园教育;但是到了最近十几年,又注意到小学上去了。蒙氏的方法自由吗?比福氏的方法更有规律,更注重训练。所以美国小学教育学者克柏屈克批评福氏、蒙氏的幼稚园法,除指摘他们神秘色彩太浓外,更说他们的方法太有规律、太注重教材的训练,对于儿童的自由不能充分地还给。

幼稚园方法的进步,是各种客观条件的促成,不是一二人头脑中的幻想,这件事已经说过几次了。幼稚园在德国、意国的环境里可以产生的,但是决不能充分还给儿童自由的。幼稚园的中心活动法,必须到美国的环境里才会产生。在美国,一方因为成人社会里充满了自由的空气,一方因为儿童心理学的发达,于是产生小学的设计教学法等等。小学里的设计教学法,是打算给儿童自由的初步。在某一件事业(activity 或译活动)上,定下一定的步骤,教师与儿童合作来实现这个计划,这是设计教学法的精髓。在设计教学法组织之下的小学,比起五段教学法,显然是一个大进步。就是教育的重心,从教材方面转移到人的方面;不过是师生合作的,还不是完全放给儿童的。哪知这个方法引用到幼稚园里去,儿童便有充分的自由了。这种有几点极值得注意的。

二、小学设计教学法的利弊[①]

小学设计教学法主张彻头彻尾、有计划、有步骤、始终不懈,[②] 把预定的计划,在师生合作状态之下实现出来。这个计划在时间上,有时可以延长到三天、一周;在功课上,可以把语言、文学、算术、地理、历史、音乐、工

---

① 此标题系编者加拟。
② 此句之前原标有序号"(一)"。

艺、图画、自然科学等等，都用这个设计来联络。至于各科本身的进度，也不会相去太远。

儿童在工作进行途径中，倘若发生别的兴趣，发见计划以外的事物，教师就没法来顾及的。儿童因为忙着实现预定的计划，也只得不去顾及的。这些事物，虽然像电光石火般过去了，儿童虽然要想追究而不能，教师也因为没可奈何而不理会。但是一切事如此一闪烁间过去了，便会发生许多不良影响。儿童因为不能自由发挥，也就不容易再去自由寻找；不去自由寻找，便会落入依样画葫芦的途径上去。

还有一层，也会使儿童极受拘束的。当一群儿童进行一个设计时，倘若有少数儿童对于这个设计忽生厌倦，或者不同意设计中某一段工作时，在设计的进行中，没有可以退出或改变计划的机会。所谓"设计已完，必须照着进行；若有退出或改变，便发生纷乱，影响于全体"。所以，设计教学法比起五段教学法来，在给予儿童自由一层，虽然有相当进步，但是未能达到"教育的重心应该在儿童"的境地。

因为有小学设计教学法的发见，① 又因为美国办幼稚园的人们觉得，福氏、蒙氏的方法有改进的必要，于是最初在幼稚园课程上设法改进，采取逐步的设计法，并逐步减去许多例行功课（routine wroks），朝上谈话也就改为当天工作计划的一课；各科的取材，也逐渐集中在某一种计划上。这是小学教育的进步，影响到幼稚园的一点。

三、幼稚生与小学儿童究竟有〔哪〕些不同②

小学生对于某件工作，还可以维持三天或一周；幼稚生便不能，有时甚至不能维持一天或半天。小学生可以少数服从多数，可以牺牲个人的意见；幼稚生的意见，除非受教师支配不得发表外，倘若给他有些许发表的机会，那么他决不会牺牲自己的意见，容纳他所不愿意接受的意见。

---

① 此句之前原标有序号"（二）"。
② 此标题原序号为"（三）"。

至于各科联络，在幼稚园是极难做到的一件事。小学生的学习能力较强，各科的基本能力也较强，有几件勉强的拉拢工作，或者可以做到几分，幼稚生便不易做到。所以在表面上，各科虽然可以勉强联系，在实际上便不易发生关系。因此，幼稚园各科的进展，便不能如教师们的预期。有此种种困难，幼稚园虽然受了设计教学法的影响有所改变，把从前只图教材教完的方法改变。但是结果，反而弄得教师与儿童两不得当。

这时候，当然只有两条路：一条路是回到老方法去；一条路是彻底解除一切的困难，整个给儿童自由。教师只做儿童的帮助者，只供给应用的材料、布置适宜的环境，遇有儿童将发生危险的举动，予以纠正；遇有儿童走不通的路，予以指导；遇有儿童团队里发生纠纷，予以解决。除此以外，儿童要做什么事，对于某件事打算怎样进行，是否需要集合小朋友来共同做、是否做到中途发生新途径而改变方向、做了多少时完工、做到某个阶段息手等等，教师完全给予儿童自由处理。

在美国新式的幼稚园里，每天的日课，除朝上谈话、进点心、休息外，其余一概不拘束儿童。教师只预备许多材料，有时布置适合于时令的环境，儿童便整天自由工作。有的集合自己要的伴侣，做一间屋子，组织一个家庭，做些泥糕、沙饼；有的独自去寻找花草、图画、书册等；有的做赛跑、骑车子、打秋千等运动。教师跑进跑出，顾到甲团，也顾到乙团、丙团。若说无事，他确实不主持任何一事；若说有事，那么任何一件事都有教师的心血。

儿童们进行他的工作，有时确实很有计划，有时独自做着，有时东做一阵、西做一阵。在初见的人看起来，很有些纷乱；但是在每一个段落的时期计算起来，儿童所做的工作，以及他对于各方面的进步，都比一切旧方法来得多。真是日计不足，月计有余。这样幼稚园的办法，在美国固然大著成效，其余各地也起而仿行。

四、幼稚园新法对小学的影响①

为着幼稚园的新办法渐见成效，② 于是又转而影响到小学方面去了。最著名的一件事，就是杜威父女二人，在哥仑比亚师范学院的实验学校里试行这个方法，结果很好。杜威的《明日之学校》（School of Tomorrow 已有中文译本，商务出版），就是这个试验的报告。

欧洲各国是比较守旧的，但是一九一四年大战爆发，四年的战争，惊破了守旧的甜梦。一九一七年停战以后，不独苏俄、意大利、德意志各国政体大变，教育方法也大变；甚至极守旧的比利时及南欧各国，也都一变昔日的旧教育法（此例可以参考华虚朋的 New Education in the old World，此书已有译本，名《欧洲新学校》，中华出版）。

我们谈到这里，就要问一声："小学与幼稚园，在方法的改进上，究竟是幼稚园使小学改变呢？还是小学使幼稚园改变？"我们除承认两者交互为因果外，还得承认一切方法的改变，除内在的主因外（幼稚园与小学交互影响），还有社会情景变迁的外因。今日各国教育法（尤其是小学）正在急剧变迁中，但是都与各国的社会变迁是一致的。十八世纪以前，承认教育乃自在、独立的事业的论调，终究被社会实际的需要所克服。任何高超的教育学说，倘若不能切合于某地的社会实际情况，那么这个学说，也终究成为图书馆书架上的陈列品，决没有"真"与"假"、"有效"与"无效"等事实可言。小学设计教学法引用到幼稚园里去，是合乎这条原则的；幼稚园的中心活动引用到小学里去，也是合乎这条原则的。

现在，我们再来讨论幼稚园与小学低年级的联系。我们明白了前几段的话，更明白了这许多变迁的原则，就知道幼稚园与小学必将沟通。果然，在儿童心理学上，找到四岁到八岁的孩子可以在一块儿受教育；在小学教育上，又找到与幼稚园同在一块儿可以有许多方便。在幼稚园呢，得到与年岁较长

---

① 此标题系编者加拟。
② 此句之前原标有序号"（四）"。

的儿童在一块儿工作、游玩，可以引用大孩子带引小孩子的原理，进步可以更速；并且有许多事，又可以请小学来协助。所以能够与小学整个合作更合乎希望，不然也要与低年级合作。一个幼稚园的力量单薄，要想有什么发展，在事实上不很容易；有了小学来共同发展，一切容易进行。这是幼稚园愿意与小学合作的重要点之一。

自从霍尔氏（G. S. Hall）迷信孩子们的发达现状与人类发达相同的学说以后，于是强把人的一生分成若干期：婴儿期、幼儿期、前期儿童期、后期儿童期、前期青年期、后期青年期、壮年期、老年期。从生理发达方面说来，婴儿期是一个特殊的时期；青年期，因为生殖腺的显著发达，也就形成一个特殊的时期，所以叫"再生期"。此外，由甲期转到乙期，都是渐进的；并且在腺体研究发明以后，对于人类一生的发达，几乎都可以从腺体上去寻找。腺体的发达是渐进，不是突进的，几乎分不出界限来的。例如生殖腺的发达，不是到了青年期才开始的。据华真等研究，在乳儿时已经有此现象。此外，各种腺体都是如此的。

至于心理现象，更是不易分期的。自从本能学说发生动摇以来，心理学上的基本原子已入于重新寻找的一道去。对于一般人类行为，除直接受腺体影响以外，其他各种行为，大都是习惯。不过，各种养成习惯的方式不很一致，有的是直接养成的，例如吃饭的习惯，是因肚子饿了，吃饭可以充饥，是直接养成的。另一种是交替反射而养成的，如吃饭时必流涎，倘若吃饭时有锣声，每逢听到锣声就有饭吃，就会流涎。因此久而久之，听到锣声就会流涎，不必再有饭的香味，也不必口里嚼到饭后流涎。

交替反射的方式有七种。在这七种方式里，养成人类种种形式的习惯。人类一切行动，倘若用内在的腺体发达状况与外加的交替反射习惯的方式来解释，一切行为都可以得到解释。那么所谓人类的心理现象，究竟是否可以像霍尔氏那样分期，到现在已经根本发生动摇了。不过我们依然可以相信，人类行为的发达，还有相当的分期。这里因为，人类各期腺体的发达，是有相当程序的，也有相当限度的；同时，成人社会对于孩子的教养，也不会越级相待。因为社会的情境，决不如心理实验室，一切都可以加以节制的。

有此二因，人类心理发达的分期，又有几分可靠。不过，这里例外大

〔太〕多了。例外太多的原则，似乎不能作为铁定的原则，也不应该引作各方应用的根据。幼稚园与小学分野的根据，是儿童的生理与心理，以为六岁与七岁的儿童显然不同，所以应该可以分野。但是实际上所谓生理与心理的根据，它们本身上已经否认了，根据者似乎也不应该引作根据；同时反而得到另一个根据，就是六岁的孩子与八岁的孩子，在生理上与心理上，没有什么大不了的不同。倘若放在一块儿受教育，可以得到许多方便。这个根据，是幼稚园与小学低年级联络的重要原动力。

在生理上与心理上既然得到根据，在办教育的实际上，也因为幼稚园与小学显然分野，有极不方便、极不妥当处，所以也很想把二者联络起来。例如幼稚园毕业的儿童，倘若再进小学一年级，照理论说来，应该比一般未进过幼稚园的儿童强些；但是有经验的一年级教师，却感觉到不是如此。进过幼稚园的孩子，到了小学显然不能适应，功课不能适应，行动不能适应，师生不能适应。既不能照班上课，也不能参加小朋友的队伍里去玩耍；有的在幼稚园里活泼如神龙，到了小学痴呆如木鸡。这些儿童，确是给教师极大的麻烦。

若说幼稚园办得不好，那么这是一二个幼稚园的过失，不至于成为普遍的现象。这里，显然是两者不能联络的过失，不是任何一方面的过失。在这个时候，恰恰有心理学上的转变，又有幼稚园方法的转变，又有小学方法的转变，于是潮流所趋，幼稚园与小学低年级沟通联络的局面成功了。

首先试验的，还是美国。美国有几省的小学，有八年的。于是，划出一年或两年来与幼稚园合办。学校当局给他们另一区域，一切课程、教师、玩具等等，幼稚园与小学一年级或二年级完全合为一体。儿童一个时候，在幼稚园做工；另一个时候，在小学里听故事。他们不是小学的能力分组制，儿童同时加在算术的甲组、国语的乙组，他们完全采取儿童中心活动的办法。儿童本身发出来的活动，由儿童自由的去组合，自由的去工作，不分一年级，也没有区别是幼稚园。他们是整个的一个团体，不是有固定分组的年级。他们的组合，有时候是年长者与年长者结合，有时年长者与年幼者结合。活动告终了，他的结合也告中止了。

这种办法，我们可以说，他是延长幼稚园的年限也可以的。经过了这个时期，儿童各方面的基本能力增加了许多，那么再进小学二年级或三年级，教师与儿童都可以减少许多困难。

幼稚园与小学低年级联合的运动已经渐渐普遍了。苏俄已经定八岁以前，为基本教育阶段。在工作方面，很采取了一部分联络的办法。意大利自从蒙得梭利回国以后，也把幼稚园与小学沟通了。蒙氏近年来研究小学的种种办法，不无原因的。

我国做这个运动的，首推南京高等师范学校的附属小学。在民国九年杜威院①落成的那一年，已经试行这个方法，算来已经有十六年了。现在各地实验小学，大都把幼稚园与小学低年级是办在一块儿的。所以今后研究幼稚教育者，除明了幼稚园的办法外，还得研究小学低年级的办法。虽然这两种教育机关的办法是同出一源，继又分流，现在又同归大海；但是如何联络、如何分流，都值得加以一番研究的。

杜威的《明日之学校》、派克尔（S. C. Parker and A. Temple）的《幼稚园与小学低年级教学法》（*Unified Kindergarten & First GradeTeaching*，已有中文译本，大东书局出版）。又，英国出版的 *The Practical Infant Teachers*②丛书三十六册，对于两者沟通的材料上，尤有极大的贡献。我国的《儿童教育》月刊（原名《幼稚教育》月刊，系陈鹤琴及著者等编辑，今改为中华儿童教育社编辑，由商务印书馆发行），从第一卷起，每期都有这类材料与试验后的报告文字。

---

① 杜威院：1919年杜威来南京讲学时，曾专程参观了南京高师附属小学，并在此讲学。为纪念这次盛举，特将当时在建的新楼及其院落命名为"杜威院"。次年该楼落成后，南京高师附属小学和幼稚园便迁入其中办理。该楼于1912年列为南京市文物保护单位。

② 所载英文为书名，可译为《实践型幼儿教师》。

第七章　明日的幼稚教育

　　明日的幼稚教育，是明日的社会的产物；好比今日的幼稚教育，是今日的社会的产物。那么明日的社会又将变到怎样？明日的幼稚教育又将怎样？这件事，谁也不敢百分之百的肯定确说。不过，用科学的推理来预测，那么今日的社会，是由昔日的社会演变而来的，明日的社会也将从今日的社会演变而成。所以预测明日的社会与明日的幼稚教育，虽然不会十分准确，但是也不会完全错误；至少今日的希望如是，将来可以有实现的一天。不过这个明日，当然不是过了二十四小时以后的明日。

　　在全世界笼罩着不景气的景象中，谁能冲破这个重围，谁就是旋转世界者；明日的社会，也就是他可以造成的。但是这个"谁"，真不知道是谁呀？战神吧！从历史上去看，在一个不可解决的严重状态之下，战神光临，杀气冲天，等到大家息手，必有一方面得到问题的解决；但是另一方面呢，那就是如水益深、如火益热了。今日虽然大家都在那里恐怖世界大战的到来，有的野心国家就在那里积极准备大战。第二次世界大战的不可免避，这是时间问题，不是"有"与"无"的问题。但是今日世界的危机，是否可以因一战而转危为安，这是谁也不敢说的。甚至主张开战的人，也不敢自信吧。战神在二十世纪的威权，没有如此伟大了，这是人人都知道的，我们也不必从这点上去用心思。

　　今日世界的危机是否会转变呢？社会学家以为，必须把今日的社会重新安排、重加组织。但是社会的构成不是偶然的，也不是突然的，那么要重新安排与重加组织，也就不是化学室里的氢氧二气化合成水那么容易。螺旋形的上去，也就得螺旋形的出来。这里，我也不会相信，明日的社会的到来，还得经过几千年。当然，也得请诸位勿误会到这层。

明日的世界，真不知变到怎样地步。明日的幼稚教育演变到什么样地步？我们也不敢十分准确的回答。不过，从已有的几点因苗上推测下去，可以得到下列几点：

（1）明日的幼稚教育，必定普及的。愈是乡村与工厂附近，普及得愈加快。

（2）明日的幼稚教育，必定为某个集团（国家或其他）或某种思想训练幼稚儿童的一种重要事业，所以它一方面是帮助忙碌的母亲们免去麻烦，一方面也就在此时预先训练未来的民众。

（3）明日的幼稚教育，必定是"教"与"养"并重的。幼稚园是儿童的另一个家庭，决不是上课读书的场所。

（4）明日的幼稚教育，必定与家庭沟通的；幼稚园不但教育儿童，也是母亲受教育的机关。

（5）明日的幼稚教育，必定与小学联络的。小学与幼稚园的一切办法，完全一致的。

（6）明日的幼稚教育，必定训练儿童有集团工作的精神，免去个人单独行动的散漫行为。

（7）明日的幼稚教育，必定引用科学的养护法，使孩子在幼稚园里长成，比家庭中先〔光〕用慈母的爱的滋养还要有效。

（8）明日的幼稚教育，必定有她的一贯主张，一切设施都合乎这个主张，尤其如玩具等等，都免去神秘等意味。

（9）明日的幼稚教师，除了为着维持个己的生活外，最重要的任务，还是为着实现她的集团的理想。所以她是集团的工作者，不是为着个人的职业。

时代的轮子继续不断的推进着，幼稚教育也就在各个轮齿上前进。不知道十年后的社会变到怎样地步？二十年后又变到怎样地步？那么十年后、二十年后的明日之幼稚教育，可以实现百分之几呢？我们大家希望着吧，也就大家在时代的轮齿上努力着吧！